축사와

Healing through Deliverance

치유²

HEALING through DELIVERANCE

copyright ⓒ 1991, 2003 by Peter J. Horrobin
All right reserved.
Published by Sovereign world LTd
P.O.Box 777 Tonbridge Kent TN 11 0ZS United Kingdom
All rights reserved.
Korean Translation Copyright ⓒ 2009 by Shekinah publications.

이 책의 한국어판 저작권은 다윗의 장막 미디어에 있습니다.
저작권법에 의해 한국에서 보호받는 저작물이므로 무단전재와 무단복제를 금합니다.

축사와 치유 2

Healing through Deliverance

피터 호로빈 지음
박선규 옮김

다윗의 장막

나에게 많은 것을 가르쳐 주시고,
나의 인생을 위한 튼튼한 토대를 놓아 주셨으며,
무엇보다 하늘의 유산을 나에게 주신
어머니 아버지께 이 책을 드립니다.
이렇게 훌륭한 부모님들을 주신 하나님께 감사드리며,
이 책을 그들이 수년 동안 뿌려 온 추수의 한 부분으로서
볼 수 있기를 위해 기도합니다.

또한 이 책을 엘렐Ellel사역 팀에게 드립니다.
하나님은 이들을 함께 불러서 복음 전파와 치유와 축사라는
특별한 사역을 창립해 발전시키게 하셨습니다.

Contents

데릭 프린스의 서언　10
서문　13

1장　서론
　균형 잡힌 치유 사역　20
　초창기　23
　엘렐 그랜지에서　24
　축사 사역을 위한 토대　27

2장　준비 작업-치유와 축사를 위한 기초적인 가르침
　예수님은 그의 사역을 제자들과 함께 하신다　35
　예수님의 가르침　38
　기본적인 원리들　42
　결론　75

3장　귀신들림의 여러 증상들
　중독　80
　균형을 잃은 식욕　82
　극단적인 행동들　84
　쓴 마음과 용서하지 않음　85
　강박적인 행동 유형들　86
　기만적인 인성과 행동　87

우울증　88

감정의 동요　90

현실 도피　91

두려움과 공포증　93

죄의식과 자기 정죄　94

목소리 듣기　95

유전병　96

이단적 신앙　97

거짓 종교에 가담　99

비이성적인 행동　100

성숙한 관계의 결여　102

율법주의와 영적 속박　103

악몽　105

사술에 가담　106

절제할 수 없는 혀　107

재발하는 질병이나 만성적인 질병　109

자기 중심　111

성적 일탈　112

자살적인 성향　113

진단할 수 없는 증상들　115

폭력적 성향들　116

퇴행성 반사회적 행동　117

결론: 의술에 몸담고 있는 사람들에게 한마디　118

4장 귀신들이 사람들 안으로 들어가는 방법

가계   127

개인의 죄   142

사술의 죄   148

대체의학   152

종교적인 죄   155

불경건한 혼의 묶임   176

성적인 죄   198

상처, 학대, 그리고 거절   221

충격이나 사고를 통해   246

죽음—유산과 낙태 포함   251

저주—내적 맹세와 선언과 잘못된 기도 등 포함   260

저주받은 물건들과 건물들   282

중독   291

두려움과 공포증   295

피로와 피곤   297

결론   298

주의 사항과 격려를 위해   299

5장 축사를 통한 치유를 위해 준비하기

서론   304

사역팀   307

시작하기   315

누구의 관심 사항인가?   317

귀신들림으로 인한 증상들에 주목하라   321

거짓 신앙과 사술의 관련 여부를 조사하라   324

가계를 확인해 보라   329

과거의 성 생활을 조사해 보라   330

거절의 흔적들을 찾아라　333
다른 불경건한 혼의 묶임을 찾아내라　335
사고들과 충격들에 대해 알아 보라　336
요약　338

6장　기초적인 기도문

7장　축사 사역

귀신들이 나타내는 가능한 현상들　364
귀신들의 출구　371
축사 후의 돌봄　372

8장　어떤 사람들은 왜 축사를 받지 못하는가?

9장　축사를 받은 자들에게 주는 충고

계속해서 자유함을 누리기 위한 10가지 중요한 열쇠　383

10장　후기

부록

부록 1 기독교 상담자의 자질　397
부록 2 마술, 사술 그리고 성경　407
부록 3 사술에 관한 용어 정의　413
부록 4 대체 의술　431
부록 5 다른 종교들에 대한 어휘 풀이　433

참고 문헌　458

서언

그리스도의 몸은 이 책을 출간한 피터 호로빈에게 큰 감사를 드려야 한다. 이 책은 매우 분명하고 실제적이며 성서에 바탕을 두고 있으므로 온 세상에 흩어져 있는 그리스도의 몸에 절실히 필요한 것들을 충족시켜 줄 것이다.

우리는 현재 성령을 부어주시겠다고 약속하신 마지막 시대에 살고 있다. 예수님은 마가복음 16장 17-18절에서 다섯 가지 초자연적인 일들이 일어날 것이라고 말씀하셨다. 처음 두 가지는 "귀신을 쫓아내며," "새 방언을 말하게 될 것이다"이다.

지난 세기에는 두 번째 표적을 매우 중요시 했었다. "새 방언을 말하며." 이것에 관해 많은 책들이 쓰였으며, 셀 수 없이 많은 간증들이 쏟아져 나왔다. 하지만 이와 대조적으로 첫 번째 표적, 즉 "귀신을 쫓아내며"에 관해서는 지금까지 거의 다루어지지 않았다.

나는 축사 사역에 몸 담고 있었던 적이 있으며, 수많은 사람들이 귀신으로부터 자유케 되는 것을 경험해 왔다. 그런데 축사 사역과 관련해 내가 관찰한 것은 그리스도인들이 보편적으로 다음과 같은 두 가지 반응을 보인다는 것이다. 무지와 두려움. 내가 무지를 먼저 언급한 것은 무지가 두려움을 야기시키는 주범이기 때문이다.

나는 네덜란드의 그리스도인인 코리 텐 붐Corrie Ten Boom과 함께 사역하는 특권을 누렸었다. 코리는 나치 포로 수용소에서 2년을 보냈으며, 그 곳에서 나와서는 그리스도의 몸을 위해 세계적인 사역을 하게 되었다. 코리는 종종 다음과 같은 말을 했다. "귀신에 대한 두려움은 귀신들로부터 온 것이다." 다른 말로 해서, 귀신들은 귀신들을 다루는 법을 알아야 하는 사람들의 마음속에 두려움을 주입시킴으로써, 그들이 귀신들에 대항해 성서적인 행동을 취하지 못하도록 한다는 것이다.

이 책에서 피터는 그리스도인들로 하여금 귀신들에 대항해 효과적인 대응을 하지 못하게 하는 무지의 다양한 영역들을 다루었다. 그는 영적 세계에 대한 전반적인 그림을 보여 주면서, 그 안에 거하고 있는 다양한 종류의 영들에 대해 설명해 줄 것이다. 그는 이러한 기초를 깔아 준 후에 복음서가 귀신을 다루는 예수님을 어떻게 묘사하고 있는지에 대해 명확히 분석해 줄 것이다. 그는 또한 영계에 대한 정보를 담고 있는 신약 성서의 여러 구절들을 해석해 줄 것이다.

피터는 또한 악한 영들의 나타남이나 활동을 지적해 줄 수 있는 광범위한 목록들을 제공해 줄 것이다. 그 후에 다음의 두 영역들을 포함하는 실제적인 상담을 해줄 것이다. 1) 축사를 받는 법 2) 다른 사람에게 축사해 주는 법. 그는 이러한 사역을 위해서는 반드시 인격의 문제를 점검해 보아야 한다고 강조한다. 특히, 누구의 도움이나 조언도 받지 않고 홀로 사역하는 것은 매우 위험하다고 경고한다. 피터와 그의 동료들은 언제나 팀으로 함께 사역을 한다.

개인적으로 수년 동안 경험한 것을 토대로 해 볼 때에, 나는 이 시대에 그리스도의 몸에 가장 긴급히 필요로 하는 것이 축사 사역이라고 믿고 있다. 이 책이 해답을 제시해 줄 것이다. 내 마음 깊은 곳으로부터 이 책을 여러 분들에게 추천한다.

데릭 프린스 Derek Prince

서문

〈축사와 치유〉Healing through Deliverance라는 이 책의 개정판은 과거 그 어느 때보다 훨씬 더 교회에 축사 사역이 필요하다는 주장이 제기되고 있는 때에 출간되고 있다. 현재의 상황은 이 책의 제1권이 처음으로 출간되었던 10여 년 전과 비교해 볼 때에 매우 달라졌으며, 엘렐 사역으로 알려진 사역이 엘렐 그랜지Ellel Grange에서 태동했던 1986년에 비교하면 훨씬 더 달라졌다.

뉴 에이지 운동의 폭발적 성장, 이교도 활동의 증가, 도덕성의 심각한 타락, 다중 신앙 체계의 저변 확대, 세계적인 테러분자들로 인한 공포와 같은 것들이 변화하는 사회에 지대한 공헌을 한 요인들이다. 이러한 모든 요인들이 그리스도의 몸에 일깨워 준 사실이 하나 있다. 그것은 우리가 이전 세대의 사람들이 자랐던 세상과 매우 다른 세상에서 살고 있다는 것이다.

10여 년 전만 해도 축사 사역과 관련이 있는 사람들을 피해 다녔던 사람들의 상당수가 이제는 우리의 도움을 구하고 있다. 그들은 전통적인 상담과 기도 사역을 가지고는 해결할 수 없는 영적인 문제들과 이슈들을 일상 속에서 직면하고 있다. 우리는 세계 도처로부터 축사 사역에 대한 이해와 훈련에 대한 요구들을 받아 왔으며, 우리가 그러한 요구들을 충족시켜 주기 위해 애쓰는 동안에, 하나님은 우리 사역의 지평을 크게 확장시켜 오셨다.

나는 축사 사역이 기독교 사역에서 일반적인 것으로 받아들여져 사용되어야 한다고 믿고 있지만, 또한 귀신들에게 지나칠 정도로 매력을 갖는 사람들에게는 위험이 있다는 것도 알고 있다. 따라서 나는 사역으로서의 축사가 결코 목적 자체가 되어서는 안 된다는 것을 강조하고 싶다.

축사는 갇힌 자들을 자유케 해줌으로써 그들이 더 온전하고 자유롭게 하나님을 섬길 수 있도록 해주는 수단이다. 제자화와 같은 다른 중요한 영역들을 배제시킬 만큼 축사나 기독교 사역의 다른 영역들에 초점을 맞춘다면 균형을 잃는 위험에 빠지게 될 것이다.

이러한 이유 때문에 우리는 엘렐 사역 내에서는 먼저 십자가와 믿음의 기초를 가르치지 않고서는 축사에 대해 결코 가르침을 주지 않는다. 가장 중요한 것은 주님과 우리의 관계이며, 그분과 우리가 동행하는 삶을 사는 것이다.

이 책은 하나님께서 엘렐 사역을 통해 일으키신 일들을 함께 공유해 온 모든 사람들의 단호한 헌신과 지지가 없었다면 결코 쓰일 수 없었을 것이다. 이 책의 저자가 내 이름으로 되어 있지만, 사실 이 책의 저자는 다수이다. 그들의 삶이 이 책의 여러 페이지들 속에 반영되어 있다. 그들 모두에게 진심으로 감사드린다.

이 책은 또한 엘렐 사역을 통해 하나님의 도움을 구하면서, 그들의 삶 속에서 예수님의 능력을 사역할 수 있도록 우리 팀을 신뢰해 준 수천 명의 사람들이 없었다면 결코 쓰일 수 없었을 것이다. 하나님은 우리가 이 일을 함께 개척해 나가는 동안에 많은 것들을 가르쳐 주셨다. 나는 이토록 생생한 공헌을 해준 모든 사람들에게 진심으로 감사를 드린다.

우리 팀은 개인적인 사역을 해주면서 어려운 상황에 직면할 때마다 주님을 의지했으며, 그 때마다 성령의 기름 부으심으로 인해 성경 말씀이 살아 역사하게 되었다. 때로 우리는 복음서의 드라마틱한 이야기들에서 느낄 수 있는 전율을 직접 경험하기도 했다. 또 어떤 때에는 바울이 고린도후서에서 그의 동료들에게 묘사했던 압박과 문제들이 기억나기도 했다(고후 11:22-29).

엘렐 훈련 학교에 입학한 사람들은 훈련을 마치고 떠나가면서 종종 다음과 같은 말을 남긴다.

"나는 내 생애에서 가장 훌륭한 9주의 시간을 보냈습니다." 혹은 "이 학교에서 훈련받기 위해 필요하다면 모든 것을 파십시오. 결코 후회하지 않을 것입니다."

그들이 발견한 것은 복음서가 얼마나 그들에게 실제적이며 상관성이 있는가 하는 것이다. 이것으로 인해 그들이 깜짝 놀란 적이 한두 번이 아니었다. 지극히 중요한 진리들이 살아 역사한다. 십자가가 정말로 이해된다. 그들은 사람들이 치유받고, 그들의 삶이 변화되는 것을 경험한다. 하나님의 백성들에게 생명을 불어 넣어 주면서 그들이 그리스도 안에서 회복되는 것을 보는 것은 참으로 엄청난 특권이다.

엘렐 사역에 관심이 있지만 잘 알지 못하는 사람들은 원한다면 엘렐 사역의 안내서를 받아 볼 수 있다. 그 안에는 우리 사역과, 여러 나라들에서 현재 가능한 훈련 코스들과 학교들에 대해 상세하게 설명되어 있다. 주소는 다음과 같다.

Ellel Ministries, Ellel Grange, Ellel, Lancaster, LA2 0HN, England, U.K.

또한 이러한 모든 정보들과, 더 많은 정보들을 우리 웹사이트를 통해 얻을 수 있다.

www.ellelministries.org.

마지막으로, 이러한 순례 여정 가운데에서 나를 끊임없이 격려해 준 나의 아내 피오나Fiona에게 감사를 드린다. 주님을 함께 섬기는 것이 나에게 얼마나 큰 특권이고 기쁨인지 모른다.

이 책을 읽는 모든 사람들을 위해 기도한다. 나는 주님을 향한 헌신이 더 깊어지고, 하나님께서 당신들 앞에 놓으신 부르심에 새롭게 반응하기를 위해 기도한다. 그 부르심은 하나님 나라를 선포하고, 병자를 치유하며, 귀신을 쫓아내는 것이다. 당신들이 하나님을 위해 하는 모든 일들 가운데 주님의 축복이 있기를 기도한다.

피터 호로빈

엘렐 그랜지

2003년 3월

1장

서론

예수님의 사역에는 치유와 축사가 포함되어 있다.
치유와 축사는 절망 가운데 있는 자들에게 소망을 주고,
상처 입은 자를 치유해 주며,
몸과 혼과 영이 병든 자들을 회복시켜 주며,
원수에 의해 짓눌리거나 포로된 자들에게 자유를 가져다 줄 수 있는
핵심적인 복음의 요소들이다.

오래 존속될 건물을 구상하는 건축가는 반드시 튼튼한 토대를 쌓을 것이다. 예수님 또한 산상수훈의 마지막 부분에서 튼튼한 토대를 쌓는 것의 중요성에 대해 충고해 주셨다. 예수님은 그의 말씀을 듣고 행하는 자를 반석 위에 집을 짓는 건축가에 비유하셨다.

예수님의 사역에는 치유와 축사가 포함되어 있다. 치유와 축사는 절망 가운데 있는 자들에게 소망을 주고, 상처 입은 자를 치유해 주며, 몸과 혼과 영이 병든 자들을 회복시켜 주며, 원수에 의해 짓눌리거나 포로된 자들에게 자유를 가져다 줄 수 있는 핵심적인 복음의 요소들이다.

이 두 가지는 예수님의 사역을 떠받쳐 주는 토대 혹은 반석의 일부분이다.

이 책의 앞부분에서는 효과적인 치유와 축사 사역을 이해하기 위한 튼튼한 토대를 구축하는 일에 초점을 맞출 것이다.

:: 균형 잡힌 치유 사역

예수님은 공생애 동안에 치유가 필요한 모든 종류의 상황들을 다루셨으며, 각 사람들에게 사역을 하실 때에는 그들의 개인적 상황에 맞게 하셨다. 예수님은 십자가를 통해 교회가 그분의 치유 사역을 지속할 수 있는 길을 열어 놓으셨다. 사탄은 혼돈과 무질서를 일으키려 한다. 치유는 영과 혼과 몸에 하나님의 질서를 회복시키는 것이다.

예수님께서 처음으로 행하신 치유 사역에 축사가 포함되어 있다는 사실은 20세기의 사고구조를 가진 어떤 자들에게는 이해할 수 없는 것일 수도 있다. 그리고 많은 사람들은 예수님께서 행하신 사역들 중 축사 부분을 망상적인 1세기적 이해로 치부해 버리고 싶어 하기도 한다. 그러나 그렇게 하는 것은 필연적으로 예수님을 그분이 사셨던 문화의 한계에 의해 기만을 당한 자로 간주하는 것이다. 이것은 하나님의 아들이신 예수님의 특성과 영성을 생각할 때에 절대로 받아들일 수 없는 결론이다.

예수님의 치유 사역은 완벽하게 균형 잡힌 사역이었다. 이 말은 예수님께서 사람들에게 축사 사역을 하셨을 뿐만 아니라, 그들의 영과 혼과 몸에 치유 사역을 하셨다는 의미이다. 질병이 타락의 결과라는 사실의 관점에서 볼 때에, 어떤 기독교 치유 사역자들도 질병의 원인에 귀신들이 역사하고 있을 수 있다는 가능성을 배제시킬 수는 없을 것이다. 그러나 축사 사역에 대한 현대적 필요를 인식하게 된 것은 내가 병든 자들을 위해 기도하기 시작했지만 전통적인 치유 기도가 아무런 효력을 나타내지 않는 상황들에 직면했을 때였다.

나의 성장 배경이나 교회 경험은 나를 이러한 사역으로 준비시켜 주지 못했다. 어떤 면에서 볼 때에 이것은 매우 놀라운 것이다. 왜냐하면 성경에는 귀신들을 쫓아내라는 가르침이 분명하게 기록되어 있기 때문이다. 어린 시절 내가 받은 가정교육과 내가 몸담고 있던 교회들은 성경의 가르침과 우리의 삶이 조화를 이룰 수 있도록 하기 위해 성경을 알고 적용하는 것이 얼마나 중요한지를 강조했었다.

따라서 나는 어린 시절부터 복음들 중 그렇게 중대한 부분이 내 삶 속에 잘 형성되었어야 한다고 생각한다. 그러나 축사 사역의 모든 부분들은 나와 같은 세대에 살던 대부분의 그리스도인들에게는 신학적 맹점이었던 것 같다. 그 이유는 귀신들이 '이교들의 세상'에서만 존재하기 때문에 우리 '기독교 세계'에서는 귀신들에 대해 염려할 필요가 없다는 잘못된 신앙 때문이거나, 혹은 귀신들은 그리스도인들에게 영향을 미칠 수 없기 때문에 축사 사역은 현대 교회와 관련이 없다는 기만 때문이다.

내가 아프리카나 인도에서 성장했다면, 나의 견해는 완전히 달랐을 것이다. 왜냐하면 그러한 나라들과 세상의 다른 많은 지역들에서는 영의 세계가 그들 문화의 중요한 한 부분을 차지하고 있기 때문에 이러한 중요한 삶의 영역에 대답을 해주지 못하는 기독교적 표현은 사람들로부터 신뢰를 얻지 못할 것이기 때문이다.

서구의 합리주의자들은 교육과 문명이 귀신들을 제거할 수 있거나, 혹은 귀신들이 존재하지 않는다는 '진리'를 우리에게 일깨워 줌으로써 어떤 상황들이나 현상들을 설명할 때에 더 이상 귀신들을 고려할 필요가 없으며, 오직 논리와 과학으로 설명할 수 있다고 믿고 있다. 그런데 귀신들이 어떤 질병을 야기시킬 때에 사용하는 방법을 과학이 오직 합리적인 방식으로 설명하는 것이 가능할까?

　초자연적인 세계에 대한 무지는 합리주의적 세계에 영향을 미쳤을 뿐만 아니라, 또한 종교적 사고 구조까지도 지배하게 되었다. 그러나 성경에는 그러한 합리주의적 사고가 표현되어 있지 않다. 오히려 성경에서 계속 반복되는 주제는 인간들의 삶에 하나님께서 직접적으로 간섭하신다는 것이다. 그리고 누군가 예수님의 사역들 중 그렇게 많은 부분(성경에 기록된 예수님의 치유 사역들 중 3분의 1이 축사 사역이다)을 차지했던 영역을 더 이상 필요하지 않는 것으로 전락시킬 수 있다면, 그 사람은 또한 하나님의 말씀 중 잘 믿어지지 않음으로 인해 더욱 자세히 연구해 보아야 할 말씀들은 없는지에 관해 질문해야 할 것이다.

　감사하게도, 나는 강신술과 다른 모든 형태의 사술적 행위들은 위험한 것이라는 가르침을 받았다. 그러나 내가 그러한 행위들을 한다면 나도 귀신에 들릴 수 있다는 가르침은 받아본 적이 없었다. 또한 나는 귀신들이 내 삶으로 침입해 들어올 수 있는 다른 많은 방식들에 대해서도 경고를 받은 적이 없었다. 나는 죄가 무엇인지는 알았지만, 지속적인 죄악이 귀신들에게 내 삶에 들어올 수 있는 권리를 줄 수 있다는 것은 알지 못했다. 나는 용서받기 위해 죄를 고백하는 것에 대해서는 알고 있었지만, 죄의 결과들로부터 정결케 되어야 한다는 것에 대해서는 배운 적이 없었다. 예를 들어, 나의 죄로 인해 귀신들이 내 안에 들어왔다면 축사 사역을 받아야 한다는 가르침은 한 번도 들어본 적이 없었다.

내가 뒤를 돌아보면서 깨달은 것은 내 기독교 교육에서 영적 이해에 대한 전반적인 차원이 빠져 있다는 것이다. 물론 아무도 고의로 나에게 이렇게 하지는 않았다. 단지 나는 다른 사람들의 제한된 경험을 통해 가르침을 받았을 뿐이다. 아마도 나와 같은 교육을 받은 사람들이 수없이 많을 것이다. 이러한 이유로 인해 이 책의 제1권을 쓰게 되었다. 제1권 안에는 예수님께서 행하신 축사 사역의 성경적 토대와 실제 사역의 효과들이 상세히 기록되어 있다. 예수님의 축사 사역은 그분의 도움을 구한 사람들을 치유하는 일에 매우 효과적이었다.

:: 초창기

하나님은 약 10년 전 내가 엘렐 그랜지에 위치한 건물로 인도함을 받기 전에 현재 엘렐 사역으로 알려진 일에 대한 비전을 주셨다. 기도하며 기다리고 계획하고 준비하는 동안, 도움을 필요로 하는 자들과 함께 기도할 때 종종 귀신들과 직면하게 되었다. 그 때에는 사실 대부분의 경우에 있어서 무슨 일이 일어나고 있는지 조차도 인식하지 못했었다.

나는 한 소녀가 살쾡이 흉내를 기가 막히게 선보였던 것을 기억한다. 그 후로는 이와 같은 것을 여러 번 경험하게 되었지만, 그 때에는 정말 섬뜩한 경험이었다. 그 당시에 내가 정말 다행이라고 생각했던 것은 그러한 일이 그리 오래 지속되지는 않았다는 것이다.

또 어떤 경우들에는 귀신들이 관련되어 있다고 말하기에는 덜 분명한 증상들도 역시 어떤 초자연적인 기원을 두고 있을 수 있다는 것을 인식하게 되었다. 하지만 이러한 증상들도 사악한 초자연적인 존재(아마도 귀신들이라 불릴 수 있을 것이다)에 의한 활동이라고 설명하는 것 외에는 어떤 다른 방식으로도 설명될 수 없었다. 이들은 예수님께서 다루셨으며, 제자들에게 분명히 내어 쫓으라고 말씀하신 '피조물들'과 아주 똑같이 행동했다.

:: 엘렐 그랜지에서

1986년 11월에 엘렐 그랜지의 문이 열렸을 때에, 나는 축사 사역이 치유를 위한 중요한 부분이라는 것을 이미 깨달은 상태였고, 이것이 정말 그렇다는 것을 가르치기 시작한 상태였다. 나는 귀신들이 정말 존재하며, 그렇기 때문에 그리스도인들이 그것들을 쫓아낼 능력과 권세를 가져야 한다는 것에 추호의 의심도 없었다.

도움을 구하러 온 사람들, 특별히 만성적인 문제들을 지니고 온 사람들의 대다수가 귀신들이 쳐놓은 함정에 걸려서 축사를 받아야 한다는 것을 발견하기까지는 오랜 시간이 걸리지 않았다. 어느 목사가 한 젊은이를 데리고 왔다. 이 목사는 2년 동안에 걸쳐서 존과 그의 아내에게 최고의 상담을 해주었다. 그러나 그러한 최고의 지원에도 불구하고, 그들의 관계는 점점 악화되어 갔고, 존은 매우 심각한 상태에 빠져 있었다.

그 목사가 존을 돕기 위해 충분히 많은 일들을 행했기 때문에 우리가 할 수 있는 것이 거의 없는 것처럼 보였다. 그래서 우리는 단순히 그의 삶에 어떤 어두움이 존재하는지를 보여 달라고 기도했다. 그 후로 내가 깨달은 것은 믿음으로 하는 기도가 매우 '위험한' 기도라는 것이었다. 성령께서 존에게 임하자 그의 몸에 강력한 반응이 일어나기 시작했다. 귀신들이 하나님의 임재에 반응하기 시작했기 때문이다. 존의 손가락이 굳어졌고, 그의 몸은 거의 경직되어서 의자에서 바닥으로 미끄러져 내려갔다. 그리고는 토하면서 바닥을 미끄러지듯이 기어 다녔다. 존에게 문제가 있다는 것이 분명해졌다.

나는 그날 밤 늦게 우리 팀의 또 다른 멤버에게 전화를 걸어 "도움이 필요해요. 이곳으로 빨리 와주세요!"라고 소리쳤던 것을 기억한다. 존 안에 있는 귀신들이 과격한 반응을 나타내면서 우리의 아름다운 휴게실을 완전히 난장판으로 만들고 있었기 때문이다.

결국에는 존에게서 귀신이 떠나갔다. 그런데 한 귀신이 아니라 많은 귀신들이 쫓겨 나갔다. 그 후 수년이 지난 현재에도 존과 그의 아내는 행복한 부부생활을 이어나가고 있다. 내가 지금 깨닫는 것은 축사가 없었다면 존에게는 어떤 해결책과 소망도 없었을 것이라는 것이다. 그 부부 관계는 깨어졌을 것이고, 존은 아주 심각한 상태에 빠져 비참한 인생을 살고 있을 것이다. 존은 우리가 축사 사역을 위한 집중 훈련을 받고 있었을 때에 하나님께서 보내 준 많은 사람들 중 첫 번째 인물이었다.

우리는 1987년 1월에 엘렐 그랜지에서 첫 치유 집회를 인도했다. 이 집회가 끝나갈 무렵에 사역을 받기 위해 맨 먼저 앞으로 나온 사람이 있었다. 로렌스는 머리에서 발끝까지 진동을 하면서 맨 앞에서 있었다. 우리의 모든 시선은 온 몸에 문신이 가득 차 있으며, 아주 난폭하게 보이는 이 사람에게 집중되어 있었다. 하지만 우리는 치유를 받기에 합당하게 보이지 않는 이 사람을 어떻게 해야 할지 알지 못하고 있었다.

그는 "나는 두려움으로 가득 차 있습니다"라고 말했다. 내가 그의 어깨를 만졌다. 그러자 그의 깊은 곳으로부터 매우 난폭한 반응이 일어났고, 그는 바닥에 그대로 쓰러졌다. 그 순간 우리는 이 사람을 모든 사람들 앞에서 사역하는 것이 지혜롭지 않다는 분별력이 생기게 되었다. 그래서 그에게 그의 목회자와 함께 그 주의 어느 날 다시 우리를 찾아오라고 말해 주었다.

그가 다시 왔을 때에, 우리는 그의 이야기를 듣고 더욱 많은 것들을 발견하게 되었고, 치유 집회에서 나타나는 현상들 모두를 그 즉시 처리하는 것이 항상 지혜로운 것만은 아니라는 것을 깨닫게 되었다. 로렌스는 자신이 감옥에 수감되어 있는 동안 스스로를 어떻게 사탄에게 팔았는지에 관해, 그리고 후에 독방에 갇혀 있는 동안에 기드온에서 발행된 신약 성서를 읽으면서 어떻게 예수님을 발견하게 되었는지에 관해 이야기를 들려주었다. 그 안에 있는 어둠의 세력들은 매우 강력했다. 그러나 하나님께서 우리의 손을 잡으시고 그에게 온전한 축사가 일어날 수 있도록 하기 위해 우리가 해야 할 일들을 하나씩 보여 주신 것은 정말 하나님의 은혜였다.

하나님은 우리가 그 사역을 시작한 지 12개월도 못 되었을 때에 우리로 하여금 첫 번째 축사 사역 훈련코스를 시작하게 하셨다. 우리는 모든 해답을 갖고 있지 않았다. 물론 아무도 모든 해답을 갖고 있지는 않다. 어쨌든 주님께서 우리에게 이미 주신 것들을 함께 나누기 시작했다. 그러는 동안에 자기들의 명성이나 위치를 잃을 것까지도 각오하고 그 훈련코스에 참석한 용감한 사람들의 눈에서 계시가 열리는 것을 보기 시작했다.

이 책을 쓰고 있는 현재까지 우리는 축사 사역 훈련코스를 100여 차례 이상 주최해 왔다. 이 훈련코스에서는 계시의 말씀을 통해 악한 영들의 견고한 진들이 파쇄됨으로써 축사를 받고 치유를 경험하는 사람들이 항상 있어 왔다. 이전에는 자기들 안에 귀신들과 관련된 문제들이 있을 것이라고는 전혀 생각지 못했던 자들이 그들의 삶 깊은 곳에서 역사해 왔던 세력들로부터 자유함을 받고 있다.

이 책이 그러한 훈련코스에서 가르치는 축사 사역의 실제들에 대한 많은 정보를 제공해 주기는 하지만, 다른 그리스도인들과 함께 이 사역을 직접 배우기 위한 가르침과 훈련의 시간을 대체하고자 하는 의도는 절대로 없다. 예수님의 시대에 이러한 책들이 있었다면 예수님께서 어떻게 하셨을까? 단순히 제자들에게 그러한 책들을 읽어보라고 말했을까? 그렇지 않았을 것이다.

:: 축사 사역을 위한 토대

〈축사와 치유〉 제 1권은 축사 사역을 위한 성경적 토대를 쌓기 위해 쓰였다. 어떤 사람들은 이론에 앞서 일단 먼저 축사 사역을 실제로 해보고자 하는 강한 욕구를 지니고 있을 것이다. 그러나 제 1권을 읽지 않았다면 이 책을 계속 읽기 전에 먼저 제 1권을 읽기를 권한다. 그렇게 해야 이 책의 내용을 이해하고 적용해 실제로 교회 안에서 치유를 행하는 일에 훨씬 준비를 잘할 수 있을 것이다. 성경이 우리 지식의 1차적인 원천이다. 따라서 축사 사역의 실체가 무엇이며, 귀신들에 대해 우리가 지니고 있는 권위의 출처가 어디인지를 하나님의 말씀을 통해 이해하는 것이 매우 중요하다.

제 1권은 특별히 축사 사역과 관련된 모든 성경 구절들을 상세하게 설명하고 있을 뿐만 아니라, 또한 매우 중요한 기초적 신앙 체계를 세워 줄 것이다.

다음에 나오는 목록들은 제 1권에 담겨 있는 가르침의 핵심들이라 할 수 있다. 독자들의 편의를 위해 다음과 같이 요약해 놓았다.

1) 하나님은 삼위일체(아버지, 아들, 성령)이시다.
2) 하나님은 천사들의 영역에 있는 모든 초자연적인 존재들을 창조하셨다.
3) 하나님은 인간을 영적인 존재로 창조하셨고, 혼을 주셔서 이 땅을 사는 동안에 몸 안에 거하게 하셨다. 따라서 사람도 삼위일체이다 — 영, 혼, 육.
4) 천사장들 중의 하나인 루시퍼(타락 이전에는 이렇게 불렸을 것이다)는 마땅히 하나님께 돌려야 할 영광과 경배를 자신이 받으려 했기 때문에 천국에서 추방당했다. 그 후로부터 그는 사탄, 즉 대적자라 불리게 되었다. 하나님을 대항한 사탄의 반역에 동조한 천사들이 있었는데, 그들 또한 천국에서 쫓겨나게 되었다.
5) 예수님은 사탄이 이 땅으로 떨어지는 것을 보셨다.
6) 이 땅에서는 사탄이 인간들을 유혹해 하나님께 불순종하게 함으로써 계속해서 하나님께 대항하고 있다.

7) 인간들이 죄를 범했다(반역에 동참했다). 그 결과 하나님으로부터 멀어지게 되었다.

8) 그래서 인간은 사탄과 그의 수하에 있는 초자연적 존재들(타락한 천사들, 귀신들, 혹은 악한 영들로 알려진 존재들)의 공격에 취약해졌다.

9) 이러한 어둠의 세력들은 몸을 입지 않고 있다. 그들은 사람들을 사탄의 포로로 삼아 하나님과의 회복된 관계를 누리지 못하게 함으로써 하나님께 대한 반역을 계속하고 있으며, 그 일을 효과적으로 하기 위해 그의 피조물인 사람들의 몸 안으로 들어가려 한다. 악한 영이 사람 안으로 들어갈 때에, 그 사람은 귀신들린 자로 여겨진다.

10) 하나님은 인류를 위한 탈출(구원)의 길을 예비해 놓고 그의 아들 예수님을 이 땅에 보내셨다. 예수님은 우리에게 하나님 아버지가 정말 어떤 분이신지를 보여 주셨고, 이 세상의 죄를 위해 십자가에서 죽으셨다. 예수님을 믿는 사람들은 하나님의 영으로 거듭난 자들이며, 사탄이 지불해야 하는 유일한 삯, 즉 죽음으로부터 해방되었다. 그리고 하나님으로부터 영생을 선물로 받게 되었다.

11) 예수님은 좋은 소식을 전파하며, 병든 자를 치유하고, 귀신을 쫓아냄으로써 이사야 61장 1절의 예언을 성취하셨다. 그것이 예수님의 사역의 시작이었다. 예수님은 그의 제자들에게도 똑같은 일을 하라고 말씀하셨다.

12) 예수님은 승천하시기 전에 제자들에게 먼저 가서 제자들을 삼으며, 그들에게 세례를 주라고 말씀하셨다. 그리고 예수님께서 첫 제자들에게 하라고 가르친 것과 똑같은 일들을 할 수 있도록 가르치라고 분부하셨다. 이것이 지상명령이다. 이런 식으로 해서 태동기에 있던 교회는 복음을 전파하고 병든 자를 치유하며, 귀신들을 쫓아내라는 위임을 받게 되었다.

13) 사도행전에 나오는 초대교회는 복음을 전파하고 병든 자를 치유하며 귀신 들린 자들을 쫓아냄으로써 지상명령을 성취하기 시작했다.

14) 이 명령은 결코 철회된 적이 없다. 따라서 오늘날의 교회도 복음을 전파하고 병든 자를 치유하며 귀신들을 쫓아내라는 명령을 수행해야 한다.

15) 어떤 사람이 그리스도인이 되면 소유권의 변화가 일어난다. 새로운 그리스도인은 하나님에 의해 소유된다(Possessed). 여기에서 소유된다는 말의 의미는 소유권(ownership)을 의미한다. 회심 전에 어떤 사람 안에 존재했던 귀신들은 그 사람이 회심한다고 해서 떠나가는 것은 아니다. 하지만 그들은 회심한 그리스도인을 소유하지는 못한다. 거듭난 그리스도인은 귀신들에 의해 소유되지는 않지만, 그 사람의 삶의 영역은 귀신들에 의해 점령되거나 압박받을 수 있다. 따라서 여전히 귀신의 영향을 받고 있는 그리스도인은 축사를 받아야 한다.

16) 일반적으로 말해서 축사 사역은 오직 그리스도인들을 위한 것이다. 성령으로 충만해질 수 있으며, 그렇기 때문에 또한 귀신들의 재침입의 위험으로부터 보호받아야 하는 것은 오직 그리스도인들뿐이다.

17) 귀신들은 사람들의 죄, 학대, 세대를 타고 역사하는 세력들을 통해 얻은 권리를 가지고 사람들의 어떤 영역들을 점령한다. 귀신들이 가지고 있는 권리들을 인식하고 제거하는 것이 축사 사역의 중요한 부분이다.

18) 그리스도인들에게는 어둠의 세력들을 압도할 수 있는 그리스도의 권세가 주어졌다. 따라서 믿는 자들은 예수님께서 행한 것과 똑같은 방식으로 사람들에게서 귀신들을 쫓아낼 수 있다.

당신은 위의 모든 목록들이 명백한 것이라고 생각할지도 모른다.

하지만 때로 그렇게 명백한 것들이 간과되기 때문에 어둠의 세력들이 활개를 치게 된다. 예를 들어, 어떤 사람들이 자기가 귀신에 들릴 수 있다는 것을 믿지 않으려 한다면, 축사를 필요로 하는 치유는 거의 불가능하다. 왜냐하면 그 사람이 자신의 불신앙을 통해 귀신들에게 자기 안에 거할 수 있는 권리를 주기 때문이다.

이 책의 주요 목적은 치유 사역에 몸담고 있는 그리스도인들에게 귀신들이 가지고 있는 권리들을 제거하고 그 귀신들을 사람(혹은 장소)에게서 쫓아내는 법을 가르쳐 주는 것이다. 그러면 이러한 사역을 통해 귀신들렸던 사람(혹은 장소)이 귀신들린 것으로 인한 결과에서 자유케 될 수 있을 것이다. 나는 이 책이 그리스도의 몸에 치유와 축사를 위한 도우미로서 광범위하게 사용될 수 있기를 기도한다.

2장

준비 작업 — 치유와 축사를 위한 기초적인 가르침

예수 그리스도의 주되심이 도움을 필요로 하는 자들이
해결해야만 하는 가장 중요한 **이슈**이다.
그렇기 때문에 내가 진행하는 모든 **치유 예배** 속에 포함시키는 것이 있다.
그것은 사람들로 하여금 예수님이 그들의 **삶의 주인**이 되기를
원하는 마음을 고백할 수 있는 **기회**를 주는 것이다.
이것보다 더 중요하고 소중한 다른 토대는 없다(고전 3:11 참조).

:: 예수님은 그의 사역을 제자들과 함께 하신다

예수님께서 축사를 사역의 중요한 부분으로 여기셨고, 또한 메시야로서의 사명을 이루는 데 있어서 그것을 전략적인 것으로 여기셨다는 것에는 의심의 여지가 없다. 축사 사역은 사탄과 어둠의 세력들에 대한 예수님의 절대적 권세를 세상에 실증해 보였다. 교회에서 축사 사역에 대해 일어나는 모든 저항의 뿌리에는 바로 이 단순한 사실이 있다.

누가복음 9장 1-2절에는 예수님께서 제자들에게 이 권세를 주셨다고 기록되어 있다. 제자들이 병든 자를 치유하고 귀신들을 쫓아내는 예수님의 권세와 능력을 받은 첫 번째 인물들이었다. 그러나 복음서에는 예수님께서 제자들이 사람들의 질병을 어떻게 치유하도록 기대하셨는지에 대해서는 상세히 기록되어 있지 않다. 마찬가지로 사람들에게서 귀신을 쫓아내는 방법에 대한 지침들도 기록되어 있지 않다.

이러한 이유로 인해 〈축사와 치유〉 제 1권에서 우리가 복음서에 기록된 축사 사역으로부터 배울 수 있는 교훈들을 살펴보는 데 그렇게 많은 시간을 투자한 것이다. 치유와 축사를 가르치시는 예수님의 방법은 주로 경험적이었던 것처럼 보인다.

실제적인 용어들을 사용하면 다음과 같이 축약될 수 있을 것이다.

1) 내가 말하는 것을 경청하라.
2) 내가 하는 것을 지켜보라.
3) 그 다음에 내가 보고 있는 동안에 너희들이 그것을 해보라.
4) 그 다음에는 나가서 스스로 그것을 해보라.
5) 그리고는 돌아와서 그것에 관해 나에게 말하면서 너희들이 당면하는 문제들에 대해 이야기해 보라.

그 다음에···.

1) 내가 말하는 것을 경청하라.
2) 내가 하는 것을 지켜보라. Etc.,etc. (필요한 만큼 여러 번 반복하라). 그러나 내가 곧 하늘로 올라갈 것이라는 것을 기억하라. 따라서 내가 아직 이곳에 있는 동안에 많은 연습을 해보라.

우리는 이런 시스템으로 우리 팀원들을 훈련시키는 것이 매우 효과적이라는 것을 발견했다. 이렇게 하면 모든 종류의 지성과 성품을 지닌 자들이 안전한 환경에서 함께 배울 수 있게 된다.

제자들은 예수님께로부터 3년 동안 이런 식으로 배웠다. 예수님께서 사역을 하시는 것을 바라보는 것은 참으로 멋진 경험이었을 것이다. 그들은 세계 역사 속에서 한 번도 일어나지 않았던 것들을 경험할 수 있었다.

그러나 제자들은 3단계와 4단계가 그들이 받는 훈련의 일부분이라는 것을 발견했을 때에 정말 큰 충격을 받았을 것이다. 누가복음에는 예수님께서 제자들을 정말 그렇게 훈련시키셨다고 기록되어 있다.

"예수께서 열두 제자를 불러 모으사 모든 귀신을 제어하며 병을 고치는 능력과 권세를 주시고 하나님의 나라를 전파하며 앓는 자를 고치게 하려고 내어 보내시며"(눅 9:1-2). 이것이 얼마나 놀라운 파송 명령인가!

예수님께서 제자들을 가르치시는 방법의 첫 부분이 "내가 말하는 것을 경청하라"였다면, 복음서에는 병든 자를 치유하고 귀신들을 쫓아내는 방법에 대한 자세한 가르침들이 있어야 할 것으로 생각된다. 하지만 이상하게도 그러한 내용들은 기록되어 있지 않다. 단지 가서 행하라는 명령밖에는 기록되어 있지 않다. 공식이나 기교들을 배운 후에, 그들이 유능하다는 것을 증명하기 위해 시험을 통과하는 것과 같은 교육을 중요시하는 우리 세상에서는 이러한 것이 별로 호감 있게 보이지 않는다.

:: 예수님의 가르침

그렇다면 우리가 복음서에 기록된 예수님의 가르침에서 발견할 수 있는 것이 무엇인가? 복음서에서 볼 수 있는 것은 하나님 나라에 관한 기본적인 가르침, 즉 사랑과 용서와 형제를 미워하지 않는 것, 그리고 우리가 지금 그리스도인의 삶이라 부르는 기초적인 모습들을 보여 주는 이야기들에 관한 것들이다. 당신은 훈련받고 있는 제자들이 귀신을 쫓아내는 일에 도움이 될 만한 것이 별로 없다고 생각할지도 모른다. 그러나 그것은 잘못된 생각이다. 여기에는 매우 중대한 정보들이 많이 있다.

예수님께서 행하셨던 대부분의 치유 사역들이 가르침을 주는 정황 속에서 이루어졌다. 예를 들어, 누가는 5,000명을 먹이시는 이야기의 서두에서 다음과 같이 설명한다. "무리가 알고 따라왔거늘 예수께서 저희를 영접하사welcome 하나님 나라의 일을 이야기하시며 teach 병 고칠 자들은 고치시더라heal"(눅 9:11).

예수님은 사람들이 겪고 있는 고통이나 질병의 많은 부분들(전부는 아닐지라도)이 죄와 잘못된 관계의 결과 때문이라는 것을 알고 계셨다. 질병과 많은 고통에는 대개 그 배후에 뿌리가 되는 원인이 있다. 예수님께서 행하신 치유가 영원한 가치가 있는 것이라면, 사람들은 기초와 토대가 되는 것들을 그들의 삶 속에 올바로 배치하는 일에 도움이 될 진리들을 반드시 알고 있어야 한다.

뿌리가 되는 원인을 처리하는 것이 지극히 중요하다. 제자들은 근본적인 문제를 해결하는 방법이 축사의 기교가 아니라, 토대가 되는 가르침이라는 것을 배워야 했다. 이것이 엘렐 사역이 시작되기 오래 전에, 그리고 내가 치유 혹은 축사에 관한 중요한 경험을 하기 오래 전에, 주님께서 기도와 환상을 통해 나에게 가르쳐 주신 것이었다. 누가복음 9장 11절의 두 번째 부분은 성령께서 나를 부르고 계셨던 사역을 위해 가장 기초가 되는 것으로서 내 마음에 새겨져 있다. 물론 성령께서 그것을 내 마음에 새기신 것이다. 환영welcome 하시고, 가르치시고teach, 치유하셨다heal. 이 순서가 매우 중요하다.

  사람들이 도움을 구하기 위해 왔을 때에 사랑이 담긴 환영이 주어지지 않았다면, 그들은 경청해야 할 필요가 있는 가르침에 주의를 기울이지 않았을지도 모른다. 그리고 그들이 가르침을 듣지도 않고 또한 이해하지 못했다면, 그들에게 하는 사역은 어렵고 비효율적이었을 것이다. 이것은 배우기에 매우 어려운 교훈이었다. 왜냐하면 사람들에게는 급히 기적이 일어나는 것을 보고 싶어하는 본능이 있기 때문이다.

  인내를 가지고 기초적인 것들을 가르치는 것은 내가 처음으로 치유 사역에 관해 그림을 그릴 때에 생각하지 못했던 것이었다. 그래서 나는 그것에 관해 내가 하나님의 음성을 올바로 들었는지에 관해 질문했다. 그러나 하나님은 나에게 어떤 다른 열쇠들을 주지 않으셨다. 하나님께서 그러한 단순한 가르침을 가지고 하실 수 있고 또한 하실 것들을 볼 수 있도록 내 눈을 열어 준 것은 내가 하나님을 말씀 그대로 받아들이고, 또한 하나님이 하고 계신 일을 그분이 알고 계신다는 것을 내가 받아들였을 때였다.

  주님은 환상 속에서 사람들이 우리가 후에 '치유 수련회'Healing

Retreats라 부르는 것으로 어떻게 나아오는지를 보여 주셨다. 어떤 사람들은 큰 필요를 가지고 있었다. 나는 문제로 가득 찬 사람들과 다양한 신체적인 문제들을 지니고 있는 사람들이 도착하는 것을 보았다. 나는 하나님께서 그들을 치유하는 일에 매우 중대하다고 보여주신 복음의 모든 기초적인 것들을 가르쳤다. 그 후에야 하나님은 그 결과로서 무슨 일이 일어날지에 대해 보여 주셨다.

수년이 지난 후에, 하나님께서 나에게 주신 환상에 그분이 얼마나 신실하신지를 보면서 사람들 앞에서 자주 울었다. 나는 사람들이 가르침을 받고, 그러한 가르침들을 통해 그들의 삶 가운데 형성된 견고한 진들이 허물어짐에 따라 치유와 축사가 일어나는 것을 보기 시작했다.

우리가 귀신들을 쫓아내기 위해서는 어둠의 세력들에 대해 권세를 취해야 하지만, 사람들을 자유케 할 수 있는 능력을 지니기 위해서는 진리인 예수님의 가르침을 마음에 새겨야 한다. 우리가 그 진리를 가르칠 때에는 메마른 신학을 가지고 사람들을 지루하지 않게 해야 한다. 그리고 그들이 하나님에 의해 거절을 당했다거나 정죄받았다는 느낌을 주지 않도록 해야 한다. 잘못하면 그들은 하나님이 너무 멀리 떨어져 계시기 때문에 그들에게 관심이 없다고 느낄 수도 있을 것이다. 그들은 마음속에 있는 죄악에도 불구하고 그들에게 많은 것들을 베풀어 주신 하나님의 사랑에 의해 매료 당했다. 이러한 가르침이 적중했고, 치유의 기적들이 일어나기 시작했다.

우리 팀원들은 패트Pat라는 여성을 잊지 못할 것이다. 그녀는 우리가 초창기에 주최했던 치유 수련회의 첫날 밤에 참석했었다. 그녀는 상처를 준 사람들을 용서해야 한다는 나의 가르침을 듣고 분노하면서 발을 동동 굴러 댔다. 그녀는 30년 동안 쓴 마음을 품고 지냈으며, 아무도 그 쓴 마음을 버려야 한다고 말해 주는 사람이 없었다.

집으로 돌아간 그날 밤 주님께서는 그녀로 하여금 잠을 이루지 못하게 하셨다. 그녀는 새벽 1시 30분경 침대에 앉아서 순종하기로 결심했다. 먼저, 그녀는 자신이 용서해야 할 필요가 있는 사람들의 목록을 적었다(그녀는 후에 이것을 '미움' 목록이라 불렀다). 그리고 그 목록을 따라 기도하면서 그들 모두를 용서했다. 모두를 위해 용서하는 기도를 한 후에 깊은 잠을 이룰 수 있었다.

다음날 아침 그녀는 시계 소리에 의해 잠에서 깨어났다. 이것 자체로 매우 놀라운 기적이었다. 왜냐하면 전날 밤에 양쪽 귀에 착용하고 있던 보청기를 빼어 놓았기 때문이다. 그녀의 한쪽 귀는 거의 들을 수 없는 상태에 있었고, 다른 한쪽 귀는 약 20퍼센트만 들을 수 있는 상태에 있었다. 그녀의 청력이 회복되도록 기도해 준 사람은 아무도 없었다. 그날 밤에 하나님께서 홀로 기적을 일으키신 것이다. 그녀는 다음날 아침 우리에게 달려와서 전날에 일어난 모든 일들을 들려 주었다.

수련회가 끝날 무렵에 그녀는 자신의 허리를 위해 기도해 달라고 요청했다. 사실 그녀가 이 수련회에 참석한 것은 허리 때문이었다. 우리는 그녀에게 성령의 능력이 얼마나 강력하게 역사하는지를 지켜보았다. 그녀는 하나님의 기름 부으심이 너무도 강력해 곧게 서 있을 수 없었다. 결국 그녀는 바닥에 쿵하고 쓰러졌다.

그녀는 하나님께서 그녀의 허리를 만지시는 것을 느꼈다. 시간이 어느 정도 지난 후에 그녀가 일어났다. 그리고는 그녀의 허리를 고정시키기 위해 착용하고 있던 무거운 플라스틱 보조기구를 벗은 후 몸을 이리저리 움직이기 시작했다. 하나님께서 놀라운 기적을 행하셨다. 의사들은 그녀의 허리가 너무 심하게 손상되어서 12개월 안에 그녀가 휠체어에 타야 하며, 결코 다시는 걸을 수 없다는 진단을 내렸었다.

하나님은 정말 자기가 한 말을 지키셨다. 이것이 용서에 대한 가르침이 절대적으로 필요한 전형적인 사례였다. 그녀는 이 가르침이 없었다면 치유를 받지 못했을 것이다. 그녀의 신체 상태는 부분적으로 그녀를 통제했던 쓴 마음의 결과였던 것 같다.

:: 기본적인 원리들

하나님께서 치유와 축사를 위한 준비를 위해 우리에게 주신 기본적이면서 토대가 되는 가르침은 이제까지 치유 수련회와 집회와 교회에서 수백 번 이상 반복되었다. 이러한 가르침은 새로운 것이 아니다. 왜냐하면 그러한 모든 가르침들은 이미 성경 안에 들어 있기 때문이다.

여기에 요약된 것들은 복음서에 함축되어 있는 중요한 가르침들의 일부분으로서, 치유와 축사 사역을 위해 준비하는 자들을 훈련시키는 데 있어서 매우 효과적인 것으로 입증된 것들이다.

하나님 앞에서 우리는 누구이며 어떤 존재인가?

많은 사람들은 수년 동안 교회에서 신앙생활을 했음에도 불구하고 하나님께서 그들을 어떻게 창조하셨고, 그분이 창조한 세상에서 어떻게 살아가기를 원하시는지에 대해 거의 혹은 실제적인 이해를 하지 못하고 있다. 이러한 현상을 보면서 나는 깜짝 놀라지 않을 수 없었다. 따라서 하나님께서 우리를 몸과 혼과 영적인 존재로 창조하셨다는 기본적인 정보가 우리 가르침에서 빼어놓을 수 없는 부분이 되었다.

많은 병자들에게는 그들의 신체적 증상들이 그들의 감정에 뿌리를 두고 있을 수 있다는 것을 깨닫는 것이 심오한 계시였다. 또한 그들의 아버지가 과거에 어린 그들을 대한 잔인한 방법들과, 40년이 지난 후 지금 그들이 경험하고 있는 상태들 사이에 어떤 관련이 있을 수 있다는 것을 깨닫는 것도 그들에게는 커다란 계시였다.

질병은 어떻게 오는가?

우리를 구성하고 있는 한 부분 혹은 모든 부분(몸, 혼, 영)에 질병이 걸릴 수 있다. 혼은 또한 세계의 주요한 요소들(생각, 감정, 의지)로 구성되어 있으며, 이 셋 중의 하나 혹은 모두에 병이 걸릴 수 있다. 우리는 또한 우리 삶의 영역들에서 역사하고 있는 악한 영(귀신)의 존재로 인해 병에 걸릴 수도 있다.

이렇게 볼 때에 사람들이 병에 걸릴 수 있는 주요 형태들에는 다음과 같이 여섯 가지가 있다.

1. 몸의 질병

몸에 일어나는 질병은 쉽게 확인될 수 있다. 몸의 어떤 기관이 상해로 인해 제 기능을 하지 못하거나 손상되었을 때에, 혹은 어떤 이유로든지 우리 몸이 바이러스에 감염되어 그것을 이겨낼 수 없을 때에, 병에 걸린 것으로 간주된다.

2. 정신의 질병

정신은 뇌와는 다르며, 혼의 한 부분이다. 예를 들어, 우리는 신체적 질병으로 여겨지는 뇌 암에 걸려 있지만, 동시에 건전한 정신을 갖고 있을 수 있다. 이와 반대로, 뇌에 어떤 질병도 없으며 신체적으로는 매우 건강하지만 정신은 통제 불능인 사람들이 수없이 많다. 어떤 사람이 자신의 정신 기능을 통제할 수 없을 만큼 혼란스러워할 때에 우리는 그 사람을 정신병에 걸렸다고 말한다.

3. 감정의 질병

감정은 우리의 느낌이다. 우리는 감정이 상할 때에 두 가지로 반응할 수 있을 것이다. 첫째는 상처를 올바로 표현해 고통에 대한 상처를 치유받을 수 있을 것이다. 둘째는 상처를 억압해 단기적 고통과 때로 장기적 손상을 초래할 수 있을 것이다.

예를 들어, 어떤 소녀가 자기 아버지에 의해 성적 학대를 당하면, 감정적 고통이 심화된다("아빠가 왜 나에게 이렇게 하지?"). 그러나 그녀는 "말하면" 자신에게 무슨 일이 벌어질지 모른다는 두려움 때문에, 보통 아픔을 억제하고, 그 결과 치유받을 수 없게 된다. 그러면 장기적인 감정적 손상과 귀신들림이 일어날 수 있다. 이렇게 되면 매우 파괴적인 결과가 초래될 수 있다. 예를 들어 성적인 문제 때문에 결혼 관계가 와해될 때에는 수년이 지나서야 고통스러운 감정의 상처가 밖으로 드러나기도 한다.

4. 의지의 질병

많은 사람들은 지혜로운 결정을 내릴 수 있는 의지력이 없기 때문에 질병에 걸린다. 그들은 잘 알려진 성경구절에 묘사된 상태에 빠져 있다. "마음은 원이로되 육신이 약하구나"(마 26:41). 그들은 의지가 너무 약해 사람들이 그들에게 행사하는 압력에 저항할 수 없거나, 혹은 그들의 육신 앞에 놓여 있는 시험들을 이겨낼 수 없다.

5. 영의 질병

사람들에게 필요한 가장 중요한 치유는 하나님과 그들의 영적인 관계가 회복되는 것이다. 예수님과 개인적이고 인격적인 관계가 없는 사람의 영은 죄 때문에 죽은 것이다(매우 심하게 아픈 것이다). 그렇기 때문에 그런 자들의 영은 다시 태어나야 한다. 성령님은 거듭난 사람을 충만하게 할 수 있다. 우리에게 치유의 선물을 가져다 주며, 축사를 받은 후에 귀신들이 우리 안으로 다시 들어오지 못하게 할 수 있는 권세를 주시는 분이 바로 성령님이시다.

때로 사람들은 문제를 만남으로써 자기들이 하나님과의 교제 밖에 있다는 것을 깨닫는다. 그들은 성령 안에서의 삶과 육신적인 삶의 결과들 사이에 어떤 연관성이 있다는 것을 깨닫게 되면서 하나님을 아는 것이 절대적으로 필요하다는 것을 경험하게 된다. 어떤 사람들은 주변에 있는 사람들에 의해 영이 완전히 짓눌리기도 한다.

그들은 존재 핵심이 짓밟힌 것 같은 느낌을 갖게 된다. 따라서 어떤 사람에게든지 영의 치유가 가장 중요하며 우선적인 치유이다. 그러한 치유는 영원한 결과들뿐만 아니라, 이 땅을 사는 동안에 누릴 수 있는 결과들도 초래한다.

6. 귀신의 역사로 인한 질병

사람이 질병에 걸릴 수 있는 또 하나의 형태는 귀신의 역사를 통해서이다. 나는 어둠의 세력들에 대해서 그리고 악한 영들의 실체와 그들이 우리 삶 가운데에서 행할 수 있는 것들에 대해 설명할 때에, 사람들에게 질병에 걸릴 수 있는 또 하나의 이유가 있다는 것을 깨닫게 해주는 것이 그들에게 큰 안도감을 준다는 것을 발견했다.

병에 걸릴 수 있는 위의 여섯 가지 형태들은 상호 배타적이지 않다. 예를 들어, 신체장애가 오랫동안 지속되면 또한 감정이 고통을 받고 손상을 입을 수 있다. 모두는 아닐지라도 대부분의 사람들이 이러한 식으로 고통을 당하고 있다. 장기적인 질병을 앓고 있는 사람들의 경우에는 거의 항상 사역을 하는 도중 어느 시점에서 귀신의 영역을 다루어야 한다. 치유 사역을 할 때에 이 부분을 다루지 않는다면, 처음에는 호전되는 것 같은 느낌을 받을 수도 있다. 그러나 그들 안에는 여전히 더 많은 증상들과 질병들을 일으킬 수 있는 잠재적인 뿌리가 있다는 것을 알아야 한다.

사람들이 질병에 걸릴 수 있는 형태들을 이해하면 그들로 하여금 어떤 심각한 요소들이 그들의 삶 속에서 역사하고 있는지를 발견하는 데 도움을 줄 수 있을 것이다. 치유 사역을 할 때에 처음부터 이러한 것들을 설명하면 사람들은 그들이 들은 것이 정말 중요하며 또한 그들과 상관성이 있다는 것을 깨달으면서 하나님의 음성을 듣는 일에 훨씬 잘 개방될 수 있다. 이것이 우리의 사역 경험을 통해 발견한 원리이다.

다른 사람들을 용서해야 함

주기도문에서 예수님은 우리가 다른 사람들의 죄를 용서해 주어야 우리의 죄가 사해질 수 있다는 것을 분명히 말씀하셨다. 예수님은 마태복음 6장 15절에서 다음과 같이 말씀하심으로써 이 가르침을 다시 강조하셨다. "너희가 사람의 과실을 용서하지 아니하면 너희 아버지께서도 너희 과실을 용서하지 아니하시리라." 용서하지 않는 쓴 마음을 품은 자들은 이 말씀을 들을 때에 매우 심각해질 것이다. 왜냐하면 아무도 자신의 죄가 용서받지 못할 것이라는 말을 듣고 싶어 하지는 않기 때문이다. 그러나 이것은 분명히 하나님으로부터 받을 필요가 있는 것들을 다른 사람들에게는 주지 않고자 하는 자들에게 하시는 예수님의 말씀이다.

많은 사람들은 당신이 믿는 것 혹은 행하는 것이 별로 중요하지 않다고 생각하고 싶어 한다. 왜냐하면 그들은 하나님께서 당신을 너무도 사랑하시기 때문에 당신을 용서하지 않으시거나, 혹은 당신이 하나님 나라에 들어가는 것을 막지 않으실 것이라고 믿기 때문이다.

하지만 그러한 신앙은 성경의 가르침과 일치하지 않는다. 어떤 사람들은 이미 고통당하고 있는 자들에게 그렇게 강경한 진리를 말하는 것이 지나친 처사라고 할지도 모른다. 그러나 나는 예수님께서 분명히 보여 주시고 가르쳐 주신 진리를 사랑으로 말하지 않는 것이 그들에게 더 해롭다는 것을 말하고 싶다.

우리는 사역을 하면서 깊은 사랑과 긍휼히 여기는 마음으로 진리를 나누는 것이 사람들로 하여금 서로 용서하고, 또한 용서받는 것을 가능하게 한다는 것을 발견해 왔다. 사람들이 용서받았다는 것을 아는 것 - 때로 그들의 인생에서 처음으로 - 은 그들이 경험할 수 있는 가장 중요한 치유의 경험이 될 수 있다. 진리를 적용함으로써 어둠의 세력들이 지니는 영향력이 파괴될 때에 주어지는 위안과 안도감은 정말 심오한 것이다.

우리는 어떤 사람 안에 거하는 악한 영들이 그들이 사용할 수 있는 모든 무기들을 사용해 그 사람이 누군가(예를 들면, 성적으로 자기를 학대한 사람)를 용서한다는 말을 하지 못하게 하려 할 때에 엄청난 전투가 벌어지는 것을 여러 번 목격했다. 귀신들은 그 사람이 말을 할 수 없도록 목소리를 빼앗으려 할 수도 있다. 또한 그 사람으로 하여금 사역의 자리를 피하고 싶은 마음을 들게 하거나, 그의 호흡을 곤란하게 하거나, 계속 산만한 생각들을 가져다 주거나, 갑자기 설사를 일으키거나, 턱에 경련을 일으키거나, 스스로 목을 졸라 질식시키려 하기도 한다. 한마디로 말해서 악한 영들은 성경의 진리가 적용되는 것을 막기 위해 그들이 할 수 있는 모든 것을 하려 한다.

일단 진심어린 용서의 말을 하게 되면, 용서하지 않는 죄를 통해 그 사람을 조종하고 있던 귀신의 세력이 힘을 잃게 되며 그 결과 축사가 일어날 수 있다. 우리는 어떤 다른 영적인 방법을 사용할 때보다 용서의 원리를 적용할 때에 더 많은 치유와 축사가 일어나는 것을 경험했다.

교회가 이전에 이러한 기본적인 진리들을 알지 못했던 것은 아니다. 그러나 교회는 단순히 예수님께서 말씀하신 진리를 사람들에게 말할 용기나 확신을 갖지 못했던 것 같다. 어떤 신학자들은 의문을 지니며 이성적인 사고를 지닌 사람들을 위해 예수님의 가르침을 수정하기도 했다. 하지만 이렇게 해서는 어떤 사람들에게도 치유와 축사를 가져다 주지 못할 것이다. 오직 변하지 않는 예수님의 진리와 그분의 가르침을 적용할 때에만 마음mind의 온전한 변화를 통해 하나님께서 당신의 내면을 변화시킬 수 있을 것이다(롬 12:2 참조).

우리가 사역을 하면서 발견한 것은 사람들이 너무 심한 상처를 받았을 때에는 먼저 의지적인 행동을 통해 용서하기로 선택할 수 있다는 것이다. 그러나 주님께서 계속해서 치유를 일으키실 때에, 고통의 층들이 표면에 드러날 수 있다. 어떤 사람들에게는 그들이 받은 상처와 관련된 고통이 존재하지 않을 때까지 계속 용서하는 것이 필요할지도 모른다.

시몬 베드로가 얼마나 많이 용서해야 하느냐고 물었을 때에 주님께서 "일흔 번에 일곱 번씩"이라고 주신 대답은 어떤 사람이 자기에게 준 일련의 다른 상처들을 계속해서 용서해 주는 것뿐만 아니라, 똑같은 상처에 대해 똑같은 사람을 계속해서 여러 번 용서하는 것(다른 수준의 고통이 드러날 때)에도 적용될 수 있다.

자신의 죄를 고백하고 용서하기

다른 사람들을 용서하지 않는 것 다음으로 악한 영들의 세력과 질병들을 감싸 주는 최고의 요소는 숨겨진 채 고백되지 않은 죄일 것이다. 사람들의 삶에 계속해서 해를 입혀 온 많은 숨겨진 죄악들은 수년 전, 심지어 어린 시절로 거슬러 올라가기도 한다. 많은 사람들은 이러한 죄악들(종종 성적인 죄악들)은 너무 심해서 결코 용서받을 수 없을 것이라는 죄의식에 시달리고 있다. 요한 1서 1장 9절의 말씀은 죄를 지었다는 것을 아는 사람들에게 줄 수 있는 매우 중요하면서 가장 좋은 구절이다. "만일 우리가 우리 죄를 자백하면 저는 미쁘시고 의로우사 우리 죄를 사하시며 모든 불의에서 우리를 깨끗하게 하실 것이요." 이것은 그리스도인들에게 주어진 말씀이었다. 따라서 우리는 요한이 그리스도인들도 죄를 지을 것이라는 것을 기대하고 있었다는 것을 알 수 있다. 우리가 죄를 지을 수 있고 또한 죄를 짓는다는 것은 자명한 사실이다.

감사하게도 자비하신 하나님께서 우리의 타락한 본성에 대한 해결책을 제공해 주셨다. 우리는 죄를 지으면 하나님의 용서를 받아야 하고 받을 수 있다. 그러나 죄의 결과로 인해 우리가 질병에 걸리고 귀신에 들릴 수 있다는 것을 알아야 한다. 혹은 이 두 가지 모두에 걸릴 수도 있을 것이다.

많은 그리스도인들에게 있어서 야고보서 5장 16절의 말씀은 요한 1서 1장 9절의 말씀보다 받아들이기에 더 힘든 것 같다. "이러므로 너희 죄를 서로 고하며 병 낫기를 위해 서로 기도하라…." 대부분의 사람들은 그들의 죄가 개인적인 것으로서 오직 하나님께만 고백하면 되는 것으로 생각한다. 그들이 행한 것을 다른 사람들에게 이 야기하는 것이 쉽지 않다. 그렇게 하는 것은 그들에게 견딜 수 없는 수치심과 당혹스러움을 불러일으킬 수도 있다. 그러나 야고보가 5장에서 말하고 있는 것은 기름을 바르고 기도해 줄 장로들을 부르는 병든 자들에 대한 것이다. 치유가 일어나기 전에 죄에 대한 고백이 먼저 일어난다.

여기에 함축되어 있는 의미는 질병이 때로 죄의 결과로 일어날 수 있다는 것이다. 그러한 경우들에는 치유받기 위해 먼저 죄의 문제가 해결되어야 한다. 하나님은 때로 우리 삶에 질병이 발생하는 것을 허락하심으로써 우리의 관심을 끌어 우리에게 말씀하시려는 것을 분명히 전달하고자 하신다. 하나님이 질병을 일으키는 것이 아니다. 질병은 때로 개인적인 죄와 우리가 살고 있는 타락한 세상의 결과로서 허락된다. 지속되는 죄악은 귀신이 들어올 수 있는 최고의 입구이며, 귀신들은 우리 안에 종종 질병을 가지고 들어온다.

우리는 상담 사역을 하면서 과거의 죄들에 관해 판단하지 않으면서도 그것들에 직면하게 함으로써 빛으로 나아오게 하는 것이 사람들로 하여금 축사받도록 준비시키는 데 있어서 매우 중요하다는 것을 발견했다. 하나님은 이 과정을 왜 그렇게 중요하게 여기시는가?

여기에는 몇 가지 이유가 있다.

1) 우리의 가장 악한 부분을 알면서도 여전히 우리를 사랑하는 분이 적어도 한 사람이 있다는 사실을 아는 것이 우리에게 축복이 아닐 수 없다.

2) 우리가 미래에 죄를 짓는 것을 가장 잘 억제시켜 주는 것들 중의 하나는

누군가 이미 우리의 연약함에 관해 알고 있다는 사실이다.

3) 치유와 축사 사역은 두세 사람이 한마음으로 연합해 기도하는 성경의 원리에 의해 강화될 것이다(마 18:19).

4) 자기 기만은 우리 죄에 대해 알면서도, 필요하다면 우리가 책임을 지는 삶을 살 수 있도록 기꺼이 돕고자 하는 경건하고 성령 충만한 사람이 곁에 있다면 큰 위험이 되지 않는다.

5) 우리 안에 견고히 형성되어 있는 악하고 견고한 진들의 뿌리에는 보통 죄가 있으며, 이것을 극복하기 위해서는 때로 축사가 필요할 것이다.

6) 감정적인 치유와 같은 다른 영역들에서의 치유도 필요할 것이다.

하나님께서는 제 3자의 간섭 없이도 주권적으로 치유하실 수 있지만, 예수님은 제자들에게 가서 병든 자를 치유하라고 지시하셨다. 그리고 우리의 경험으로 볼 때에 이러한 분야에서 제 3자에 의한 예리한 사역이 보통 더 효과적이다. 또한 제 3자는 병든 자를 위해 객관적으로 하나님의 음성을 들을 수 있다.

예를 들어, 부자였던 젊은 관원은 마음의 죄와 직면해야 했다. 그의 마음속에서는 부에 대한 사랑이 하나님에 대한 사랑보다 더욱 컸던 것이 분명하다. 죄는 드러내어서 고백하고 회개를 통해 처리되어야 한다. 그런 후에야 큰 확신을 가지고 치유와 축사 사역을 할 수 있다. 그렇게 해야 사역이 효과적이고 오래 지속될 것이다.

어떤 사람이 죄를 고백하는 것을 듣는 것은 특권이면서 동시에 책임이다. 따라서 이러한 특권과 책임의 위치에 있는 사람들은 항상 비밀을 지켜야 한다. 다른 사람들의 죄에 대해 결코 소문을 내어서는 안 된다. 그리고 절대로 다른 사람들을 판단하지 않는 겸손한 태도를 지녀야 한다.

죄를 고백하는 것을 경건의 훈련의 한 부분으로 여기는 전통을 지닌 그리스도인들은 이것에 대해 전혀 문제가 없을 것이며, 이런 식으로 죄를 다루는 것의 중요성을 쉽게 이해할 것이다. 그러나 이러한 사람들이 주의해야 할 것이 있다. 죄를 고백하는 것이 죄에 대한 진정한 뉘우침으로 일어나는 참된 반응이 아니라 단순히 전통의 한 부분이 된다면, 죄를 고백하는 행위 그 자체가 용서받고 치유받는 과정에서 장애물이 될 수 있을 것이다.

이 말이 좀 심하게 들릴 수도 있을 것이다. 그러나 '고백' confession이라는 말을 잘 이해하면 그것이 합당한 말이라는 것을 알게 될 것이다. 하나님께(혹은 다른 사람에게) 죄를 고백하는 것은 우리가 잘못한 것을 하나님께 말한다는 의미가 아니다. 하나님은 전지하신 분, 즉 모든 것을 아시는 분이시다. 그분은 이미 우리가 지은 죄에 대해 알고 계신다. 고백한다는 단어는 단순히 우리가 잘못한 것을 하나님께 말하는 것을 넘어서는 의미를 지니고 있다.

죄를 지으면 반드시 그 죄를 시인해야 한다. 사람들은 자신이 행한 것을 인정하고, 그 행위로 인해 일어난 결과들과 그 결과에 연루되어 있는 사람들이 존재하는 상황을 어떻게 바로 잡을 것인지를 결정해야 한다.

고백한다는 말의 일차적인 의미는 죄에 대한 하나님의 판결에 동의하며, 죄를 짓는 행위가 하나님께 반역하는 행위라는 것을 인정하고, 죄악된 행동에 대해 회개하는 것(그러한 행동으로부터 돌아서는 것)

이다. 우리는 죄를 고백한다는 의미를 죄를 짓는 것을 중단하고자 하는 의도가 전혀 없이 단순히 양심의 가책에서 벗어나기 위해 말하는(행하는 것이 아니라) 어떤 것으로 여겨 왔다.

예수님은 우리가 일흔 번에 일곱 번씩이라도 우리의 형제들을 용서해야 한다고 가르치셨다. 이것은 분명히 예수님께서 우리를 계속해서 용서하실 것이라는 의미이다. 그러나 우리가 분명히 알아야 할 것은 우리가 계속해서 고범 죄를 범한다면 예수님이 심히 슬퍼하신다는 것이다. 이러한 삶을 살다보면 언젠가 우리가 생각하기에 고백이라고 하는 것이 하나의 종교적 관행이 되고, 그것으로 인해 생명의 씨앗이 자라는 것이 아니라, 영적 죽음의 악취가 풍겨나게 될 것이다. 참된 고백은 마음에서부터 일어나야 한다.

자신을 용서하기

우리 모두는 실수를 한 적이 있으며, 그것들 중 어떤 것들은 매우 심각한 실수였을 수도 있다. 그것으로 인해 우리는 여러 다양한 방식들로 상처를 안고 살아가고 있을지도 모른다. 집회를 하면서 가끔 사람들에게 "나는 나를 결코 용서하지 않을거야…"라고 말한 적이 있다면 손을 들어보라고 묻곤 한다. 그러면 모임에 참석한 사람들 중 반 이상이 한 번 혹은 그 이상 그러한 말을 통해 스스로를 속박하고 있음을 발견하게 된다.

또한 우리는 과거에 어떤 경험을 하고, 그것으로 인해 스스로를 용서하지 않으려 함으로써 스스로에게 저주를 행사할 수도 있다. 그러면 우리는 사탄이 우리가 행한 것에 대해 죄의식을 가지고 살도록 만드는 일에 동조하는 셈이 된다.

따라서 그러한 태도를 통해 들어온 저주의 영을 사람들에게서 쫓아내는 일이 얼마나 자주 있는지를 발견하는 것은 그리 놀라운 일이 아니다. 성경에는 예수님께서 십자가에서 죽으셨을 때에 우리를 위해 저주가 되심으로 우리를 율법의 저주에서 건져내셨다고 기록되어 있다(갈 3:13). 사탄이 우리 위에 행사할 수 있는 모든 저주들로 인한 효과는 갈보리에서 해결되었다. 따라서 우리가 스스로를 용서하지 않으려 한다면 예수님께서 십자가에서 우리를 위해 이루어 놓으신 일을 거부하는 것이다.

저주를 이해하고 그것이 어떻게 역사하는지를 이해하는 것이 축사 사역에서 매우 중요하다. 저주의 핵심은 우리나 다른 사람들을 대항해 말해지거나 행해진 어떤 것으로서, 귀신들에게 그들의 능력을 사람들에게 행사할 수 있는 권리를 준다.

저주는 어떤 사람들의 악의를 통해 행사될 수 있다. 예를 들면, 명백한 주술이나, 어떤 사람들의 마음속에 도사리고 있는 다른 사람들을 향한 증오를 통해서도 행사될 수 있다. 막달라 마리아가 값비싼 향유를 예수님께 부은 것에 대해 종교적 지도자들이 쏟아 부은 말은 사실상 저주였다. 그때에 예수님께서 그녀가 행한 것에 대해 그녀를 즉각적으로 칭송하지 않았더라면, 그리고 그녀를 고발하는 자들을 예수님께서 꾸짖지 않으셨다면, 그러한 저주는 그녀의 마음속에 죄의식의 화살로 영원히 남아 있을 수도 있었을 것이다.

또한 저주는 우리가 올바로 고백했더라면 하나님께서 용서해 주셨을 것에 대해 스스로를 용서하지 않기로 선택할 때에 효력을 나타낼 수 있다. 사탄은 과거에 일어난 실패들로 인해 우리가 스스로를 정죄할 때에 즐거워한다. 예수님은 부활하신 후에 시몬 베드로 안에 이러한 위험이 도사리고 있음을 보셨다. 예수님께서 그 때에 베드로에게 가서서 개인적으로 다시 그를 세워 주지 않으셨다면, 그의 삶이 어떻게 마감되었을까? 그는 아마도 자기가 행한 실수로 인해 쓴 마음과 왜곡된 자세를 품은 채 갈릴리 바다에서 열심히 일하는 어부로서 생을 마감했을 것이다. 또한 그는 '그러한 실수들을 범하지 않았더라면 어땠을까?' 하는 생각도 가지고 있었을 것이다. 그는 예수님을 세 번 부인한 것에 대해 자신을 용서하지 않기로 결심함으로써 자신을 저주 아래로 떨어뜨릴 수도 있었을 것이다.

과거의 실수에 대해 자신을 용서하면 많은 악한 세력들의 뿌리가 근절되는 해방을 경험하게 될 것이다. 용서 후에 따라오는 축사는 겉으로 볼 때에는 자기 저주와 전혀 관련이 없는 것처럼 보였던 영역들에 깊은 치유를 일으킬 수 있다. 그러나 실상 사탄은 사람들을 차별대우하지 않으며, 우리가 죄를 지음으로써 열어 놓은 입구를 통해 우리 안으로 들어오려 할 것이다.

하나님을 "용서하기"

내가 용서하기라는 말에 따옴표를 한 것은 하나님께서 죄를 지을 수 없기 때문이다. 실상 하나님께서 용서받으셔야 할 죄라는 것은 존재하지 않는다. 그러나 나는 잘못된 것들에 대해 하나님을 비난하고, 자신들 혹은 다른 사람들의 죄로 인한 결과들에 대해 하나님께 책임을 지우며 사는 사람들을 많이 보아 왔다. 더 자주 볼 수 있는 현상은 사탄이 이 세상에 형성해 놓은 견고한 진들로 인한 결과들에 대해 하나님께서 비난을 받는 것이다. 이러한 엉뚱한 비난을 하는 사람들은 그들의 삶 속에 저주를 불러일으킬 수도 있다.

해결책은 하나님의 책임이 아닌 것을 하나님의 책임으로 돌리며 비난한 것에 대해 회개하며, 어떤 인간이 죄를 범해 그러한 일이 발생했다면 그 사람을 용서하고, 사탄에게 다음과 같이 선포해야 한다. "우리는 네가 일으킨 일들로 인해 귀신들이 우리에게 접근할 수 있는 토대가 되는 것을 결단코 허락지 않을 것이다." 이러한 면에서 욥기의 첫 몇 장은 매우 계시적이다. 그 장들은 '자연적인' 현상이라고 주장되는 많은 재앙들의 출처가 어떤 것인지 분명히 밝혀 준다.

하나님을 하나님으로 받아들이기

하나님은 하나님이시다. 인간의 입장에서 우리가 원하는 소원들을 아무리 이야기한다 할지라도 하나님을 변화시킬 수는 없다. 하나님은 자신과, 그분의 말씀과, 그의 아들 예수님 안에서 보인 자기의 속성에 대해 항상 진실해 오셨고, 앞으로도 항상 진실하실 것이다.

불행히도 하나님께 만족하지 못하는 자들이 매우 많다. 그들은 하나님께서 어떻게 행동하셔야 하며, 그분이 어떠한 존재가 되어야 하는지에 대해 스스로 창작을 해낸다. 그리고 그들이 마음속에 만들어 낸 그 하나님을 예배한다. 이것은 간단히 말해서 우상숭배이다. 우상숭배가 무엇인가? 인간들이 나무나 돌로 어떤 이미지를 만들어 놓고, 그것에 어떤 특정한 속성들을 부여하며, 그 우상과 관련된 신앙 체계를 만들어 낸 후에 그들의 손으로 만든 신을 노엽게 하지 않기 위해 두려움 속에 사는 것이다.

그러할 때에 정말 무슨 일이 일어나는지 아는가? 귀신이 그 우상 안에 거해, 사람들이 부여한 그러한 속성들을 취한다. 그리고 그러한 우상들을 만들어 낸 자들이 그들의 하나님이 되어버린 우상의 요구들을 어떻게 충족시켜 주느냐에 따라 그 귀신으로부터 보상을 받거나 처벌을 받는다. 그러면 그러한 자들은 그 우상을 지배하는 영의 지시를 받는 귀신에 들리게 된다.

많은 거짓 우상들을 섬기고 있던 헬라와 로마인들은 지성인들이었다. 따라서 그들은 그 우상들 배후에 있는 귀신들이 그런 식으로 그들을 위해 혹은 대항해 역사하지 않았다면 그러한 일괄적인 우상 숭배라는 기만에 쉽게 빠지지 않았을 것이다. 그들에게 어떤 좋지 않은 일들이 벌어지면, 그들은 그들의 신을 노하게 했을 것이라고 생각했다. 따라서 그 신들은 어떤 희생의 형태, 종교적 의식, 혹은 선물로 달래져야 했다.

신을 달래는 형태로 행해지는 제사 혹은 예배 의식은 하나님께서 그의 백성들과 갖고 싶어 하시는 살아 있는 관계를 완전히 압도하고 파괴하는 것이다. 인간의 불순종이라는 죄에 대해 하나님께서 요구하시는 가격은 예수님께서 당신과 나를 위해 죽으셨던 갈보리에서 완전히 지불되었다. 따라서 더 이상의 희생제사가 필요하지 않다. 하나님이 요구하시는 것은 이미 모두 충족되었다. 예수님께서 십자가에서 "다 이루었다"고 하신 말씀과 같이 말이다 (요 19:30).

따라서 사람들이 자기들이 지은 죄를 벌충하기 위한 시도로 종교적인 어떤 것을 행하려 한다면, 그들은 하나님께서 그의 외아들을 갈보리에서 죽게 하신 최고의 사랑의 행위가 충분치 않은 희생이라고 말하는 것이나 마찬가지이다.

사람들은 종종 죄를 벌충하기 위한 시도를 하는 과정에서 하나님께 새로운 맹세를 하곤 한다. 그러한 자들의 마음은 살아 계신 하나님 안에서 참된 안식을 발견하지 못하고 있다. 그리고 그들은 죄로 가득 찬 그들의 마음을 단순히 종교적인 행위를 통해 숨기려 한다. 나는 하나님께서 이러한 종교적인 행위를 얼마나 미워하시는지 점점 깊이 이해하고 있다. 이사야 1장의 메시지는 변하지 않았다. 오늘날에도 그대로 적용되는 말씀이다.

중요한 것은 "하나님께서 나를 받아들이게 하기 위해 내가 무엇을 할 수 있는가?"보다 훨씬 깊고 근본적인 질문이어야 한다. 정말 중요한 것은 하나님께서 이미 행하신 것 안에서 안식을 발견하는 것이다. 그리고 그렇게 하는 이유가 두려움 때문이 아니라 사랑 때문이어야 한다. 따라서 정말 중요한 것은 "당신이 진정 누구를 사랑하는가?" 하는 질문이다.

자기들의 부정한 행동이 드러나면 배우자가 무어라 말할지(혹은 어떻게 행할지) 두려워 남편이나 아내에게 충실한 사람들은 영원히 간음을 범할 위기에 처해 있다. 그러나 배우자를 진실로 사랑하고 서로에게 헌신된 남편이나 아내는 그러한 사랑과 헌신이 부정한 행동을 저지를 수 있는 가능성을 막아 주는 참된 보호막이라는 것을 발견할 것이다.

구약성서는 하나님의 백성들이 다른 신들을 숭배할 때에 그들을 영적으로 간음한 자들이라고 표현한다. 어떤 사람의 영적 마음이 하나님의 사랑 안에 그리고 하나님의 사랑에 의해 정박되어 있지 않다면—자기 아내에게 만족하지 못하는 남편과 같이—그 사람은 헤매다가 결국 다른 신들의 발 밑에 무릎 꿇고 경배할 것이다. 이것이 영적 간음이다. 다른 신에게 마음을 주는 것 말이다. 결국, 모든 영적 간음은 참되고 살아 계신 하나님의 자리에 귀신들을 앉히는 것이다.

심지어 부분적으로라도 사랑에 반대되는 두려움 때문에 하나님을 예배한다면 이것은 사도 바울이 우리에게 경고한 악한 날이 임할 때에(엡 6:13) 온전치 못한 혹은 부족한 예배로 발견될 것이다. 살아 계신 하나님에 대한 거룩하고 합당한 두려움을 갖는 것이 필요하지만, 하나님과 사람 사이에서 오직 두려움만이 그 관계를 유지시키는 요소라면 그 관계는 건강치 못한 것이다.

축사를 통해 치유를 필요로 하는 자들의 삶에서 이러한 요소가 제거되기까지는 오랜 시간이 걸릴 것처럼 보인다. 그러나 꼭 그렇지만은 않다. 예를 들어, 우리에게 도움을 구하기 위해 찾아온 사람들에게 하나님을 사랑하는 아버지로 말하기 시작하면 두려움과 공포로 반응하는 사람들이 많이 있다. 그들에게 있어서 아버지는 그들을 불공정하게 혹은 잔인하게 대하며, 그들을 학대하고, 심지어 아무것도 하지 않으면 그들을 처벌하는 분이기 때문이다.

나는 "나에게 하나님을 아버지라고 말하지 마세요"라고 울부짖은 한 여성을 잊을 수 없다. 그녀의 목소리에는 정말 독소가 들어 있었다. 그녀는 자신에게 말할 수 없는 짓을 행한 아버지를 미워하고 있었다. 따라서 그녀는 하나님이 아버지라면, 하나님도 그녀의 아버지와 같을 것이라고 생각하고 있었다. 그녀는 성장하면서 아버지가 행한 악한 행동들을 하나님께 투영함으로써 하나님의 사랑스러운 모습을 무색케 했던 것이다. 그녀가 예배한 하나님은 그녀로 하여금 사랑으로 반응하게 할 수 있는 분이 아니라, 공포와 두려움 속에서 움츠러들게 하는 분이었다. 따라서 하나님이 이와 같다고 믿은 그녀의 죄악들을 회개하고, 그녀의 아버지를 용서하며, 두려움의 영으로부터 해방되어 치유받는 것이 그녀가 온전해지기 위해 밟아야 하는 필수 과정들이었다.

예수님께서 탕자에 대한 이야기(눅 15:11-32)를 하신 것은 죄인이 어떻게 하나님께 돌아올 수 있는지를 보여 주기 위해서라기보다는 하나님 아버지의 참된 모습을 보여 주기 위함이었다. 그 날 예수님의 말씀을 들은 자들은 그렇게 악하고 유산을 낭비한 둘째 아들이 집에 돌아왔을 때에 아버지가 그를 따끔하게 혼내 주는 말을 하기를 기대했을 것이다.

그러나 아버지는 그렇게 하지 않으셨다. 아버지는 팔을 활짝 벌리고 달려가서 그 아들을 안아 주었다. 그가 집에 돌아온 것을 환영한 것이다. 이것이 하나님 아버지의 속성에 대한 정확한 그림이다. 하나님을 있는 그대로 이해하고 그분의 품으로 달려갈 때에 가장 안전하고 가장 깊은 해방감을 주는 치유의 경험을 하게 될 것이다.

또 어떤 사람들은 기독교적인 언어를 사용해 영적인 모양을 띠고 있는 것을 하나님께 투영하기도 한다. 이러한 자들은 예수님께서 길에 대한 도마의 질문에 답하셨을 때에 말씀하셨던 것을 이해할 수 없을 것이다. "내가 길이요 진리요 생명이니 나로 말미암지 않고서는 아버지께로 올 자가 없느니라"(요 14:6). 따라서 그들은 어떠한 영적인 길이라도 진지하기만 하면 결국 천국으로 통하게 될 것이라고 생각하는 것을 허락하는 신(그들은 이것을 하나님이라고 믿는다)을 만들어 냄으로써 귀신들의 기만에 빠지게 된다. 그들은 분명히 이설이라 할 수 있는 보편 구제설(만인은 결국 구제된다는 설: 역주)을 외치며, 성경과 전혀 맞지 않는 특성들을 하나님께 부여한다.

이러한 보편 구제설을 주장하는 자들이 하나님께 이르는 또 다른 길들을 관장하고 있는 종교의 영들을 쫓아내는 일을 직접 경험한다면 좋을 것 같다. 그러면 그러한 길들이 하나님께 속한 것인지 사탄에게 속한 것인지에 대한 매우 다른 시각을 갖게 될 것이다. 이러한 자들은 귀신들의 정체가 드러날 때에 그것들이 독소를 뿜어 낼 수 있다는 것을 믿기 위해 먼저 그러한 독소를 경험해야 한다.

이설들과 거짓 종교들이 많은 것만큼이나 하나님의 성품에 대한 왜곡들이 많이 존재하고 있다. 이러한 태도들과 신앙들에 대해 회개하지 않음으로써 귀신들의 견고한 진에 갇혀 있는 자들이 많이 있다.

내가 사역을 해준 어떤 사람은 자기 안에서 현상을 드러내면서 떠나려 하지 않는 귀신들로 인해 큰 충격을 받고 당황스러워했다. 나는 그 귀신들이 그 사람이 가지고 있던 어떤 잘못된 신앙으로 인해 권리를 얻었다는 것을 영으로 알 수 있었다. 그는 이전에 뉴 에이지 운동을 매우 추종하는 자였지만, 그 때는 이미 그것을 버린 상태에 있었다. 그럼에도 불구하고 그 사람과 나를 조롱하고 있었던 것은 뉴 에이지의 영이었다.

더 깊은 대화를 해나가는 동안, 그가 이전에 뉴 에이지 운동가로 활동하면서 철저한 채식주의자가 되었다는 것이 드러났다. 먹는 것과 관련해 사도 바울은 다음과 같이 분명하게 말한다. "하나님의 지으신 모든 것이 선하매 감사함으로 받으면 버릴 것이 없나니"(딤전 4:4). 종교적 신앙과 관련된 채식주의는 사람들을 영적으로 묶어 놓을 수 있는 적의 기만이다.

그 사람에게 채식주의를 단념하라고 권했다. 그는 그것이 뭐 그리 중요하느냐고 말하면서 나의 제안을 거절했다. 다시 한 번 그에게 축사 사역을 하려 했지만 결국 실패하고 말았다. 채식주의를 포기하라고 다시 그에게 권했다. 당시에 그는 자유케 되기를 진정으로 갈망하고 있었다. 그래서 그의 삶을 온전히 하나님의 뜻에 맞추기로 선택했다. 그는 채식주의를 포기한다는 말을 매우 힘겹게 입으로 내뱉었다. 그 때에 뉴 에이지의 영이 현상을 드러내기 시작했다. 그리고 그 사람은 그 즉시 자유를 얻었다. 이 사건은 그를 위해 그리고 나를 위해서도 매우 중요한 교훈을 주었다.

진리이신 하나님의 말씀과, 성경과 예수님의 생애를 통해 계시된 하나님의 속성과 본질을 받아들이는 것이 치유와 축사 사역을 세우는 데 필요한 우선적인 기초석이다. 이설을 가까이 하면서 하나님께서 우리의 삶을 축복해 주시기를 기대할 수는 없다. 불을 가지고 장난하는 사람들은 화상을 입기가 쉬울 것이다.

하나님으로 하여금 우리를 받아들이도록 허용하기

하나님을 있는 그대로 받아들이는 것의 전환명제는 하나님께서 우리를 있는 그대로 받아들이도록 허용하는 것이다. 구원은 우리가 오직 받아들이기만 하면 얻을 수 있는 선물이다. 우리가 애씀으로 획득할 수 있는 것이 아니다. 예수님은 우리를 자유케 하기 위해 보혈을 흘려 주셨다. 우리의 구속을 위해 지불된 가격은 하나님께서 가지고 계셨던 모든 것이었다. 오래된 찬송 '있는 그대로 받으옵소서' Just As I Am는 복음의 신학을 완벽하게 표현해 준다.

우리의 상황이 어떠하든지, 일단 우리가 복음을 듣고 그것에 반응했다면 우리는 있는 그대로의 모습을 가지고 예수 그리스도를 통해 하나님께 나아간다. 하늘의 어떤 자리를 얻기 위해 혹은 우리의 구원을 사기 위해 우리가 할 수 있는 것은 아무 것도 없다. 십자가의 경이로움들 중의 하나는 거저 주시는 하나님의 은혜의 선물을 받는 것에서 제외되는 사람이 아무도 없다는 것이다. 오직 죄를 인식하고 고백하는 것만이 필요할 뿐이다.

불행히도 그렇게 거저 주시는 은혜를 받아들일 수 없어 하는 사람들이 꽤 있다. 그들은 인생에서 필요한 것들을 구입하는 일에(거저 받는 것은 2류에 속하는 것이라 간주함), 혹은 그들의 부와 생김새와 옷 혹은 인성으로 사람들을 감명시키는 일에 익숙해 있다. 또한 그들은 복음을 듣고 그들 자신이 죄인이라는 것을 인정한다. 그리고 자신들의 모습을 바라보면서 얼마나 영적으로 엉망인지를 깨닫고, 즉시 하나님을 위한 그들의 이미지를 개선하기 위해 노력한다. 이렇게 이미지를 개선하기 위한 행위는 성가대원이 되는 것으로부터 주일학교에서 가르치는 일을 하는 데 이르기까지 다양할 것이다.

그러한 행위들이 칭찬할 만한 것이지만, 동기가 하나님에게 감명을 주려 하는 것이라면 하나님의 눈에는 아무 소용이 없는 것으로 비춰질 것이다. 우리들 중 아무도 어떤 일을 함으로써 하나님의 눈에 들 만큼 충분히 선해질 수는 없다. 우리가 주로 부활절에 부르는 또 하나의 찬송은 복음의 이러한 국면을 완벽하게 표현해 준다.

죄 값을 치를 수 있을 만큼 선한 다른 사람은 없습니다
오직 그분만이 천국의 문을 열고 우리를 들어가게 하실 수 있습니다.

구원에 관한 한 아버지 하나님에게 감동을 줄 수 있는 것은 딱 한 가지이다. 그것은 예수님께서 우리를 위해 흘리신 보혈을 통해 우리에게 입혀진 의의 의복이다. 사람들이 그들의 죄를 인지하게 될 때에 느끼는 수치심 때문에 하나님을 위해 스스로를 충분히 선한 존재로 만들려 노력하고 싶어진다면, 그것은 대개 귀신들이 형성해 놓은 견고한 진의 역사 때문이다. 우리는 사람들이 종종 죄의식과 수치와 자기 거절과 같은 것으로 인해 자신의 과거에 묶인 채 살아가는 것을 본다. 그 결과 그들은 귀신들에게 묶임을 당하게 되며, 축사와 감정의 치유를 필요로 하게 된다.

스스로를 받아들이기

하나님은 우리를 지금 이 모습 이대로 창조하셨고, 우리 각 사람은 그분에게 특별한 존재들이다. 우리 스스로를 있는 그대로 받아들이지 못하고, 하나님께서 우리에게 주신 개성을 좋아하지 않거나 싫어하는 것은 하나님께서 우리를 만드실 때에 실수하셨다고 말하는 것과 같다. 자기 거절이라는 문제의 뿌리를 가지고 있음으로 인해 깊은 치유와 축사를 필요로 하는 사람들이 많이 있다.

자기 거절은 엄청난 결과를 초래하는 하나의 저주가 된다. 여러 형태의 질병의 뿌리에는 자기 거절이 있으며, 이것으로 인해 안정된 삶을 살지 못하게 된다. 자기 거절은 귀신들이 들어 올 수 있도록 활짝 열려 있는 입구와 같다. 자신을 거부하는 것은 영적 행위이다(영적인 존재인 우리들에게 하나님께서 혼을 주셨고, 현재 우리는 임시적으로 몸 안에서 살고 있다는 것을 기억하라). 자기 거절을 하는 사람들은 귀신들에게 이용당하기 쉽다. 귀신들은 그러한 자들의 삶 속에 들어가 그들을 조정하려 할 것이다.

자기 거절은 이전에 다른 사람들로부터 당한 거절의 경험에 기초해 이루어진다. 자기 거절은 정말 감정적이고 영적인 큰 고통으로 귀결된다. 귀신들은 항상 깊은 감정의 고통을 안고 있는 자들을 이용하려 할 것이다.

어린 아이들 중에는 엄마의 뱃속에 임신되는 순간부터 결코 원해지지 않은 자들도 있다. 그들의 영은 심지어 자궁 속에서도 그러한 거절을 인지할 수 있다. 그들은 태어나는 순간부터 이미 자기들이 귀찮은 존재들이라는 것을 알고 있다. 그들은 자신의 존재에 대한 이유를 모르기 때문에 스스로를 거절하게 된다. 그들은 자기들이 결코 태어나지 말아야 했을 존재들이라는 느낌을 갖게 된다.

어떤 때에는 부모들이 딸을 원했는데 아들이 태어나는 경우가 있고, 아들을 원했는데 딸이 태어나는 경우도 있다. 어린 아이는 부모들의 실망감을 지각한다. 그리고 부모들이 그러한 태도를 지닌 것에 대해 회개함으로써 이것을 바로 잡지 않으려 하거나 혹은 바로 잡을 수 없다면, 그러한 자녀들은 결과적으로 그들의 성sexuality을 거부할 수도 있을 것이다. 이것이 동성애를 야기하는 근본적인 원인들 중의 하나일 수 있다.

어떤 어린이들은 다른 어린이들이 가지고 있는 것처럼 보이는 신체적 골격이나, 멋진 생김새, 지성, 또는 운동 신경을 가지고 태어나지 못할 수도 있다. 이러한 아이들은 비교된다는 느낌을 가지면서, 스스로를 비판적으로 그리고 주관적으로 바라보기 시작한다. 그리고 그들은 자신들이 경험하고 있는 것들이 그들이 어떠한 존재인지에 대한 결과라고 인식하게 된다. 따라서 그들은 문제를 야기시키는 그들 존재의 양태들을 거부하기 시작한다.

사람들은 성인이 되어서도 키가 작고 마르고 뚱뚱하고 예쁘지 않은 것에 대해 반응하는 데 있어서 어릴 때와 동일하게 잔인할 수 있다. 그 결과 자기 거절이 삶의 한 양태가 되어버린다. 신체와 관련해 이와 완전히 대조되는 쪽에 속한 사람들은 성적 학대나 강간 혹은 지나친 아첨으로 이어질 수 있는 지나친 관심 때문에 그들의 아름다움이나 모양을 거부할 수도 있다.

자기 거절의 근원이 무엇이며, 그것이 아무리 이해할 만한 것이라 할지라도, 그것은 죄로서 고백해야 한다. 그러면 사람들 안으로 들어간 귀신들의 축사가 일어날 수 있으며, 나아가 축사 사역과 더불어 항상 필요한 내적 치유까지 행할 수 있는 길이 열릴 수 있다.

어떤 사람들은 평생 동안 지녀왔던 자기 거절에 대한 생각 유형과 행동을 바꾸는 것이 매우 어렵다는 것을 발견할 것이다. 왜냐하면 악한 영들이 그러한 사람들의 자기 거부적 태도를 이용해 하나님의 계획과 목적에 완전히 상치되는 정체성을 갖도록 하기 위해 그들 안에 거짓 인성을 심어 놓았기 때문이다. 이렇게 귀신들이 형성해 놓은 인성은 그들의 참 인성과 매우 밀접하게 뒤섞여 있기 때문에 그 사람을 귀신들로부터 분리해 내기 위해서는 고도의 상담과 영적 분별력이 필요하다.

창조에 대해 영적으로 올바로 이해하고, 우리가 창세 전에 하나님께서 선택하신 영적 존재들이라는 것을 알며, 타락한 이 세상에는 사탄의 영향으로 말미암은 왜곡들이 있을 것이라는 것을 인식하는 것은 심도 있는 영적 도약이다. 단순히 하나님께서 우리를 만드셨을 때에 계획과 목적을 가지고 계셨다는 것을 인식하고, 믿음으로 현재의 나를 그대로 받아들이기 시작하는 것이 악한 영들이 마음껏 뛰놀 수 있는 우리 삶의 많은 영역들에서 사탄의 묶임을 풀어 주는 사역을 하기 위한 토대가 된다.

나는 때로 사람들에게 다음과 같은 것을 큰 소리로 말하라고 외친다.

"나는 특별한 존재이다. 하나님께서 그분을 위해 나를 창조하셨다. 하나님께서 나에게 주신 영과 혼과 육으로 인해 감사를 드린다. 그것들은 하나님이 나에게 주신 선물들이다. 내가 전에 그것들에 대해 지녔던 잘못된 태도들에 대해 회개한다. 나는 나를 거부하고 싶은 마음이 들도록 나에 관해 혹은 나에게 어떤 것들을 말하고 행하고 생각한 모든 사람들을 무조건적으로 용서한다. 나는 나를 창조하신 분께 다시 나의 삶을 드리며, 그분의 선하심으로 인해 기뻐한다."

이러한 식의 기도를 마음으로부터 드리면 인생이 바뀔 수 있고, 귀신들의 견고한 진을 효과적으로 무너뜨릴 수 있다. 치유를 위한 올바른 토대를 세우지 않은 채 귀신들을 쫓아내려 하는 것은 헛된 노력이 될 수 있다.

다른 사람들을 받아들이기

인간의 본질에 대해 모든 사람들에게 적용되는 하나님의 법칙이 있다. 다른 사람들을 있는 그대로 받아들인다면, 그들은 더욱 더 받아들이기 쉬운 존재들이 될 것이다. 그들을 거부한다면 그들은 더욱 못마땅한 자들이 될 것이다. 거부당한 사람은 다른 사람들에게 상처를 입힐 것이다. 상처를 입은 사람은 종종 비이성적으로 행동하며, 자기를 거부하고 상처 준 자들에게 비난을 퍼부을 것이다.

하지만 사람들을 있는 그대로 받아들이는 것이 결코 쉽지 않다. 어떤 사람들과 과거에 지녔던 관계 속에서 그들이 우리에게 불쾌한 말을 하거나 불쾌한 행동을 했다면, 그들을 판단하지 않고 받아들이는 것이 때로 매우 힘들게 느껴질 것이다. 우리에게 상처를 준 사람을 받아들이고, 그 사람의 행동과 관련된 죄를 거부하는 법을 배우는 것이 미래에 온전한 상태를 유지하기 위해 취해야 하는 매우 중요한 단계라 할 수 있다.

예수님은 우리에게 판단하지 말며, 다른 사람들을 비판하거나 정죄하지 말라고 말씀하셨다(마 7:1). 이것은 결코 받아들일 수 없는 행동을 용서해야 한다는 말이 아니라, 그러한 행동에도 불구하고 그러한 행동을 한 사람들을 여전히 사랑해야 한다는 말이다. 예수님은 또한 그 다음 구절에서 다음과 같은 경고의 말씀을 주셨다.

"너희의 비판하는 그 비판으로 너희가 비판을 받을 것이요 너희의 헤아리는 그 헤아림으로 너희가 헤아림을 받을 것이니라"(마 7:2).

우리가 그들을 받아들이는 대신에 판단하고 비판하기 시작한다면 귀신들의 세계에서 어떤 일이 벌어지는가?

첫 번째, 죄로 물든 우리의 자세 때문에, 우리가 참소자인 사탄의 일을 하게 될 것이며, 시간이 지나면서 비판의 영을 가진 자들로 알려질 것이다. 우리가 적과 협력하게 되면, 귀신을 우리 안으로 초청하는 셈이 된다. 그러면 귀신은 우리 안에 들어와 자기의 특별한 특징과 기능들로 우리의 인성을 뒤덮으려 할 것이다.

귀신의 존재는 결코 우리가 범하는 죄에 대한 변명이 될 수 없다. 우리 모두는 선택할 수 있는 자유의지를 지니고 있으며, 귀신이 아무리 강한 압박을 가한다 할지라도, 우리가 그러한 유혹을 이겨낼 방법을 찾고 싶어 한다면 항상 방법이 있을 것이다. 중요한 것은 우리 의지의 성향에 있다. 그러나 참된 회개와 축사가 없이는 그러한 귀신들의 압박을 이겨내는 것이 결코 쉽지 않을 것이 분명하다.

두 번째, 우리는 사탄을 위한 유능한 일꾼이 되어 사탄을 위해 화살을 쏘아 대기 시작할 것이다. 사람들이 우리가 내뱉는 예리한 말들에 의해 상처를 받고 그 상처가 올바로 다루어지지 않을 때에 우리는 귀신들의 전이를 위한 일꾼들이 될 수 있으며, 악한 영은 우리가 부당하게 비판한 사람 안으로 들어갈 수 있다.

많은 결혼 관계들은 배우자 한쪽이 계속해서 직접적으로 혹은 간접적으로(시선이나 빈정대는 행동을 통해) 상대방에 대해 비판적인 언급을 하기 때문에 무너져 내리고 있다. 이러한 관계는 비판을 받는 배우자가 그러한 것을 더 이상 참을 수 없어서 갑작스럽게 떠나는 것처럼 보일 때까지 수년 동안 지속될 수 있다. 그러나 사실 이러한 부정적인 관계는 수년 동안 지속되어 왔을 것이고, 또한 그동안 수백 가지의 크지 않은 죽음의 화살들을 눈이나 혀로 쏘아 댔을 것이다. 다른 사람들은 오랫동안 그 관계를 파괴해 온 유독한 화살을 잘 인식하지 못한다.

부당하고 비판적인 태도는 미묘한 형태의 조종과 통제이다—"내가 원하는 것을 당신이 한다면, 내가 하는 말에 의해 당신이 상처를 받지 않을 것이다." 실상 아무도 이렇게 말하지는 않는다. 하지만 이것이 많은 사람들이 상대방을 조종하기 위해 사용하는 눈에 보이지 않는 위협이다. 그러한 조종은 일종의 주술이다(삼상 15:23). 왜냐하면 그것은 인간을 위한 하나님의 계획과 목적에 위배되는 것으로서 하나님께서 우리 각 사람에게 귀중한 선물로 주신 자유 의지를 파괴시키는 것이기 때문이다.

세 번째, 비판하고 판단하는 영은 가장 해로운 종류의 전염병과 같아서 다른 사람들에게 쉽게 옮겨 간다. 교회에서 어떤 옳지 않은 의견이나 견해를 발설하면, 흔히 소문이 돌기 시작하고, 이내 다른 사람들이 가세하게 된다. 그러면 오래지 않아서 비판의 영이 그 교회를 장악하게 된다. 히브리서에서 나오는 말씀에 주의하는 것이 매우 중요하다.

"너희는 돌아보아 하나님 은혜에 이르지 못하는 자가 있는가 두려워하고 또 쓴 뿌리가 나서 괴롭게 하고 많은 사람이 이로 말미암아 더러움을 입을까 두려워하고"(히 12:15).

나는 이러한 현상이 일어나는 것을 보았다. 정말 독약과 같았다.

비판의 영은 산불처럼 퍼져나갔고, 성령으로 충만한 사람들을 완전히 무너뜨렸다. 그러한 상황을 해결하기 위해서는 전체적인 회개와 정화와 영적 전투가 필요하다.

다른 사람들을 있는 그대로 받아들이지 않는다면 받아들이지 않는 사람과 희생자에게 파괴적인 결과가 오랫동안 지속될 것이다. 그러한 잘못된 태도를 통한 파괴적인 결과는 주로 가족 관계, 특히 부모와 자식들 사이의 관계에서 경험된다. 특정한 개인을 받아들이지 않는 것이 진짜 문제라면, 그 사람은 치유나 축사를 경험하는 것이 쉽지 않을 것이다.

예수 그리스도의 주되심

필사적으로 도움을 필요로 하는 자들이 수없이 많다. 그들은 치유받기를 원한다. 그들은 그들의 삶을 조종하는 증상들을 지니고 있으며, 그것들을 제거할 수 있다면 무엇이라도 하려 할 것이다. 어떤 사람들은 사역을 하는 동안에 우리가 때로 그들의 증상들보다 그들이 예수님과 어떠한 관계에 있는지에 관해 더 관심을 지니고 있는 것을 발견하고 충격을 받곤 한다.

그렇다고 해서 우리가 그들의 상태에 관심이 없다는 말은 아니다. 우리는 그들의 상태에 대해 큰 관심을 지닌다. 그러나 우리는 경험을 통해 모든 사람들이 받을 수 있는 가장 중요한 치유는 하나님과의 개인적인 관계를 통해 영의 치유를 받는 것이라는 것을 배우게 되었다. 영적인 영역에서 계속 약해지면 우리 존재의 다른 모든 영역들이 영향을 받을 것이다. 증상을 치유하는 것이 중요하지만 영적으로 강건함이 치유받은 후 계속해서 건강한 상태로 살아가기 위해 필수적인 요소이다.

예수님께서 "내가 곧 길이요 진리요 생명이니 나로 말미암지 않고는 아버지께로 올 자가 없느니라"(요 14:6)고 말씀하셨을 때에 자신을 높이기 위한 것이 아니었다. 예수님은 가장 단순하고 가능한 방법으로 하나님과 그분의 자녀들 사이에 올바른 관계를 회복시키기 위한 하나님 아버지의 계획들에 대해 말씀하고 계셨던 것이다.

매일 하나님과 교제하는 삶을 살아가는 것에 대해 말할 때에 우리가 해야 하는 정말 중요한 한 가지 질문이 있다. 그것은 "당신의 삶의 주인이 누군가?" 하는 것이다. 슬프게도, 이 질문의 중요성을 간파하지 못하는 그리스도인들이 매우 많다. 그들은 예수님이 하나님의 아들이라는 것과, 예수님이 죽으셨다가 다시 살아나셨다는 것과, 영광스러운 하늘에 올라가셔서 교회 위에 성령을 보내 주셨다는 것과, 어느 날 왕의 왕으로서 그리고 주의 주로서 다시 임하실 것이라는 것을 믿는 것에는 아무런 문제가 없다.

하지만, 그들에게 매일 예수 그리스도를 주인으로 모시고 살아간다는 것은 종종 매우 동떨어진 이야기처럼 들린다. 어느 누구라도 "그분이 주이십니다"라고 노래할 수 있지만, 중요한 것은 그 노래의 모든 가사를 정말로 믿느냐 하는 것이다. 왜냐하면 예수님이 정말 모든 것의 주이시기 때문이다. 하나님은 우리 각자에게 선택할 수 있는 자유 의지를 주셨다. 그리스도인들은 예수님께서 모든 것의 주라는 것을 아는 데서 끝나는 것이 아니라, 또한 예수님을 그들 존재의 모든 영역, 즉 몸과 마음과 감정과 의지와 영 안으로 초대하기로 선택해야 한다. 많은 사람들에게 있어서 예수님을 주로 모시지 못하는 것이 그들이 지니고 있는 모든 문제들의 근원이다. 경건치 못한 삶의 방식이 그들의 삶에 재앙을 야기시키는 상황들을 낳게 한다.

따라서 우리가 행하는 치유와 축사를 위한 대부분의 상담과 기도를 할 때에는 매우 단순한 질문으로 시작한다. "예수님을 당신의 주로 모시겠습니까?" 예수님을 정말 주님으로 모신다면, 성령의 흐름을 막는 것이 전혀 없을 것이며, 악한 영들을 쫓아낼 수 있는 길이 열릴 것이다. 예수님께서 어떤 사람의 주가 되시면, 그 사람 안에 있던 악한 영들의 권리가 무너져 내리기 때문이다. 많은 사람들은 단순히 그들의 삶의 합당한 자리를 예수님께 주지 않으려 하기 때문에 축사 사역을 필요로 하는 지경에 이르게 된다.

많은 사람들은 "어떻게 성령 충만함을 받을 수 있습니까?"라는 질문을 하곤 한다. 그러면 보통 그들에게 "당신의 삶의 주인이 누구입니까?"라는 질문을 함으로써 대답해 준다. 왜냐하면 예수님이 정말 주님이시라면 성령께서는 그들의 삶을 충만케 하시는 것을 기뻐하실 것이기 때문이다. 하지만 그들의 삶의 영역들 중 예수님이 주인이 아닌 부분이 있다면, 성령 충만을 제대로 경험할 수 없을 것이다(또한 성령의 임재를 느끼지 못하는 문제를 지니고 있는 어떤 사람들은 깊은 감정의 치유를 받아야 할지도 모른다는 것을 기억하라. 왜냐하면 다른 사람들이 입힌 상처들로 인해 상한 감정을 가지고 있는 사람들은 그들의 감정 둘레에 보호막을 쳐놓았기 때문에 성령을 포함해 아무 것도 느낄 수 없기 때문이다).

많은 종교적인 사람들은 예수 그리스도가 아니라 종교적 관행이 그들의 삶에서 주인의 자리를 차지하고 있다는 것을 발견할 것이다.

또한 그들은 자기들도 모르게 종교의 영들의 지배를 받고 있기 때문에 하나님의 내주하시는 능력을 진정으로 알 수 있기 전에 그 영들로부터 축사를 받아야 할 것이다.

예수 그리스도의 주되심이 도움을 필요로 하는 자들이 해결해야 하는 가장 중요한 이슈이다. 그렇기 때문에 내가 진행하는 모든 치유 예배 속에 포함시키는 것이 있다. 그것은 사람들로 하여금 예수님이 그들의 삶의 주인이 되기를 원하는 마음을 고백할 수 있는 기회를 주는 것이다. 이것보다 더 중요하고 소중한 다른 토대는 없다(고전 3:11 참조).

:: 결론

치유와 축사를 필요로 하는 자들에게 가장 도움이 되는 가르침은 단순히 복음에 대한 기초적인 진리이다. 그러나 이러한 진리들은 사람들이 그러한 진리들의 중요성을 이해하는 데 도움을 주는 방식으로 제시되어야 한다. 우리는 이러한 이슈들이 사람들의 삶 속에서 직면되어 다루어질 때에야 비로소 예수님을 통해 하나님께 나아오는 자들 위에 하나님께서 큰 능력으로 역사하시는 것을 기대할 수 있을 것이다.

3장

귀신들림의 여러 증상들

온전한 치유를 위해서는 중독자의 내면 깊은 곳에 있는
필요들이 무엇인지를 주의 깊게 평가해 보아야 한다.
하지만 이와 동시에 치유의 과정에서
귀신들의 존재와 역할을 무시한다면, 일반적으로 볼 때에
중독으로부터 벗어나는 것이 불가능할 것이다.

이번 장을 읽는 독자들에게 부탁하고 싶은 것들 중의 하나는 다른 사람들 안의 귀신들을 다룰 때에 여기에 기록된 것들을 교과서처럼 사용하지 말라는 것이다. 이번 장은 그러한 목적을 위해 쓴 것이 아니다. 하지만 축사를 통해 치유하는 엘렐 사역을 하면서 수년 동안 경험해 온 광범위한 것들을 함께 나누고 싶다. 실제적인 관찰결과―이것들의 정확성은 효과적인 사역을 통해 실증되었다―는 상담자들이 귀신들을 직면하는 데 있어서, 그리고 그들이 기도해 주는 사람들을 치유하는 데 있어서 도움을 줄 수 있을 것이다.

하지만 이번 장에 나오는 정보들을 사용할 때에는 단지 여기에서 읽는 정보에 기초해 어떤 사람에 관한 결론에 도달하지 않기를 바란다. 상담할 때에는 내담자의 이야기를 듣는 것과, 주님의 음성을 듣는 것이 절대적으로 중요하다. 하나님은 이 책에서 읽는 것만 의존하는 대신에 영적 분별의 은사를 사용하기를 원하신다. 대부분의 경우에 귀신들 외에도 처리해야 할 것들이 많이 있을 것이다. 귀신들에 의한 영향뿐만 아니라, 더 깊은 치유를 필요로 하는 것들, 특별히 감정에 뿌리를 두고 있는 것들이 없는지를 평가하는 것이 중요하다.

이번 장과 다음 장에는 중첩되는 부분들이 있을 것이다. 의도적인 것이다. 이 두 장은 비슷한 상황들에 상이한 시각을 가지고 접근할 것이다. 이번 장에서는 내담자 안에서 직접 관찰될 수 있으며, 때로 귀신들의 영향 때문으로 귀결될 수 있는 것들을 몇 가지 살펴볼 것이다. 다음 장에서는 귀신들이 우리 삶 속으로 들어올 수 있는(엡 4:27 참조) 여러 경로들을 살펴볼 것이다.

이번 장은 우리가 관찰할 수 있는 모든 증상들을 포함하는 백과사전 같은 역할을 하지는 않을 것이다. 그런 목적으로 쓰지 않았기 때문이다. 단지 가장 흔하게 보이는 증상들에 대한 하나의 지침일 뿐이다. 이번 장은 알파벳 순서로 정렬되었기 때문에, 순서가 먼저 나왔다고 해서 더 중요한 것이 아님을 명심하기 바란다.

∷ 중독

귀신들이 활동하고 있다는 것을 표시해 주는 현저한 특징들 중의 하나는 통제 불능의 행동이다. 이것은 특별히 중독을 일으키는 물질들을 먹거나 사용하는 사람들의 경우에 적용된다.

누군가 자유의지를 통해 자기 행동을 변화시킬 수 없다면, 통제 능력이 그 사람의 손을 떠났다는 것이 분명하다. 화학 중독 물질들

(니코틴과 마약 같은 것들)을 취함으로써 몸 안에 형성된 화학 주기들을 유지하기 위해서는 그와 같은 성분들이 더욱 많이 요구된다. 이런 식으로 자기 몸을 취급하는 것은 그 몸을 성전으로 삼고 계신 성령님께(고전 6:19 참조) 반역하는 것이다. 반역을 하게 되면 귀신들이 들어올 수 있는 문이 열리며, 귀신들은 그 사람을 더욱 중독에 빠져들게 할 것이다.

중독으로부터 해방되기 위해서는 치유받고자 하는 자기 의지를 사용해 자기 몸을 학대한 것에 대해 회개하고, 중독을 통해 들어온 모든 귀신들을 쫓아내며, 그 후로 절제된 삶의 방식을 형성해 나가는 것이 필요하다. 또한 적당히 사용하면 화학적 중독을 일으키지 않는 것들을 과다하게 사용하는 경우에도 이와 비슷한 원리가 적용된다. 알코올, 초콜릿, 설탕, 사탕과 같은 것들이 이 범주에 속할 것이다.

중독에 빠진 많은 사람들의 경우에 있어서 뿌리가 되는 원인은 피상적인 중독보다 훨씬 깊은 곳에 자리하고 있다. 중독은 내면에 있는 문제들을 보충하고자 하는 행동이 밖으로 드러난 것일 뿐이다. 예를 들어 어떤 소년이 정말로 원하는 것이 자기 아버지로부터 경험했던 거절감으로부터 치유받는 것이라면, 단순히 중독을 치유하는 사역을 하는 것만으로는 충분치 않을 것이다. 부모들의 문제가 다루어지지 않는다면, 그 소년은 더 깊은 중독에 빠지든지, 혹은 또 다른 형태의 부정적인 행동을 할 가능성이 크다. 이러한 부정적인 행동은 사실 도와달라는 외침이라는 것을 기억해야 한다.

온전한 치유를 위해서는 중독자의 내면 깊은 곳에 있는 필요들이 무엇인지 주의 깊게 평가해 보아야 한다. 하지만 이와 동시에 치유의 과정에서 귀신들의 존재와 역할을 무시한다면, 일반적으로 볼 때에 중독으로부터 벗어나는 것이 불가능할 것이다.

:: 균형을 잃은 식욕

건강한 식습관과 식욕은 건강한 삶을 위한 중요한 토대이다. 하나님께서 우리에게 주신 몸을 잘 관리하지 않는 것은 성령님에 대한 반역이다. 식생활과 관련해 가장 일반적인 문제는 식욕 부진anorexia과 다식증bulimia이다. 식욕 부진에 걸린 사람은 최소한의 음식만을 섭취하다가 결국 야위고 쇠약해진다. 다식증에 걸린 사람은 음식을 정상적으로 먹는 것 같아 보이지만, 먹은 음식이 몸에 흡수될 수 있기 전에 토해 내려 할 것이다. 이것은 자주 그리고 은밀히 행해진다. 다식증에 걸린 사람은 또한 일반적으로 볼 때에 토해 내기 전에 은밀히 폭식하는 성향이 있다.

이 두 형태의 식습관은 결국 자기 몸에 대한 일종의 반항이다. 이러한 병적인 증상에는 보통 감정적인 뿌리가 있지만, 치유를 위해서는 몸 안으로 들어와 형성된 귀신들의 견고한 진들을 다루어야 한다. 이러한 귀신들에게 문을 열어 준 반항은 다른 사람들, 특히 어머니나 아버지를 향한 것이며, 실제적으로 혹은 그들이 느끼기에 자기들을 학대하는 것에 대해 부모들을 처벌하고자 하는 시도이다. 이것은 인색함이나 욕심과는 다른 것이다. 물론 이 두 형태는 음식을 너무 적게 먹거나 혹은 너무 많이 먹는 것을 야기시키는 악한 영들의 견고한 진들이 될 수 있을 것이다.

또한 사람들은 스스로를 안정시키기 위한 목적으로 음식을 먹기 때문에 비대해질 수 있다. 이런 자들은 욕심 때문에 음식을 많이 먹는 것이 아니라, 그들의 내면에서 느끼고 있는 고통을 숨기기 위해 먹는다.

식습관을 조종할 수 있는 또 다른 악한 영들의 견고한 진들의 뿌리에는 여성들이 받은 성적 학대가 있을 수 있다. 특별히 여자 아이가 성과 관련된 기관들이 발달하기 시작하는 사춘기에 학대를 받았다면 더욱 그러할 것이다. 그러면 그들은 매력적인 몸과 성적 학대를 연결시킬 수 있을 것이다. 그리고 학대받는 것을 싫어해 자기 몸을 추하고 매력 없게 보이게 하기 위해 과식하기로 결정을 하거나, 적게 먹음으로써 쇠약해질 것이다. 그럼으로 생리도 빨리 끝나고 성적 매력이 발달되지 못할 것이다. 이러한 결정들은 의식적이 아니라, 잠재의식 속에서 행해질 수 있다.

특정한 물질들에 알레르기 반응을 보이는 섭식 장애는 이와 다른 종류의 것이다. 이러한 장애를 가진 자들은 어떤 특정한 정상적인 물질들을 섭취할 때마다 불쾌하고, 때로 생명을 위협하는 증상들을 나타내곤 한다. 의학적 치료는 나타나는 화학 반응에 초점을 맞추지만, 그러한 증상을 야기시킨 것이 무엇인가에 대해 질문해 보는 것이 중요하다.

태어날 때에 알레르기적 증상들이 많이 나타난다. 따라서 이러한 증상들은 부모 중의 한 사람으로부터 유전되었을 가능성이 크다. 그렇다면 질병의 영들에게 알레르기를 일으킬 수 있는 권리를 준 어떤 죄악이 가계를 타고 흐르고 있지 않은지에 대해 질문해 보아야 한다. 예를 들어, 우리는 특별히 (마력이 있는) 마시는 약이나 치료약들과 관련된 주술이 가계 안에 있을 경우에 알레르기적 증상을 일으키는 귀신들의 저주가 그 가족들 안에 있을 수 있다는 것을 발견했다.

:: 극단적인 행동들

하나님은 다양성의 하나님이시다. 창조된 세계를 바라보면, 우리는 그 안에서 엄청나게 다양한 창조 질서를 볼 수 있다. 이 세상에는 수십억 명의 사람들이 살고 있지만, 똑같은 생김새를 가진 사람들은 존재하지 않으며, 또한 정확하게 일치하는 은사나 관심사를 지닌 사람들도 없다. 이렇게 다양한 사람들은 또한 그만큼 다양한 행동들을 통해 자기들을 표현한다. 그런데 이러한 표현 행동 양식들에는 받아들일 수 있는 것이 있는가 하면, 또한 받아들일 수 있는 한계를 넘어서는 것들도 있다.

하나님은 사람들이 의미 있는 관계를 맺으면서 함께 살아가도록 만드셨다. 이것을 알고 있는 사탄은 항상 하나님의 계획과 목적에 반대하려 애쓸 것이다. 따라서 사탄이 사용하는 전략들 중의 하나가 사람들로 하여금 극단적인 행동을 하도록 유도하는 것이라는 사실은 그리 놀라운 것이 아니다. 그렇게 되면 그들은 사회로부터 고립되고 또한 거절을 당할 것이다. 지역 교회 안에서 이러한 행동을 하는 자들은 다른 사람들과 참다운 관계를 맺지 못한 채 주변 인물로 남게 될 것이다.

사람들을 친구들과 이웃들로부터 고립시키는 행동 양식들은 매우 다양하다. 그리고 이러한 양식들 중 대부분의 경우에는 귀신들이 역사하고 있다. 귀신들이 이러한 극단적인 행동을 일으키게 했다면, 그들은 대개 잘못된 관계를 타고 들어왔든지, 아니면 조상들의 죄를 타고 들어왔을 것이다.

:: 쓴 마음과 용서하지 않음

예수님은 가르침 속에서 용서의 중요성을 강조하셨다. 예수님은 그것이 단지 중요하다는 것 이상으로 말씀하셨다. 예수님은 우리가 다른 사람들을 용서하지 않는다면, 하나님 아버지께서도 우리를 용서하지 않으실 것이라는 것을 분명하게 말씀하셨다(마 6:15). 이 말씀이 성경 전체에서 가장 엄중한 말씀들 중의 하나이다.

사람들이 용서의 중요성을 깨닫고 예수님께서 하신 말씀의 의미를 이해한다면, 그리고 상처를 주는 사람들은 대개 그들 자신이 예전에 그러한 종류의 상처를 받았기 때문에 그렇게 한다는 것을 이해하면 그들에게 심각하게 상처를 준 사람들까지도 용서하고 싶을 것이다. 하지만 일단 용서하기로 결심하면 내면의 전투가 시작된다. 다른 사람들이 준 상처와 학대로 인해 손상된 내면의 고통을 해결하는 것은 그리 쉬운 일이 아니다.

용서할 필요성을 이해하면서도 그러한 선택을 할 수 없는 사람들은 쓴 마음 혹은 용서하지 못하게 하는 영이 자기를 묶고 있지 않은지를 살펴보아야 한다. 축사 사역을 이해하지 못한다면, 자기에게 상처 준 사람들을 용서함으로써 시작되는 치유를 받는 것이 불가능할 것이다.

∷ 강박적인 행동 유형들

'강박적인 행동 유형들'이라고 말하는 것은 본래는 정상적인 행동들이지만 강박적으로 계속해서 반복하는 것을 의미한다. 손을 지나치게 씻는다든가, 문은 잘 닫혀 있는지, 또는 가스는 잠겨 있는지를 지나치게 확인해 보는 것이 전형적인 실례가 될 수 있다. 그렇게 행동하는 사람들은 그러한 습관을 제거하고 싶어 한다. 그들은 대개 그러한 자기들의 모습을 보면서 저주받았다는 느낌을 갖는다.

한 여자가 하루에 20번 정도 손을 씻는 강박적인 행동으로부터 자유케 되기를 원했다. 그녀의 온 가족 식구들이 그녀의 행동에 의해 영향을 받고 있었다. 그녀는 자신이 왜 그렇게 손을 자주 씻는지를 알지 못했다. 우리가 그 문제의 뿌리를 보여 달라고 성령님께 기도했을 때에, 그녀는 갑자기 심한 두려움에 사로잡힌 것처럼 보였다. 우리는 그녀의 눈에서 한밤중에 방문이 열리는 것으로 인해 공포에 사로잡힌 한 아이의 눈을 보았다.

그날 밤의 공포와 충격을 통해 완전히 숨겨져 있던 기억들이 홍수처럼 밀려왔다. 그녀는 자기 집에 세 들어 살고 있던 사람이 방 안으로 들어와서 그녀를 침대에서 밀어내고 그녀의 손으로 그 사람의 성기를 만지게 한 것을 기억했다. 그 후 그 사람은 아무에게도 말하지 말라고 위협한 후 떠났고, 그녀의 손은 그 사람의 정액으로 덮여 있었다.

그녀는 화장실에 가서 손을 씻었다. 하지만 아무리 세게 문질러도 냄새를 제거할 수 없었다. 그 후 그녀는 계속해서 손을 닦았고, 그 이유를 아는 사람은 아무도 없었다. 그녀는 그날 밤 극심한 두려움과 충격을 통해 들어온 귀신들에 이끌려서 40년이 지난 후에도 여전히 손을 닦고 있었다. 그녀는 축사를 통해 그러한 행동을 치유받게 되었고, 또한 그러한 성적 학대의 다른 결과들로부터 온전한 치유를 받기 위한 여정도 떠날 수 있게 되었다. 이와 같은 강박적인 행동유형이 있는 곳에서는 어디서나 귀신들을 직면하게 될 것이다. 강박적 행동은 귀신들이 역사하고 있다는 것을 알려 주는 하나의 특징이라 할 수 있다.

:: 기만적인 인성과 행동

기만은 사탄을 상징하는 하나의 특징이다. 사람들은 기만을 당하면 유혹에 넘어간다. 하지만 우리 모두는 자유 의지와 올바른 선택을 할 수 있는 능력을 가지고 있다. 사람들이 거짓을 말하거나 기만적인 행동을 함으로써―죄를 지어도 벌을 받지 않고―자기들 방식대로 살아갈 수 있다는 것을 배우면 기만을 당연한 것으로 생각하며 의식적인 선택을 할 수 있을 것이다.

실상 그 때에 그들은 기만의 영을 그들의 도우미로 초청하는 셈이다. 그들이 나중에 도움을 구한다면, 상담자는 거짓으로부터 진리를 구별할 수 있는 분별력을 지니고 있어야 할 것이다. 사실 그러한 사람들은 너무 깊은 기만에 빠져 있어서 자신들도 진리를 말하고 있는지 거짓을 말하고 있는지에 대해 알지 못할 수도 있다. 기만의 영을 몰아내기까지 치유와 축사가 일어날 가능성은 거의 희박하다.

내가 사역을 해준 어떤 사람은 곤경에서 벗어나기 위해 학교에서 거짓말을 하기 시작했다. 그는 자기 거짓말이 통하는 것을 발견하고는 계속해서 거짓말을 했다. 그러다 보니까 그는 사실을 말해도 별 문제가 없을 때에조차도 거짓말을 하고 있는 자신을 발견하게 되었다. 수년이 지난 후 그가 어렸을 때에 행한 잘못 때문에 처벌받을 것이라는 극심한 두려움을 안겨 준 부모들을 용서했을 때에 치유의 과정이 시작될 수 있었다. 그 당시에 그 사람 안으로 들어간 귀신이 한 세대 동안 그를 조종해 왔던 것이다.

:: 우울증

우울증은 매우 다양한 행동 증상들을 포함하는 광범위한 용어이다. 어떤 사람들에게는 우울증이 탈출구가 없는 것처럼 보이는 암흑과 같이 나타난다. 또 어떤 사람들에게는 아무것도 하고 싶은 마음이 없는 의욕 상실, 식욕감퇴, 불규칙한 수면 상태 혹은 집중력 감퇴와 같은 증상으로 나타난다. 또 어떤 사람들은 계절이나 날씨에 의해 영향을 받기도 한다. 이런 사람들은 여름에는 괜찮다가 겨울이 되면 완전히 활력을 잃는다. 특별히 우울증에 쉽게 걸리는 사람들이 있는 것 같다. 예술적이거나 민감한 사람들이 자기들의 창조성을 발휘할 수 있는 길을 찾지 못할 때에 우울증에 잘 걸리는 것 같다.

분명한 원인이 없는 것처럼 보이며, 유일한 해결책이 일시적으로 혹은 영구적으로 약을 먹어야 하는 것처럼 보이는 경우들도 있다. 그러나 원인이 없는 경우는 없다. 어떤 사람들에게는 조상들의 죄나 혹은 그들을 향한 다른 사람의 태도 안에 원인이 있을 수 있다.

우울증이 항상 귀신들에 의한 것이라고 말하는 것은 옳지 않다. 많은 경우에 있어서 우울증의 뿌리는 사람들의 내면 안에 혹은 손상된 관계 안에 있다. 하지만 우울증으로 인해 정기적으로 고통을 당하는 많은 사람들은 또한 귀신들에 의해 영향을 받는다. 일단 내면이 손상을 입은 사람은 귀신들의 공격을 받기가 매우 쉽다. 그러면 그 사람은 자신도 모르는 사이에 자기 안에서 여러 증상들을 일으키는 귀신들의 조종을 받게 될 것이다.

어떤 사람이 우울증에 걸리면, 그 사람이 맺고 있던 모든 관계들이 어렵게 되는데, 특별히 하나님과의 관계가 심한 타격을 받게 된다. 상담자들은 우울증에 걸린 사람들이 이러한 상태에 빠진다는 것을 분명히 이해하고 있어야 한다. 왜냐하면 "정신을 차리고 기도로 주님께 나아가라"고 말하는 순진한 사람들에 의해 더욱 깊이 상처를 받는 사람들이 많이 있기 때문이다. 친구들이 좋은 의도를 가지고 던진 말이 우울증에 빠져 있는 사람들로 하여금 성경을 읽고 기도하고 싶은 마음이 없는 것, 혹은 삶 속에 기쁨이 없는 것에 대해 더욱 죄책감을 가중시킬 수 있다.

안타까운 것은 우울증에 대한 표준적 의학치료가 우울증의 증상을 다스려줄 뿐만 아니라, 우울증에 걸린 사람이 약에 의해 지배를 받고 있기 때문에 사역을 하는 것이 매우 힘들다는 것이다. 약물 치료를 받지 않고 있는 사람의 치유를 위해 기도하는 것이 훨씬 쉽다.

계절에 따른 우울증은 멜라토닌 호르몬(이것은 빛에 의해 억압된다)의 초과 분비와 관련이 있는 것으로 알려져 있다. 따라서 이러한 사람들을 치료하는 과정에는 겨울 동안에 빛을 더 많이 받도록 해주는 방법이 포함되어 있다. 또한 몸 안에 멜라토닌의 초과 분비를 야기시키는 악마적인 저주가 작용하고 있지 않은지를 고려해 보아야 한다. 분명한 것은 조상들이 태양을 숭배하거나 계절들의 특정한 양태들을 숭배함을 통해 귀신들의 저주가 가계를 타고 내려온다는 어떤 증거들이 있다는 것이다. 이러한 경우에 발생하는 우울증은 조상들의 우상숭배를 통해 권리를 얻은 귀신들의 저주 때문에 발생하는 것으로 볼 수 있다.

우울증의 뿌리들은 서서히 드러나기 때문에 그리고 하나님께서도 단계적으로 치유와 축사를 일으키시기 때문에 그러한 자들에게 사역을 하기 위해서는 인내와 분별력이 요구된다.

:: 감정의 동요

우리 모두는 감정을 지니고 있다. 하나님께서는 느낌을 표현하고 인생의 모든 양태들을 즐길 수 있도록 우리에게 감정이라는 것을 주셨다. 하지만 감정은 불균형을 이룰 수 있고, 관계들과 인생의 환경들을 통해 손상될 수 있다. 어떤 사람들은 한 번도 감정적으로 올바른 반응을 할 수 없는 것처럼 보이기도 한다. 그러한 사람들은 지나치게 감정이 풍부하거나, 상황에 전혀 맞지 않는 표현을 하거나, 혹은 완전히 정신 나간 사람처럼 보이기도 한다.

예를 들어, 어떤 사람은 다른 사람들이 사소하게 여기는 문제를 가지고도 가슴을 치며 흐느껴 울 수 있을 것이다. 혹은 이와 정반대로 정말 충격적인 사건을 당해도 전혀 반응을 보이지 않을 수도 있다. 대개의 경우에 있어서 감정적 상태를 동요시키는 주요인이 귀신은 아니지만, 그런 상태를 맨 먼저 일으킨 고통을 통해 들어온 강력한 귀신들이 감정에 영향을 미치는 경우가 대부분이다.

:: 현실도피

사람들이 도망칠 때에 정말 도망가는 주체가 사람들이 아닐 수 있다는 것을 알아야 한다. 우리가 발견한 것은 성령의 강력한 기름부음이 있는 집회에서 오래 머물 수 없어 하는 자들이 있다는 것이다. 그들은 가능한 한 오래 머물러 있기 위해 때로 의자를 단단히 붙잡고 있어야 한다. 하지만 어느 순간이 되면 그들 안에서 어떤 작용이 일어나서 더 이상 머물러 있을 수 없게 된다. 그러면 자리에서 일어나 달려 나간다. 이런 식으로 도망가는 것은 대개 그 사람의 의지가 아니라, 그 사람 안에 있는 귀신들의 의지이다. 이것은 성령의 강력한 기름 부으심 하에 있는 그 사람을 통제하기 위한 귀신들의 수단이다.

그 사람은 대개 무슨 일이 일어나고 있는지를 인식하지 못한다. 따라서 그 사람은 귀신들이 그에게 영향을 미치고 있을 수 있다는 가능성에 대해 알기만 해도 큰 위안을 얻을 수 있다. 때로 사람들은 왜 그러한 일이 일어나는지에 대해 아무것도 알지 못한 채 수년 동안 지내왔다고 말하기도 한다.

어떤 사람들은 성만찬 예배 시에 이와 비슷한 감정을 경험하기도 한다. 그들은 떡과 포도주를 받기 위해 일어나 앞으로 나아갈 수 없어 한다. 혹은 앉아서 떡과 포도주를 받는 경우에는 의자에 앉아 있을 수 없어 한다. 성만찬에 대해 이렇게 강한 반응이 일어나는 것은 대개 그들이 살아오는 동안 어느 순간에 혹은 그들의 조상들이 주술이나 사탄숭배에 관여했다는 것을 지적해 준다.

이렇게 예배나 집회로부터 도망가는 것이 매우 실제적이지만 또한 배후에 강력한 귀신들의 영향이 있을 수 있는 또 다른 형태의 도피가 있다. 사람들은 자신 안으로, 취미로, 텔레비전 시청으로, 드라마 시청으로, 소설을 읽는 것으로 '도피' 할 수도 있다. 그들은 일단 자기들이 선택한 도피처에 빠져들면 다른 사람들에 의해 거의 영향을 받지 않는다.

그러한 행동은 종종 인간관계가 심각하게 붕괴되었음에도 그것을 시인하지 않을 때에 일어난다. 그러한 자들은 관계적 붕괴로 인한 고통을 직면하지 않고도 살아갈 수 있게 해주는 (잘 숨겨지기 때문에) 도피행위들에 심취하는 경향이 있다. 이것이 결혼문제에 대처하는 전형적인 방법이다.

피상적으로 보면 이것은 단지 관계적인 이슈를 해결해야 하는 문제로 볼 수도 있을 것이다. 하지만 일단 결혼한 부부가 하나님께서 원하시는 결혼관계가 아니라 단순히 상호 존속이라는 형태를 선택한다면, 그들은 그들을 위한 하나님의 최선에서 멀어진 셈이다. 사탄은 결혼관계가 하나님께서 의도하시는 대로 가지 않는 것, 혹은 종국적으로 붕괴되는 것을 보며 즐거워한다.

부부가 일단 갈라서기로 결심한다면, 사탄은 그들 안으로 들어갈 권리를 부여받게 된다. 따라서 귀신들은 배우자 중의 한 사람 혹은 모두로 하여금 그들 자신에게 맞는 도피행위를 하도록 유도함으로써 분열을 더욱 조장하게 된다. 한 배우자가 결혼문제를 해결하려 노력한다면, 그 사람은 자기 자신과 배우자의 고통에 직면해야 할 뿐만 아니라, 자기 부부를 갈라서게 하기 위해 힘을 기울여 온 귀신들과도 직면해야 한다.

우리는 꽉 막힌 결혼관계 안에서 이렇게 행동하는 어떤 부부들이 때로 다른 사람들과 다른 환경에 있을 때에는 완전히 다른 사람이 되는 것을 관찰하곤 한다. 매우 흥미 있는 일이다. 고통이 없는 관계들을 위한 기회가 가능해질 때에는 도피행위들이 갑자기 사라지는 것처럼 보인다. 사탄은 사람들이 어려운 문제들을 해결해 치유받는 것을 절대로 원하지 않는다. 따라서 사탄은 부부가 떨어져 있을 때에는 다른 사람들과 즐거워할 수 있게 하고, 그들이 함께 할 때에는 자기 자신의 도피처로 들어가게 만드는 계략을 세운다.

:: 두려움과 공포증

두려움은 하나님의 선물이다. 두려움이 우리로 하여금 우리에게 해로운 것들을 하지 않게 한다. 하나님께서 주신 두려움이 없다면 어린 시절 동안에 생존할 사람은 거의 없을 것이다. 우리 모두가 매일 직면하는 것들이 바로 그러한 위험과 위기들이다. 하지만 하나님께서 주신 모든 다른 선물(은사)들과 같이, 사탄은 진리를 왜곡해 우리로 하여금 그것들을 잘못 사용하게 하려 한다. 우리가 섬뜩한 경험을 하면, 사탄은 그것을 귀신들이 들어갈 수 있는 입구로 사용해 우리를 충격 속에 가두어 놓으려 할 것이다. 두려움의 영이 지니는 권세를 물리칠 수 있는 것은 오직 예수의 이름뿐이다.

사람들을 지배해 온(종종 평생 동안) 두려움을 쫓아내어 그들이 본래의 모습을 회복할 때에, 그들의 삶 속에 나타나는 차이를 보는 것은 참으로 놀라운 일이다. 나는 사람들이 두려움에서 해방되어 다시 운전을 할 수 있게 되고, 비행기를 탈 수 있게 되며, 그들이 두려워하던 사람들을 직면할 수 있게 되고, 전에는 두려워서 먹지 못했던 음식을 먹게 되며, 남편 혹은 아내와 다시 성관계를 갖는 것과 같은 일들을 보아왔다. 그리스도인들은 예수 그리스도의 치유하는 사랑을 사람들의 삶 속에 부어 줌으로써 두려움이 더 이상 그들의 삶의 유형과 행동을 결정하게 하는 신이 되지 못하게 해야 한다. 이것이 우리의 큰 책임이다.

:: 죄의식과 자기 정죄

죄를 고백하고 용서를 받은 사람은 더 이상 죄의식을 느낄 필요가 없다. 죄의 문제를 올바로 처리한 후에도 여전히 죄의식을 느낀다면, 그 사람은 죄의식과 정죄의 느낌에 가두어 놓고 있는 영에 영향을 받고 있을 가능성이 크다. 귀신들이 주는 거짓 감정들을 실제의 감정으로부터 분리하는 것이 쉽지는 않다.

사탄은 그리스도인들이 십자가의 공로를 통해 얻은 용서를 누리며 살아가는 것을 원치 않는다. 그리스도인들은 용서받았다는 것을 느끼면 용서받은 자로서의 삶을 살아가기 때문에 복음을 위한 강력한 증인들이 될 것이다. 따라서 사탄은 죄를 용서받은 사람들의 내적 반응과 귀신들을 통한 거짓 감정들을 중첩시킴으로써 그들을 죄의 경험들 속에 묶어 놓으려 할 것이다.

어떤 사람이 자기가 범한 죄에 대해 스스로를 용서하지 않으려 한다면, 그 사람은 귀신들이 자기 안으로 들어올 수 있는 문을 열어 주는 셈이다. 그러면 그 사람은 필연적인 결과로서 죄의식과 자기 정죄 의식을 끊임없이 경험하며 살아갈 것이다.

:: 목소리 듣기

목소리를 듣는 것은 대부분의 사람들이 인식하는 것보다 훨씬 더 보편적인 현상이다. 이러한 증상을 가지고 있는 많은 사람들은 정신 병자라는 취급을 받을까 두려워서 그것을 시인하지 않고 있을 뿐이다. 지금 꿈에 대해서 말하고 있는 것이 아니다. 꿈속에서는 어떤 사람이 우리에게 말하는 일시적인 경험을 할 수도 있을 것이다. 내가 말하고 있는 것은 어떤 존재가 정기적으로 혹은 규칙적으로 그들의 생각 속에 어떤 음성을 지속적으로 들려 주는 것에 관한 것이다. 어떤 사람들에게는 그러한 목소리가 끊임없이 들리기도 한다.

이러한 증상들은 반드시 영적인 것과 연관되어 있다는 것을 알아야 한다. 어떤 경우에는 목소리를 듣는 사람과, 자기의 생각들과 언어를 강요하는—의식적으로 혹은 무의식적으로—존재 사이에 강력한 혼의 묶임이 있을 수 있다. 정기적으로 혹은 규칙적으로 들리는 음성이 누구의 것인지를 분별하기 위한 인터뷰가 축사 사역을 하기 전에 어떤 혼의 묶임을 파쇄해야 하는지를 결정하는 데 도움이 될 것이다.

어떤 사람들은 한 목소리 이상을 듣기도 한다. 그런 사람들의 경우에는 각각의 목소리를 분리해서 다루어야 할 것이다. 사람들이 축사를 받은 후에 경험하는 평안과 고요함은 아마도 그들이 경험할 수 있으리라고는 감히 상상조차 할 수 없었던 정도의 것들일 것이다. 이것은 기적이다. 사탄의 능력을 멸하는 십자가의 은혜를 통한 기적이다.

:: 유전병

환자가 어떤 증상들을 경험할 때에, 의사들은 대개 가족들 중 어떤 사람이 그와 비슷한 증상들을 가진 적이 있는지에 대해 물을 것이다. 의사들은 환자를 진단하고 치료하는 데 도움이 될 만한 의학적 단서들을 가계도에서 찾고 있는 것이다. 나도 이와 비슷한 질문을 한다. 물론 목적은 다르다.

조상들의 죄가 자손들에게 임한다는 것을 상기시켜 주는 성경구절들(출 20:5, 애 5:7)이 있다. 이 구절들은 질병이 부모들로부터 유전된 것처럼 보일 때에, 실제로 전이된 것이 각 세대에 그러한 증상들을 유발시키는 악한 영일 수 있다는 것을 깨닫는 데 도움이 된다. 우리가 이러한 영들과 대결하며, 질병에 걸린 사람들이 그들의 조상들

(귀신들에게 권리를 준 행동을 한 사람들)을 용서했을 때에 엄청난 축사와 치유가 일어나는 것을 경험했다.

이러한 생각이 어떤 신학자들과 의사들에게는 낯설고 심지어 비위에 거슬릴 수도 있다. 하지만 내가 과거에 어렵게 배운 경험들은 질병의 영이 가계를 타고 내려와 이런 식으로 질병을 일으킬 수 있다는 것에 대해 충분한 증거가 될 수 있다.

한 여인이 25년 동안 고생했던 비염으로부터 신장병(두 개 모두)에 이르는 각 종류의 질병들이 그러한 질병의 영들(조상들로부터 내려와서 현 세대에 문제를 일으킨 범인들)을 쫓아냄으로써 완전히 치유되었다. 어떤 증상이 어떤 가계 안에 자주 일어났다는 증거가 있다면, 질병의 영들이 역사하고 있을 가능성에 대해 심각하게 고려해 보아야 한다.

사람들은 죽어도 귀신들은 죽지 않는다. 귀신들은 집을 갖고 있지 않은 영적 존재들이다. 그리고 그들은 맡고 있는 역할을 지속하기 위해 또 다른 사람 안으로 들어가려 애쓸 것이다.

귀신들은 우리가 죄를 지을 때에 우리 안에 그리고 우리들의 자녀들 안으로 들어갈 권리를 얻는다. 따라서 어떤 사람이 죽었을 때에 그 사람 안에 있던 귀신들이 들어갈 수 있는 최적의 장소는 그 사람의 가족들이다.

:: 이단적 신앙

사탄은 단지 거짓 종교들 배후에만 있는 것이 아니라, 기독교의 여러 교단들 내에서도 역사하고 있다. 사탄의 목적은 복음에 대한 잘못된 이해를 퍼뜨리고, 진리에 대한 서로 다른 견해들을 퍼뜨림으로써 그리스도인들로 하여금 이단적 신앙을 갖게 하기 위함이다. 비성서적 신앙을 받아들인 사람들은 그들을 거짓 신앙 안에 묶어 두며 그들의 눈을 어둡게 해 진리를 보지 못하게 하려는 영들에게 쉽게 넘어갈 것이다. 이것은 사탄이 믿지 않는 자들의 마음을 혼미케해 그들로 하여금 복음의 빛을 볼 수 없게 하는 것과 같다(고후 4:4).

우리는 사역을 해오면서 하나님 말씀의 기초적인 진리로부터 떠나지 않는 것이 얼마나 중요한지를 발견하게 되었다. 우리는 오직 진리를 고수함으로써 기만의 영을 분별할 수 있을 것이다. 우리가 사역하면서 진리를 선포했지만, 피사역자 안에 있던 귀신들이 다음과 같이 조소적인 말을 한 경우들이 참으로 많았다.

"우리도 그것이 사실인 것을 잘 안다. 하지만 그가 그것을 믿지 않고 있다. 그가 우리에게 그 안에 머물 권리를 주고 있다."

귀신들은 무엇이 진리이고 무엇이 거짓인지에 대해 명확하게 이해하고 있다. 또한 귀신들은 하나님 말씀의 진리를 매우 정확하게 이해하고 있으며, 사람들이 그 진리를 믿지 않을 때에는 그들을 기만으로 이끌 수 있는 권리가 자기에게 있다는 것을 알고 있다.

일단 어떤 사람이 기만적인 신앙을 받아들이게 되면—특별히 믿음에 대한 기초적인 교리와, 하나님 말씀의 권리와, 성령의 사역에 관해—그 사람은 그의 생각과 이해를 조종하려는 귀신들에게 매우 쉽게 넘어갈 것이다. 우리는 한 세대에서 기만적인 신앙을 갖게 된 결과로 주님을 향해 굳어진 마음heart을 갖게 되면, 그것이 다음 세대의 자손들에게 어떠한 영향을 미치는지, 특히 심장physical heart에 어떤 결과를 초래하는지를 보기 시작했다.

심장에 왜 문제가 발생하게 되었는지에 대한 분명한 의학적 이유들이 있을 수 있지만, 우리는 그러한 분명한 의학적 증상들이 어디에서 왔는지를 질문해 보아야 한다. 그리스도인들이 가서 병든 자를 치유하며 귀신들을 내쫓으라는 예수님의 명령에 순종할 때에 하나님은 이 영역에서 교회에 큰 계시를 가져다 주실 것이다.

우리는 하나님의 언약을 어긴 결과로 다음과 같은 경험을 할 것이라고 언급한 레위기의 말씀이 현 시대에 어떻게 실현되는지를 보기 시작했다.

"…놀라운 재앙을 내려 폐병과 열병으로 눈이 어둡고 생명이 쇠약하게 할 것이요…"(레 26:16).

:: 거짓 종교에 가담

사탄은 오직 하나님께서 받으셔야 할 예배를 스스로 취하려 했기 때문에 하늘에서 쫓겨났다. 사탄은 교만으로 인해 은혜와 영광으로부터 떨어지게 되었다. 사탄은 이 세상의 신으로서 그를 예배할 사람들을 계속해서 찾고 있다. 사탄은 자기 나름대로의 신앙 시스템과 행동 규범을 가지고 수많은 종교들을 세움으로써 온 인류에 엄청난 기만을 행사했다. 심지어 사탄 숭배자들이라 불리는 자들은 자기들이 무슨 짓을 하고 있는지를 정확히 알고 있다.

예수님께서 아버지께로 가는 길은 오직 하나이며 자신이 길이요 진리이며 생명(요 14:6)이라는 것을 분명하게 밝히셨음에도 불구하고, 다른 신앙 시스템을 가지고 있는 사람들 또한 자신들이 옳다고 생각하고 있다. 그렇지 않다면 그들 나름대로 가지고 있는 믿음의 교리에 그처럼 깊은 헌신을 하지 않을 것이다. 하지만 예수 그리스도의 주장은 진리를 가지고 있다고 말하는 다른 모든 사람들의 주장보다 독특하다. 왜냐하면 세상의 다른 종교들을 세운 자들 중 그 어느 누구도 자기가 하나님이라고 주장한 자가 없으며, 또한 예수님과 같이 자기들이 주장하는 것을 말과 행실로서 실증해 보인 자들이 없기 때문이다.

모든 거짓 종교의 배후에는 예배자들을 함정에 빠뜨리려 하는 귀신들이 역사하고 있다. 사람들이 잠깐 동안이라도 기만에 빠지게 되면 그들을 계속해서 기만에 가두어 놓으려 하는 귀신에게 문을 열어준 셈이 된다. 어떤 사람이 하나님의 말씀을 들음으로써 기독교로 개종하게 되었다고 해도, 그 사람이 모든 거짓 종교가 수반하는 우상숭배의 결과들로부터 치유받을 수 있는 유일한 방법은 회개를 동반하는 축사 사역뿐이다.

:: 비이성적인 행동

대부분의 경우에는 정상적인 행동을 하다가도 가끔씩 비이성적이고 받아들이기 힘든 행동을 한다면, 그러한 행동에는 어떤 이유가 있음에 틀림이 없다. 내가 사역을 해준 한 여인의 남편이 이런 식으로 행동을 한 적이 있었다. 그들은 거의 20년 동안 함께 해온 커플로서, 결혼 초반에 아내가 태운 음식을 식탁에 올려놓은 적이 있었다.

정상적인 남편이라면 이것을 심각한 문제로 여기기보다는 가볍게 웃으면서 자기 아내를 격려해 주었을 것이다. 그러나 그는 그렇지 않았다. 그는 아주 괴상한 방식으로 분노를 터뜨렸으며, 다시 한 번 음식을 태운다면 가만두지 않을 것이라고 위협했다.

그녀는 그 경험에 의해 심한 충격을 받았으며, 그 후로는 실수로 음식을 태우는 일이 한 번도 없었다. 하지만 그 때에 그녀에게 들어간 두려움의 영은 그녀로 하여금 항상 남편이 원하는 것을 하게 했다. 두려움의 영은 남편 안에 있던 지배domination의 영에 의해 조종되었기 때문에 남편에게 분노를 터뜨릴 필요가 없었다. 두려움의 영이 그를 위해 심부름을 해준 것이다. 교회의 모든 사람들과 그들의 친구들, 그리고 그들의 이웃들은 그가 모범적인 남편이며, 그녀는 모범적인 아내이고, 그들이 그리스도인으로서 완벽한 결혼생활을 하고 있다고 생각했다.

실상 이들의 결혼은 사랑에 관해 아무것도 알지 못하는 남편이 단 한 번 비이성적인 행동을 함으로써 일어난 두려움에 의해 지탱되고 있었다. 남편은 자신의 필요들을 가지고 있었지만, 아무도 그를 도울 필요가 없는 상태가 되어버렸다. 모든 사람이 그를 훌륭한 남편으로 생각하고 있었기 때문이다. 그의 아내는 남편이 원하는 것을 채워 주며, 결코 다시는 남편의 비위를 건드리지 않으려 애쓰면서 평생을 두려움 속에 갇힌 채로 살아가야 했다.

비이성적인 행동을 터뜨리는 것은 대개 귀신들에 의해 조장된다. 하지만 그러한 행동들은 또한 종종 오랫동안 감추어진 뿌리가 있으며, 그 뿌리는 과거에 받은 상처나 고통, 혹은 심지어 조상들 안에 숨겨져 있을 수 있다.

:: 성숙한 관계의 결여

어떤 사람들은 성인이 되어도 성숙한 관계를 유지하는 것이 거의 불가능한 것처럼 보인다. 그러한 사람들은 종종 매우 유치한 방식으로 행동하며, 그들의 주변 사람들 또한 어느 정도는 어린 시절의 경험에 갇혀 있는 비슷한 사람들인 경향이 있다.

이 책에서는 내면의 아이에 대한 사역이라 불리는 것과 관련된 문제들을 깊이 다루지는 않을 것이다. 이러한 사역이 주로 다루는 것은 어린 시절에 경험한 학대와 충격을 통해 깨어진 인성이다. 이러한 전문적인 사역을 이해하는 것은 이 책의 목적을 넘어서는 것이지만, 여기에서는 이러한 사람들이 경험하는 것이 상상에 의한 것이 아니라 실제적이라는 것을 말하고 싶다. 우리 경험으로 볼 때에 그러한 상황들에는 항상 귀신들의 역사가 있다. 그렇지만 무엇이 인성을 깨어지게 했는지에 대한 깊은 이해 없이 축사 사역으로 들어가는 것은 지혜롭지 못한 처사가 될 것이다. 지혜롭지 못하면 이미 상처로 깨어진 사람들에게 더 큰 상처를 안겨 줄 수 있다.

미성숙한 관계의 또 다른 양태는 한 번도 진실할 수 없는 것처럼 보이는 사람들에게서 볼 수 있다. 이런 사람들에게 말할 때에 그 사람들을 실제로 알고 있든 모르고 있든 누구에게 말하고 있는지를 도무지 알 수 없을 것이다. 그러한 사람들은 심지어 상황에 따라 다른 목소리를 사용할 수도 있다. 대개의 경우에 있어서 이러한 사람들(인성의 다른 양태들을 지니고 있는 사람들)이 나타내는 각각의 기만적인 행동 유형 뒤에는 귀신들의 복잡하고 견고한 진이 있다. 이런 사람들의 문제, 즉 기만의 뿌리에는 보통 어떤 것을 숨기려 하는 혹은 다른 사람들의 기대에 따라 행동하려는 중요한 이유가 있을 것이다.

어떤 부모들은 자녀들이 어떤 특정한 방식으로 행동하기를 원한다. 이것을 알고 있는 자녀들은 무슨 일을 하든지 부모들의 눈치를 살펴야 한다. 행동의 자유가 없다는 말이다. 심지어 부모들이 요구하는 행동이 하나님께서 주신 은사와 인성과 일치하지 않는다고 할지라도 말이다. 이러한 식으로 행동 양식이 굳어지면, 어른이 되어서도 여러 다양한 상황들 속에서 속임수를 쓰는 것이 어렵지 않을 것이다. 다시 말하지만, 온전한 치유가 일어나기 위해서는 과거의 결과들로부터 치유받고 현재에 축사받는 것이 결합되어야 한다.

∷ 율법주의와 영적 속박

예수님은 당시의 종교 지도자들이었던 바리새인들을 향해 가장 가혹한 말씀을 하셨다. 예수님은 그들을 '회칠한 무덤'이라고 부르셨는데, 이것은 그들의 종교성에도 불구하고 그들이 죽은 것이나 마찬가지라는 의미였다. 그들은 율법의 매우 미세한 것들로 사람들에게 짐을 부여했다. 하지만 그들 자신의 마음은 하나님의 마음과 완전히 동떨어져 있었다.

바리새파주의는 죽지 않았다. 다만 우리는 그것을 '율법주의'라고 부를 뿐이다. 어제의 바리새인들을 선동했던 영이 오늘의 율법주의자들을 선동하고 있다. 바울은 다음과 같이 말하면서 이것에 대해 아주 간략 명료하게 요약했다.

'문자는 죽이는 것이요, 영은 살리는 것이라'(고후 3:6).

이러한 영은 교단의 교리들을 예수님의 주되심Lordship 위에 올려 놓게 하는 것과 비슷한 영이다. 교단의 어떤 지도자들도 그들 자신이 그렇게 하고 있다는 것을 깨닫지 못할 것이다. 그러나 만일 다른 교단에서 온 신실한 지도자들이 매우 상이한 것들에 대해 확신을 가지고 말한다면 당장에 그들이 틀렸다고 말하거나 그렇게 생각할 것이다. 사탄은 분열을 좋아한다. 따라서 사탄은 율법주의를 조장하는 영을 통해 그리스도인들을 서로 대적하게 할 수 있다면 교회들이 성령의 역동적인 삶을 살 수 없도록 차단시키는 일에 성공할 수 있을 것이다.

많은 지역교회들은 전통에 붙잡혀 있다. 이것도 율법주의에 속박되어 있다는 것을 보여 주는 또 다른 증거이다. "우리는 늘 이렇게 해왔기 때문에 어떤 것도 바꿀 의향이 없습니다"라고 하는 말이 유망한 젊은 사역자들을 걸려 넘어지게 하고, 그들의 비전을 앗아간 걸림돌의 역할을 해왔다. 전통을 통한 저주가 참된 영적 생활의 불꽃—하나님은 이것을 통해 항상 새로운 일을 행하신다—을 타오르지 못하게 하고 있다.

귀신들을 다룰 때에, 우리는 그것들이 한 사람 안에서 그리고 한 사람을 통해 역사할 때와 같이 용이하게 일단의 사람들 위에도 그렇게 역사할 수 있다는 것을 기억해야 한다. 지역교회들은 어떤 저항을 만날 때에 자기 교회들의 역사 속에 회개해 처리해야 할 문제들이 없는지를 질문해 보아야 한다. 교회는 교회의 이전 지도자들이 지녔던 율법주의를 통해 권리를 얻은 죽음의 영들(율법주의의 저주)을 몰아내야 할지도 모른다.

:: 악몽

우리는 잠을 잘 때에 무의식 속으로 빠져든다. 잠자는 시간에 우리 정신 속에서 일어나는 것들은 통제될 수 없다. 따라서 그리스도인들은 잠자기 전에 우리의 정신을 보호해 주시고 적의 공격으로부터 보호해 달라는 기도를 하는 것이 매우 중요하다. 특별히 잠자기 전에 주기도문을 드리는 것이 매우 합당할 것이다.

"우리를 시험에 들게 마옵시고 다만 악에서 구하여 주옵소서" (마 6:13).

악몽은 우리에게 두려움과 공포 혹은 좌절감과 같은 감정을 일으키는 꿈이다. 악몽에서 깨어날 때에 사람들은 대개 불안함을 느끼며, 다시 잠이 들기까지는 꽤 오랜 시간이 걸릴 수 있다. 어떤 악몽들은 되풀이되기도 한다. 악몽에 어떤 규칙적인 유형이 있다면 그 장면들은 대개 귀신들에 의해 만들어지는 것들이다. 귀신들은 우리가 잠을 자는 동안 방어막이 걷혀진 틈을 타서 우리 무의식 속으로 밀고 들어와 불안감을 고조시킨다.

어떤 때에는 부모로부터 자식들에게 흘러 들어간 귀신들에 의해 악몽이 야기되기도 한다. 어떤 때에는 아이들이 그들의 삶 속에 일어난 어떤 것과도 연결시킬 수 없는 악몽들에 대해 말하곤 한다. 그러나 그들이 묘사하는 장면들은 매우 실제적이다. 귀신들은 잊지 않는다. 조상들의 죄를 통해 후손들에게 들어간 귀신들은 조상들 안으로 들어간 수단이나 방법들을 현재 그들이 거하고 있는 사람 안에서 계속 재현할 것이다.

악몽을 일으키는 귀신들을 내쫓는 것은 치유 사역에 있어서 필수적인 부분이다. 수면제가 이것을 해결해 줄 수는 없을 것이다.

∷ 사술에 가담

'사술'이라는 단어는 '숨겨진'이라는 의미를 지니고 있다. 신비 사술에는 모든 사술적 행동들을 통해 숭배되고 있는 존재가 사탄이라는 것이 깊이 숨겨져 있다. 어떤 사람들은 사술적인 것들에 매력을 느낀 결과 한 형태의 사술적 행위에서 또 다른 사술적 행위로 이끌림을 당한다. 그리고 일단 사술적인 것들에 대한 문이 열리면, 결국 어떤 것이라도 받아들이게 될 것이다.

이러한 각각의 사술 의식들 배후에는 귀신들이 역사하고 있다. 그러나 이러한 의식을 행하는 자들은 자기들이 특별히 선호하는 방식을 통해 중용을 연습하거나 하나님을 예배하고 있다고 확신한다. 사탄은 능력을 지니고 있으며, 그것을 사용해 사람들을 그의 지배 아래로 끌어들인다. 그렇기 때문에 신비 사술에 관여할 때에 분명히 어떤 초자연적인 일들이 일어나는 것이다. 그러나 영적인 어떤 일이 일어났다고 해서 반드시 그것이 하나님으로부터 왔다고 말할 수는 없다. 성경은 심지어 선택받은 자들도 미혹을 받을 날이 올 것이라고 경고한다. 사탄은 우리가 하나님과 교제하고 있다고 속이기 위해 '광명한 천사'의 모습으로 올 것이다.

신비 사술에 관여한 사람들이 온전한 자유를 얻기 위해서는 그들의 행위들을 통해 그들에게 영향을 미치거나, 그들을 조절하거나 혹은 그들을 점령한 모든 귀신들을 박멸하는 것이 절대적으로 필요하다. 바울 당시에 마술에 관한 책을 지니고 있던 자들은 그것들을 모두 불에 태워야만 했다(행 19:19). 신비 사술에 관여했던 자들은 온전한 회개를 위해 그들이 행한 모든 의식들과 관련된 사술적 물건들을 소멸시켜야 한다. 누군가 사술과 관련된 물건들을 소멸시키지 않으려 한다면, 그 사람의 고백이 진짜가 아닐 가능성도 배제할 수 없을 것이다.

축사는 절대적으로 필요하다. 신비 사술에 관여했던 자들이 축사를 받지 않는다면 그들의 신앙생활은 항상 사술에서 경험한 것들에 의해 영향을 받을 것이다. 그들은 예수님과 성령의 일을 신비 사술의 틀 안에 집어넣으려 할 것이다. 따라서 그들에게는 예수님이 그들 자신의 목적을 위해 사용할 수 있는 귀신의 현현과 같을 것이다. 귀신들이 사람들을 이용함에도 불구하고, 신비 사술자들은 그들이 능력을 조종하고 사용한다고 생각한다. 귀신들의 차원을 인식하지 못하기 때문이다.

:: 절제할 수 없는 혀

야고보는 혀를 걷잡을 수 없이 위험해질 수 있는 불에 비유한다. 사역을 하는 동안, 귀신들이 사람들의 혀를 사용해 말을 할 때에는 귀신들의 활동을 발견하는 것이 쉽다. 그러나 일반적인 대화를 하는 동안에 귀신들이 어떤 사람의 혀를 통해 말을 할 때에는 분별하는 것이 매우 어렵다. 우리 경험으로 볼 때에 후자의 경우가 훨씬 일반적으로 일어난다.

귀신이 다른 사람들에게 영향을 미치고자 한다면, 자기가 머물고 있는 사람의 언어나 행동을 통해 그렇게 할 수 있다. 야고보는 세상의 지혜를 마귀적인 것이라고 설명했다(약 3:15). 당분간 이 세상의 신이 사탄이라는 것을 기억한다면 야고보의 주장을 이해하는 것이 어렵지 않을 것이다.

나는 종종 기독교 모임, 특별히 교회 모임에서 지혜로운 말처럼 들리는 목소리를 듣곤 한다. 그런데 그 때에는 그와 동시에 내 위 stomach가 뒤틀리는 것을 경험한다. 이유는 지혜처럼 들리는 그러한 말들이 하나님의 백성들로 하여금 하나님의 계획과 목적에서 벗어나게 하려는 이 세상의 지혜이기 때문이다. 우리는 성령의 일을 방해하기 위해 그리스도인들의 입술을 통해 말하는 적의 목소리에 항상 주의해야 한다.

성령의 지배를 받지 못하는 혀는 걷잡을 수 없는 불과 같이 위험하다. 대부분의 혀를 올바로 절제하지 못하는 사람들을 알고 있을 것이다. 당신은 그러한 사람들의 혀를 건드리지 않기 위해서 그리고 그들과 마찰을 일으키지 않기 위해서 매우 조심스럽게 말하고 행동할 것이다. 사실 우리는 그렇게 두려워하며 살아서는 안 된다. 특별히 동료 그리스도인들에 대해서는 더욱 그러하다. 그런데 많은 그리스도인들은 그리스도인이 되기 전에 그들을 조종했던 귀신들에게 여전히 묶여 살아가고 있다. 그들은 그리스도인이 되었음에도 불구하고 세상에서 살 때에 사용했던 것과 똑같은 경건하지 못한 방식으로 사람들과 관계를 맺으며 살고 있다.

우리는 혀를 가지고 하나님의 말씀에 대한 놀라운 진리들을 말하고 다른 사람들을 축복하고 격려할 수 있다. 그러나 혀는 또한 "곧 불이요 불의의 세계라 혀는 우리 지체 중에서 온 몸을 더럽히고 생의 바퀴를 불사른다"(약 3:6). 따라서 귀신들이 우리의 혀를 조종하고 싶어 하는 것은 놀라운 일이 아니다. 귀신들은 우리의 혀를 사용해 엄청난 해악을 끼칠 수 있다. 성령께서 우리의 혀를 통제하는 것을 허락하지 않는 사람들의 입에서 나오는 말들은 귀신들에 의해 영향을 받는 것들이 대부분일 것이다. 그리고 때로는 귀신들이 그들의 혀를 통해 직접 말할 것이다.

:: 재발하는 질병이나 만성적인 질병

어떤 사람들은 매우 쉽게 질병에 걸리는 것처럼 보인다. 그들은 유행하는 질병들에는 모두 걸리는 것 같다. 그들의 인생은 여러 다른 질병들로 얼룩져 있다. 좋은 경험들을 떠올리면서 살아가는 사람들이 있는가 하면, 이런 사람들은 인생을 '선열腺熱의 해' 혹은 '뇌막염에 걸린 해'와 같은 식으로 떠올리며 살아간다.

여러 질병들에 쉽게 걸리는 사람들 안에는 정기적으로 질병의 영들을 초대하는 영이 있을 가능성이 크다. 정규적으로 질병에 걸리는 어떤 사람을 위해 기도를 해준 적이 있었다. 나는 어떤 기도를 할지에 대해 그 사람에게 미리 이야기하지 않고 질병을 일으키는 영에게 권세를 취했다. 그 순간까지 그 사람은 내 기도를 통해 매우 축복을 받고 있는 것처럼 보였다. 그러나 내가 그 사람 안에 있는 귀신을 대항해 조용히 기도를 하자마자, 그 사람은 즉시 정색을 하고 앉아서는 "다시는 나를 위해 그와 같은 기도를 하지 마세요"라고 말했다. 귀신이 일어나서 그 사람을 조종했고, 기도는 더 이상 진행될 수 없었다.

일반적으로 귀신들은 누군가 와서 자기가 조종하고 있는 사람을 위해 기도해 주며 시간 보내는 것을 매우 좋아한다. 왜냐하면 귀신들은 일반적인 기도가 그들에게 어떤 위협도 되지 않는다는 것을 알고 있기 때문이다. 그러나 내가 하나님께서 주신 권세를 사용하자마자, 그 귀신은 즉시 방어태세를 취했고, 그 사람으로 하여금 나의 기도 사역을 멈추게 했다.

이러한 종류의 질병의 영은 일반적으로 과거에 어떤 사람이 자기의 목적을 위해—관심을 끌거나 자기의 주장을 관철시키기 위해—질병을 환영했을 때에 그 사람 안에 들어가 역사할 수 있는 권리를 얻는다. 이런 식으로 질병을 이용하는 것은 매우 위험하다. 왜냐하면 그것은 타락의 직접적인 결과인 질병을 유익하고 환영하는 것이라고 선포하는 것이나 마찬가지이기 때문이다.

사탄은 사람들이 성경적 진리에서 벗어나 그의 진영 안으로 들어가는 것을 매우 좋아한다. 사람들은 다른 사람들을 조종하기 위해 혹은 어떤 다른 이유로 인해 질병을 사용할 때마다 귀신들을 그들의 삶 안으로 환영하는 셈이 된다. 그렇게 환영받은 귀신들은 오직 깊은 회개를 통해서만 쫓아낼 수 있다.

육체의 치유를 위해 기도받으러 오는 사람들 가운데 그들의 몸의 증상들을 이용해 원하는 것을 얻으려 한 것에 대해 결코 회개하려 하지 않는 사람들이 많이 있다. 이러한 사람들이 치유받지 못하는 것은 그리 놀라운 것이 아니다. 물론 치유받지 못하는 사람들 모두가 이와 같다는 말은 아니다. 그러나 질병에 걸린 사람들은 스스로를 돌아보면서 과거에 사탄이 이용할 수 있었던 어떤 상황들이 없었는지를 계시해 달라고 기도할 필요가 있다.

:: 자기 중심

오직 자기 자신에 대해서 말해야만 대화를 지속할 수 있는 사람들이 있다. 이런 사람들은 자기 우상과 자기 고취가 충만한 자들이다. 모든 형태의 우상숭배가 죄이며, 자기 우상은 가장 기초적인 죄악으로서 사탄이 이것 때문에 천상에서 쫓겨났다. 따라서 어떤 사람이 항상 자기를 내세우며, 대화를 자기에게 집중시키기 위한 전략으로서 다른 사람들에 대한 관심을 표현한다면, 그 사람의 인격 위에 아주 강력하고 견고한 진이 형성되어 있을 가능성이 크다.

그런 사람들로 하여금 다른 사람들이 그들을 보듯이 볼 수 있도록 돕는 것이 결코 쉽지 않다. 그들의 교만과 자기 중요성이 너무 깊기 때문에 그들은 처음에 생각하지 못했던 어떤 것을 보거나 이해하는 것이 거의 불가능한 것처럼 보인다. 그러한 사람들의 가계에 비슷한 인격을 가진 사람들이 있으며, 진짜 전투는 온 가족을 수세대

동안 속박해 온 영과의 싸움이라는 것을 발견하는 것은 그리 특별한 일이 아니다.

:: 성적 일탈

모든 성적인 표현들은 일종의 예배worship이다. 그러한 표현을 하는 사람들이 이 사실을 인식하든 못 하든 말이다. 혼례 예식에는 "내 몸으로 당신을 예배합니다"With my body, I thee worship라는 서약이 포함되어 있다.

하나님은 성교를 통해 인류가 번식할 수 있게 하셨다. 하나님의 창조성을 가지고 행하는 일이 창조자를 예배하는 것이다. 시편 기자는 하나님께서 그의 백성들의 찬양 가운데 거하신다고 말한다(시 22:3). 우리는 창조자를 찬양하고 예배할 때에 그분으로부터 축복을 받을 준비가 된다. 섹스가 예배라는 관점에서 볼 때에 우리가 기대할 수 있는 것은 하나님께서 그의 자녀들의 창조성을 즐거워하시기 때문에 참으로 경건한 성행위들에는 그분의 축복이 부어질 것이라는 것이다.

하지만 역으로 하나님은 경건치 않은 관계의 중심에는 머무실 수 없다. 왜냐하면 그분은 그의 말씀과 법에 반하는 것을 축복하실 수 없기 때문이다. 그러나 그러한 활동을 '축복'하고 싶어 하며 그러한 관계의 중심에 앉기를 원하는 자가 있다. 불경건한 성적인 활동이 벌어지는 곳에는 항상 사탄이 있다. 축복하기 위해서가 아니라, 하나님의 자리를 차지해 스스로 예배를 받기 위함이다. 그 다음에 사탄이 하는 일은 그러한 자들을 저주하는 것이다.

그렇기 때문에 사탄 숭배자들과 주술 의식들 속에 많은 성행위들이 있는 것이다. 사탄은 이러한 의식 속에 들어 있는 예배를 즐거워하며, 또한 그러한 행위를 하는 자들을 귀신들로 속박한다.

우리의 광범위한 경험으로 볼 때에 불경건한 성행위들을 통해 이루어진 혼의 묶임이 귀신들이 들어갈 수 있는 최고의 입구이다. 누군가를 상담해 줄 때에 불경건한 성행위를 한 것이 분명해지면, 그러한 죄를 업고 귀신들이 역사하고 있을 것이라고 기대해도 좋을 것이다. 사탄은 이러한 혼의 묶임을 통해 사람들을 귀신들의 사슬로 묶어 놓는다. 우리가 경험을 통해 발견한 것은 하나님께서 이렇게 묶인 혼적인 부분들을 드러내어 청소해 주실 때에 엄청난 정도의 치유와 축사가 일어날 수 있다는 것이다.

:: **자살적 성향**

스스로 생명을 끊는 것이 자신의 신체에 범할 수 있는 최고의 죄악이다. 그것은 우리 몸을 성전 삼고 있는 성령에 대한 반역이다. 그렇다고 해서 자살한 사람들은 결코 용서받을 수 없다고 말하는 것은 아니다. 하나님은 의로우시고 자비로운 심판자이시다. 각 사람은 스스로에게 행한 것과 다른 사람들에게 행한 것들에 대해 그분께 책임을 져야 한다. 내가 확신하는 것은 자살을 한 많은 사람들이 하나님 앞에 설 때에 그들이 스스로에게 행한 죄악보다 더 많은 죄악들이 그들에게 행해진 것을 깨달으면서 하나님의 사랑과 자비에 감탄하게 될 것이다.

그렇다고 해서 자살이나 자살적인 성향을 가볍게 여겨도 된다는 말은 아니다. 아니 그럴 수 없다. 사탄이 누군가를 기만해 자살을 하도록 하는 데 성공했다면, 그는 커다란 승리를 거둔 셈이다. 우리 경험으로 볼 때에, 자살 시도나 자살 욕구가 일어날 때에는 언제나 귀신들이 역사한다. 대부분의 경우에 있어서, 어떤 사람이 너무 심하게 학대를 당하거나 상처를 받으면 자신의 미래가 완전히 절망스럽게 보인다. 그리고 미래에 대한 소망이 없다면, 이내 그는 "오늘 자살하는 편이 좋겠다!"라는 말을 하게 된다. 이러한 경우에 귀신들은 그 사람이 경험한 것들과 관련이 있는 심한 충격이나 상처를 통해 역사하게 된다.

하지만 자살하고 싶은 마음이 들게 하는 분명한 학대나 비극이나 충격이 없는 사람들 중에도 자살적 성향을 보이는 자들이 있다. 그러한 사람들 안에는 내적인 암흑과 죽고 싶은 충동이 있다. 이러한 경우들에는 한 번도 의식으로 떠오른 적은 없지만 귀신들에게 문을 열어 주어 그러한 사람들의 살아가는 방식에 강력한 영향을 미친 어떤 학대들이 깊이 숨겨져 있을 수 있다. 혹은 가계를 타고 내려오거나, 가까운 사람들 중에 이미 죽은 사람으로부터 흘러들어 온 죽음의 영을 받았을 수도 있다. 이러한 죽음의 영이 들어오면 개인적으로 볼 때에는 죽고자 하는 이유가 전혀 없음에도 불구하고 계속해서 죽고 싶은 마음을 갖게 될 것이다. 죽음의 영이 그러한 마음을 부추기기 때문이다.

어머니가 낙태를 시도한 것이 자녀들 안에 죽고자 하는 마음을 일으킬 수 있는 원인이 될 수 있다. 자녀들은 성장하면서 어머니가 자기들을 원하지 않았기 때문에 이 세상에 있을 필요가 없다는 감정을 느낄 수 있을 것이다. 그러한 감정들이 압도적으로 밀려오면 거의 필연적으로 자살에 대한 생각을 하게 된다.

자살적인 충동을 느끼는 사람들을 도우려 하는 자들은 항상 귀신들이 역사하고 있을 수 있다는 것을 인식하고 있어야 한다. 여러 나라와 여러 장소들에서 최근에 내가 인도한 크리스천 집회들에서 한 번이라도 자살에 대해 생각해 본 적 있는 사람들에게 손을 들어보라고 했다. 매 집회 때마다 참석한 사람들의 약 50퍼센트가 손을 들었다. 교회 안에서 자살적인 충동을 느끼는 사람들은 우리가 짐작하는 것보다 훨씬 많다는 것을 명심하라.

:: 진단할 수 없는 증상들

사람들이 아프고 고통을 느낌에도 불구하고 의학적 진단이 나오지 않는 경우들이 상당히 있다. 증상이 지속되어서 여러 가지 방법으로 치료를 해보고, 심지어 수술까지 해보아도 전혀 차도가 없는 경우들이 있다.

우리가 여러 번의 경험을 통해 발견한 것은 그렇게 지속되는 증상들의 배후에 귀신들이 역사하고 있을 수 있다는 것이다. 그러한 증상들은 가계를 타고 내려오거나 충격이나 성적인 죄악을 통해 들어온 질병의 영에 의해 야기된 것일 수 있다. 특별히 우리는 먼 과거의 어느 시점에서 사고를 당한 사람들에게 이러한 증상들이 더 빈번히 일어난다는 것을 발견했다. 신체적으로 입은 상처는 어느 정도 치유받지만, 증상들은 사라지지 않고 계속 남아 있는 경우들이 있다. 사고로 인한 상처가 사람들로 하여금 귀신들의 공격에 약하게 만든다. 따라서 그러한 사고 후에는 종종 신체적인 치유를 받아야 할 뿐만 아니라 축사도 받아야 한다.

우리는 또한 사술적 행위에 깊이 관여한 사람이 후에 개종해 치유와 축사를 받아도 귀신들의 저주가 남아 있을 수 있다는 것을 발견했다. 그러면 그러한 저주가 의학적으로 진단되지 않는 신체적인 증상들을 야기시킬 수 있다.

신체적 고통의 또 다른 근원은 감정적인 고통이다. 신체는 혼의 고통을 반영해 준다. 따라서 치료를 받아야 할 부분이 감정일 때에 신체를 치료하는 것은 아무런 효과를 일으킬 수 없다.

:: 폭력적 성향들

다른 사람에 대한 폭력은 또 다른 형태의 반역이다. 폭력은 피해 자로부터 자유의지를 빼앗기 때문에 하나님의 창조 질서에 위배된다. 폭력을 행사하는 사람은 자신을 귀신들에 의해 이용되도록 허락하는 것이며, 희생자는 폭력을 당한 충격 때문에 귀신들의 공격에 쉽게 넘어갈 수 있게 된다.

귀신은 공격을 통해 이루어진 혼의 묶임을 통해 혹은 이런 식으로 공격을 당할 때에 자연적으로 발생하는 두려움을 통해 폭력자로부터 피해자에게로 전이될 수 있다. 정기적으로 폭력을 행사하는 사람 안에는 흔히 어린 시절부터 쌓여 온 많은 분노가 있음을 발견할 수 있다. 이러한 분노는 학대나 비이성적인 신체적 처벌과 연관이 있다.

우리는 또한 어떤 폭력은 무술과 같은 통제된 폭력적 행위를 통해 권리를 얻은 귀신들에 의해서도 일어날 수 있다는 것을 발견했다. 대부분의 사람들은 여러 무술들의 토대에 사술이 있다는 것과, 그러한 행사들에 참여할 때에 영적인 위험이 있다는 것에 대해 알지 못하고 있다. 교회 건물 안에서 무술(요가와 사술을 기반으로 하는 다른 활동들)을 위한 교실을 허용하는 교회들은 교회의 전반적인 활동에 귀신들이 활동할 수 있도록 개방해 주는 것과 같다.

:: 퇴행성 반사회적 행동

인간은 사회적 존재이다. 하나님은 사람들이 서로 관계를 즐기며 살아가게 만드셨다. 그리고 그러한 관계적 경험을 통해 성장하고 유익을 얻게 하셨다. 반대로 말하면, 하나님은 사람들이 다른 사람들과 동떨어진 채 혼자서 외로운 삶을 사는 것을 원치 않으신다. 이렇게 혼자서 외로운 삶을 사는 사람들은 그들의 욕구를 충족시킬 수 있는 능력이 거의 없으며, 여러 사람들과 다른 독특성을 좋아할지라도 그들의 의지가 감정을 극복할 수 있을 만큼 충분히 강하지 않다.

이러한 현상이 일어나는 것은 대개 그러한 사람들의 감정에 영향을 미치고 통제하는 이질적인 의지가 있기 때문이다. 만약에 숨겨진 적의 존재에 대해 아무것도 모르면서 그 적과 싸우고 있다면, 승리할 가능성은 희박할 것이다.

치유를 위해서는 축사가 필요하다. 하지만 그 사람이 왜 혼자 있고 싶어 하는지에 대한 이유를 먼저 조사해 보는 것이 필요하다. 귀신들은 보통 위기가 처음 발생했을 때에 사람들이 느끼는 감정과 선택들을 이용해 역사한다. 그들이 치유받지 못한 채 살아간다면, 더 심하게 귀신들릴 수 있는 문이 활짝 열려 있게 될 것이다.

많은 경우에 그러한 문제의 뿌리는 어린 시절에 받은 상처나 아픔을 일으킨 어떤 관계 안에 숨겨져 있다. 때로 상처를 준 사람들은 어린 자녀의 삶에 부정적인 영향을 미칠 만한 어떤 일을 했다는 사실 조차 인식하지 못할 수 있다. 심지어 사탄은 유아기 때의 경험이나, 혹은 태어나기 전 어머니의 자궁 안에 있을 때의 경험을 이용해 그러한 문제를 일으킬 수도 있다.

예를 들어 미혼의 어떤 여성이 임신해 자기 뱃속에 있는 아이를 끝까지 미워하면서 출산할 경우에 그러한 문제가 발생할 것이다. 이 아이의 영은 어머니의 영으로부터 그러한 감정들을 느끼게 될 것이고, 자기의 건강한 성장을 책임지고 있는 사람이 자기가 존재하지 않기를 원했다는 것을 인식하면서 세상에 등장하게 될 것이다. 거절감이 인생의 가장 이른 시기에 형성된 것이다. 그러면 귀신들은 그 아이에게 이미 경험한 감정적 상처를 이용해 역사할 것이다.

:: 결론: 의술에 몸담고 있는 사람들에게 한마디

의술에 몸담고 있는 많은 사람들은 내가 이번 장에서 설명한 것들이 사실이 아니라고 말할 수도 있을 것이다. 왜냐하면 내가 앞에 서 설명한 상태들에 대해 잘 알려진 의학적 설명들이 있으며, 이러한 것들은 귀신들과 아무런 관계가 없다고 생각하기 때문이다. 여기에서 나 또한 과학자임을 말하고 싶다. 따라서 이러한 문제들을 고려할 때에 이러한 과학적 분석을 하는 사람들이 직면하는 딜레마를 잘 이해하고 있다. 하지만 어떤 사람에게 일어나는 것에 대한 과학적 관찰과, 과학자들에 의해 관찰되고 측정된 상태에 대한 영적 뿌리들에 대한 분석 사이에는 어떤 마찰도 존재하지 않는다. 이것은 계란을 연구하느냐 달걀을 연구하느냐의 차이다.

예를 들어서 몸 안에 있는 화학 성분이 너무 많다거나 너무 적다는 것은 실제적이며 측정 가능한 것이다. 화학 성분의 초과 혹은 부족이 우리가 경험하는 증상들을 야기시키는 것으로 알려져 있다. 화학 성분이 부족한 경우에 일어나는 증상들은 의사가 제조해 준 약이나 보조식품을 섭취함으로써 제거될 수 있거나, 적어도 개선될 수 있다. 그러면 사람들은 그 사람이 치료를 받았다고 말한다.

나는 이 단계에서 그 사람에 대해 내리는 그러한 결론이 맞지 않다고 생각한다. 왜냐하면 약이나 보조식품을 섭취하지 않는다면 본래의 증상이 다시 발생할 것이기 때문이다. 따라서 그 사람은 치료받은 것이 아니라, 단지 일시적으로 증상이 사라진 것뿐이다. 물론 의약품을 가지고 이런 식으로 사람들을 도와주는 것은 합당하고 추천할 만한 일이다. 세계 도처에 흩어져 있는 수백만 명의 사람들은 이러한 의약품들로 인해 건강을 유지하며, 생명을 유지하고 있다. 따라서 이들은 이러한 의약품들에 대해 하나님께 감사하고 있다.

하지만 치료에 관해 우리가 관심을 갖는 것은 단순히 의약을 통한 증상의 제거가 아니라, 몸의 시스템을 회복시킴으로써 의약적인 도움 없이도 건강하게 살아갈 수 있게 하는 것이다. 우리는 과학적이고 측정 가능한 연구 과정에 앞서서 의약을 필요로 할 만큼 몸의 시스템에 문제가 생긴 이유가 무엇인지를 찾아야 한다.

이 시점에서 우리는 일반적으로 의학적 진단을 할 때에 사용하지 않는 많은 질문들을 할 수 있다. 이러한 질문들에는 신체적 시스템의 결함과 감정적 고통으로 인한 결과와 같은 질문들, 더 상세히 말해서 특별한 역할을 맡고 있는 귀신들에 의해 야기된 신체적 증상들과 같은 질문들이 포함된다. 귀신들은 그들이 점령하고 있는 사람들을 괴롭힘으로써 그들의 삶 속에서 하나님의 일이 이루어지지 못하게 하려 한다.

우리는 다양한 사역의 영역들에서 매우 의미 있는 진전을 경험하면서, 그리스도의 몸된 교회가 병든 자를 치유하라는 명령에 순종하려 할 때에 하나님께서 병든 자를 위해 기도하는 자들에게 계시를 열어 줄 것이라고 믿고 있다. 이것은 하나님께서 의학적 수단을 통해 병든 자를 치유하려는 자들에게 지식과 이해를 가져다 준 것과 같은 이치이다.

축사를 통해 치료 사역을 하는 사람들과 의학적 방법을 통해 치료하려는 사람들 사이에는 근본적인 차이가 없다. 그러나 의학에 종사하는 자들은 그들이 치료하고자 하는 상태들에 의학으로 설명할 수 없는 또 다른 차원이 있을 수 있다는 것에 개방돼 있어야 한다. 마찬가지로, 치료와 축사 사역을 하는 자들은 의사들을 그들의 적이 아니라, 하나님께서 주신 필수적이면서도 힘겨운 임무를 성취하려는 자들로 보아야 할 것이다. 그렇지 않다면 의학에 종사하는 자들을 공격하거나 그들에게 상처를 입히는 우를 범하게 될 것이다.

나아가서 의학에 종사하는 자들은 또한 어떤 대체 의학들과 영적인 것들 배후에는 위험한 것이 도사리고 있을 수 있다는 것도 알고 있어야 한다. 우리는 점점 '뉴 에이지 관행'이라 불리는 것에 의해 지배받고 있는 세상에 살고 있다. 그러나 이렇게 의학적 분야에서 점점 허용되고 있으며 또한 대중 미디어를 통해 신뢰를 얻고 있는 뉴 에이지 관행들 중 많은 것들은 그 기원을 신비 사술에 두고 있다. 의사들은 이러한 관행들 중 어떤 것들은 실제로는 치유를 일으키지 못했으면서도 '치유'의 효과를 나타내는 것처럼 보일 수 있다는 것을 알아야 한다.

만약에 이러한 종류의 관행(배후에 귀신들이 역사하고 있음)을 통해 '치유' 받은 사람들이 있다면 그들이 본래 지니고 있던 증상들이 더 높은 계급에 속한 귀신에 의해 통제되고 있을 가능성이 크다. 따라서 이러한 귀신을 쫓아내면 본래 존재했던 증상들이 다시 나타날 수 있을 것이다. 그러나 그 후에 본래의 증상들을 일으켰던 어둠의 세력들까지 몰아내면 온전한 치유를 받을 수 있을 것이다.

4장

귀신들이 사람들 안으로 들어가는 방법

귀신들이 사람들 안으로 어떻게 들어가는지를 아는 것이
귀신들을 쫓아내는 데 있어서 매우 중요한 열쇠이다.
귀신들이 어떤 사람 안에 들어가려면 들어갈 권리를 얻어야 한다.
이러한 권리를 제거하는 것이 효과적인 축사 사역을 위한 토대이다.
이러한 권리를 제거하지 않는다면
축사의 효과가 오래 지속되지 못할 것이다.

귀신들이 사람들 안으로 어떻게 들어가는지를 아는 것이 귀신들을 쫓아내는 데 있어서 매우 중요한 열쇠이다. 귀신들이 어떤 사람 안에 들어가려면 들어갈 권리를 얻어야 한다. 이러한 권리를 제거하는 것이 효과적인 축사 사역을 위한 토대이다. 이러한 권리를 제거하지 않는다면 축사의 효과가 오래 지속되지 못할 것이다.

예수님은 질병의 영으로 인해 허리가 굽은 여인의 상태에 대해 말씀하셨을 때에 귀신들이 들어오는 입구에 대한 개념을 소개하셨다(눅 13:10-17). 예수님은 그녀가 18년 동안 묶여 있었다고 말씀하셨는데, 이 말은 그녀가 18년 전에는 자유로웠다는 의미이다. 따라서 18년 전에 어떤 일이 일어나서 귀신이 그녀 안으로 들어왔음이 틀림이 없다. 성적 학대를 당했든지, 아니면 불의의 사고를 당했을 수 있을 것이다. 혹은 그녀의 가족 식구들 중에 그녀와 비슷한 질병으로 죽은 사람들이 있었을지도 모른다.

그녀에게 무슨 일이 발생했는지에 대해 성경은 아무런 설명도 하지 않는다. 그러나 우리가 분명하게 아는 것은 그녀가 '아브라함의 딸'이었다는 것이다. 이 말은 일반적으로 그녀가 단순히 유대인이었다는 의미보다는 하나님을 진정으로 따르는 믿는 자라는 의미로 이해할 수 있다. 따라서 예수님은 이 이야기 속에서 하나님을 믿는 자들도 귀신에 들릴 수 있으며, 그녀가 귀신의 공격에 넘어간 특정한 시간이 있었다는 것을 분명하게 밝히신 것이다.

상담을 통해 내담자에 관한 많은 사실들을 밝힐 수 있을 것이다. 그리고 상담자는 그러한 사실들 중 어떤 것들을 귀신들이 들어올 수 있는 잠재적인 입구로 인식할 수 있을 것이다. 그 사람이 지니고 있는 증상들이 귀신들이 들어올 수 있는 가능한 입구들에 대한 증거들과 부합한다면, 그 사람의 문제들이 귀신에 의한 것일 수 있다는 가능성을 고려해 보아야 한다. 자연적인 관찰과 영적 분별은 나란히 갈 수 있고, 또한 나란히 가야 한다. 영분별은 분명히 성령의 은사지만, 하나님은 또한 우리에게 자연적인 능력들을 선물로 주셨다. 도움이 필요한 자들에게 예수님의 사랑으로 사역을 해줄 때에 반드시 사용해야 하는 것이 바로 자연적인 능력들이다.

예를 들어, 나에게도 어떤 사람의 문제들이 귀신들에 의한 것이라는 특별한 영적 분별력이 없을 때가 많이 있었다. 그 때에 나는 증상들을 관찰하고 귀신들이 들어갈 수 있는 가능한 입구들을 인식한 후에, 먼저 적당한 방식(예를 들어 죄를 회개하게 함)을 도입해 사역을 하기 시작했다. 그 다음에는 특정한 문제 배후에 있는 귀신을 다루었다. 그러면 내담자에게서 귀신이 쫓겨나가서 치유가 일어나는 것을 보아 왔다.

귀신들이 들어간 입구가 충분히 해결되지 않으면, 귀신들에게 아무리 명령을 해도 잘 나가지 않는다. 그들이 합당한 권리를 가지고 있기 때문이다. 귀신들이 들어갈 수 있게 된 근본적인 원인을 합당한 방식으로 다루는 것은 아무리 강조해도 지나치지 않다. 따라서 이번 장은 축사 사역을 위해 매우 중요하다.

:: 가계

성경에는 인기 없는 메시지를 담고 있는 구절들이 많이 있다. 출애굽기 20장 5절의 후반부가 한 실례가 될 수 있을 것이다. "나를 미워하는 자의 죄를 갚되 아비로부터 아들에게로 삼사 대까지 이르게 하거니와." 사람들은 이렇게 항의한다. "왜요? 그것은 공정치 않습니다. 예레미야 선지자도 부모들이 먹은 신 포도에 의해 자녀들의 이가 시지 않을 것이라고 말하지 않았습니까?"(렘 31:29)

이러한 질문들과 반응들은 사람들이 조상들의 죄로 인해 귀신에 들릴 수 있다는 말을 들을 때에 심하게 일어날 수 있다. 하지만 어떤 사람들은 이러한 가르침을 듣자마자 서광이 밝아오는 것을 경험하게 된다. 그 이유는 마침내 그들이 그렇게 오랫동안 견뎌 왔던 문제들에 대한 신뢰할 만한 이유를 듣게 되었기 때문이다. 많은 사람들은 이러한 메시지가 그들에게 처음으로 문제를 해결할 수 있다는 소망을 주었다고 간증한다.

이제 사람들이 왜 이러한 가르침이 옳지 않다거나, 혹은 오늘날에 받아들여질 수 없다고 말하는지 다양한 이유들을 살펴보자.

✣ 이 가르침은 율법에 들어 있다. 우리는 율법이 아니라 은혜의 시대에 살고 있다. 따라서 그것은 현대의 그리스도인들에게는 적용되지 않는다.

이것은 온 세대의 하나님의 백성들에게 모세를 통해 주어진 십계명 중의 일부이다. 예수님은 만물의 끝이 오기 전에는(재림 때까지는) 율법들 중 그 어느 것도 없어지지 않을 것이라는 것을 분명하게 말씀하셨다(마 5:18). 따라서 우리는 율법이 여전히 유효한 시기에 살고 있다.

하지만 우리가 분명하게 구별해야 할 것도 있다. 음식이나 의식과 관련된 율법들은 오직 유대인들의 예배 의식에서만 사용된 것으로서 신약에서는 폐지되었다(막 7:19, 행 10:14-15). 그러나 도덕 혹은 윤리에 관한 법은 신약에서 더욱 보강되었고 오늘날에도 여전히 유효하다(마 5:27-28, 막 7:21-23).

우리는 기본적인 도덕법과 행동에 관한 계명들 중 어떤 것들도 무시할 수 없다. 만약에 이러한 가르침들 중 오늘날 우리에게 적절한 것들이라 생각하는 것들을 뽑아 선택한다면, 우리가 어디에서 멈추겠는가? 우리가 어떤 명령을 어길 때에 그로 인한 결과가 자녀들에게 영향을 미치기 때문에 그 명령을 거부한다면, 우리는 또한 이러한 계명의 다른 부분, 즉 경건한 가계에서 태어난 자녀들에게 축복이 약속되는 것까지도 거부하게 되는 셈이다. 그렇게 하다 보면 '간음하지 말라'는 계명까지도 거부하지 않겠는가?

하나님께서 우리에게 주신 계명들 중 어떤 일부분만을 받아들일 수는 없다. 계명들 전체를 받아들여야 한다는 말이다. 그리고 하나님께서 우리의 유익을 위해 그러한 계명들을 주셨다는 것을 믿으면서, 또한 그러한 결과들에 직면해야 할 것이다.

우리가 은혜의 시대에 살고 있는 것은 맞다. 그렇다고 해서 예수님께서 초림하신 이후에 태어난 모든 사람들이 구원을 얻는 것은 아니다. 죄에 대한 해결책을 받아들인 자만이 구원을 얻을 것이다. 지금이 아무리 은혜의 시대라고 외쳐도 예수님을 믿지 않기로 선택하는 사람들의 마지막은 변화되지 않을 것이다.

우리가 은혜의 시대에 살고 있다는 사실은 조상들의 죄가 자녀들에게 미치는 결과들이 십자가를 통해 해결될 수 있다는 의미이다. 왜냐하면 우리가 치유받을 수 있는 것은 오직 그분이 받은 형벌을 통해서이기 때문이다. 그러나 십자가의 공로가 각 사람의 삶 속에 적용되어야 하는 것과 같이, 치유와 축사 사역도 조상들의 죄에 영향을 받은 사람들의 삶 속에 개별적으로 적용되어야 한다. 자동적으로 일어나는 일이 아니라는 말이다.

따라서 예수님께서 복음을 전파할 뿐만 아니라 병든 자를 치유하고 귀신을 쫓아내라고 말씀하신 것은 놀라운 일이 아니다. 예수님은 교회가 온전한 구원 사역을 할 때에만 사랑하는 자녀들이 그들을 위해 성취된 자유를 맛볼 수 있다는 것을 알고 계셨기 때문이다.

❖ 가계를 타고 내려오는 귀신들이라는 것은 있을 수 없다. 왜냐하면 자녀들이 부모들의 죄 때문에 고통당하는 것은 공정치 않기 때문이다.

불행히도 공정함에 대한 세상의 개념은 옳지 않다. 공정하든 공정하지 않든, 사람들은 조상들의 죄 때문에 고통을 당하고 있다. 따라서 신학적 논쟁에서 승리하기 위해 이러한 일이 일어나지 않는 것처럼 가장하는 것은 옳지 않다. 신문에는 부모들이 자녀들에게 행한 것들 때문에 자녀들이 어떻게 고통당하고 있는지에 대한 이야기들로 가득 차 있다. 어떤 아버지가 그의 딸을 학대한다면, 그 자녀는 그러한 죄를 통해 극심한 상처를 입게 될 것이다. 이러한 경우에 이 자녀가 그녀의 아버지의 죄 때문에 고통을 당한 것이 아니라고 주장하는 것은 지나치게 순진한 것이다.

우리는 타락한 세상에서 살고 있으며, 사탄은 인류의 타락 이후 잔인할 정도로 인간들을 공격해 왔다. 우리 최초의 조상들은 죄를 지음으로써 하나님께서 창조하신 모든 피조물들(나와 당신을 포함해)에 대한 권리를 사탄에게 넘겨주었다. 이것에 대해 공정치 않다고 말하는 사람이 있을지도 모른다. 그러나 그들은 정말로 사탄에게 그러한 권리를 넘겨주었고, 우리 모두는 그 결과로 고통을 당해 왔다.

역으로, 예수님께서 행하지 않은 죄악들에 대해 그가 처벌을 받아서 십자가에서 죽으셔야 했던 사실에 대해 누군가 공정치 않다고 말할 수도 있을 것이다. 이것은 정말 공정치 않은 것이다. 그러나 예수님은 정말 우리 죄 때문에 죽으셨고, 하나님께서 우리를 그토록 사랑하셔서 당신과 나 대신에 그의 아들을 죽게 하신 사실에 대해 하나님께 감사를 드린다.

❖ 에스겔과 예레미야의 예언을 어떻게 바라보아야 하는가? 그들의 예언, 즉 부모들이 신 포도를 먹은 것으로 인해 자녀들의 이가 시지 않을 것이라는 예언은 결국 조상들이 지은 죄의 결과로 인해서는 자녀들이 해를 입지 않을 것이라는 말이 아닌가?(렘 31:29, 겔 18:1-4).

그렇지 않다. 이 구절들이 말하고 있는 것은 죄의 결과로 인해 가해진 상처나 피해가 아니라, 조상들이 범한 죄악guilt에 관한 것이다. 에스겔은 이것을 매우 분명하게 말했다. 그는 "…아들은 아비의 죄악guilt을 담당치 아니할 것이요 아비는 아들의 죄악을 담당치 아니하리니…"(겔 18:20)라고 말한다.

따라서 학대를 당한 자녀는 죄가 없으며, 아버지가 지은 죄로 인해 심판을 받지 않을 것이다. 죄를 범한 아버지가 그 죄에 대해 심판을 받게 될 것이다. 에스겔 18장 4절에 이것이 분명하게 기록되어 있다. "범죄하는 그 영혼이 죽으리라." 에스겔은 즉각적인 육체의 죽음에 관해 말한 것이 아니다. 만약에 그랬더라면 에스겔이 이 말씀을 선포한 후 짧은 시간 안에 이스라엘의 모든 백성들이 죽었을 것이다. 에스겔은 죄의 결과로 인한 영원한 죽음과 하나님의 심판에 대해 말하고 있었다.

에스겔 18장을 주의 깊게 읽어 보라. 거기에는 죄의 결과로 인해 상해받은 자가 아니라, 죄를 범한 자들에게 심판이 어떻게 임하는지에 대해 자세히 기록되어 있다. 따라서 이러한 가르침에 대한 시각을 넓힐 수 있을 것이다. 에스겔은 아버지가 아무리 악했다 할지라도 그 자녀가 사람들과 하나님 앞에서 올바른 삶을 살기로 선택한다면 심판을 받지 않을 것이라고 설명한다. 하지만 에스겔은 자녀들이 부모들의 죄를 통해 상처를 입을 때에 하나님께 순종하는 것이 얼마나 힘든지에 대해서는 설명하지 않았다.

예레미야 31장은 약간 다른 부분을 강조한다. 전반적인 내용은 하나님의 백성들이 미래에 누릴 번영과 관련이 있다. 예레미야 31장을 자세히 읽어 보면 예레미야가 언급하고 있는 시기가 예수님께서 이 땅을 통치하실 때라는 것을 분명히 알 수 있다.

34절을 보자. "그들이 다시는 각기 이웃과 형제를 가리켜 이르기를 너는 여호와를 알라 하지 아니하리니 이는 작은 자로부터 큰 자까지 다 나를 앎이니라…"

이때는 우리가 살고 있는 시대일 리가 없다. 왜냐하면 현재에는 하나님을 아는 자들이 많지 않기 때문이다. 이것은 사탄과 그의 졸개들이 결박을 당하고 그리스도께서 이 땅을 다스리는 천년 왕국 시대에 관한 것이다(계 20:1-6). 그 때에는 가계를 타고 내려오는 귀신들이 있을 수 없을 것이다. 귀신들이 존재하지 않을 것이기 때문이다. 예언을 해석할 때에는 예언이 성취되는 올바른 시기를 분별하는 것이 매우 중요하다.

❖ 성경에는 "누구든지 그리스도 안에 있으면 새로운 피조물이라 이전 것은 지나갔으니 보라 새 것이 되었도다"(고후 5:17)라는 말씀이 있다. 이 구절은 우리가 일단 그리스도인이 되면 조상들의 죄로 인한 결과가 우리 안에 남아 있을 수 없다는 의미가 아닌가?

이 질문에 대한 대답은 'Yes'와 'No'이다. Yes인 이유는 우리 영이 거듭남으로 인해 하나님과 분리되었던 이전의 시간이 지나갔기 때문이다. 반면에 No인 이유는 우리가 그리스도인이 되는 순간에도 예전에 살던 육신적인 삶을 대체시키는 새로운 육신적인 삶이 주어지지 않기 때문이다. 과거에 입은 상처의 결과들은 여전히 존재한다. 가계를 타고 역사하는 사탄의 역사가 취소되기 위해서는 구원의 선물을 받은 후에 반드시 치유와 축사 사역을 받아야 한다. 그리고 그리스도 안에서 새로운 피조물이 되어야만 회복의 과정이 시작될 수 있다.

상담실에 찾아오는 사람들의 모습을 보라. 어렸을 때에 부모들에 의해 버림을 받았거나, 어머니가 창녀였거나, 혹은 조부모들이 주술에 관여했던 자들은 정말 그러한 조상들의 죄로 인해 고통당하고 있다. 정직한 자들은 이것을 부인할 수 없을 것이다. 나는 상담 경험을 통해 이러한 목록들을 수없이 열거할 수 있다.

조상들의 죄가 자녀들에게 영향을 미친다는 사실을 받아들인 사람들은 이제 훨씬 더 근본적인 질문을 해야 한다. 죄로 인한 영향들이 어떤 식으로 나타나는가? 하는 것이다.

매 맞는 자녀에게 일어나는 신체적 결과들 혹은 술이나 마약에 중독된 부모들로 인해 자녀들에게 나타나는 사회적 고립과 같은 결과들을 이해하는 것은 쉽다. 그러나 출애굽기 20장 5절을 보면 우상숭배의 죄―참되고 살아 계신 하나님 외에 다른 것 혹은 다른 사람을 예배하는 죄―때문에 부모들의 죄가 자녀들에게 영향을 미친다는 사실도 알 수 있다.

이 죄에 대한 결과는 그렇게 명확하지 않다. 어떤 사람들은 단순히 피상적인 것들만을 바라보면서 그들이 행하지 않은 것들에 대해 처벌하시는 하나님의 보복적인 행위 외에는 이것을 다른 식으로 설명할 수 없다고 말할지도 모른다.

그러나 하나님이 정말 그렇게 하실 분인가? 하나님 아버지가 어떤 분이신지를 진정으로 알기 원한다면 예수님을 보아야 할 것이다. 왜냐하면 예수님은 "나를 본 자는 아버지를 본 것이다"(요 14:9)라고 말씀하셨기 때문이다. 우리는 예수님 안에서 악한 것이나 혹은 복수심과 같은 것을 찾아볼 수 없다. 오히려 그와 정반대되는 것들을 볼 수 있을 뿐이다. 따라서 조상들의 죄가 자녀들에게 영향을 미치는 어떤 다른 경로들이 있음이 틀림이 없다.

이제 악한 영들이 역사할 수 있다는 가능성에 대해 언급하려 한다. 모든 잘못된 경배는 결국에 귀신들을 경배함으로써 사탄을 경배하는 것이 된다. 거짓된 모든 종교의 배후에는 귀신들이 역사하고 있다. 또한 우상숭배적 대상이나 관계 혹은 행위로서 스스로를 높이는 모든 것들의 배후에도 귀신들이 역사하고 있다.

사탄은 창조자가 아니라 모방자이다. 참되고 살아 계신 하나님을 예배할 때에 하나님께서 성령의 능력으로 자기 백성들의 찬양 가운데 거하시는 것과 같이(시 22:3), 거짓 신에게 충성하는 자들에게는 거짓 신의 배후에 있는 악한 영이 그러한 '예배자들' 안에 거하기 위해 영향력을 행사한다.

그러한 모든 경배가 명백하게 우상숭배적인 것은 아니다. 많은 대상들, 활동들(특별히 성과 관련된 것들), 레크리에이션, 심지어 애완동물들도 사람들이 그러한 것들에 심취하는 정도에 따라 우상숭배적인 것이 될 수 있다. 바울이 돈에 관해 말할 때에 문제를 일으키는 것은 돈 자체가 아니라 돈을 사랑하는 것이라고 말한 것을 기억하라 (딤전 6:10). 성적인 것도 마찬가지이다. 문제를 일으키는 것은 성 자체가 아니라 난무한 성적 행위를 추구하는 정욕이다. 사실 성은 하나님께서 우리에 주신 합법적이고도 아름다운 선물이다.

따라서 우상숭배(대부분의 죄는 결국 일종의 우상숭배이다)는 귀신들이 들어올 수 있는 합법적인 권리를 준다. 그리고 일단 귀신이 들어오면, 그 귀신으로부터 자유케 될 수 있는 방법은 회개와 축사뿐이다. 나아가서 귀신들은 죄를 지은 사람에게만 들어가는 것이 아니라, 가계를 타고 후세대로 들어갈 수 있는 방법들을 모색할 것이다. 한 세대의 죄악은 그 특별한 죄의 영역에서 다음 세대를 무방비 상태로 전락시키기 때문에 후손들의 죄를 '예고해 준다'고 할 수 있다.

따라서 축사 사역에서는 가계를 타고 전이된 모든 영역들을 주의 깊게 다루어야 한다. 또한, 혼의 묶임soul tie이 있는 사람들 사이에 귀신들이 전이될 수 있는 가능성도 배제할 수 없다.

이렇게 볼 때에 두 가지 중요한 주제가 등장한다. 하나는 전이의 문제이고, 또 하나는 혼의 묶임에 관한 문제이다. 이 두 주제는 귀신들로부터 사람들을 자유케 해주는 방법을 이해하는 데 있어서 매우 중요한 열쇠가 된다. 여기에 대해서는 후에 더 상세히 다룰 것이다.

세대를 타고 역사하는 귀신들은 부모가 임신했을 때에, 부모들이 죽을 때에, 혹은 이 두 사이의 어느 순간에 전이될 수도 있지만, 가장 일반적으로 전이가 일어나는 때는 임신 시와 죽을 때이다.

따라서 치유를 필요로 하는 자들에게 사역할 때에는 조상들의 죄로 인한 자연적인 결과들(학대, 가난, 폭력, 결핍…) 외에도 영적(귀신들)인 차원을 고려해야 한다. 우리가 흔히 상대하는 것들은 가계를 타고 내려온 귀신들로서, 이들이 현세대와 후세대들에게 저주를 행사하고 있는 경우들이 허다하다.

심지어 의사들도 "당신의 아버지나 조부가 이와 같은 질병을 앓은 적이 있나요?" 같은 질문을 한다. 의사들은 어떤 특정한 증상들이 가계를 타고 유전될 수 있다는 것을 알고 있다. 그러나 의사들은 이러한 많은 경우들에 있어서 역사하고 있을 수 있는 귀신들을 인식하지는 못한다. 그들은 단순히 신체적인 증상이나 유전된 어떤 것을 인식할 수 있을 뿐이다.

우리가 치유 집회를 하고 있던 어느 시간에 열여덟살 된 소녀가 맨 앞에 서있었다. 의사들은 그녀의 콩팥이 바이러스에 감염되어서 1년도 채 살 수 없을 것이라는 진단을 내렸었다. 그녀는 이미 여러 번 기도 사역을 받았지만 아무런 차도가 없었다. 그녀가 맨 앞줄에 서 있는 동안에 성령께서 내 안에 그녀의 어머니에 대해 질문해 보라는 감동을 주셨다. 그녀는 자기가 입양돼 친부모가 누구인지 모른다고 말했다. 그녀의 어머니는 결혼하지 않은 상태에서 임신해 그녀를 다른 가정에 입양시켰던 것이다.

나는 그녀의 부모들이 성적인 죄를 범했다는 것을 깨달았기 때문에 그녀에게 그녀의 어머니와 아버지의 행동을 용서하고, 그녀의 생명에 대해 하나님께 감사할 수 있는지에 대해 물었다. 그녀가 이 두 가지를 했을 때에 그녀의 부모들이 지은 죄로 인해 그녀 위에 역사하고 있었던 저주가 끊어지게 되었다. 나는 그녀가 임신되었을 때에 그녀 안에 들어온 영에 대해 권세를 취해 떠나라고 명령했다. 그녀는 그 질병의 영이 움직이며 나아가기 시작했을 때에 즉시 그녀의 위장에서 어떤 일이 일어나고 있음을 느낄 수 있었다. 귀신은 그녀의 가슴 쪽으로 올라왔고, 그녀가 한참 기침을 하는 동안에 그녀의 몸에서 빠져나갔다.

그날 밤 우리 젊은 사역팀 중에 18세인 한 여학생이 사역 경험을 하기 위해 내 옆에 있었다. 그녀는 한 번도 병든 자를 위해 기도해 본 적이 없었다. 내가 그 여학생에게 질병에 걸린 그 여자의 콩팥에 손을 얹고 치유를 위해 기도하라고 말했다. 그 여학생이 기도했을 때에, 그녀는 자신의 콩팥에서 어떤 일이 일어나고 있는 것을 느낄 수 있었다.

20분 정도 지난 후에 그녀는 허리를 굽혀서 손을 땅바닥에 닿게 할 수 있었다. 전에는 고통 때문에 이렇게 하는 것이 불가능했지만 말이다. 그녀는 6주 정도 지난 후에 나에게 편지를 보내 주었다. 그 안에는 병원에 가서 진찰받은 이야기가 적혀 있었다. 의사들이 그녀를 다시 진찰했을 때에 아무런 이상도 발견하지 못했다는 것과, 그녀에게 이전의 진단에 대해서는 모두 잊으라고 말해 주었다는 내용이 적혀 있었다.

이것은 가계를 타고 귀신들이 역사하는 전형적인 사례로서, 귀신들은 부모들의 성적인 죄를 통해 아이 안으로 들어가게 되었다. 이 소녀의 질병은 다음 세대를 저주하라는 임무를 받은 귀신이 직접적으로 역사한 결과였다. 축사 사역이 없이는 치유가 일어나지 않았을 것이며, 그 특정한 귀신의 통로를 다루지 않았다면 축사가 일어나지 않았을 것이다.

이 경우에는 귀신이 단지 한 세대에서 다음 세대로 전이되었지만, 성경에는 조상들의 죄가 삼사 대까지 영향을 미친다는 기록이 있다. 그리고 이러한 삼사 대에 속한 자들 중 어떤 사람이 이와 비슷한 성질의 죄를 범한다면 삼사 대라는 주기가 새롭게 시작될 것이다. 따라서 실제로는 여러 세대를 거치면서 조상들의 죄가 쌓여감으로써 죄로 인한 영향 혹은 결과가 영원히 지속될 수도 있다.

신명기 23장 2절의 말씀을 통해 성적인 죄를 범한 경우에는 죄로 인한 영향이 십 대까지 미칠 수 있음을 알 수 있다. 왜냐하면 성적인 죄를 범한 자들의 가계는 십 대까지 하나님의 총회에 들어올 수 없었기 때문이다.

복음서에 보면 제자들이 어떤 소경을 보면서 예수님께 다음과 같은 질문을 한다. "그가 소경으로 태어난 것이 이 사람의 죄입니까, 부모의 죄입니까?"(요 9:2). 예수님은 둘 다 아니라고 대답하셨다. 만약에 부모들의 죄로 인해 자녀들이 고통을 당할 수 있다는 사실이 받아들여지지 않았다면 제자들은 이 질문을 하지 않았을 것이다.

가계를 타고 내려오는 귀신의 역사들과 관련해, 우리는 종종 이전 세대에서 일어났던 것과 같은 종류의 증상들이 다음 세대에서 반복되는 것을 본다. 이렇게 귀신들이 일으키는 증상들은 신체적인 증상들, 정서적, 심리적 혹은 정신적 상태, 영적인 맹점blindspots들과 같은 것일 수 있다.

예를 들어, 어떤 한 가족의 모든 여성들이 천식으로 고생했다는 것을 발견했다. 어떤 남성이 나에게 이렇게 말한 적이 있다. "나의 증조할아버지는 나의 할아버지와 같이 간음하는 자였습니다. 그리고 나의 아버지도 그랬고 이제 나도 간음하는 죄를 범하고 있습니다." 이 사람이 말하고 있었던 것은 한 세대에서 다음 세대로 전이된 간음의 영이 역사한 결과였다. 간음의 영이 각 세대 안에서 간음죄를 유발했던 것이다.

각 세대는 "나는 간음죄를 범하지 않을 것이다"라고 말하고 선택할 수 있는 자유의지를 가지고 있지만, 내면의 귀신이 끊임없이 압박을 가해 오기 때문에 그것을 계속해서 이겨 내는 것이 쉽지 않다. 따라서 마침내 그러한 의지가 꺾이고 시험에 넘어갈 수 있을 것이다. 원하지 않는 죄를 범함으로써 절망에 빠지게 되는 순간이 올 것이라는 말이다.

초대교회의 여러 사역단체들 혹은 교회들은 사람들이 회심한 후 그리고 세례를 받고 교회의 멤버가 되기 전에 그들로 하여금 반드시 축사 사역을 받게 했다. 이것은 우리 신앙의 선배들이 지녔던 소중한 지혜라 아니할 수 없다—어떤 나라 혹은 지역들에서는 아직도 이러한 전통이 일반적으로 행해지고 있다.

우리 신앙의 선조들은 회심한 사람들이 그들의 이교도적 삶을 지배해 왔던 귀신들과, 그리고 그들의 가계를 타고 내려온 귀신들로부터 자유를 얻지 못한다면, 쉽게 세상과 타협을 하면서 영적인 죽음과 종교적 행위로 전락하게 될 것이라는 것을 알고 있었다. 나는 우리 현대교회가 초대교회 신앙의 선배들과 같이 축사 사역을 일반적인 관행으로 여기고 실천한다면 훨씬 강력한 그리스도의 몸이 될 것이라고 생각한다.

교회의 지도자들이 축사 사역을 지속적으로 그리고 적극적으로 행하지 않는다면, 성령의 모든 역사가 귀신들의 압박을 통해 교회 안에서부터 소멸될 날이 올 것이다. 따라서 사탄이 축사 사역에 저항하면서 그것을 쓸데없는 사역이라고 기만을 퍼뜨리려 하는 것은 놀랄 일이 아니다. 교회가 복음을 선포하고, 병든 자를 치유하며, 귀신들을 쫓아내라는 예수님의 말씀에 계속 순종한다면, 그리스도의 몸은 사탄이 아무리 안팎으로 공격을 한다 할지라도 요동치 않는 강력한 군대가 될 것이다.

보호(덮음)의 원리

하나님은 자녀들이 그들의 부모들에 의해 보호받고, 또한 '주님의 양육'을 받으면서 성장하기를 원하신다. 이 말은 부모들이 하나님을 위한 대리 부모로서 그들의 자녀들로 하여금 하나님을 아버지로 알도록 양육하는 것을 의미한다.

부모들이 자녀들을 위해 제공해야만 하는 보호는 우산과 같다. 아무리 많은 비가 내린다 할지라도, 우산을 쓰고 있으면 비에 젖지 않을 것이다. 그러나 우산에 구멍이 나 있다면 우산을 쓰고 있는 사람은 구멍으로 새어 들어오는 비에 의해 젖게 될 것이다. 다른 부분은 괜찮겠지만 말이다.

아버지가 고의적으로 죄를 범하는 것은 보호막(우산)에 구멍을 내는 것과 같아서 그 우산을 쓰고 있는 자들은 적절한 보호를 받지 못할 것이다. 이것을 좀더 상세히 말해 보자. 아버지가 특별한 죄를 통해 귀신에 들렸다면, 자녀들은 똑같은 귀신의 영향을 받기 쉬워질 것이라는 것이다.

앞에서 언급한 3대에 걸쳐서 간음을 범한 조상들을 두고 있는 아버지가 자기 아들을 보면서 "그에게 무슨 소망이 있습니까?"라고 물었을 때에, 우리는 그에게 귀신들의 영역에서 일어난 일들을 설명해 주었다. 그리고 또한 그가 그 죄로부터 떠나기로 선택하며, 그의 조상들을 용서하고, 세대를 타고 간음하도록 유발한 영으로부터 자유를 얻을 수 있다고 설명해 주었다. 그 사람과 아들에게 소망이 있었지만, 축사 사역이 없이는 후세대가 증조부의 죄에 의해 야기된 죄의 유형에 의해 계속해서 저주를 받게 될 것이다.

예레미야 애가서의 저자가 다음과 같이 말한 것은 그리 놀랄 일이 아니다. "우리 열조는 범죄하고 없어졌고 우리는 그 죄악을 담당하였나이다"(애 5:7). 또한 레위기 26장 40절의 말씀을 보자. "너희 자손들이 그들의 죄와, 나를 거스리고 대항한 열조의 죄에 대해 자복할 것이라."

또한 경건한 부모들이 자녀들을 위해 제공해 주는 보호막은 자녀들이 하나님의 양육을 받으며 성장할 수 있는 확실한 보호막을 제공해 준다. 따라서 사탄이 부모들에게 죄를 짓게 함으로써 가족의 우산에 구멍을 내려 하고, 그 결과 자녀들에 대한 권리를 주장하려는 것은 그리 놀라운 일이 아니다. 이것과 정반대가 되는 사실 또한 십계명에 표현되어 있다.

"나를 사랑하고 내 계명을 지키는 자에게는 천대까지 은혜를 베푸느니라"(출 20:6).

:: 개인의 죄

사탄과 그의 졸개들인 귀신들은 죄를 조장하는 일을 하고 있다. 그러나 우리가 어떤 죄를 지을 때마다 새로운 귀신이 들어온다는 말은 아니다. 그렇지 않다. 하지만 죄를 계속 범하면서도 고백하지 않음으로 용서받지 못한 죄들은 결국 귀신들에게 들어올 수 있는 권리를 주게 될 것이고, 그 사람의 삶의 특별한 영역은 그러한 귀신들에 의해 조종당하게 될 것이다. 또한 어떤 특정한 죄를 단 한 번 범한 경우에도 귀신들이 그 사람 안에 들어가 역사하는 것을 보는 것도 특별한 현상이 아니다. 사탄은 사람들을 차별대우하지 않는다. 사탄은 사람들―특별히 예수님을 위해 살고자 하는 자들―을 지배하고 조종하기 위해 그에게 열려 있는 모든 기회들을 이용할 것이다.

죄에 대한 해결책이 있다. 요한 일서 1장 9절에 상세하게 설명되어 있다. 이것은 그리스도인들에게 주는 말씀이다. 간단하게 요약하면 고백, 용서, 깨끗케 됨이다. 그리고 이것은 이 순서대로 이루어진다. 우리가 우리의 죄를 하나님께 고백하면, 하나님은 약속을 반드시 지키실 것이다. 하나님은 신실하신 분이기 때문이다. 하나님은 또한 이미 예수님에 의해 치러진 가격이 모든 죄를 덮을 만큼 충분한 것이라는 면에서 의로우시다. 따라서 하나님은 용서하실 것이다. 하나님은 자기 자신의 말을 반드시 지켜야 한다. 그러나 그 약속에 의하면 하나님은 우리를 용서하실 뿐만 아니라, 우리를 모든 불의에서 깨끗케 하실 것이다. 귀신들이 죄를 통해 들어간 곳에서는 정화 과정이 일어나야 하고, 그 과정에 반드시 축사가 포함되어야 한다.

왜 죄가 귀신들이 들어가는 입구가 될까? 대답은 간단하면서도 심오하다. 죄는 하나님께 대한 반역이다. 사탄은 오직 아버지 하나님께 돌아가야 할 영광을 스스로 취하려 했을 때에 하늘에서 반역을 시작했다. 그리고 사탄은 또한 이 땅에서도 반역을 지속했다. 그 방법은 사람들로 하여금 죄를 짓도록 유혹함으로써 자기의 반역에 동참하게 하는 것이다. 죄는 하나님의 뜻과 계획과 목적에 반하는 것을 행하는 것이다. 우리는 죄성을 물려받았기 때문에 죄를 범한다.

우리는 죄를 범할 때에 살아 계신 하나님께 반역을 할 뿐만 아니라, 또한 사탄을 경배하게 된다. 모든 죄는 우상숭배로 간주된다. 왜냐하면 죄를 통해 우리의 삶 속에 사탄을 하나님보다 우선시하기 때문이다. 일단 우리가 죄를 이런 식으로 이해하고 나면, 우리가 사탄을 경배할 때에 스스로를 사탄의 수행원들 중의 하나인 악한 영에게 노출시킨다는 것을 이해하는 것이 어렵지 않을 것이다.

그러한 영이 죄를 통해 우리 안으로 들어오면, 그것은 우리로 하여금 계속해서 죄를 짓도록 우리 안에서 압력을 가할 것이다. 전투지가 변경된 셈이다. 이전에는 예수님께서 광야에서 사탄의 공격들을 물리쳤을 때와 같이 시험이 밖으로부터 왔지만, 일단 우리가 죄를 통해 귀신들에게 문을 열어 주면 공격이 내면에서부터 온다. 그러면 이러한 공격에 저항하는 것이 훨씬 어려워진다. 귀신들이 내면에서 우리 생각에 영향을 행사하기 때문에, 그들은 우리로 하여금 그들의 생각이 우리의 생각인 것처럼 믿도록 기만하려 할 것이다. 또한 귀신들은 우리가 했으면 하고 원하는 것들을 마치 우리가 스스로 하고 싶어 하는 것처럼 생각하게 만들려 할 것이다.

귀신들은 일단 사람들 안으로 들어가면 그들의 지배력을 강화하려 할 것이다. 우리가 비슷한 시험들에 굴복할 때마다 귀신들은 우리 안에 새로운 뿌리들을 내림으로써 그들의 영향력을 증가시킬 수 있을 것이다. 죄의 경로가 오래되면 될수록, 죄를 타고 들어간 특정한 귀신을 쫓아내는 것이 훨씬 더 어려워질 것이다.

축사의 과정에 대해서는 후에 더 자세히 설명할 것이다. 하지만 지금 여기에서 말하고 싶은 것은 현재 귀신에 의해 영향을 받고 있다고 느끼는 자들이 축사받을 수 있는 소망이 없다고 생각하지 않기를 바란다는 것이다. 소망이 있다.

개인적인 죄를 통해 들어가서 자기들의 세력을 확장시켜 놓은 귀신들을 쫓아내는 가장 우선적인 방법은 항상 고백과 회개가 될 것이다. 고백은 우리가 죄를 지은 것이 드러날 때에 단순히 하나님께 잘못했다고 말하는 것이 아니다. 그것은 우리가 지은 죄를 직시하면서, 일반적인 죄 그리고 우리가 지은 죄에 대한 하나님의 판결에 동의하는 것이다.

어떤 것에 대해 하나님과 동의하는 것은 그것에 대한 하나님의 견해가 우리 자신의 견해보다 더 중요하며, 그분의 뜻을 위해 우리의 뜻을 기꺼이 내려놓겠다고 말하는 것을 의미한다. 이것은 예수님께서 우물가의 여인에게 말씀하신 것과 일맥상통한다. "하나님은 영이시니 예배하는 자가 신령과 진정으로 예배할지니라"(요 4:24). 죄로 물든 기만에 빠져서 우리와 하나님의 관계를 잘못 생각하고 있는 자들은 하나님을 진정으로 예배할 수 없을 것이다.

회개는 죄로부터 돌아서는 긍정적인 행위이다. 우리는 얼마나 심각하게 귀신에 들려 있느냐에 상관없이 항상 죄를 지을 것이냐 말 것이냐를 선택할 수 있다. 사탄은 우리의 자유의지를 빼앗아갈 수 없다. 그러나 우리가 죄를 지으면 지을수록, 귀신들이 우리가 결정을 내리는 과정에 영향을 미치는 힘은 더욱 강해질 것이고, 그 결과 우리가 "No"라고 말하는 것은 점점 더 어려워질 것이다. 성령의 감동으로 "No"라고 말하도록 하는 것이 축사 사역을 위해 가장 강력하고 효과적인 전략들 중의 하나이다. 하지만 성령의 능력이 없이는 시작하기도 전에 패배하게 될 것이다.

우리에게 죄를 짓도록 압박을 가하는 귀신들에 저항할 때마다 귀신들은 점점 밖으로 내몰려 결국 지배력을 잃게 될 것이다. "시험에 굴복당하지 마라" Yield Not to Temptation 는 옛날 찬송가는 악한 영들과의 전투에서 엄청나게 중요하고 매우 강력한 진리를 담고 있다. "매번의 승리는 당신으로 하여금 또 다른 승리를 하도록 도울 것이다."

온전한 고백과 중심어린 회개는 언제나 귀신들의 권리를 무너뜨릴 것이다. 그러나 그러한 것이 없다면 아무리 귀신에게 나오라고 명령해도 효과가 없을 것이다. 아마 이것 때문에 예수님께서 누가복음 5장에서 중풍 병자를 치유하시기 전에 그 사람의 죄에 대해 언급하신 것 같다. 축사 사역이 성공적이지 못한 가장 큰 이유는 아마도 죄를 고백하고 회개하지 않기 때문일 것이다.

개인적인 죄를 범했을 때에 귀신들의 공격으로부터 방어할 수 있는 최고의 방법은 즉각적으로 죄를 고백하고 회개하는 것이다. 우리가 죄와 부딪힐 때에 일어나는 자연적인 반응은 하나님으로부터 혹은 우리가 죄를 지은 사람들 혹은 이 둘 모두로부터 죄를 숨기려 하는 것이다(창 3장). 그러나 우리가 죄를 짓고 즉시 하나님께 나아가 참된 고백과 회개를 하며 용서를 구한다면, 귀신이 점령하고 싶어 하는 영역을 제거하는 셈이 될 것이다. 우리가 하나님 앞에 나아가는 시간을 지연시킬수록, 귀신의 뿌리는 더욱 깊어질 것이고, 적의 수중으로부터 자유를 얻는 것이 그만큼 더욱 힘들어질 것이다.

많은 사람들이 개인적인 죄와 관련해 가지고 있는 한 가지 문제는 죄로 물든 삶의 양식이나 특징이 이미 그들 삶의 큰 부분을 차지했기 때문에 죄를 지으면서도 그것을 인식하지 못하고 있다는 것이다. 따라서 이런 자들은 그들이 지은 죄를 통해 귀신에 영향을 받을 수 있다는 것에 대해서는 전혀 인식할 수 없는 것이다.

하나님께 순종하고자 하는 모든 사람들의 기도 내용들 중에 포함돼야 하는 한 가지 기도 제목이 시편 139편의 마지막 두 구절에 표현되어 있다. 다윗은 거기에서 그를 시험해 그 안에 악한 것이 있다면 모든 것들을 드러내어 달라고 하나님께 간구했다. 왜냐하면 우리 마음이 부패해(렘 17:9) 우리 스스로는 우리 안에 있는 진리와 거짓을 정확히 분별할 수 없기 때문이다. 우리를 정확하게 아시는 분은 오직 하나님뿐이시다. 오직 하나님만이 우리 안의 나쁜 모든 것을 드러내어 적절히 처리하실 수 있으며, 반대로 선한 것들에 대해서는 축복하실 수 있는 분이시다. 하나님 외에는 이러한 일을 할 수 있을 것이라고 신뢰할 수 있는 존재가 없다.

최근 몇 년 동안에 나는 많은 연장자 그리스도인들에게 사역을 할 수 있는 기회를 가졌다. 그들 중 어떤 이들은 매우 잘 알려져 있고 기반이 든든한 사역을 하고 있는 사람들이었다. 그들은 비밀이 보장되는 상담실에서 그들의 내적인 문제들을 털어놓았다. 어떤 사람들은 끊임없이 다가오는 유혹들—성적인 것들이 많았다—과 씨름하면서 마음이 상해 있었고, 너무도 무력해져서 그것들을 물리칠 수 있는 힘이 없는 상태에 있었다. 많은 경우들에 있어서 그런 사람들은 단순히 외부에서 다가오는 유혹들이나 그들의 타락한 육체적 본성과 싸우고 있을 뿐만 아니라, 결코 인식되지 않았던 내면의 귀신들과 싸우고 있다는 것을 결코 이해하지 못하고 있었다. 정체가 밝혀지지 않은 적과 싸운다는 것은 불가능한 것이다.

"그리스도인들은 귀신들릴 수 없다"는 가르침을 사탄이 얼마나 좋아하는지 아는가? 이러한 가르침만큼 사탄으로 하여금 발각되지 않고 도전받지 않으면서 성도들에게 영향을 미칠 수 있는 권리를 주는 것은 없을 것이다. 사람들은 그들이 수년 동안 싸워 온 생각들과 유혹들이 축사를 통해 처리될 수 있는 뿌리를 가지고 있다는 것을 깨닫게 될 때에 큰 소망을 갖게 된다.

대개 그러한 사람들의 전반적인 인생 이야기를 듣고 나면 고백과 회개라는 관점에서는 다루어졌지만(그들은 그러한 모든 죄악들이 보혈 아래 있다고 말할 것이다), 정화와 축사의 관점에서는 다루어지지 않은 성적인 죄악들이 있음을 발견하게 된다. 내가 상담한 사람들 중에 성적인 비밀을 가지고 있지 않은 자들은 거의 없었다. 이러한 비밀들을 고백하는 것은 고통스러울 수 있고 많은 겸손과 정직이 요구되지만, 그러한 근본적인 사역이 없다면 평생 동안 내면에서 밀려오는 귀신들의 압박을 받으며 살아야 할 것이다.

예수님은 교회에 귀신을 쫓아내라고 명령하셨다. 예수님께서 십자가에서 흘리신 보혈로 인해 죄와 죄의 권세가 깨어졌음에도 불구하고 하나님의 백성들이 여전히 드러나지 않은 귀신들로 인해 씨름하고 있는 것은 분명히 하나님의 마음을 아프게 할 것이다. 우리가 사역을 하면서 경험한 사실들 중의 하나는 사람들이 가지고 있는 많은 신체적인 질병들이 그들 인생의 초반에 죄를 통해 들어가서 드러나지 않은 채 사람들의 존재의 토대를 갉아먹은 귀신들로 인한 결과라는 것이다.

모든 죄는 똑같은 방식으로 처리되어야 한다. 하지만 귀신들의 문제에 관한 한 훨씬 심각한 정도의 죄스런 행동들이 있으며, 그것들은 별도의 치료를 받아야 한다.

:: 사술의 죄

사술은 종종 종교적인 색채를 띠고 있지만 능력의 근원이 하나님이 아닌 의식이나 행위들에 붙여진 폭넓은 용어이다. 사술을 행하는 자들 가운데에는 그들의 행위가 귀신들의 능력을 의존하고 있다는 것을 분명히 아는 사람들(예: 주술)뿐 아니라 귀신들의 존재를 인식하지 못하지만 귀신들의 능력 시스템에 속아서 귀신들의 영향을 받고 살아가는 사람들(요가에 참석하는 자들)이 있다.

사술이라는 말은 단순히 '숨겨진'이라는 의미를 지니고 있는데, 이것은 사탄이 이 세상에서 역사하는 방법을 매우 정확하게 묘사해 주는 말이다. 즉, 사탄은 은밀하게 역사해 사람들로 하여금 때로 그가 존재한다는 것을 인식하지 못하게 하면서 그에게 경배를 드리도록 기만한다. 사람들은 귀신들에게 'yes'로 반응함으로써 사탄에게 경배를 드린다. 일단 사술적인 귀신의 세력이 사람들의 삶 가운데 역사하기 시작하면, 사탄이 그들을 지배하게 된다. 그러면 그 지배력을 제거하는 것이 쉽지 않다. 축사 사역을 받지 않는다면 그들은 평생 동안 그러한 지배를 받으며 살게 될 것이다. 그리고 하나님의 말씀에 따라 그들의 삼사 대에 걸치는 후손들 또한 고통을 당하게 될 것이다(출 20:5).

성경에는 다양한 많은 경고들이 기록되어 있다. 신명기 18장 9-14절에서 하나님은 이스라엘 백성들이 가나안 땅에 들어가기 전에 점술을 하지 말며, 죽은 자들의 영들과 접하거나 하나님의 눈에 역겨운 것들을 행하지 말라고 모세를 통해 경고하셨다.

열왕기하 21장 6절에 보면 유다의 왕 므낫세가 점술과 마술과 신접한 자와 점치는 자들과 같은 수많은 악한 관행들을 이스라엘에 들여왔음을 알 수 있다. 이러한 불순종이 기원전 598년에 예루살렘이 몰락하는 결과를 초래하게 되었다. 독자들의 편의를 위해 사술을 행하는 위험에 대해 언급하고 있는 모든 성경구절들을 부록 2에 첨부해 놓았다.

우리가 경험을 통해 발견한 것은 사탄은 사람들이 사술에 관여하자마자 그들의 삶으로 들어간다는 것이다. 즉, 그는 두 번째 초청까지 기다리지 않는다는 것이다. 우리가 상담을 한 많은 사람들은 점, 손금, 점성가의 '예언들', 혹은 수백 가지의 다른 사술들에 딱 한 번 관여함을 통해 귀신들린 자들이었다.

사술에 관여하는 것은 심각하고 위험한 것이며, 많은 사람들이 지니고 있는 문제들의 근원이다. 나를 끊임없이 놀라게 하는 것은 우리에게 도움을 받기 위해 나아오는 사람들 중 수많은 사람들이 어떤 형태로든지 사술에 관여했거나, 혹은 그들이 어렸을 때에 부모들이나 조부모들 혹은 친척들에 의해 이런 저런 형태의 사술자들에게 데려가졌다는 사실이다.

그런 사람들은 오직 한 방법을 통해서만 자유를 얻을 수 있다. 그것은 바로 예수 그리스도의 이름의 능력을 통해서이다. 자유를 얻기 위한 과정은 다음과 같다.

1) 죄(우상숭배로서 결국에는 사탄숭배나 마찬가지다)의 속성을 기꺼이 인식하고자 하는 마음.
2) 알고 있는 모든 사술적인 죄악들에 대한 온전한 고백(사역이 진행되는 동안에 성령께서 전에는 기억에서 숨겨졌던 깊은 것들을 드러내실 것이다).
3) 마음과 의지를 다한 회개(죄송한 마음만 가지고는 충분치 않다. 사술과 관련된 모든 것들부터 돌아서겠다는 의지적인 결단과 선택이 있어야 한다).
4) 사술적 행동을 통해 들어간 (혹은 외부로부터 조종을 한) 귀신들을 쫓아냄.
5) 귀신의 역사에 의해 야기된 상해로부터 영과 혼과 육을 치유받음.

치료는 확실하고 온전하게 일어나야 한다. 반 정도 치료받는 것으로는 충분치 않다. 사탄은 우리가 정말로 회개하고 있는지 그렇지 않은지를 알고 있다. 따라서 우리 마음속에 조금이라도 의심이 있다면 귀신들은 우리 자신의 결정(의심이 섞인 결정)에 의해 우리 안에 남아 있을 수 있는 권리를 가지게 된다. 이때에는 아무리 귀신들에게 나가라고 소리쳐도 나가지 않을 것이다. 야고보가 이것에 대해 매우 분명하게 설명했다.

"오직 믿음으로 구하고 조금도 의심하지 말라 의심하는 자는 마치 바람에 밀려 요동하는 바다 물결 같으니 이런 사람은 무엇이든지 주께 얻기를 생각하지 말라 두 마음을 품어 모든 일에 정함이 없는 자로다"(약 1:6-8).

온전한 회개를 한다면 사탄의 모든 권리가 제거될 것이며, 귀신들은 우리들에 의해 도전받을 때에 떠나야만 할 것이다(보통 귀신들은 떠나라는 명령을 받지 않으면 스스로는 떠나가지 않는다. 귀신들 또한 사람들 안에 남아서 임무를 완수하라는 사탄의 명령을 받고 있다는 것을 기억하라).

많은 사람들은 사술의 위험에 대해 완전히 무지한 상태에 있다. 혹은 그들이 해롭지 않다고 생각했던 것들 중 어떤 것들이 사술적 행위들이라는 사실을 모르고 있다. 사람들이 자주 대하게 되는 사술적 행위들에 대한 확인 목록과 설명이 부록 3에 열거되어 있다. 내가 강력하게 추천하는 것은 독자들이 기도하는 마음으로 그 목록들을 읽어 가면서 자신이 개인적으로(알면서 혹은 모르고) 행해 온 것들이 있는지, 혹은 자신의 가계 안에서 자기도 모르게 영향을 미쳐 온 것들이 없는지 하나님께 보여 달라고 요청하라는 것이다.

우리가 상담을 해준 어떤 여성은 사술적 행위 목록에서 카발라 Kabbala라는 단어에 이르렀을 때에 다음 목록으로 넘어갈 수 없었다. 그녀는 카발라가 무엇인지, 혹은 그녀의 가족 안에서 누가 관련되어 있는지에 대해 도무지 이해하지 못하고 있었다. 그러나 성령께서 그녀에게 이러한 면에서 그녀의 조상들의 죄를 끊어야 한다고 말해 주었다. 그녀는 그렇게 했고, 즉시 카발라의 의식을 통해 그녀의 가계 안으로 들어온 영들이 우리 앞에서 폭력적인 현상을 드러내었다. 하나님은 은밀한 것들을 드러내는 자이다.

"지으신 것이 하나라도 그 앞에 나타나지 않음이 없고 오직 만물이 우리를 상관하시는 자의 눈앞에 벌거벗은 것같이 드러나느니라"(히 4:13). "그는 깊고 은밀한 일을 나타내시고 어두운 데 있는 것을 아시며 또 빛이 그와 함께 있도다 오직 은밀한 것을 나타내실 자는 하늘에 계신 하나님이시라…"(단 2:22, 28).

:: 대체의학

사람들이 아프면 그들에게 희망을 주는 것처럼 보이는 것은 어떤 것이라도 시도해 보려 할 것이다. 또한 기도를 받기 위해 우리를 찾아오는 사람들에게서 종종 발견하는 것은 우리에게 오기 전에 이미 그들이 생각해 낼 수 있는 모든 다른 방법들을 시도해 보았다는 것이다. 그들이 첫 번째로 의지하는 것은 거의 대부분 병원이나 의학적인 방법이다. 그러나 의학적 치료를 모두 받은 후에도 치료나 증상이 호전되지 않는다면 그들이 시도할 수 있는 또 다른 방법을 찾아 나서기 시작한다.

대체의학을 찾기 시작하면 매우 다양한 선택 사항들이 있다는 것을 발견할 것이다. 여러 종류의 대체의학에 종사하는 자들은 모든 방법들을 제공하려 할 것이며, 비싼 가격을 책정할 것이다. 대체의학은 큰 비즈니스이다. 이러한 비즈니스를 하는 사람들 중 매우 공명정대하고 진실된 자들도 있지만, 많은 사람들은 잘해야 사기꾼들이며, 최악의 경우는 귀신들의 세력에 의존하고 있다. 이렇게 의학의 한 분야라기보다는 사술로 간주될 수 있는 식으로 기업을 운영하는 자들을 의존할 때에는 더 큰 해악을 받을 수 있다. 내가 대체의학을 사술과 구별해 설명하는 이유는 그들의 위험성을 알리기 위함이다. 많은 사람들은 사술과 관련된 해당 사항들에만 집중한 나머지 자기들은 결코 어떤 사술활동에도 관여하지 않았다고 생각하면서 대체의학의 위험성을 간과하고 있다.

부록 4에는 어떤 그리스도인들도 관여해서는 안 된다고 여겨지는 매우 위험성이 있는 대체의학의 목록들을 열거해 놓았다. 이러한 대체의술이나 허위의 의학적 시술을 하는 사람들 중 어떤 이들은 그들이 제공하는 치료의 배후에 있는 세력들을 전혀 모르고 있는 자들도 있다. 부록에 그러한 목록들을 열거해 놓은 것은 정말 정직하고 성실한 삶을 살고 있는 사람들을 비판하고자 함이 아니다. 그러나 독자들에게 귀신들이 역사할 수 있는 위험요소가 있는 것들을 경고하지 않는 것 또한 옳지 않다.

이러한 대체의술들 중 어느 것에라도 관여한 적이 있는 사람들 안에는 귀신들이 역사하고 있을 가능성이 크다. 우리는 이러한 이유 때문에 축사를 받아야 했던 많은 사람들에게 사역을 해주었는데, 이들 중 상당수는 그들이 시도한 대체의술적 방법들을 통해 증상이 상당히 호전되는 것을 경험했던 자들이었다.

귀신들의 역사를 이용하는 치료 방법들 중 많은 것들이 정말 효력을 나타낸다는 것에는 조금의 의심도 없다. 만약에 이러한 것들이 전혀 효력을 나타내지 못한다면, 어떻게 사람들의 관심을 끌 수 있겠는가? 성경은 우리의 적이 대단한 기만자이며, 그의 광범위한 목적들을 성취하기 위해 악마적인 능력을 이용해 어느 정도의 치료를 일으킬 수 있다는 것을 분명하게 밝혀 놓았다. 그러나 우리가 관찰해 온 것은 종종 미묘한 교환이 일어난다는 것이다. 어떤 증상이 제거될 수 있지만, 반면에 영적으로는 훨씬 더 깊은 속박을 받게 된다.

예를 들어, 몸이 아픈 사람이 심령술사를 찾아가 치료받은 결과 몸의 증상들이 극적으로 치유를 받게 되었다. 그러나 얼마 되지 않아서 그 사람의 몸에는 다른 증상들이 발생하기 시작했다. 그 사람은 수년 동안 계속 발생하는 일련의 증상들로 인해 계속해서 수술받아야 하는 고통을 감내해야 했다. 하지만 수술을 받아도 그가 심령술사를 찾아간 후로 시작된 이상한 증상들은 여전히 남아 있었다.

고백과 회개 후에 그에게 필요했던 것은 영매를 통해 그 안으로 들어가서 그의 삶을 괴롭혀 온 질병의 영으로부터 자유케 되는 것이었다. 이러한 질병의 영을 쫓아낸 후에는 더 이상 귀신에 의한 것이 아닌 본래의 증상이 되돌아오는 것이 일반적인 현상이다. 이때에는 그 사람이 본래 가지고 있던 증상들로부터 치유받을 수 있도록 더 진전된 사역이 가능해진다.

이와 비슷한 경우로서 우리가 수없이 경험한 것은 침술을 통해 악한 영들이 사람들 안으로 들어갔다는 것이다. 때로 성령께서 어둠의 세력들을 드러내실 때에 사람들은 침 맞은 바로 그 자리에서 심한 통증을 느끼게 되었다. 이것은 귀신들이 들어간 명확한 자리를 확인시켜 주는 것이었다.

귀신들이 역사하는 대체의술을 통해 치료받은 많은 사람들에게는 그러한 효과가 영원한 것처럼 보일 수도 있을 것이다. 그러나 그들이 그리스도인이 되면, 성령께서 어둠 위에 점점 빛을 비추심으로써 귀신들이 드러나게 될 것이고, 축사와 참된 치유를 경험할 수 있게 될 것이다.

우리가 종종 경험하는 것은 귀신들이 역사하는 대체의학은 또한 사람들을 영적인 광야로 이끈다는 것이다. 사술적인 방법들을 이용한 사람들은 하나님에 대한 신뢰감과 의존성을 잃고 하나님으로부터 독립하고자 하는 태도를 취하려 한다. 단순한 복음은 더 이상 그들에게 매력적인 것이 못 된다. 우리는 또한 대체의학을 의존하며 살던 사람들이 후에는 미신적인 행동양식―사술적인 배경을 지닌 사람들에게 전형적임―을 채택하는 것을 보아 왔다.

:: 종교적인 죄

내 친구가 다음과 같은 말을 한 적이 있다. "기독교 귀신들을 쫓아내는 것이 가장 힘들다." 이것이 도대체 무슨 말인가! 어떻게 기독교 귀신과 같은 것들이 존재할 수 있는가? 내 친구는 귀신들이 기독교로 전향할 수 있다고 말한 것이 아니다. 그는 기만을 위해 기독교적인 모습을 띤 종교의 영들을 확인하는 것이 힘들며, 또한 그 귀신들을 가지고 있는 사람이 정말 자기들 안에 그러한 귀신들이 있다는 것을 인정하는 것이 가장 힘들다고 말한 것이다.

이사야는 하나님으로부터 그 시대의 지도자들을 위해 받은 말씀

속에서, 그리고 예수님은 바리새인들에게 하신 말씀 속에서 종교적인 성향은 띠지만 마음은 하나님과 동떨어져 있는 자들을 완전히 경멸했다.

"헛된 제물을 다시 가져오지 말라 분향은 나의 가증히 여기는 바요 월삭과 안식일과 대회로 모이는 것도 그러하니 성회와 아울러 악을 행하는 것을 내가 견디지 못하겠노라

내 마음이 너희의 월삭과 정한 절기를 싫어하나니 그것이 내게 무거운 짐이라 내가 지기에 곤비하였느니라

너희가 손을 펼 때에 내가 눈을 가리우고 너희가 많이 기도할지라도 내가 듣지 아니하리니 이는 너희의 손에 피가 가득함이니라

너희는 스스로 씻으며 스스로 깨끗케 하여 내 목전에서 너희 악업을 버리며 악행을 그치고

선행을 배우며 공의를 구하며 학대받는 자를 도와주며 고아를 위하여 신원하며 과부를 위하여 변호하라 하셨느니라

여호와께서 말씀하시되 오라 우리가 서로 변론하자 너희 죄가 주홍 같을지라도 눈과 같이 희어질 것이요 진홍같이 붉을지라도 양털같이 되리라

너희가 즐겨 순종하면 땅의 아름다운 소산을 먹을 것이요
너희가 거절하여 배반하면 칼에 삼키우리라 여호와의 입의 말씀이니라"
(사 1:13-20).

하나님께서 이사야에게 전하라고 하신 말씀은 하나님과 조화를

이루지 못하는 종교적인 행위들은 완전히 위선이며, 하나님께서 참으실 수 없을 만큼 무거운 짐이라는 것이었다. 그러나 그럼에도 불구하고 하나님은 그들이 하나님과의 관계를 바로하고 순종하는 삶을 산다면 좋은 것들을 주시겠다고 약속하셨다. 이 메시지는 변하지 않았다. 하나님은 우리가 신령과 진정으로 그분께 돌아서기를 기다리고 계신다. 예수님께서 우물가의 여인에게 이러한 말씀을 하셨을 때에 그러한 말들은 하나님께서 그의 백성들과 갖고 싶어 하시는 것이 그분과의 진정한 관계라는 것을 깨닫게 해주었다.

하나님은 영적인 존재이다. 따라서 우리가 몸과 혼을 통해서만 그분과 관계를 맺으려 한다면, 아무리 열심히 노력해도 우리의 종교적 표현은 하나님께서 바라시고 의도하시는 것보다 항상 부족할 것이다. 사탄은 그러한 영적인 차원을 점령하기 위해 할 수 있는 모든 방법을 동원하고 있다. 사탄은 그렇게만 할 수 있다면 우리가 영으로 하나님과 관계하는 것이 아니라, 사탄의 지배를 받고 있는 어둠의 세력들과 관계를 맺게 만들 수 있다는 것을 알고 있기 때문이다. 사탄은 이 일을 성공시키기 위해 종종 종교의 영을 파송할 것이다. 종교의 영이 지니고 있는 임무는 그리스도인들로 하여금 영적인 삶이 아니라 혼적인 삶을 살도록 자극하는 것이다.

예수님은 우물가의 여인을 올바른 길로 인도하는 과정 속에서 하나님을 예배할 때에는 영으로뿐만 아니라 진정으로 해야 한다고 말씀하셨다. 예배에는 위선이 있어서는 안 된다. 우리가 하나님께 말하는 것은 하나님께서 듣고 싶어 하신다고 생각되는 것이 아니라, 우리가 진정으로 바라는 것에 대한 합당한 표현이어야 한다. 이사야는 이것을 매우 정확하게 요약했던 것이다.

이러한 이유 때문에 예수님은 세리가 죄를 고백했을 때에 그의 마음이 하나님 앞에서 올바른 것을 보시고 그의 정직함에 대해 칭찬하실 수 있었던 것이다. 그 때에 예수님은 이 사람과 종교 지도자 사이에 어떠한 차이가 있는지를 분명하게 밝히셨다. 위선에 빠져 있던 종교 지도자는 그가 다른 사람들과 같지 않다는 것에 대해 하나님께 감사했지만, 사실은 그가 다른 사람들보다 훨씬 의롭지 못한 자였다 (눅 18:9-14). 그는 종교적 행사를 위한 모든 의식과 말들을 정확하게 사용하고 있었는지 모르지만, 그의 마음은 하나님 앞에서 옳지 않았다. 이러한 종교 지도자와 대조되는 사람들로서 매우 심하게 귀신들려 있지만 그들의 문제를 극복하기 위해 몸부림치고 있는 사람들 중에 소망과 의도가 매우 정결한 사람들을 보아 왔다.

종교의 영들의 지배를 받는 종교적인 사람은 평생 사술에 관여한 것을 회개하고 있는 사람만큼이나 축사를 필요로 한다. 왜냐하면 실제로는 사술의 영들과 종교의 영들이 사람들의 영에 미치는 영향에는 별 차이가 없기 때문이다.

그렇다고 해서 이러한 두 부류의 귀신들에 의해 영향을 받고 있는 사람들이 거듭날 수 없다고 말하는 것은 아니다. 그들 중 많은 사람들이 거듭남을 체험한다. 그러나 내가 지적하고 싶은 것은 그들 중 많은 사람들이 예수님과의 인격적인 관계가 없음에도 불구하고 올바른 종류의 기독교적 용어를 사용하고, 올바른 종류의 기독교적 행동을 하는 것에 익숙하기 때문에 스스로가 거듭났다고 생각한다는 것이다.

사탄은 매우 종교적인 존재이다. 그는 천상에 있을 때에 오직 아버지 하나님께만 합당한 예배를 스스로 취하려 했었다. 그가 미가엘과 그의 천사들에 의해 천상에서 쫓겨난 것은 바로 이러한 반역 때문이었다. 따라서 사탄이 사용하는 무기들 중 가장 효과적인 것들 중의 하나는 사람들로 하여금 하나님을 예배하는 것으로부터 벗어나서 대체물을 경배하도록 이끄는 종교의 영들을 사용하는 것이다.

사술적 행위들에 매우 깊이 관여함으로써 혹은 거짓 종교에 깊이 헌신함을 통해 귀신들린 사람들에게 사역할 때, 혹은 이러한 유형의 삶을 살아 온 사람들의 후손들에게 사역을 할 때에 우리가 일반적으로 발견하는 것은 그들 안에 성부와 성자와 성령을 모방하는 특정한 기능을 하고 있는 귀신들이 있다는 것이다.

예를 들어, 이것은 어떤 사람이 예수님의 주되심을 언급하는 "그분이 주시다"라는 노래들을 부르는 것에 매우 행복해하는 귀신들이 있을 수 있다는 의미이다. 예수의 이름을 취한 귀신이 있을 때에, 그리고 그 귀신을 지니고 있는 사람이 진짜 예수님을 알지 못한다면, 완벽한 기만이 이루어진 셈이다.

종교적 관행들

하나님 자신보다 그리고 하나님과 누리는 관계보다 종교적 관행을 더 중요시 여기는 사람은 사탄의 기만을 당할 수 있는 잠재적인 목표물이다. 왜냐하면 그 사람에게는 종교적 관행이 우상이기 때문이다. 우리는 교회 생활 안에 우상숭배가 될 수 있는 것이 많다는 것을 보아 왔다.

실례를 들자면, 성가대, 음악 그룹, 오르간, 회중석, 이전의 목회자, 스테인드 글라스 창문, 교회 묘지, 교회의 전통, 교회의 설립자들, 교회 일정, 기도 책자, 찬송가, 성배, 강대상, 성만찬, 설교, 주중 모임, 성경 등이 있다. 성경을 광신적으로 바라보는 것 또한 우상숭배의 미묘한 또 다른 형태이다. 우리는 다양한 형태의 종교적 대상들과 전통 혹은 관행과 연결된 종교의 영들로부터 사람들을 구해 내야 한다.

기독교의 믿음을 표현하는 방식들은 매우 다양하다. 이것을 잘 알고 있는 귀신들은 자유주의, 고교회, 복음주의, 보수주의, 좌파, 우파, 은사주의, 비은사주의, 은사주의적 복음주의, 은사주의적 가톨릭, 그리고 다양한 형태의 다른 조합들combinations—이외에도 너무 많아서 모두 언급할 수 없음—을 표현하는 것에 매우 능숙하다.

이러한 모든 방식들을 연구하다 보면 영분별의 은사가 그리스도의 몸에 얼마나 중대한지 매우 분명해진다. 왜냐하면 이 은사를 사용하지 않고서는 실체와 비실체, 혹은 종교적인 것과 참으로 영적인 것들 사이에서 전혀 분별할 수 없기 때문이다. 우리는 인격에 기초해 교회의 중요한 직분자를 선출하는 데 익숙해 있는데 이것은 매우 위험한 것이다. 혹은 사람들의 환심을 사는(실제로는 그들 안에 있는 귀신들의 환심을 사는) 수단으로서 그러한 사람들이 원하는 직분을 얻지 못할 경우에 나타날 수 있는 반발을 피하기 위해 그들을 중요한 자리에 앉혀 오기도 했다.

사탄이 종교의 영들을 가장 효과적으로 이용하는 방법들 중의 하나가 그리스도의 몸 안에서 중요한 직분에 앉을 사람들을 선출할 때에 명백히 나타난다. 사탄은 겉으로는 올바르게 보여도 마음으로는 그렇지 않은 자들(이들은 그들이 옳다고 믿을 것이다)을 교회의 중요한 결정들을 내리는 자리에 앉게 하려 한다. 그렇게만 할 수 있다면 성령의 참된 모든 역사들을 막을 수 있는 전략적인 제5열 분자들(적과 내통해 국내에서 파괴행위를 하는 사람들 – 역주)을 적소에 파견한 셈이 되기 때문이다. 그들은 또한 하나님께서 특별한 지역교회를 위해 헌신할 수 있도록 파송하는 모든 사람들이 합당한 직분을 받지 못하게 하기 위해 온갖 노력을 기울일 것이다.

막 등장하고 있던 신약교회 안에서 스데반과 다른 여섯 사람들을 선정해 섬기는 역할을 부여한 이야기는 성경에서 매우 중대한 구절이다. 비록 그들에게 맡겨진 직분이 일차적으로 영적인 중요성을 띠는 그러한 자리는 아니었지만, 아무나 그 자리에 앉을 수 없게 했다. 돕고 싶어하는 마음만 가지고는 그 자리에 앉기에 충분치 못했다. 그 자리에 앉을 사람들은 "성령과 지혜로 충만하다고 알려진 사람들 중"에서 선출되어야 했다(행 6:3).

우리는 이러한 주의 사항을 무시해 위험을 자초할 때가 있다. 성령 충만하지 않은 사람이 요직을 맡고 있는 것보다 그 요직에 아무도 앉아 있지 않는 것이 오히려 나을 것이다. 왜냐하면 성령으로 충만하지 않은 사람을 선택해 어떤 직분을 맡기는 것은 교회의 영적 생활을 사탄의 손에 넘겨주는 위험을 초래하는 것과 같기 때문이다. 이러한 이유 때문에 많은 교회들이 정체되거나 소멸해 가고 있으며, 가장 낮은 영적 수준에서 허우적거리면서 언젠가 그러한 수준에서 벗어날 것이라는 소망도 품을 수 없는 것이다.

교단주의

　일단 교단이라는 것이 하나님과 맺는 관계보다 더 중요시 여겨지게 되면 교단주의라는 것이 생겨나게 된다. 그러면 그 교단에 속해 있는 지역교회의 성도들은 종교의 영에 사로잡힐 위험에 처하게 된다. 그 종교의 영의 임무는 성도들 안에 교단의 특징들을 영속화시키는 것이다. 이것은 성도들로 하여금 예수님의 성품을 나타내는 삶을 살 수 있도록 격려하는 것과 정반대가 되는 것이다.

　이러한 전형적인 실례가 감리교단의 초기 역사 속에서 발견된다. 존 웨슬리는 성공회 신부로 생을 마감했다. 그는 결코 잉글랜드 교회Church of England를 떠날 마음이 없었지만, 잉글랜드 교회는 그 안에 있는 하나님의 불과, 예수님을 향한 그의 사랑 그리고 믿는 자들을 제자화하고자 하는 그의 열정을 감당할 수 없었다.

　존 웨슬리를 추종하는 자들은 그가 주장하던 것을 채택해 교단적 구조를 세우고는 감리교라는 이름을 취했다. 이 이름은 존 웨슬리가 옥스퍼드 대학을 다니던 초창기에 그의 믿음을 실천하는 데 있어서 방법론적 자세를 취한 것으로 인해 그에게 붙여진 조소적 별명을 따른 것이었다.

　감리교도Methodist(종교적으로 딱딱한 사람이라는 의미로 쓰임: 역주)라는 조소는 그가 성령으로 거듭나기 전, 즉 성령 세례를 받기 수년 전에 붙여진 것이었다. 존 웨슬리는 수년 후에 실패한 선교사로서 미국에서 돌아온 후 런던의 알더스게이트 거리Aldersgate Street에서 열린 모라비안 집회에서 성령의 세례를 경험하게 되었다.

최초의 감리교도들 중 많은 사람들은 정말 성령으로 충만한 자들이었다. 그러나 존 웨슬리가 죽은 지 얼마 되지 않아서 새로운 교단주의가 생겨나게 되었다. 이것은 예수 그리스도를 온전히 섬기는 것을 격려하고 고무하기보다는 감리교 교리들과 특정한 사항들을 강조하게 되었다.

하나님을 위한 열정이 있는 감리교도들을 통해 훌륭한 일들이 많이 행해졌고 지금도 많이 행해지고 있지만, 교단주의의 씨앗이 점점 자란 결과 이제는 이들이 결코 극복할 수 없는 하나의 장애물이 되었다. 이것은 성령의 기름 부으심보다는 종교심에 뿌리를 두는 새로운 그룹들을 만들고자 하는 사탄의 기묘한 솜씨처럼 보인다.

내가 실례로서 감리교를 사용했다고 해서 다른 교단들은 괜찮다고 말하는 것은 아니다. 나는 감리교와 관련된 종교의 영들을 쫓아내었을 뿐만 아니라, 또한 성공회, 가톨릭, 침례교, 형제교회, 회중교회, 그리고 다른 모든 교단들과 관련된 영들로부터 사람들을 자유케 해왔다. 여기에는 현대의 새로운 몇몇 교회들도 포함되어 있다.

종교의 영들로부터 자유를 얻는 사람들이 심한 두통이나 머리가 조여 드는 느낌을 경험하는 것은 흔히 있는 일이다. 귀신들이 드러나서 쫓겨나갈 때에 이런 현상들이 나타난다. 우리는 또한 이러한 영들이 정신적 그리고 신체적 질병의 근원이 될 수 있다는 것도 보아왔다. 사탄은 사람들을 침범해 영, 혼, 육을 공격하기 위해 할 수 있는 모든 방법들을 사용할 것이다.

이단적 신앙

이단적 신앙과 거짓 종교 사이의 경계선은 인식될 수는 있지만 매우 희미하다. 예를 들어, 나는 프리메이슨(프리메이슨들은 야불론 Jahbulon이라는 신을 예배하는데, 이 신은 바알이라는 이름과 이집트의 다산의 여신의 이름을 혼합한 것이다.), 여호와 증인, 몰몬교, 그리고 다른 많은 종파들을 거짓 종교라고 말하는 데 주저함이 없다. 그러나 성경의 권위를 온전히 받아들이지 않는 기독교 기관들을 거짓 종교로 분류하는 것은 그리 쉽지 않다. 그들 또한 주류 기독교적 신앙의 대부분에 동의하기 때문이다.

〈축사와 치유〉 제 1권의 많은 부분은 그리스도인들도 귀신에 들릴 수 있으며, 축사 사역이 그들을 위한 것이라는 사실을 공고히 하는 데 할애되었다. 그리스도인들은 귀신에 들릴 수 없다는 신앙은 사람들로 하여금 축사를 통해 치유받을 수 있다는 소망을 갖지 못하고 적에 의해 속박된 채로 살아가게 하려는 하나의 기만이다. 적의 전략들에 무지하면 그의 공격들을 막아낼 수 없다. 또한 이러한 면에서 강조되어야 할 필요가 있는 다른 거짓 신앙들이 있다.

나는 설명을 용이하게 하기 위해 이단적 기독교 신앙을 다음과 같이 정의한다. 악마적 종교의 영에 권리들을 주며, 그 결과 축사를 필요로 하는 신앙의 한 양태이다. 이것은 우리의 경험을 바탕으로 만들어진 정의임을 밝힌다. 하지만 세계 도처에서 여러 다른 기독교 사역을 하는 수많은 사람들로부터 얻은 수많은 경험적 정보들에 대해 이야기하고 있다는 것을 생각하면 우리가 내린 정의는 상당히 비중이 있는 것이라고 생각된다.

어떤 신앙이 성령의 기름부음을 위한 문을 열어 주는 대신에 악한 영에 권리를 주는 것이라면(귀신들의 입구가 된다면), 우리는 그러한 신앙을 가지고 있는 사람의 신앙 교리의 원천과 속성에 대해 의심을 가져야 할 것이다. 먼저 우리 자신이 기만을 당하지 않도록 경계해야 한다. 사탄은 이러한 이슈들을 가지고 교회를 혼동시키려 하고 있다는 것을 잊지 마라. 그렇기 때문에 여기에서 내가 쓰고 있는 것이 단지 영적 진공상태에서 활동한 한 사람의 경험이 아님을 강조하고 싶다. 한 사람은 언제나 기만에 빠질 가능성이 있다. 내가 여기에 쓰고 있는 것은 수많은 사람들에게 사역을 하면서 얻은 집약적인 경험과, 다른 많은 자료들과 사역으로부터 얻은 정보들에 근거한 것이다.

계속해서 성서와 성령의 은사들과 세례와 보편구제설universalism과 관련된 신앙에 관해 자세히 살펴볼 것이다. 집중해서 연구할 수 있는 다른 주제들도 많이 있지만, 일단 독자들이 원리들을 이해하는 것을 배우고 나면 스스로 다른 가능성들도 인식할 수 있을 것이다. 예를 들어, 재림, 창조, 천국과 지옥, 성례식, 안수식과 관련된 신앙들이 성서의 전체적인 가르침과 맞지 않는다면 그것들은 종교의 영을 위한 통로가 될 것이 분명하다. 우리는 신앙들과 훈련들을 예수님과 우리의 관계 혹은 하나님의 말씀의 권위보다 더 중요한 것으로 여기는 일이 없도록 철저히 경계해야 한다.

비성경적 견해를 마치 진리인 것처럼 받아들인 사람 안에는 기만의 영이 들어갈 수 있는 통로가 열리게 된다. 그러면 기만의 영은 그 사람을 진리로부터 더욱 멀어지도록 인도해 더 깊은 기만에 빠지게 할 것이다.

성서에 대한 잘못된 태도

사탄과 귀신들은 성경을 싫어한다. 왜냐하면 성경이 성령의 감동을 받은 권위 있는 하나님의 말씀이라는 것을 알고 있기 때문이다. 그들은 하나님의 말씀이 진리라는 것과, 모든 그리스도인들 안에 이 사실에 대한 내재적인 인식이 있다는 것을 알고 있다. 따라서 사탄은 사람들을 시험하기 위해 때로 성경말씀을 사용하려 할 것이다. 물론 사탄은 그의 목적을 이루기 위해 성경말씀들을 마음대로 왜곡하려 할 것이다. 광야에서 예수님을 시험할 때에 했던 것처럼 말이다. 사탄은 그리스도인들이 그의 명백한 거짓말에 반응하는 것보다, 성경이라는 옷을 입은 시험에 더 쉽게 반응할 것이라는 것을 잘 알고 있다.

우리는 사역을 하면서 귀신들이 성경을 매우 잘 알고 있으며, 성경의 주장들을 반박하는 일에 정통해 있다는 것을 발견하게 되었다. 이것을 극명하게 보여 주는 것이 사탄교의 귀신들이다. 이 귀신들은 하나님의 말씀을 교묘하게 왜곡함으로써 사탄숭배자들로 하여금 그들이 믿는 경전(사탄의 성경)이 온전한 진리이며, 그리스도인들이 자기들의 목적을 위해 진리를 왜곡한 자들이라고 설득하는 일에 성공했다. 그러한 귀신들 중 하나는 심지어 우리로 하여금 언젠가 모든 그리스도인들이 사탄 앞에 서야 할 것이라고 설득하려 했다(즉, 이 귀신은 언젠가 예수님 앞에 서서 심판을 받게 될 자가 사탄이라는 사실을 왜곡한 것이다).

사람들은 귀신들이 말하는 주장들(거짓말)에 의해 기만당할 수 있다. 귀신들은 하나님 말씀의 진리를 알면서 거짓말을 하는 것이다.

따라서 그들에게 진리가 무엇인지를 알게 하기 위해 설득할 필요가 없다.

사탄의 나라는 두려움의 나라다. 귀신들이 사탄의 지배 아래에서 질서 있게 움직이고 일하는 것은 오직 처벌에 대한 두려움 때문이다. 타락한 천사들은 사탄과 함께 천상에서 추방되었다. 그리고 사탄의 반역에 동조한 귀신들을 영원히 기다리고 있는 것은 요한 계시록에 묘사된 불못뿐이다.

재림에 대한 개념은 귀신들을 완전히 공포에 질리게 할 수 있다. 왜냐하면 그들은 예수님의 재림이 그들을 영원한 고통으로 이끄는 시작이라는 것을 알고 있기 때문이다. 귀신들은 사탄에 대한 두려움 때문에 사탄의 조직망에서 자기들의 위치를 지키면서 기능하고 있다. 그리고 사탄의 조직망이라는 것은 가능한 한 많은 인간들을 포획하고, 그들을 귀신들과 함께 영원한 심판으로 이끌기 위해 수세기 동안 조심스럽게 만들어져 왔다. 예수의 이름이 믿는 사람들을 이러한 조직망에서 자유케 해준다.

하나님 말씀의 진리를 의심하는 자들은 귀신들이 드러날 때에 귀신들린 자들의 얼굴 위에 나타난 공포를 볼 필요가 있다. 그리고 우리는 축사 과정의 한 부분으로서 요한 계시록 20장과 21장을 읽거나, "사탄과 그의 졸개들을 위해 예비된 영원한 불"(마 25:41)에 관한 예수님의 말씀들을 읽어 왔다. 귀신들이 성경의 모든 말씀이 진리라는 것을 안다는 것과, 하나님 말씀의 진리를 신뢰하는 자들이 그들에게 정말 큰 위협이라는 것에는 의심할 여지가 없다.

성경에 충실하지 않은 태도는 보통 종교적이거나(그리스도 안에서 하나님과의 개인적인 관계를 누리는 것이 필요하다는 것을 믿지 않는 태도), 자유주의적인(개인적인 죄악의 속성을 인식하지 않으며, 사탄이나 귀신들의 실재에 대해 믿지 않는 태도) 기독교 신앙의 부류들과 제휴하고 있다.

우리는 성경에 대한 올바른 자세를 지니고 살아감으로써 하나님에 대한 두려움을 귀신들 속에 집어 넣어 줄 수 있다. 올바른 자세는 바로 성경이 성령의 감동으로 쓰였다는 것을 절대적으로 신뢰하는 것이다. 우리는 수많은 귀신들이 신학적 교육을 받지 않았지만 성령의 검(엡 6:17)인 하나님의 말씀을 절대적으로 신뢰하는 사람들에 의해 쫓겨나는 것을 보아 왔다. 또한 일련의 신학 자격증을 가진 사람들이 영적인 전투에서 무기력하기 짝이 없는 것도 보아 왔다.

우리는 하나님의 말씀에 대해 어떠한 태도를 가지고 있는지에 대해 묻지 않고서는 어떤 사람들도 치유와 축사 사역에 참여할 수 없게 하며, 심지어 관찰도 하지 못하게 한다. 하나님의 말씀이 진리이고 권위가 있으며, 또한 성령의 감동으로 쓰였다는 것을 믿지 않는 사람들은 그들 안에 귀신들이 들어갈 수 있는 큰 통로를 가지고 있는 셈이다.

성령의 은사들을 남용하기

심지어 성경의 무오성을 믿는 자들 안에서도 신약의 교회와 성령의 은사들에 대해 매우 왜곡된 견해를 가짐으로써 오늘날을 위한 은사들의 실재를 거부하는 자들이 있다. 예를 들어 그들은 하나님께서 성령의 은사들을 초대교회 이후에는 사라지게 하셨다고 주장한다. 은사들은 기독교 1세대가 예수님에 관한 진리를 실증해 보이기 위해 필요했고, 그 후에는 더 이상 필요하지 않게 되었다는 것이다.

1세기 이후의 모든 그리스도인들은 단지 이러한 종류의 은사들이 한 번 존재했었다는 사실에 대한 믿음(시각이 아니라)만 가지면 되었다는 것이다. 그들은 아마 오늘날 누군가 성령의 은사들을 추구한다면 그것은 그 사람의 믿음이 부족한 증거라고 주장할지도 모른다.

이러한 종류의 신앙이 전통적인 보수적 복음주의와 자유주의적인 입장을 취하는 자들 사이에 다소 놀라운 연합을 이루게 했다. 사실 이 두 입장은 공통적인 것이 거의 없는 기독교 전통의 두 부류라는 것을 말해 두고 싶다. 그렇게 상이한 전통들을 연합하도록 이끄는 일이 일어났다면, 그것은 하나님이 하셨든지 아니면 사탄이 했다고 단정을 내리고 싶은 마음이 들 수 있다. 누군가 성령에 의해 쓰인 하나님 말씀의 일부분을 부인하는 신앙을 가지고 있을 때에, 그러한 기만의 근원을 인식하는 것은 별로 어렵지 않을 것이다.

엄격한 보수주의적 복음주의의 견해와 자유주의적 견해 사이의 주된 차이가 있다. 보수주의자들은 때로 성령의 은사를 사용하는 자들(특별히 방언을 하는 자들)이 귀신들을 이용하고 있거나 혹은 사술에 기인한 것이라고 말한다. 그러나 귀신들의 존재를 믿지 않는 자유주의자들은 그러한 고발을 하지 않을 것이며, 아마 단순한 미혹이라고 말할 것이다.

프레드 디케이슨Fred Dickason은 귀신에 사로잡힘과 그리스도인에 관한 논문을 보수주의적 관점에서 썼다. 이 분은 안타깝게도 보수주의적 관점에서 다음과 같은 결론을 내렸다. "초대교회에서 영적 은사들과 방언은 유대인들에게 예수님께서 모세를 대신하셨고, 그의 복음이 진리라는 것을 보여 주는 [유일한] 증거였을 뿐이었다"(p. 189). 이 글은 이러한 보수주의적 입장에서 쓰지 않았다면 정말 훌륭한 논문이 되었을 것이다. 그는 또한 "신약적인 의미에서 오늘날에도 하나님께서 주시는 방언이라는 것이 존재하는지 의심스럽다"고 말했다(커트 코흐Kurt Koch도 치유와 축사에 관한 그의 책들에서 이와 비슷한 실수를 범했다).

디케이슨은 자신의 견해를 뒷받침하기 위한 증거로서 안수를 통해 들어온 방언을 말하는 귀신들로부터 사람들을 자유케 해준 적이 있다고 말했다. 그가 어떤 여성에게 사역을 하고 있는 동안, 귀신이 "그녀가 원하던 것을 주고 그녀를 오도하기 위해 그녀 안으로 들어왔다"고 시인했다고 한다.

나는 이 경우에 일어난 일들을 이해하기 위한 중요한 열쇠가 위에 인용된 문장에 있다고 믿는다. 그녀는 은사를 주는 분이 아니라 은사를 구하고 있었던 것이다. 이것을 통해 우리의 모든 믿음의 양태가 예수님 중심적이어야 하는 것이 얼마나 중요한지를 분명히 깨닫게 된다. 그렇지 않으면 기만의 위험에 빠질 가능성이 매우 크다. 이와 같은 경우에, 사탄은 항상 사람들을 기만해 참된 것에 대한 모방을 받아들이도록 하려 할 것이다.

그러한 기만에 대한 증거가 방언을 말하는 것이 참된 것일 수 있다는 가능성을 부인하지는 않는다. 오히려 그 반대가 진리이다. 사탄은 오직 참된 것을 모방하려 한다. 그렇지 않다면 기만이 시험이 되지 않을 것이기 때문이다. 나 또한 마귀적 방언demonic tongues을 하는 사람들을 자유케 해준 적이 있다. 그렇다고 해서 모든 방언이 마귀에 의한 것이라는 의미는 아니다.

영으로 말하거나 기도하는 그리스도인들에게는 하나님으로부터 나오지 않는 방언을 분별하는 것이 그렇게 어렵지 않다. 그러한 방언은 종종 영적으로 거슬리거나 귀에 거슬린다. 그리고 그리스도인들은 방언의 출처에 대해 영으로 증언해 주는 내적 증인을 가지고 있다. 하나님은 우리로 하여금 그로부터 온 것과 그렇지 않은 것들을 분별할 수 있게 하기 위해 영분별의 은사를 주신다(고전 12:10). 진리와 거짓을 분별해야 할 필요성이 없다면 이러한 특별한 은사가 필요하지 않을 것이다.

모든 것이 거짓임에 틀림이 없다고 선포하는 것은 하나님께서 그의 백성들을 축복하기 위해서 주신 소중한 은사의 실체를 부인하는 것이다. 그러한 신앙 시스템이 편리하고, 위협적이지 않으며, 강제성이 없고, 위험성이 없을지는 몰라도 성경이 그것을 보증해 주지 않으며, 또한 교회 역사로부터도 지지를 받지 못한다.

사람들은 바울이 고린도전서 12장과 에베소서 4장, 그리고 로마서 12장에 열거해 놓은 성령의 다른 은사들을 사용하는 것과 관련해서도 이와 비슷한 주장을 할 수 있을 것이다. 그러나 결론은 똑같다. 이러한 은사들을 사용함으로써 그의 백성들을 축복하고 싶어 하시는 것이 하나님의 마음이라는 것을 받아들이지 않으면, 그리고 우리가 믿는 자들로서 모든 기독교 사역들과 영적 전투에서 이런 것들을 사용하지 않는다면, 지역교회들에 귀신들이 틈탈 수 있는 통로를 열어 주게 될 것이라는 것이다. 그 결과 교회들은 자유케 하시는 성령의 역동성을 경험하는 것이 아니라, 종교적 행사들에 의해 지배를 받을 것이다.

우리는 교회의 어떤 성도들이 불신앙이라 불리는 자물쇠와 쇠사슬에 의해 결박되어 있는 강한 싸움꾼들과 같다는 느낌을 갖곤 한다. 종종 교회의 지도자들은 두려움으로 인해 눈을 꼭 감고 있기 때문에 쇠사슬이나 자물쇠를 볼 수 없다. 더욱이 자물쇠를 열어 성도들이 진정한 그리스도의 몸을 세워 나갈 수 있도록 하기 위해 믿음의 열쇠를 사용하지 못하고 있는 것은 말할 것도 없다.

보편구제설

보편구제설은 결국 모든 사람들이 구원받을 것이며, 무엇을 믿든지 상관이 없다고 주장하는 이론이다. 그들은 하나님이 사랑의 하나님이시기 때문에 그분의 자녀들에게 성경에 기록된 영원한 형벌을 주시지 않을 것이라고 말한다. 그들은 예수님이 진리라는 것을 받아들이는 대신에 자신들의 지각에 더 양립되고, 성경과 성경에 나타난 예수님의 인격과 주장들에 대한 그들의 불신앙을 더 잘 인내해 주는 어떤 하나님을 만들어 낸다.

하나님은 물론 사랑의 하나님이시다. 그러나 그는 또한 의롭고 거룩하신 하나님으로서 심판과 자비를 베푸시는 분이시다. 성경에 의하면 한 사람이라도 멸망당하는 것은 아버지의 뜻이 아니다. 그러나 보편구제설을 주장하는 자들은 이 성경을 전체적으로 보지 않으며, 예수님의 오심을 통해 완성된 구원의 계획(믿는 자들은 멸망치 않고 영생을 얻게 하시려는 계획)과 자녀들을 위한 아버지의 마음을 계시해주는 말씀들을 희석시키고 있다.

보편구제설의 배후에는 성령의 역사 그리고 하나님의 말씀과 완전히 일치하지 않는 악한 영이 도사리고 있다. 이 영은 예수님에 관한 참된 진리를 보지 못하도록 사람들의 눈을 가리며, 또한 하나님이 심판의 신이 될 수 없다고 설득하기 위해 사람들의 감정을 이용한다. 귀신들은 심판이 그들을 기다리고 있다는 것과, 예수님의 부활이 예수님께서 심판에 관해 말씀하신 것이 반드시 이루어질 것이라는 것에 대한 충분한 증거였다는 것을 너무 잘 알고 있다. 최근에 내가 사역을 통해 쫓아낸 성난 귀신이 다음과 같이 소리쳤다. "모든 그리스도인들이 너와 내가 성경을 믿는 것처럼 믿는다면, 우리에게는 아무런 승산도 없을 것이다!"

보편구제설은 이설이며 기만이다. 보편구제설을 가르치는 교회에서 신앙생활을 해온 자들은 회개를 통해 그러한 신앙에서 돌아서야 한다. 그리고 성경에 계시된 예수님을 온전히 믿어야 하며, 하나님께 용서를 구하고 영원한 생명을 받아야 한다. 그들은 또한 그들의 생각을 어둡게 해 진리를 감추려 했던 귀신들로부터 축사를 받아야 할 것이다.

어느 교회에서 과거의 목회자들이 보편구제설(혹은 다른 이단적 신앙 시스템)을 강조했던 것을 발견했다면 현 목회자는 그들 대신 회개해, 그 교회 위에 권리를 얻은 악한 영들을 몰아내야 할 것이다. 이렇게 하지 않는다면, 현 목회자는 이전의 목회자들에 의해 얻은 권리들을 주장하면서 역사하는 보이지 않는 악한 영들과 끊임없이 싸워야 할 것이다.

거짓 종교들

나는 독자들로 하여금 귀신들이 교회 안에서 역사할 수 있는 여러 형태들을 이해할 수 있도록 하기 위해 상당한 분량을 할애해 왔다.

왜냐하면 이 영역이 일반적으로 볼 때에 예수 그리스도에 대해 지니는 태도에 있어서 명백히 이단성을 띠는 종교들(몰몬교, 여호와 증인, 크리스타델피안)이나, 종교 시스템에서 기독교 색채가 전혀 없거나 혹은 반기독교적인 종교들(불교, 힌두교, 시크교, 이슬람교) 배후에 있는 귀신들보다 훨씬 덜 이해되고 있기 때문이다.

이러한 모든 것들은 기만이다. 그들 중 많은 것들은 수 백년 혹은 수천 년의 전통을 지니고 있다. 이러한 것들은 사탄이 종교의 영들을 동원해 사람들을 기만함으로써 예배를 자기에게로 향하게 하기 위한 수단으로 만들어진 것들이다. 이 세상에는 수많은 종류의 종족이나 문화가 있는데, 종교의 수도 그만큼 많은 것 같다. 그들 각각은 자신들의 종교를 진리로 받고 있지만 그들의 주장이 참일 수 없다. 왜냐하면 한 사람의 진리가 다른 신을 섬기는 또 다른 사람이 주장하는 진리와 충돌하기 때문이다.

다른 종교들에서 기독교로 개종한 사람들은 예수 그리스도에 대한 믿음을 선포해야 할 뿐만 아니라, 또한 그들이 전에 지녔던 종교의 신앙체계와 그 배후에 있는 악한 영들로부터 등을 돌려야 한다. 동방 문화권에 세워져 있는 교회들은 이것을 너무도 잘 알고 있다. 아시아에서는 초신자들이 기독교로 입문하는 과정의 일부분으로서 축사 사역을 받는 것이 매우 일반적이다.

서구의 교회에서 사람들이 기독교로 전향할 때에 세계의 다른 나라들에서 발견되는 것과 같이 그들이 이교도적인 문화나 종교적인 배경으로부터 전향했다는 것을 깨달을 수 있다면 얼마나 좋을까? 다른 차이가 있다면 사람들이 기독교로 전향하기 전에 살았던 삶을 지배하는 귀신들이 서구에서 잘 알려져 있는 특징을 지닌 거짓 종교의 영이 아니라, 무신론, 물질주의, 영지주의…와 같은 영일 수 있다는 것이다.

새로 믿게 된 자들이 정결해지고 온전해질 수 있도록 하기 위해 그들의 삶 속에서 행해져야 하는 사역(일)의 양을 우리가 인식할 수 있다면, 성도들 안에 숨어 거주하는 귀신들에 대항해 싸워야만 하는(보통은 무심코 싸움을 한다) 문제들이 교회에서 훨씬 줄어들 것이다.

독자들의 편의를 위해 잘 알려져 있는 비기독교적인 종교들이 지니고 있는 신앙 시스템들에 대한 개요를 부록 3에 첨부해 놓았다. 이와 더불어 교회 안에서 흔히 발견되는 잘못된 신앙들을 상세하게 기록해 놓았다.

이러한 종교들 중 하나에 적극적으로 가담한 적이 있는 사람들은 귀신들에 의해 다양한 형태들로 기만을 당했을 것이다. 따라서 그들 안에는 그러한 다양한 형태들의 기만과 관련이 있는 귀신들이 한 그룹으로 역사하고 있을 가능성이 크다. 따라서 축사할 때에는 단지 한 귀신만을 쫓아내는 것이 아니라, 체계적인 회개와 귀신들이 세워 놓은 각각의 견고한 진들을 파쇄하는 것이 필요할 것이다.

:: 불경건한 혼의 묶임

이번 항목과 다음 항목(성과 성욕에 관한 내용)은 함께 읽혀야 한다. 하나님의 계획과 목적 밖에서 이루어지는 성관계는 그러한 관계를 이룬 사람들 사이에 항상 불경건한 혼의 묶임을 초래할 것이며, 그 결과 귀신들의 침입을 받게 될 것이다.

혼의 묶임이 일어나는 관계에서는 합법적인 결합bond이 이루어지든지, 아니면 서로에게 속박bondage되기가 쉽다. 여기에서 결합이라는 단어는 합법적이고 건강한 관계를 나타내며, 속박이라는 단어는 건강치 않은 관계 그리고 피해자의 자유의지에 반하며, 인간들 사이에서 건강한 관계를 위한 하나님의 계획에 반해 묶이는 요소들이 있는 관계를 나타낸다.

구약에서 우리는 다윗과 요나단의 관계에 대해 보게 되는데, 그들의 혼(개역 성경에는 마음으로 번역되어 있음: 역주)이 사랑으로 연락되었다고 기록되어 있다(삼상 18:1). 이것은 건강하고 하나님이 원하시는 관계로서 두 사람 모두에게 큰 축복을 가져다 주었다. 그러나 이와 대조적으로 사울과 다윗 사이에는 명백히 하나님이 원하시지 않는 관계가 성립되어 있었다. 사울은 다윗을 억압하고 조종하며, 심지어 살해하려 했다. 이 두 개의 극단적인 관계가 결합과 속박, 그리고 건강한 혼의 묶임과 건강치 않은 혼의 묶임 사이의 차이를 명백하게 보여 준다.

또한 기본적으로는 하나님이 정하신 많은 관계들 안에도 하나님의 뜻에 어긋나는 측면이 있을 수 있다. 예를 들어, 아버지는 딸과 하나님이 정하신 관계를 이루고 있지만, 아버지가 딸을 성적으로 학대하기로 선택한다면, 그 관계 안에 또 다른 혼의 묶임-건강한 결합에 반하는 속박들 중의 하나-을 야기시키는 셈이 된다. 일반적으로 볼 때에, 하나님이 원하시는 혼의 결합은 건강한 양육과 평생 동안 지속되는 관계를 위한 하나님의 섭리이다. 반면에 하나님의 뜻에 반하는 혼의 묶임은 질병을 일으키며, 종종 귀신들림을 초래하기도 한다.

가족생활 안에서

우리는 태어날 때에 부모들이나 가족을 선택할 수 없다. 우리가 혼적인 결합을 이루는 첫 번째 사람들은 임신과 출생의 직접적인 결과로서 가족 구성원들이 될 것이다. 만약에 부모들이 서로 하나님이 원하시는 관계를 형성하고 있다면, 그리고 각각의 자녀들과 건강한 어버이다운 결합을 형성하며 불필요한 지배나 조종 없이 적절한 훈육을 제공하면서 하나님이 원하시는 관계를 형성해 간다면, 자녀는 자유롭고 생명력 있는 혼적 결합의 안전망 안에서 건강하게 성장할 것이다.

자녀들은 부모들의 양육 과정으로부터 다른 형제들과 건강한 관계를 형성하는 방법을 배울 것이다. 그리고 자녀들이 성장해 가는 가운데 부모들과의 혼적 결합이 꾸준히 성숙하고 변화할 것이며, 부모들은 성인이 된 자녀들을 세상으로 내보내어 훌륭한 남성과 여성으로 자랄 수 있게 해줄 것이다. 성숙해 가는 성인들은 부모들과의 이러한 혼적 결합으로 인해 건강치 못한 부모들의 압력을 받지 않으면서 하나님과 자유로이 관계를 맺을 수 있고, 또한 부모들의 지나친 조종 없이도 하나님이 원하시는 혼적 결합을 형성할 수 있는 배우자를 선택하는 데 자유로울 것이다. 만약에 부모들이 하나님이 원하시지 않는 조종을 자녀들에게 행사한다면, 그러한 부모들의 자녀들은 배우자를 선택하는 데 있어서 잘못된 선택을 하기 쉬우며, 결국 결혼관계가 와해될 것이다.

하나님이 원하시지 않는 혼적 묶임을 통한 자녀 양육은 수많은 문제들과 고통을 양산해 낼 수 있다. 예를 들어, 부모들이 이기적이고, 육체 중심적이며, 죄로 물들어 있고, 미성숙한 관계를 형성하고 있다면, 그들에게서 태어난 자녀들 또한 그들의 삶 속에서 올바른 관계를 형성하는 일에 준비되지 못할 것이다.

자녀들은 학교에서 동료들과 올바른 관계를 형성할 수 없을 것이다. 왜냐하면 사람들과의 관계에 관한 한 부모들로부터 경험한 부적절한 것들을 그대로 행할 것이기 때문이다. 많은 교사들은 부모들 사이의 관계가 자녀들을 통해 학교 운동장에서 그대로 재현되는 것을 본다. 여자 아이들을 때림으로써 자기가 원하는 것을 얻으려 하는 소년은 아마도 그의 아버지(혹은 할아버지)로부터 그러한 행동을 배웠을 것이다. 그 소년의 눈에는 아버지(할아버지)가 그의 아내를 지배하는 데 있어서 그렇게 하는 것이 효과적으로 보였을 것이다.

하나님께서 의도하지 않으시는 결혼 관계는 부모와 자녀 사이의 관계에도 하나님이 원하시지 않는 요소들을 양산해 낼 것이다. 따라서 부모와 자녀들 사이에 결합bonding보다는 속박bondage의 관계가 형성될 가능성이 훨씬 크다. 또한 속박은 반역을 낳을 것이다. 이것은 때로 쓴 뿌리 판단bitter-root judgement으로 알려지는데, 이러한 판단이 행해지는 곳에서는 한 세대가 지녔던 죄악된 태도들이 다음 세대에 의해 경험되는 압력과 고통 속에서 그대로 반영된다. 악순환이 반복되는 것이다. 이러한 악순환에서 탈출하기 위해서는 오직 예수님 안에 있는 구원과 치유와 축사의 능력을 통해서만 가능하다.

속박으로 인한 부모들과의 혼적 묶임에 대한 자녀들의 자연적인 반응은 탈출하는 것이다. 그런 자녀들의 내면 깊은 곳에는 거절감으로 인한 상처가 자리 잡고 있다. 거절을 당한 자녀들은 쇠사슬로 묶이는 것과 같이 속박되어 있다. 이들이 이러한 속박으로부터 자유케 되기 위해 선택하는 길들이 다양하다.

극단적인 경우에는 자기 안에 틀어박힌 채 완전히 수동적인 삶의 자세를 취할 것이다. 하지만 내면에서는 고통이 끓고 있으며, 휴화산같이 경고도 없이 터질 준비가 되어 있다. 그리고 이와 정반대의 극단적인 경우에는 십대적인 반항을 할 수 있을 것이다. 마약과 폭력과 난잡한 생활과 범죄와 집을 나가는 것과 수많은 다른 반항적 행위들을 할 수 있을 것이다. 이렇게 잠재적인 행동 유형들의 범위는 거의 무한대이다. 이것에 대해서는 십대의 자녀들로 인해 비통해하고 있는 많은 부모들이 증거해 줄 수 있을 것이다.

악한 영들은 이러한 모든 고통과 아픔을 타고 마음껏 뛰놀고 즐길 수 있을 것이다. 가족들 사이에 불경건한 혼의 묶임을 통해 만들어지는 귀신들의 입구는 수없이 많다. 그리고 그들 중 많은 입구들의 뿌리는 거절감에 있다. 그러나 부모들과의 불경건한 혼적 묶임에 대한 반응이 일단 일어나기 시작하면—그것이 반항이든지 수동적인 삶의 자세이든지, 혹은 이 둘의 혼합이든지 — 귀신들은 그러한 모든 죄악된 행동 유형을 타고 더욱 깊이 역사하기 시작할 것이다.

자유의지의 남용

어떠한 형태로든지 학대가 존재하는 관계에는 하나님이 원하시지 않는 혼의 묶임이 발생하게 되어 있다. 다양한 이유들로 인해 부모들이 단순히 자녀들을 거부하는 학대이든지, 아니면 성적인 학대나 교묘한 조종과 같은 명백한 형태의 학대이든지 상관이 없다. 혼적인 결합이 하나님의 뜻에 부합하는지 그렇지 않은지를 이해하는 중요한 열쇠는 하나님께서 그의 자녀들에게 사용하도록 주신 자유의지를 가지고 살아간다는 것이 무엇을 의미하는지에 대한 성서적 이해 여부에 달려 있다.

하나님은 자유의지가 부모들의 훈육이라는 안전한 틀 안에서 행사되도록 하셨다. 이 틀은 자녀가 성인이 되어 가면서 점점 확대되고 느슨하게 될 것이다. 또한 하나님은 우리가 하나님과의 직접적인 관계를 통해 발견하는 더 안전한 틀 안에서 자유의지를 사용하기를 원하셨다. 하나님의 백성들은 예수 그리스도에 대한 개인적인 믿음 안에서 이러한 안전한 틀을 발견하고, 그 안에서 살아갈 수 있도록 영과 혼과 육이 준비될 것이다.

자유의지는 하나님께서 인간들에게 주신 가장 소중한 선물들 중 하나이다. 인간은 자유의지를 사용해 자기를 창조하신 하나님께 등을 돌리는 선택을 했다. 그럼에도 불구하고 하나님은 그의 피조물로부터 멀어지지 않았으며, 또한 인간의 자유의지를 빼앗지도 않으셨다. 하나님은 억지로 하나님께 나오는 자들과는 관계를 맺고 싶어 하지 않으신다. 하나님은 우리가 누구와 관계를 맺고, 어떠한 삶을 살기 원하는지를 선택할 수 있는 자유의지를 주셨다. 하나님은 우리가 예수 그리스도를 믿음으로 죄에 의해 파괴된 그분과의 언약적 관계 안으로 다시 들어가기를 원하신다.

우리는 하나님의 형상대로 창조되었다(창 1:26). 이것은 다른 모든 것들 중에서도 하나님께서 우리를 대하시는 것과 똑같은 방식으로 우리도 다른 사람들을 대해야 한다는 것을 의미한다. 우리는 다른 사람들의 자유의지를 존중해야 하며, 그들의 자유의지에 반하여 그들을 지배하거나 조종하려고 해서는 안 된다. 그렇게 하는 것은 하나님의 창조질서에 반하는 것이며, 인간을 향한 하나님의 계획과 목적에 대한 직접적인 반역이다. 그러나 여기에서 분명히 알아야 할 것은 우리가 책임지고 돌봐야 하는 사람들에게 하나님의 뜻에 부합한 훈육을 하는 것은 지배domination와 조종control과는 다르다는 것이다. 훈육이 없이는 어린이들(그리고 성인들도)이 자유의지를 올바로 사용하는 법을 배우지 못할 것이다. 그러므로 계속해서 문제를 일으키게 될 것이다.

성경은 반역을 "주술과 같이 나쁜 것"이라고 설명한다(삼상 15:23). 다른 사람들을 지배하고 조종하려는 것(종종 두려움이나 직접적인 마귀적 간섭을 통해)이 주술적 행위의 현저한 특징이다. 이러한 것들이 사탄이 사용하는 방법이며 전략이다. 우리와 혼적으로 묶여 있는 사람을 조종하기 위해 지배와 조종이라는 방법을 사용할 때에는 그 효과가 실제 주술적인 행위들로 인한 것만큼이나 심각해질 수 있다.

나는 대중 집회에서 가끔씩 부모들에 의해 하나님이 원하시지 않는 방식으로 지배와 조종을 당했다고 느낀 적이 있는 사람들에게 손을 들어보라고 한다. 그러면 대개 30~40%의 사람들이 손을 든다. 나는 그들 모두에게 부모들을 용서하고 존중할 것을 부탁한다(부모들이 아무리 옳지 않은 행동을 했을지라도 그들은 하나님의 창조성을 위한 도구로 사용되었으며, 우리는 또한 그들을 존중하라는 명령을 받았기 때문이다). 그런 후에는 그들과 부모들 사이에 존재했던 불경건한 혼의 묶임을 파쇄한다.

이러한 사역을 할 때에는 반응이 즉석에서 일어날 수도 있기 때문에 집회 중에 나를 보조해 줄 수 있는 사역 팀이 있을 때에만 이렇게 한다. 혼의 묶임이 파쇄되는 순간, 그들 안에 갇혀 있던 귀신들이 떠나가고, 조종과 지배에 의해 형성된 내면의 고통—보통 수십 년 동안 쌓여 지속됨—이 자유롭게 표출된다.

이와 같은 시간에 일어나는 치유는 매우 특별한 것이다. 이와 같은 모임이 끝나면 감정적, 심리적, 관계적, 신체적인 치유를 받았다고 말하는 편지들을 받곤 한다. 우리가 사람들을 온전케 하는 데 있어서 축사 사역이 얼마나 중요한지를 깨닫는 것은 자녀들과 부모들 사이의 불경건한 혼의 묶임에 의해 지배당하는 귀신들의 속박이 얼마나 심각한지를 볼 때이다.

오직 내적 치유의 모델을 사용해 부모들과 자녀들 사이의 관계를 치유하려는 사람들은 종종 귀신들에 직면하면서도 그것을 인식하지 못한다. 물론 이때에도 어떤 귀신들의 문제가 우연적으로 처리될 수는 있을 것이다. 그러나 내적 치유 사역자들이 내면의 고통이라 믿어지는 것을 치유하기 위해 수주일, 수개월, 혹은 수년 동안 사역하는 것은 그리 특별한 것이 아니다. 그들이 실질적으로 처리해야 하는 문제는 지속되는 사역으로 인해 집중받는 것을 즐기며, 또한 상담자와 내담자가 아무런 성과도 없이 사역에 투자하는 시간을 즐기며 숨어 있는 귀신인 경우가 많다.

귀신들로 인한 문제는 '내적 치유'를 통해 해결될 수 없다. 내적 치유 사역을 하지만 축사 사역을 신뢰하지 않거나 축사 사역에 대한 이해가 없는 사람들이 이 교훈을 충분히 배울 수만 있어도 사역의 시간들을 크게 단축시킬 수 있을 것이다. 그렇다고 해서 내적 치유가 필요 없다거나 중요하지 않다고 말하는 것은 아니다.

그것은 정말 중요하다. 귀신들을 쫓아내기 원하지만 내적 치유(특별히 손상된 감정들)의 필요성을 인식하지 못하는 사람들에 의해서도 문제가 발생할 수 있다. 이 문제는 축사 사역의 필요성을 인식하지 못하는 사람들에 의해 야기되는 문제만큼이나 큰 문제들일 수 있다. 가장 효과적인 사역을 하기 원한다면 이 두 사역을 균형 있게 병행해야 할 것이다.

모든 불경건한 혼의 묶임은 어떻게 시작되었든지에 상관없이 귀신들의 직접적인 통로로서 이용되고 있는 것처럼 보인다. 우리가 복잡한 문제들을 지니고 있는 사람들에게 사역을 하면서 발견한 것은 특별한 관계들과 관련해 반드시 필요한 회개나 용서를 조직적으로 하는 것이 치유와 축사 사역을 위해 매우 효과적인 토대가 된다는 것이다. 귀신들은 이러한 절차에 의해 매우 치명타를 입기 때문에 혼의 묶임이 끊어지자마자 즉시 축사가 일어나기도 한다. 그러나 대부분의 경우에 있어서 우리가 발견한 것은 그러한 통로를 통해 들어온 귀신들에게 떠나라고 명령했을 때에 광범위한 축사 사역이 발생한다는 것이다.

위험성 있는 관계

다음에 나오는 것들은 귀신들이 사람들을 공격하기 위한 통로로 자주 사용하는 불경건한 혼의 묶임들이다.

• 배우자를 제외한 다른 성적인 파트너들

비윤리적인 성관계를 갖는 사람이 귀신들에 의해 영향을 받지 않는 것은 좀처럼 볼 수 없는 일이다. 섹스는 일차적으로 영적인 것이다. 따라서 귀신들은 죄를 통해 열린 통로를 이용해 그러한 자들에게 영향을 미칠 것이다(귀신들은 사람들이 영적인 것에 대해 알든 모르든 차별하지 않는다).

우리가 사역을 해주는 사람들의 대다수가 한 사람 이상과 성관계를 맺은 사람들이다. 현 시대는 사람들이 수년 동안에 걸쳐 10명 혹은 그 이상의 사람들과 성관계를 가졌다고 말하는 것이 그리 특이한 것이 아니다. 옳지 않은 성관계가 일어나는 곳에는 강력한 귀신들의 역사가 있다. 그리고 이러한 귀신들의 역사 외에도, 새로운 파트너와 성관계를 가질 때마다 영과 혼의 분열이 일어난다.

두 사람의 성적 결합은 단순히 육적인 연합에 그치는 것이 아니다. 그것은 또한 영적인 연합이다. 남편과 아내는 항상 영적으로 서로를 인식하고 있다. 왜냐하면 각 배우자 안에는 상대방의 영에 속한 어떤 합법적인 것이 있기 때문이다. 이것이 결혼의 신비에 속한 한 부분이다. 그러나 이러한 영적 교통은 결혼 관계 안에서 일어나는 성적 결합의 결과일 뿐만 아니라, 모든 성관계에서 일어나는 현상이기도 하다. 즉, 결혼 관계 안에서 일어나든지, 그 밖에서 일어나든지 차이가 없다는 말이다. 따라서 어떤 사람이 여러 사람들과 성관계를 가졌다면, 그 사람의 영(그리고 혼)은 도처에 퍼져 있는 것과 같다. 종종 사람들은 "나는 때로 내가 누구인지, 혹은 내가 어디에 있는지 의아해할 때가 있습니다"와 같은 말들로 그러한 현상을 표현하곤 한다.

사람들이 악한 성적 행위들을 진정으로 회개해 하나님께서 의도하시지 않은 혼의 묶임이 파쇄되면, 회개한 사람을 위해 여러 다른 성적 파트너들과 성관계를 가짐으로써 흩어져 있던(다른 여러 성적 파트너들에게 나누어진) 그 사람의 모든 부분들을 회수해 달라고 기도하는 것이 매우 중요하다. 우리는 사역을 하면서 그렇게 하는 것이 정말 중요하다는 것을 발견했다. 그러면 사람들은 대개 다음과 같은 말들로 자신들에게 일어난 일을 설명할 것이다. "나는 내가 기억할 수 있는 한 처음으로 내 자신을 온전히 회복한 것 같아요. 나는 정말 온전히 내가 된 것 같아요!"

성적인 죄를 통해 일어나는 영의 흩어짐dissipation과 귀신들림은 우리로 하여금 왜 사탄이 이렇게 특별한 유혹을 끊임없이 해오는지를 이해하는 데 도움을 준다. 성적인 죄를 범하는 사람들은 사탄의 공격에 매우 쉽게 넘어간다. 그들은 종종 압도적인 죄의식 아래에서 고통당하며, 매우 다양한 방식들로 귀신들의 속박을 당하게 된다.

하나님께서 인간들로 하여금 그분의 창조성을 표현하도록 하기 위해 고안하신 것이 섹스다. 사탄은 아무것도 창조할 수 없다. 그는 단지 창조된 것을 왜곡할 수 있을 뿐이다. 하나님께서 인간들의 성적인 관계 안에서 계획하고 목적하신 것들을 왜곡하는 것이 기만의 명수인 사탄에게는 매우 커다란 성취가 될 것이다. "하나님께서 정말 그것이 옳지 않다고 말씀하셨는가?"라는 유혹의 소리가 수많은 사람들을 덫에 걸려 넘어지게 했다. 그들은 그 소리에 넘어간 결과 단 몇 분 동안의 즐거움을 위해 그들의 장자권birthrights을 팔아버렸다.

난잡한 성생활을 하는 사람들에게는 때로 신체적인 질병에 걸릴 위험이 도사리고 있는 것이 사실이지만, 영적인 무지와 귀신들림이라는 실제적인 위험 또한 항상 도사리고 있다. 이 책을 읽는 독자들 가운데 과거의 분별없는 생활로 인해 자신들에게 이러한 위험이 도사리고 있지 않을까 하는 생각에 갑자기 불안함을 느끼고, 또한 어떤 소망이 없을까 하는 의구심을 갖는 자들이 있을지도 모르겠다. 나의 대답은 소망이 있다는 것이다.

우리는 수많은 사람들이 그들의 과거로부터 자유케 되어—어떤 사람들은 매우 극적으로—하나님께서 원하시는 자들로 살아가는 것을 보아 왔다. 그러나 회복에는 십자가를 통하지 않는 지름길이라는 것이 존재하지 않는다. 성경은 "너의 죄를 서로 고하며…. 치유를 받을 것이다"(약 5:16)라는 말씀이 있다. 우리는 특별히 성적인 영역에서 서로에게 죄를 고백하는 것이(필요한 기도 사역을 받은 후에) 엄청난 치유의 결과를 가져온다는 것을 발견했다. 때로는 신체적인 질병이 극적으로 치유되기도 했다.

우리는 대개 첫 성적 파트너와의 문제를 해결하는 것이 가장 중요하다는 것을 발견했다. 어떤 사람이 신체적으로 순결함을 잃는 순간은 영적으로 큰 충격이 가해지는 순간이다. 그 순간에 사람들은 보통 극단적인 감정(의기양양으로부터 실망감에 이르기까지)에 휩싸이게 될 것이다. 이 순간이 하나님이 의도하시는 결혼 관계(영적 보호막) 안에서 일어나지 않는다면, 엄청난 죄의식과 두려움이 뒤따라 일어날 수 있다. 그 때가 성적 행위를 한 자들이 특별히 귀신에 들리기 쉬운 순간이다.

강력한 귀신의 활동이 일어나는 또 다른 때는 자신의 배우자를 배반하고 간음할 때이다. 그 순간에 결혼 서약이 깨어지며, 영적으로는 이혼이 발생한다. 영적 영역에서는 순결한 배우자가 이미 죄를 범한 배우자의 의도에 의해 이혼을 당한 것이나 마찬가지이다. 왜냐하면 기존의 연합 외에 새로운 영적 연합이 이루어졌기 때문이다. 이혼과 재혼이 동시에 일어난 것이다.

간음으로 인해 발생하는 영적 고통이 매우 크기 때문에 이러한 사건 후에 생존하는 관계가 거의 없다는 것은 그리 놀라운 일이 아니다. 이러한 결과는 간음 사건이 폭로되든지 숨겨져 있든지 별 차이가 없다. 간음이 결코 발견되지 않는다면, 결혼 관계는 파악하기 힘든 많은 방식들로 고통당할 것이다. 상대 배우자는 종종 자기가 결혼한 배우자(간음한 자)를 기쁘게 해주기 위해 무엇을 해야 할지를 몰라 힘겨워할 것이다.

배우자 중의 한 사람이 간음을 했음에도 불구하고 계속해서 결혼 관계를 유지하는 부부들이 많이 있다. 그러나 우리는 그 순간부터 효력이 발생하는 결혼 관계의 질에 대해 질문해 보아야 한다. 두 배우자가 온전한 치유를 경험하기 위해서는 온전한 용서와 더불어 온전한 고백과 회개가 있어야 한다. 간음을 통해 이미 이혼이 일어난 셈이기 때문에, 하나님과 증인 앞에서 서로 결혼 서약을 다시 해야 할 것이다(재혼).

그 순간에 두 사람 사이의 관계는 간음이 발생하기 이전에 가졌던 최상의 순간보다 훨씬 좋아질 수도 있을 것이다. 그러나 간음이 은밀한 죄로 남아 있을 경우에는, 결혼 관계는 영적으로 손상되었기 때문에 모든 수준에서 그 결과를 경험하게 될 것이다.

혼의 묶임에 관한 이 항목은 이혼과 재혼에 관한 어떤 보고서는 아니지만, 이것은 꼭 말해 두고 싶다. 즉, 간음을 범한 사람이 비록 자기 행위가 발각되기는 했을지라도 결혼 관계의 붕괴에 있어서는 하나님 앞에서 우선적인 책임이 없을 수도 있다는 것이다. 많은 결혼 관계를 보면 피상적으로는 '순결한 배우자'가 자기의 배우자를 심하게 거부하고 경시하기 때문에, '죄 있는 배우자'(간음을 실제로 행한 사람)는 이미 자기 배우자에 의해 이혼을 당한 상태에 있다. 그래서 결국 결혼 관계로부터 멀어져 간음을 행하게 되는 것이다.

이렇게 말하는 것은 간음과 관련된 죄를 옹호하기 위해서가 아니다. 단지 상담자들이 결혼 문제로 인해 고통을 겪고 있는 자들을 돕기 위해 노력할 때에 이러한 부분을 염두에 두기를 바라는 마음에서 그렇게 말한 것이다. 겉으로 볼 때에 죄 없는 배우자가 실제로는 더 큰 죄를 범했을 수도 있다. 이것을 염두에 두지 않는다면 오히려 상처받고 있는 자의 권리를 심하게 유린하는 경우가 발생할 수 있다.

예수님은 간음 중에 잡힌 여인에게 자비와 용서를 베풀어 주셨다. 예수님께서 취하신 자세의 테두리를 벗어나지 말자. 그리고 예수님께서 말씀하신 것을 기억하자. "가서 다시는 죄를 범치 말라"(요 8:11).

• 결혼 전 성관계

결혼을 앞두고 있는 두 사람 사이의 성적인 관계도 하나님 앞에서는 죄가 된다. 결혼을 앞두고 결혼 관계의 안전한 틀 밖에서 성관계를 시작하는 사람들은 서로 결혼할 의사가 없이 성관계를 맺는 사람들 혹은 결혼 관계 밖에서 간음을 하는 사람들만큼이나 귀신들의 공격에 노출된다.

어떤 부부가 결혼하기 석 달 전에 함께 성관계를 가졌다는 고백을 했다. 이 두 사람은 결혼 전에 다른 사람과 성관계를 가져본 적이 없었다. 그런데 이들이 결혼한 직후에 아내가 간질에 걸리게 되었다. 우리가 처음 그녀에게 사역을 할 당시에는 그 사실을 알지 못했다. 그러나 그녀는 성관계에 대한 가르침을 듣고 이해했으며, 하나님 앞에서 그것을 바로잡기 원했다. 그녀는 즉시 죄를 회개했고, 남편과의 혼적 결합 중 불경건한 부분이 파쇄되었다. 그리고 어둠의 세력들에게 떠나라고 명령했다. 그러자 그녀는 바닥에 쓰러졌고, 간질 발작으로 인한 모든 증상들을 드러내게 되었다.

10분 정도 지난 후에 그녀가 다시 두 번째 발작을 했다. 하지만 이번에는 자신이 완전히 치유되었다고 외치면서 바닥에서 일어났다. 그녀에게 어떻게 확신할 수 있느냐고 물었다. 그녀는 지금까지 가장 센 간질 약을 복용하고 있었지만, 여전히 여러 번에 걸쳐 간질 발작이 일어났다고 말했다. 그리고 간질이 발생할 때마다 그로 인한 고통과 충격으로부터 회복되기 위해서는 2~3일 정도 걸렸다고 말해 주었다. 그런데 기도 사역을 받으면서 일어난 두 번의 간질 발작 후에는 즉시 일어날 수 있었고 기분이 너무 좋았다고 말했다.

3년이 지난 후에 그녀는 간질 약을 모두 끊었다는(그녀의 의사와의 합의 하에) 내용의 편지를 보내 주었다. 그 후로 그녀에게는 더 이상의 간질 발작이 없었으며, 또한 어떤 약도 복용하지 않았다. 그녀의 경우에 있어서는 성적인 죄가 질병의 영이 그녀 안으로 들어올 수 있는 문을 열어 주는 역할을 했고, 불경건했던 관계가 하나님 앞에 다시 거룩하게 드려지자마자 그녀 위에 임했던 간질의 저주가 드러나기 시작했다.

그녀가 다른 사람들과 난잡한 생활을 계속하며 살아가기로 결심했다면 간질의 영들이 스스로를 드러내었을까? 그렇지 않았을 것이라 생각한다. 만약에 그녀가 그러한 선택을 했더라면 간질의 영들은 세대를 타고 그녀의 자녀들에게로 전수되었을 것이고, 그녀의 자손들은 간질이 어디에서 왔는지에 대해 해답을 찾아야 했을 것이다. 많은 사람들이 조상들의 죄를 통해 들어온 귀신들의 역사로 인해 (원인도 모른 채) 고통을 받고 있다. 이것을 해결할 수 있는 길은 오직 하나밖에 없다. 조상들을 용서하고, 드러난 죄에 대해서는 모두 회개해, 혼적 묶임을 끊고 축사를 받음으로써 치유받는 것이다.

이 이야기를 통해 간질병을 앓는 모든 사람들이 성적인 죄를 범했다는 결론을 내려서는 안 된다. 또한 성적인 죄를 범한 모든 사람들이 간질병에 걸리기 쉽다는 결론을 내려서도 안 된다. 그러나 그녀의 경우에는 그랬다. 죄를 통해 사람들 안으로 침투하는 귀신들의 잠재적 특징은 단순한 육정의 영들로부터 특정한 질병을 가져오는 질병에 이르기까지 다양할 수 있다. 때로 그러한 귀신들의 특징들은 성관계를 가진 사람 안에 있던 귀신들과 관련이 있을 수 있다.

나는 다양한 성적 파트너들과 많은 혼적 묶임에 빠져 있던 어떤 남자에게 사역을 한 적이 있다. 그 때에 나는 체계적으로 그 사람의 혼적 묶임들을 파쇄해 달라고 하나님께 기도했고, 처음에 네 명의 성적 파트너들과의 관계를 통해 들어온 귀신들을 몰아내었다.

그러나 다섯 번째의 파트너에 도달했을 때에, 그 사람 안에 있던 한 귀신이 "너는 그녀를 갖지 못할거야!"라고 소리쳤다. 이 특정한 성적 파트너는 주술에 심취했던 사람이라는 것이 드러났다. 그녀와 성관계를 맺을 때에 강력한 주술의 영이 그 남자 안으로 들어갔던 것이다. 그 남자 안에서 역사하고 있던 어둠의 나라는 처음 네 명의 파트너들과 연관된 귀신들을 잃는 것에는 별로 개의치 않았지만, 다섯 번째 파트너를 통해 들어간 귀신들은 그들의 세계에서 매우 중요한 존재들이었다. 그 남자 안에 머물 수 있는 귀신들의 권리가 회개를 통해 충분히 해결되어 축사가 일어날 때까지 정말 치열한 힘겨루기가 진행되었다.

• 결혼 관계 안에서

위에서 암시한 것처럼, 결혼 관계 안에서도, 심지어 부부가 함께 행복하게 살고 있는 것처럼 보이며, 양쪽 모두 간음과 같은 행동을 하지 않았음에도 불구하고 건강하지 않은 양태가 존속될 수 있다.

사람들의 시선으로부터 가려져 있어서 괜찮아 보이지만 하나님께서 원하시는 모습(즐겁고, 사랑으로 가득 찬 영과 혼과 몸의 연합)으로부터 동떨어진 결혼 관계들이 매우 많다―그리스도인들의 결혼 관계도 예외가 아니다.

하나님께서 원하시는 부부관계에는 이러한 것들이 있다.

1) 배우자들 상호간의 관계에 대한 온전한 신뢰
2) 서로에 대한 상호 존중
3) 상대방의 은사와 능력에 대한 올바른 평가와 격려
4) 영과 혼과 육의 조화를 통해 맺어지는 열매라 할 수 있는 솔직한 성관계
5) 상호 배우자와, 하나님께서 주시는 자녀들에 대한 신체적 돌봄
6) 그들의 관계에 대한 하나님의 뜻이 항상 우선순위가 되어야 한다는 것에 대한 일치된 소망
7) 서로 지배나 조종을 하지 않음

결혼 관계를 위와 같은 용어들을 사용해 묘사하면서 깨닫는 것은 내가 평균적인 결혼 관계를 넘어서서 모범적인 결혼 관계를 묘사하고 있다는 것이다. 여기에는 그리스도인이든 그렇지 않든 상관이 없다. 내가 말할 수 있는 것은 부부가 이상적인 관계로부터 멀어지면 멀어질수록, 그들 관계 안의 불경건한 측면들이 귀신들을 위한 입구를 더욱 많이 제공해 줄 것이라는 것이다. 우리의 내담자들 중에는 결혼 관계 안에서 마치 남편이나 아내를 존중하지 않고 자기들 마음대로 대하고, 서로를 이용하고 학대하며, 더 이상 참을 수 없을 때에

는 불평하면서 다른 사람들을 찾아나서도 괜찮은 것처럼 행동하는 사람들이 수없이 많았다.

결혼 관계 안에서의 조종과 지배야말로 수많은 불행한 부부들을 탄생시킨 주범이며 엄연한 죄악이다. 결혼 계약을 이용해 상대 배우자를 희생양이 되게 하는 것은 옳지 않으며, 결국에 불경건한 혼적인 묶임을 낳게 할 것이다. 그동안 교회 안에는 배우자들이 조종이나 지배라는 수단을 이용하지 않고 서로를 어떻게 대해야 하는지에 대한 훈련이 거의 없었다. 교회 안에서 이러한 영역은 거의 무시되어 왔다. 대부분의 사람들은 결혼 관계가 하나님께서 원하지 않는 모습으로 나아갈 때에 야기되는 엄청난 손해와, 그로 인해 활개를 치는 귀신들의 세력에 대해 무지한 상태에 있다.

예를 들어, 부부가 서로에 대항해 사용하는 전형적인 전략들 중의 일부는 다음과 같다.

결혼 초기에 남편은 이성을 잃고 분노를 터뜨릴 것이다. 그러면 그러한 일이 다시 일어날까 두려워하는 아내는 남편의 눈치를 살피면서 '잠자는 거인'을 깨우지 않기 위해 주의하게 된다. 아내는 두려움을 통해 남편에 의해 조종당하며 살아간다. 이러한 결혼 양태는 하나님이 원하시지 않는 악마적인 것이다.

아내에게 진정한 도움을 주고자 한다면, 그녀의 결혼 관계 안에 존재하는 불경건한 측면을 해결하고, 이전에 그녀를 속박했던 지배와 두려움의 영들로부터 자유케 해야 한다. 그리고 남편은 그가 행한 일들에 대해 깊이 회개해야 할 것이다. 그는 또한 자신의 필요, 즉 그로 하여금 그러한 행동을 하게 만든 것들을 해결하기 위해 주님 앞에 나아가야 할 것이다. 어떤 남성이 그렇게 행동할 때에 그리고 그러한 행동이 매우 일상적으로 행해질 때에는 그 사람 안에 해결돼야 할 깊은 필요들이 있다는 것을 암시해 준다. 아마도 그는 어린 시절에 경험했던 거절감과 두려움 때문에 그렇게 행동했을 가능성이 크다.

반면에 아내가 남편을 비하할 수 있다. 특별히 성적인 영역에서 남편을 그녀가 원하는 식으로 조종하기 위해 성을 보상과 처벌 시스템으로 사용할 수 있다. 대개는 양쪽 모두 무슨 일이 일어나고 있는지를 온전히 이해하지 못한다. 그러나 남편은 마음속으로 그의 남성다움이 비하되고 있다는 것을 알 것이며, 아내는 결혼 관계에서 이 부분을 조종하지 않는다면 그녀가 안전감을 느끼기 위해 필요한 능력을 잃을 것이라는 것을 알고 있을 것이다.

이것은 단지 한 실례에 불과하다. 결혼 관계를 하나님이 의도하지 않은 방식으로 왜곡하는 다른 양태들이 많이 있다. 하지만 그러한 모든 것들의 뿌리는 조종과 지배이다. 조종과 지배라는 주제를 다양하게 변형한 것뿐이다. 그러한 모든 경우에는 하나님께서 의도하시지 않는 혼의 묶임을 파쇄해, 사람들을 그와 연관된 귀신들의 역사로부터 해방되게 하며, 결혼 관계 안에서 합당한 영적 권위를 사용함으로써 하나님께서 원하는 모습으로 바꾸어 나가야 할 것이다. 이러한 과정이 고통스러울 수 있겠지만, 그러한 담대한 조치를 취하지 않는다면 결혼 관계는 변하지 않을 것이며, 나이가 들어갈수록 상황은 더욱 악화될 것이다. 그 때에는 결혼이라는 나무에 남아 있는 열매들은 시들어서 쓴 맛을 낼 것이다.

다른 양태의 혼의 묶임으로 넘어가기 전에 말해 두고 싶은 것이 한 가지 있다. 비록 부부 사이라 할지라도 상대방을 성적으로 이용하는 것은 허락되지 않는다는 것이다. 상대방을 성적으로 이용하는 것은 학대 혹은 변태적인 것으로 규정지어질 것이다. 우리가 상담해 준 부부들 중에 한쪽이 성적 학대의 피해자라고 느끼는 경우들이 많이 있었다. 대개의 경우는 남편이 아내가 하고 싶지 않은 행위들(구강 섹스나 항문 섹스)을 요구하기 때문에 일어나는 결과들이다. 우리가 사역을 하면서 발견한 것은 결혼 관계 안에서 행해지는 변태적 성행위가 귀신들이 침입할 수 있는 입구라는 것과, 그러한 성행위를 한 부부들도 축사가 필요하다는 것이다.

이와 동등하게 말해 두고 싶은 것은 부부 사이에서의 성행위는 정상적이고 합당한 것이며 또한 필요한 부분이라는 것이다. 바울은 부부 사이에서 오직 한 가지 이유로만 성행위가 중단될 수 있다는 것을 분명하게 밝혔다. 그 한 가지 이유는 기도를 위한 것이며, 그것도 오직 짧은 기간 동안만 그렇게 해야 한다. 그렇게 하지 않는다면 유혹이 일어날 위험이 있기 때문이다(고전 7:5).

정기적이며 자발적인 성관계를 거부하는 남편이나 아내는 상대 배우자를 학대하고 있는 것이다. 나는 아내에게 성행위를 요구하는 것으로 인해 '추잡한 노인'과 같은 느낌을 갖게 된 많은 남성들을 상담해 주었다. 반대로 또한 중년기의 남편들이 아내들에게 성적 매력을 잃어 아내들이 힘들어하는 경우도 많이 보았다.

때로는 아내들이 자기들의 신체에 대해 가지는 태도가 남편들의 마음을 닫게 만든다. 또한 남편들이 아내들에 대한 성적 매력을 잃는 이유가 남편들이 다른 곳에서, 즉 다른 관계를 통해서나 더 일반적으로는 포르노와 자위행위(기독교인들 사이에서는 이 두 가지가 매우 일반적이다)를 통해서 성적인 충족을 얻기 때문이 아닌가 생각한다.

남편과 아내 사이의 혼적 결합에서 불경건한 요소가 틈 탈 수 있는 기회들이 많고 다양하다. 불경건함이 있는 곳에서는 또한 귀신들림이 일어날 수 있는 가능성이 있다. 가장 큰 기쁨과 가장 큰 고통을 줄 수 있는 것이 우리와 가장 가까운 관계에 있는 사람들과의 관계라는 것은 엄연한 사실이다. 불경건한 묶임을 끊고 귀신들로부터 해방되는 것이 부부 관계를 치유하기 위해 필요한 토대이다.

• 부모들과 자녀들

대부분의 부모들은 자녀들을 즐거워한다. 그들은 가족을 세워 나가는 기쁨(그리고 고통)을 충분히 경험한다. 하지만 어떤 부모들에게 있어서 그들의 전체적인 정체성이 온통 부모가 되는 역할에 휩싸이기도 한다. 특별히 어머니들이 더욱 그러하다.

부부 관계 자체가 안전하지 않으면, 혹은 자녀들이 성장한 후에도 아내가 다시 주업무로서 행할 것이 없다면, 문제들이 발생할 가능성에 대비해야 한다. 왜냐하면 하나님은 인간으로서 우리의 전체적인 정체성을 오직 자녀들이 부모들을 의존하는 것에 국한되도록 계획하지 않았기 때문이다.

어떤 여성들은 의존하는 자녀들이 존재해야 안전감을 느낀다. 자녀들이 그들을 긍정해 주고 소중한 존재로 여겨 주기 때문이다. 그런데 결혼 생활에서 이러한 필수적인 요소들이 남편에 의해 충족되지 않을 경우, 아내는 일단 자녀들이 성장해 집을 떠나가면 자신이 미래가 없는 예비 부속품처럼 느끼게 된다.

따라서 이러한 상황 속에 있는 여성은 그녀의 유용한 시기를 확장시키기 위해 자녀들이 성인으로 성장한 후에도 자녀들이 계속해서 의존하도록 하기 위해 할 수 있는 모든 것들을 하려 할 것이다. 이러한 행위는 어떤 식으로 행해지든지 간에 죄이다. 왜냐하면 이것은 자녀들에게서 자유의지와 독립성을 박탈하려는 시도이기 때문이다. 자녀들은 자유의지와 독립성이 없이는 결코 성공적이고 성숙한 성인의 삶을 살지 못할 것이다. 그러한 자녀들은 특별히 성공적인 결혼생활을 하는 것이 힘들 것이다. 왜냐하면 어머니와의 관계가 너무 강력해 자기 배우자와 합당한 관계를 맺는 것이 불가능하기 때문이다.

이러한 면에서 성공적인 결혼 관계를 위한 성경 말씀은 "떠나서 연합하라"는 것이다. 부모들의 집과 부모들이 제공해 주는 안전장치를 떠나는 것이 분명하고 명확해야 한다. 이 문맥에서 연합하라는 말의 명확한 의미는 다른 모든 관계들과 상관없이 결혼 관계 안에서 한몸을 이루라는 것이다. "떠나라"는 말은 단순히 우리가 다시 만날 때까지 작별인사를 하라는 것이 아니라 관계를 끊으라는 말이다.

그렇다고 해서 부모들이 자녀들을 결코 다시 보지 말라는 의미는 아니다. 이 말이 뜻하는 것은 자녀들이 성숙한 성인으로서 그들의 부모들과 자유롭게 관계를 나누며, 또한 그들의 부모들과 성인과 성인으로 관계 맺는 것을 두려워하지 않아야 한다는 것이다. 자녀들이 그렇게 할 수 있으려면 자기 부모들에 의해 지배당하지 않을 것을 확신할 수 있어야 한다. 부모들이 남은 생애 동안에 자녀들을 "얻을 수 있는" 것은 오직 이러한 식으로 그들의 자녀들을 기꺼이 "잃고자" 할 때이다.

나는 자녀들을 손아귀에 넣기 위해 부모들에 의해 행사되어지는 악한 힘을 보면서 놀라움을 금할 수 없다. 혼의 묶임이 끊어질 때에 내면의 고통이 치유되며 그 결과 축사가 일어난다. 이러한 현상을 보는 것은 놀라운 일이 아닐 수 없다.

또한 질병을 치유하기 위해 기도할 때에 깨닫는 매우 중요한 사실은 가계를 타고 내려온 질병들이 종종 부모들과 자녀들 사이의 지배적인 관계를 통해 전이된다는 것이다. 따라서 그러한 불경건한 혼의 묶임이 끊어지면, 이전에 모든 다른 형태의 기도에 저항했던 질병이 갑자기 축사가 일어나면서 치유받게 된다.

모든 결혼 예식에서 신부의 어머니와 아버지 두 사람 모두(우리 전통과 같이 아버지만이 아니라) 그들의 딸을 신랑에게 "인도해 주며", 신랑의 부모들도 동일하게 자기들의 아들을 풀어 주면 얼마나 좋을까! 그러면 많은 마음의 상처와 시댁과의 문제들이 즉시 해결될 것이다.

:: 성적인 죄

앞에서 불경건한 혼의 묶임에 따르는 귀신들림의 위험에 대해 다루면서 성과, 성적인 죄와, 성적인 관계의 다른 양태들에 대해서 언급했다. 여기에서는 우리의 적이 성을 왜곡함으로써 수많은 귀신들의 입구를 만들어 내는 다른 방식들을 살펴보고자 한다.

귀신들이 이러한 일을 할 수 있게 된 이유들 중의 일부는 교회가 젊은 세대들에게 긍정적이고 유익한 방식으로 성 윤리를 가르치지 않았기 때문이다. 성경은 성에 대해 이렇게 수동적이고 얌전을 빼는 태도를 취하지 않는다. 성경에는 성에 대해 아주 명백하게 기록되어 있는 부분들이 많이 있다.

가끔씩 교회에 출석하는 사람들은 성관계를 통한 번식이 그리스도인들이 이 세상에 태어나는 방식이 아니라고 생각할 수도 있을 것이다. 그리스도인들은 자녀를 낳는 것과 관련해 특별히 위생적이고 성과 관련이 없는sexless 방식을 가지고 있음에 틀림없다고 생각될 수 있기 때문이다.

하나님은 인류를 번식시키기 위한 방식으로서 남자와 여자를 만드셨다. 이것이 하나님께서 창조하신 일들 중 최상의 부분을 차지하는 것이다. 하나님은 그의 창조적 능력을 인간들과 공유하기로 선택하셨을 뿐만 아니라, 나머지 피조물들에게는 알려지지 않은 어떤 것을 인간들에게 나누어 주기로 선택하셨다. 개나 원숭이나 다른 어떤 피조물도 하나님의 형상대로 만들어지지 않았다. 오직 인간들만이 하나님의 형상대로 지음을 받았다. 인간들은 감정으로 서로를 경험하고 성적인 기관들을 통해 연결될 뿐만 아니라, 영으로 서로를 알 수 있는 능력을 지니고 있다.

이러한 신적이고 영적인 앎을 반영해 주지 않는 성관계는 하나님께서 의도하신 것보다 열등한 것이다. 특별히 수동적이고 지나치게 점잖은 것을 기독교 신앙이라고 생각하는 사람들에게는 이상하게 들릴지 모르지만, 하나님을 진정으로 알고 있는 그리스도인들이야말로 또한 서로를 진정으로(육체적으로 뿐만 아니라 영적으로도) 알 수 있으며, 또한 그러한 자들이 성이 지니고 있는 최상의 잠재력을 누릴 수 있다.

어떤 사람들은 결혼 관계 안에서의 훌륭한 성관계와 신앙이 나란히 간다는 이론을 주장하는 것이 도가 지나친 것이라고 여길 수 있다. 또한 결혼 관계 안에서나 밖에서 성적으로 충격적이고 고통스러운 경험을 한 사람들은 이러한 주장을 절대 불가능한 것이라고 생각할지도 모른다. 모든 사람들은 어느 정도의 상처와 어려움들을 지니고 결혼하게 된다. 이러한 것들이 치유받지 못한 채 남아 있으면 시간이 지나면서 부부의 성관계에 다소 영향을 미치게 될 것이다.

배우자 한 사람 혹은 두 사람 모두 안에 해결되지 않은 죄나 숨겨진 성적인 학대가 있어서 관계가 단절되었지만, 돌이킬 수 없을 정도로 무너져 내리지는 않았고, 또한 부부가 이러한 관계를 기꺼이 회복시키고자 한다면, 즐거운 성관계의 회복이 가능할 뿐만 아니라 최고로 만족스러운 것이 될 수 있을 것이다. 그러나 또한 사탄이 이러한 치유와 회복을 막기 위해 필사적으로 싸울 것이라는 것을 기억하라. 사탄은 결혼한 부부가 함께 경험하는 기쁨을 견딜 수 없어 한다. 사탄은 적법하게 결혼한 두 사람이 하나님 앞에서 그들의 온전한 잠재력을 성취하며 살아감으로 인해 초래할 결과들을 두려워한다. 두 사람이 함께 온전히 연합해 그들 관계의 모든 영역에서 온전히 성취적인 삶을 사는 부부는 매우 강력한 팀으로서 사탄이 좀처럼 비집고 들어갈 틈을 발견하기가 힘들 것이다.

지금까지 결혼 관계 안에서의 성을 강조함으로써 하나님께서 결혼 관계 안에서만 성적 연합이 일어나기를 원하신다는 사실을 강조해 왔다. 그렇다고 해서 독신으로 사는 사람들은 성적 관심이 없다거나, 혹은 그들에게 성적인 문제가 없다고 말하는 것은 아니다. 사실 독신자들의 성적인 문제가 더욱 크다. 특히 지금 우리가 살고 있는 시대가 결혼 관계 밖에서의 성관계에 대해 매우 방종한 태도를 지니고 있기 때문에 더욱 그러하다.

성적인 죄에 의해 야기되는 귀신들의 문제들은 분명히 독신자들과 기혼자들 모두에게 영향을 미친다. 물론 서로 상이한 방식으로 영향을 미친다. 성적 학대를 통해 어떤 소녀 안으로 들어간 귀신은 그녀 안에서 매우 강력하게 역사함으로써 그녀로 하여금 결혼하고 싶은 마음을 빼앗아 갈 수 있을 것이다. 결혼이 성과 밀접하게 관련되어 있기 때문이다.

그녀는 한 인간으로서 사랑과 동반자 관계를 매우 갈급해한다. 따라서 그녀는 어떤 관계를 갈망하면서도 의지적인 행동을 통해 그것을 거부하기로 선택하는 고통스러운 긴장 관계 속에서 살아가게 된다. 그녀가 남자들에게 전달하는 모든 신호들은 친밀함이 아니라 단지 친구를 원한다는 것이 될 것이다. 하지만 이러한 조건으로 결혼하고자 하는 남자들은 많지 않다. 따라서 많은 관계들이 결혼으로 이어지지 못하고 있다. 이러한 관계 속에 뿌리를 박고 있는 귀신을 밝히지 못하면, 희생자들에게는 아무런 소망도 없을 것이다.

성이 매우 영적인 것이기 때문에, 사탄이 영적인 측면을 파괴시키기 위해 어떻게 성을 왜곡시켜서 그리스도인들로 하여금 성에 잠재되어 있는 멋진 것들을 누리지 못하게 하는지, 그리고 심지어 독신으로 살고 있는 자들에게 어떻게 욕구불만을 일으키며, 나아가 절망으로 이끄는지를 이해하는 것이 매우 중요하다.

상담실에서 우리가 상담한 경험으로 미루어볼 때에 많은 그리스도인들의 성적인 관계가 하나님께서 의도하신 것과 매우 동떨어져 있음을 알 수 있다. 따라서 우리의 적이 문제들을 일으키는 방법들을 이해함으로써 그것들을 극복해 나가는 것이 매우 중요하다.

이제 귀신들이 우리의 삶에 침입해 성적인 영역에 영향을 미치는 핵심적인 방법들을 살펴보려 한다.

가계에 흐르는 성적인 죄악

앞에서 언급한 것과 같이, 조상들의 죄악은 귀신들로 하여금 후손들에게 영향을 미칠 수 있는 문을 열어 준다. 예를 들어, 어떤 가계 안에 간음을 행한 역사가 있다면 이 죄악은 후세대들로 하여금 이러한 부정한 관계를 더 쉽게 받아들이게 하는 데서 끝나지 않는다. 이러한 가계에는 간음의 영이 역사하기가 쉬우며, 그 영은 가족 구성원들로 하여금 이러한 죄의 노선을 타도록 영향력을 행사하려 할 것이다.

성적 학대

성적 학대가 일어난 곳에서는—그것이 경미했든지 심각했든지 간에 상관없이—항상 하나님께서 의도하시는 관계를 왜곡시키고 손상시키려 하는 귀신들림의 현상이 일어날 수 있다.

예를 들어, 어린 시절에 단 한 번 성적 학대를 당한 소녀가 있다고 생각해 보자. 그 당시에는 이 사건이 매우 충격적이었겠지만, 시간이 흐르면서 과거의 다른 사건들 사이에서 덮여졌을 가능성이 크다. 하지만 그 사건을 통해 들어온 귀신(보통은 두려움의 영이다)은 결코 잊지 않았으며, 이 소녀가 어떤 그리스도인 남성과 결혼을 할 때에 나타나 그들의 성적인 관계를 방해하기 위해 할 수 있는 모든 것을 하려 할 것이다.

이러한 영역에서 일어나는 불화가 이들의 결혼 관계에 극심한 재앙을 가져다 주고, 또한 이 부부가 남편과 아내로서 하나님 앞에서 지니고 있던 수많은 잠재력을 파괴할 것이다. 따라서 학대를 통해 들어온 귀신들은 대개 결혼 직후에 나타나는 것을 보게 된다. 많은 경우에 있어서 귀신들은 그들의 정체를 숨긴 채 역사한다. 따라서 사람들은 그러한 귀신들의 정체를 잘 인식하지 못한다. 이 경우에 학대당한 여자가 축사를 받지 않는다면, 이 부부는 매우 부적절한 성관계를 불만족스럽지만 마지못해 받아들이기 전에, 혹은 그 관계를 완전히 포기하기 전에 많은 고통을 경험하게 될 것이다.

그러는 사이에 이들은 여러 결혼 상담자들(보통 그리스도인이 아님)에 의해 관계를 개선시키기 위한 온갖 종류의 다양한 방법들을 시도해 보라는 격려를 받았을지도 모른다. 거기에는 포르노나 혹은 변태적인 다양한 성행위들을 시도해 보라는 조언도 포함되었을 것이다. 그러한 방법들을 사용할 때에 성적 기능의 어떤 양태들에 있어서는 일시적인 개선이 일어날 수도 있다. 하지만 항상 귀착되는 결론은 그러한 행위들을 통해 더 많은 귀신들이 들어올 수 있는 통로를 열어준다는 것이다. 결국에는 문제가 훨씬 더 심각해진다. 이들에게는 스스로의 무덤을 파기 위해 삽이 주어진 것처럼 보인다. 영적인 문제 때문에 역기능이 되어버린 성적인 문제는 혼과 육체를 통해 관계의 신체적 영역을 개선시키는 행동에 의해서는 결코 좋아질 수 없다.

그렇다고 해서 감정적인 문제에 대한 도움을 얻기 위해 충고나 상담을 받지 말라거나, 혹은 실제적인 신체적 문제에 대한 도움을 얻기 위해 의학적 충고를 받지 말라고 하는 것은 아니다. 분명히 도움을 받아야 한다. 내가 말하고자 하는 것은 영적(귀신의) 문제가 해결되지 않으면 어떤 형태의 도움이나 상담도 단기적인 소망 이상은 주지 못할 것이라는 것이다. 이러한 단기적인 소망마저 무너져 내리면 어떻게 될까? 훨씬 심각한 고통과 절망에 부딪히게 될 것이다.

지배적인 혼의 묶임

부모들과의 지배적인 혼의 묶임은 결혼 관계 안에서의 건강한 성적 관계에 재앙을 초래한다. 예를 들어, 어머니와 혼의 묶임이 있는 경우에는 보통 악한 영이 어머니를 통해 자녀 속으로 들어간다. 그러한 악한 영은 심지어 어머니의 성격과 지배적인 성향을 흉내 낼 수도 있다. 따라서 어머니가 멀리 떨어진 곳에 있어도 자녀는 내면에서 어머니의 영향력을 느낄 수 있게 된다.

결혼은 부모들의 보호막으로부터 벗어나는 합법적인 사건이다. 지배하려는 성격을 띤 어머니의 영은 자유를 얻으려는 그러한 시도에 항상 저항할 것이다. 예를 들어, 어떤 남자들은 자기 아내들과 성 관계를 가질 때에 자기의 장모가 주위에 있는 것 같은 느낌을 갖는다고 말하기도 한다. 이러한 느낌보다 더 심각한 문제는 그러한 시간에 아내들이 정말 장모들과 같이 된다는 것이다. 실제로 그러한 때에 남자들이 부딪히는 것은 자기 아내들이 결혼을 통해 획득한 자유에 저항하기 위해 역사하는 장모들의 영인 것이다.

앞에서 남자들이 자기 아내들 속에서 역사하는 장모의 영들과 부딪힌다는 것을 예로 들었지만, 사실 우리 경험을 통해 볼 때에 이와 정반대의 경우들이 더 많다. 즉 여성들이 자기 남편들의 어머니의 영과 더 자주 부딪힌다는 것이다. 어머니로부터 지나친 압제를 받은 남편은 자기 아내를 아내로서 자유롭게 대하는 것이 아니라 단지 자기 어머니의 대체물로서 대할 뿐이다. 그리스도인이든지 비그리스도인이든지 이러한 문제로 인해 어려움을 겪는 부부들이 상당히 많다.

이러한 것을 이해하면 부모들과의 부적절한 혼적인 묶임을 끊고, 가계를 타고 내려오는 지배적이고 조종하는 영들로부터 사람들을 자유케 하는 것이 얼마나 중요한지 분명히 알게 될 것이다. 이렇게 자유를 얻지 못한다면 결혼 관계 안에서의 건강하고 자유스러운 성관계의 범위와, 독신자들을 위한 건강하고 통제할 수 있는 성적 관심이 상당히 제한될 것이다. 그러면 포르노로부터 애인을 얻는 것에 이르는 다양한 형태의 성적인 유혹을 저항하는 것이 더욱 힘들어질 것이다.

혼전 성관계와 시험 결혼

결혼 관계라는 안전한 경계를 벗어나는 모든 형태의 성적인 관계는 죄악이다. 슬프게도 성적인 죄악은 종종 솔직하게 고백되지 않으며, 또한 하나님 앞에서 충분히 다루어지지 않는다. 고백되지 않음으로 인해 용서받지 못한 죄는 귀신들이 들어와 머무를 수 있기 위한 분명한 공간을 제공해 준다.

결혼 관계 밖에서 성관계를 가질 때마다 불경건한 혼의 묶임이 발생하며, 그 결과 귀신들에게는 그러한 자들 안으로 들어갈 수 있는 합법적인 통로가 제공된다. 이러한 비도덕적인 관계 안으로 깊이 들어가면 갈수록, 귀신들의 지배력은 더욱 강력해진다. 그러면 더 진전되고 광범위한 귀신들림의 현상이 나타날 수 있다. 우리가 상담하면서 발견한 것은 내담자들이 과거에 참여했던 전반적인 성적인 관계들을 (부드럽게) 탐구하는 것이 필요하다는 것이었다. 특히 분명한 이유 없이 지속된 문제들 혹은 진단할 수 없는 문제들(의학적 혹은 다른 문제들)로 인해 오랫동안 고통받아 온 것처럼 보이는 사람들의 경우에는 더욱 그러했다.

예를 들어, 질병의 영이나 사술의 영이 불경건한 혼의 묶임을 이용해 한 성관계 파트너로부터 다른 파트너로 전이된 것을 발견하는 것은 매우 흔한 일이었다. 어떤 사람들에게는 성경에 기록되어 있는 성관계에 대한 하나님의 표준이 시대에 뒤진 것처럼 보일지도 모른다. 그러나 이러한 영역에서 사역을 해온 사람들에게는 정말 시대에 뒤진 자들이 성적인 죄에 빠지는 자들이라는 것을 발견하는 것이 그리 어렵지 않다.

구강 섹스와 항문 섹스

하나님은 남자와 여자를 만드실 때에 남성의 성기를 여성의 성기 안으로 삽입함으로써 성관계를 가질 수 있도록 고안하셨다. 그에 따르는 오르가슴은 두 사람 모두 경험할 수 있는 강렬한 쾌감의 출처이며, 정자가 여성 안으로 사출되는 것은 난자를 수정시킴으로써 번식이 일어날 수 있게 하는 수단이다. 정자를 어떤 다른 구멍으로 사출하는 것은 하나님께서 인간을 위해 계획하시고 목적하신 것을 왜곡하는 것이며, 어느 동물의 왕국에서도 행해지지 않는 것이다.

우리는 사람들이 결혼을 했든지 하지 않았든지 그러한 변태적인 섹스에 탐닉하게 될 때에 그와 유사한 변태적인 특징을 지닌 귀신들이 들어온다는 것을 발견했다. 그 결과는 변태적인 성행위를 하는 데 사용된 기관들 안에 그리고 둘레에 질병이 생기는 것으로부터(종종 의학적으로 진단이 불가능한 성질의 것이다) 점점 더 변태적인 성행위를 하고자 하는 정욕이 증가하는 것이다. 귀신들은 일단 이러한 변태적인 섹스의 통로 안으로 들어가고 나면 계속해서 사람들을 유혹해 그러한 행위를 하도록 부추길 것이다.

구강 혹은 항문 섹스는 여러 다른 신체적인 이유들로 인해 정상적인 섹스를 하는 것이 불가능한 사람들에게도 장려할 것이 못된다. 구강 혹은 항문 섹스가 귀신들이 들어오는 주요한 통로이기 때문이다.

동성애

동성애는 성경이 명백히 금지하고 있는 것이다. 이것을 강조하는 구약과 신약의 말씀들이 있다(레 18:22; 롬 1:26-32). 누군가 사회적 혹은 문화적 측면을 고려하면서 성경을 아무리 재해석한다고 할지라도 성경 말씀에서 하나님의 눈에는 동성애가 옳지 않다는 것을 말하고 있다는 사실을 바꿀 수는 없을 것이다. 가장 자유주의적인 신학

자라도 이 주제에 관해 기록된 하나님의 말씀의 의미를 바꿀 수는 없을 것이다.

내가 관찰해 온 것은 '동성애 그리스도인 운동'(이것은 기독교 요가와 같은 것이 존재할 수 없는 것같이 결코 존재할 수 없다)과 같은 것을 지지하는 사람들 사이에는 성경의 권위를 존중하는 것에 대한 두드러진 혐오감이 존재한다는 것이다. 일단 동성애적 관계를 받아들일 만한 것이라고 선포한 사람은 성경의 나머지 부분에 대한 자유주의적 견해를 받아들일 수밖에 없을 것이다. 그러고 나면 성경적 진리에 기초한 것으로서 합당하게 지지될 수 있는 어떤 표준이라는 것은 더 이상 존재하지 않게 될 것이다.

어떠한 형태라도 동성애적 관계에 탐닉하는 것은 귀신들이 들어올 수 있는 명백한 통로를 제공해 준다. 따라서 동성애적 학대의 희생자나 동성애자들과 고의적으로 혹은 무지 속에서 접촉한 사람들은 거의 모두 귀신들에 영향을 받고 있기 때문에 축사를 받아야 한다. 예를 들어, 어렸을 때에 나이든 사람들에 의해 동성애적 학대를 받은 사람들이 있다. 고의적인 동성애적 행위뿐만 아니라, 이러한 학대를 받은 경험 때문에 때로 귀신들에 의해 발기불능이 초래될 수도 있다.

온 세계에 번져 있는 에이즈AIDS는 비윤리적인 동성애적 관계를 통해 광범위하게 퍼져나간 질병이다. 심지어 기독교 신앙이 없는 의사들도 남자들 사이에 동성애적 관계가 없었다면 에이즈가 지금과 같이 번지지는 않았을 것이라고 말한다. 그러나 지금은 이 질병이 온 세상에 확산되었기 때문에 심지어 동성애적 관계를 하지 않는 사람들도 이 질병의 희생자가 되었다. 면역 결핍 바이러스HIV에 감염

된 사람들에게서 태어난 아이들의 경우에는 조상들의 죄가 자녀들에게 극적으로 전달되어 온 것이다.

동성애를 일으킬 수 있는 잠재적인 원인들이 많이 있다. 하지만 어떤 경우에든지 동성애적 죄를 너그럽게 봐주려는 선택은—동성애자가 동성애를 선택한 것이 아니며, 그렇기 때문에 그 문제에 관한 한 개인적인 책임이 없다는 근거 하에—동성애적 성향의 뿌리에 존재하는 영적인 이슈를 피하는 것이다.

나는 고백과 회개를 통해 동성애자들이 축사를 받고 치유받을 수 있다고 믿는다. 따라서 나는 이것이 도움을 구하는 동성애자들에 대한 일반적인 그리스도인들의 반응이어야 한다고 믿는다. 하나님은 동성애적 죄가 인간을 위한 하나님의 계획과 목적에 반한다는 것을 분명하게 말씀하셨다. 어떤 동성애자가 이 진리를 알고 있을 때에 그 사람의 그러한 죄를 너그럽게 봐주는 것은 그 사람에게 전혀 도움이 되지 않는다.

축사의 관점에서 볼 때에 동성애적 성향을 일으키는 기본적인 원인들에는 다음과 같은 것들이 있다.

- **엄마 혹은 아버지를 통해 전해 내려온 가계에 흐르는 동성애의 영**

이것은 부모들로부터 혹은 부모들 이전의 조상들로부터 내려올 수도 있다. 가계에 흐르는 성적인 죄악의 저주는 우상숭배로 인한 삼사 세대까지 이르는 저주들보다 훨씬 더 후대에까지 미치는 것 같다. 신명기에 의하면 십 대까지 영향을 미친다(신 23:2).

가계의 죄가 결혼한 남자와 여자 사이의 항문 섹스일 수 있다. 그러면 그 가족에 속한 어떤 아들이 항문 섹스(섹스 파트너가 남자일 수도 있고 여자일 수도 있다)를 일으키는 영을 받을 수 있다. 항문 섹스를 남자와 반복해서 행하면 항문 섹스의 영뿐만 아니라 동성애의 영이 들어갈 수 있는 문이 활짝 열리게 된다.

- 아이의 성적 특징을 거부함

부모들이 아이의 성적 특징을 거부하면, 그 아이는 영으로 깊은 곳에서 성에 대한 부정적 메시지를 받게 된다(성이 영적인 것이기 때문에 부모들의 성적 기대감은 필연적으로 아이의 영에 영향을 미친다는 것을 기억하라). 그러면 그 아이는 무의식적으로 부모들의 성적 기대감에 맞추어 살면서 자기 자신과는 정반대로 행하려 할 것이다. 부모들에 의한 거절감은 귀신들이 활동할 수 있는 좋은 공간을 마련해 주며, 성장하는 아이 안으로 동성애의 영이 들어갈 수 있는 효과적인 통로를 형성해 줄 것이다.

- 성별 때문에 차별적 사랑을 하는 부모들에 대한 반항

예를 들어, 어떤 남자 아이가 자기의 성별 때문에 아버지에 의해 특별히 사랑받고 있다고 가정해 보자. 그러면 그 아이는 그의 삶의 다른 모든 영역에서는 거절감을 느낄 수 있을 것이며, 그 결과 남자 아이들에 대한 자기 부모들의 차별대우에 반항할 수 있을 것이다.

- 동성애적 학대

이것이 아마 동성애적 귀신들림을 야기시키는 가장 일반적인 원

인일 것이다. 동성애의 영은 심지어 서로를 학대하는 어린이들을 통해서도 들어갈 수 있다. 그리고 특별히 그러한 어린이들 중 한 아이 안에 부모들에 의해 가르쳐지지 않은 행동을 하도록 강요하는 가계에 흐르는 동성애의 영이 있다면 더욱 그러할 것이다.

- 남성 간의 동성애를 일으키는 어머니의 지배, 혹은 여성 간의 동성애를 야기하는 아버지의 지배

어머니에 의해 지배를 받으며 살아 온 남성이 있다고 해보자. 이 사람이 아내를 찾는 것은 그의 어머니를 거부하는 것으로 비칠 수 있을 것이다. 따라서 그러한 남성은 종종 성욕을 충족시키기 위해 다른 남자들을 찾게 된다. 그리고 결과로서 동성애적인 삶의 양식을 선택하게 된다. 아버지에 의해 부당하게 조종을 당해 온 여성들도 종종 이와 비슷하게 반응할 것이다. 즉, 성적인 충족을 위해 다른 여성들을 찾을 것이다.

- 자발적인 동성애적 관계

이전에 동성애 관계에 대한 배경이 전혀 없는—개인적으로 혹은 가계적으로—어떤 사람들 중에도 기꺼이 그러한 것을 시도해 보려는 자들이 있다. 여성 혹은 남성 간의 동성애적 관계는 악한 영들이 잠재적인 방탕자에게 제시할 수 있는 가장 변태적인 것들 중의 하나이다.

귀신들은 사람들 안으로 들어가서 그들의 성을 왜곡시키기 위해 위에 언급한 통로들 중 어떤 것이라도 이용하려 할 것이다. 동성애

적인 삶으로부터 회복하기 위해서는 하나님의 뜻과 조화를 이루는 삶을 살고자 하는 굳은 결심이 필요하다. 회복으로 나아가기 위해서는 온전한 고백과 회개가 있어야 한다. 동성애적 행동이 죄라는 것을 인정하지 않는다면 어떤 축사도 일어날 수 없다. 그 결과 동성애적 그리스도인들도 평생 성적인 고통을 당하며 살게 될 것이다.

공상과 포르노

변칙적인 성적 쾌락을 얻기 위해, 그리고 성적 욕망을 일으킴으로써 오르가슴을 얻기 위해 포르노를 사용하는 것은 심각한 귀신들림을 일으킬 수 있는 근원이 될 수 있다. 그러나 고의적인 방식으로 포르노를 사용하는 것은 단순히 벌거벗은 이미지들을 보는 것과 매우 다르다는 것을 알아야 한다. 벌거벗은 이미지들을 완전히 무시하는 것은 매우 힘들다.

우리는 벌거벗은 몸, 특별히 여성들의 나체 사진들이 뉴스와 잡지 판매대에서 매일 쏟아져 나오는 시대에 살고 있다. 특별히 서구 세계에서는 더욱 그러하다. 이것이 그리스도인들이 음탕한 포르노에 빠지지 않고 살아야 하는 세상이다.

성경은 우리에게 세상에 살지만 세상에 속하지 말라고 권고한다 (요 15:19; 17:1-26). 따라서 죄를 짓지 않고도 서구 세계의 공공연한 성의 정글을 통과할 수 있는 길이 있음에 틀림이 없다. 성적인 죄에 빠지면 귀신들이 들어올 수 있는 직접적인 통로가 열리게 된다. 나는 지금 이 주제에 관해 쓰면서 성적인 문제로 인해 저주받은 것처럼 느끼는 사람들에게 기쁜 소식이 되고, 귀신들이 쳐놓은 포르노에 자발적으로 잡혀 들어간 자들에게는 큰 회개를 일으킬 수 있는 것들을 말하고 있다는 것을 알고 있다. 또한 이 주제에 관한 글이 축사에 대한 필요성을 부각시키기도 할 것이다.

이 주제에 관해 전반적인 문제를 푸는 열쇠가 음욕을 품고 여자를 바라보는 것에 대한 예수님의 산상수훈에 들어 있다. 예수님은 그렇게 하는 것이 간음과 동등한 것이라고 말씀하셨다. 위험수위는 사람마다 큰 차이가 있을 것이다. 어떤 남자들에게는 특별한 몸매를 지닌 여성의 모습(옷을 입었어도)만을 보아도 꼬리에 꼬리를 무는 생각들이 시작될 수 있을 것이다. 따라서 그러한 생각을 멈추지 않으면 음욕을 품는 죄로 이어질 것이다. 또 어떤 사람들에게는 공공연하게 성적인 자극을 주는 어떤 것이 보일 때에야 위험을 알리는 빨간불이 켜지게 될 것이다. 모든 경우들에 있어서 죄의 입구는 눈이다. 성경에는 "눈은 몸의 등불이니 그러므로 네 눈이 성하면 온 몸이 밝을 것이요"(마 6:22)라고 기록되어 있다.

우리 모두 포르노와 관련된 것들을 고의로 찾아 나서지 않기 위해 경계해야 한다. 만약에 그러한 것들을 추구한다면 그러한 순간에 귀신들릴 수 있는 가능성이 매우 커질 것이다. 거룩한 삶을 살기 위한 열쇠는 성령께서 우리의 생각을 지배하시도록 하는 것이다. 그러나 성령님은 우리의 자유의지에 상관없이 하나님의 방식을 강요하는 분은 아니시다. 따라서 성령께서 이러한 싸움에서 승리할 수 있도록 힘을 주시기 전에 우리가 먼저 포르노와 관련된 것들로부터 멀어지기 위해 의지적인 행동을 취해야 한다.

그러나 포르노와 관련된 것들에 마음을 빼앗긴 사람들이 매우 많다. 특히 남성들이 매우 많다. 그렇기 때문에 이들은 포르노와 관련된 것들로부터 벗어나기 위해 아무리 노력을 해도 성적 자극을 주는 것들을 보거나 생각하고자 하는 충동이 너무도 강력하기 때문에 ─ 종종 자위행위를 하기에 이르기까지 ─ 그들 힘으로는 도저히 그러한 충동을 억제할 수 없을 것처럼 보이기도 한다. 이러한 충동에 넘어간 후에는 죄의식이 밀려오며, 정죄를 받고 또 다시 실패했다는 실패감에 사로잡히게 된다. 그러한 경우들에는 보통 귀신들이 역사한다. 눈을 통해 들어간 정욕의 영이 그러한 악순환을 만들어내며, 희생자의 비참한 상태를 극대화시키기 위해 죄의식이라는 부담감까지 안겨 준다.

포르노와 관련해 귀신들림이 시작되는 때는 대부분 우연히 성인 잡지를 보게 되어 놀라움 속에서 그것을 즐기게 되는 어린 시절이다. 이들에게는 잡지나 신문 판매점에 진열되어 있는 것들의 표지를 보지 않는 것이 거의 불가능하며, 이것만으로도 귀신들이 유약한 어린이 안으로 들어가기에 충분한 근거가 될 수 있다. 어떤 아이들은 학교에서 비밀리에 돌려지는 어떤 외설책에서 벌거벗은 사람의 모습이나 혹은 남녀가 섹스하는 장면을 볼 수 있을 것이다.

어린 시절에는 그러한 모든 것들이 매우 흥미로운 것처럼 보일 수 있지만, 점차적으로 더욱 선정적인 것들을 보고자 하는 마음을 갖게 되면서 더 큰 정욕과 죄악을 범하기에 이른다. 많은 사람들에게 있어서 문란한 성생활은 포르노 사진들을 통해 귀신들이 들어옴으로써 시작된다. 그리고 그 후로부터는 귀신들의 역사로 말미암아 삶의 유형이 하향 나선형적인 것이 되어버린다.

그들은 그것을 은밀한 성적인 죄의 형태로 간주함으로써 그것을 정당화시키려 한다. 그들은 그러한 것이 다른 사람들을 연루시키지 않기 때문에 거의 받아들일 수 있는 것이라고 느끼는 것 같다. 그들은 그들의 비밀이 안전하다고 느낀다. 왜냐하면 은밀한 곳에서는 아무도 무슨 일이 일어나고 있는지를 발견할 수 없기 때문이다. 이것이 많은 그리스도인들, 특별히 기독교 사역에서 중요한 위치를 차지하고 있는 많은 지도자들에게 영향을 미치고 있는 형태이다.

20년 이상 혼자서 이러한 문제로 씨름하다가 인생 후년에 이르러서야 우리 팀원들에게 마음을 털어놓은 남성들 중에는 이러한 특별한 죄악 때문에 죽으면 하나님 나라에 들어갈 수 없다고 믿는 사람들이 많이 있었다. 그러한 사람들은 자기들에게도 소망이 있으며, 구원이 있으며, 새로운 시작이 있을 수 있다는 것을 발견했을 때에 큰 위로를 얻게 되었다. 비록 잘못된 것을 바로 잡아나가는 삶이 쉽지는 않았을지라도 말이다. 왜냐하면 사탄은 자기가 포르노를 통해 통제해 온 자들을 쉽게 포기하지 않기 때문이다.

우리 시대에 텔레비전은 그리스도인 남성들이 가장 경계해야 할 포르노 보급원이 되었다. 수십 개의 나라들로부터 수백 개의 다른 채널들을 보급하는 인공위성과 디지털 TV의 도래와 함께 성적인 이미지들이 끊임없이 은밀한 방안으로 전파되고 있다. 그들이 방안에서 무엇을 보고 있는지를 아는 사람은 아무도 없을 것이다. 그러나 은밀한 곳에서 품은 욕망은 그들의 삶 가운데 반드시 드러나게 될 것이다. 아무도 보지 않는 곳에서 우리가 어떠한 삶을 사는가 하는 것이 하나님께서 우리에게 주신 능력과 영적인 권세의 어떠함을 결정해 준다. 은밀한 곳에서의 기도가 엄청난 능력의 근원인 것과 같이, 은밀한 곳에서의 포르노 심취는 연약함과 패배와 실패의 근원이 될 것이다.

심지어 결혼을 하고 나서도 비밀리에 포르노에 의존할 수 있다. 그러한 경우들에는 대개 포르노가 만족스럽지 못한 성관계에 대한 보상으로 보인다. 하나님이 바라시는 최상의 성관계로부터 너무나 동떨어져 있어서 그것을 회복할 수 있는 적절한 방법이 없는 것 같을 때에 대부분 포르노를 의존하게 되는 것 같다. 따라서 포르노의 이용을 통해 귀신들림을 야기시키게 만드는 뿌리에 성적 관계의 빈약함이 있을 수 있다는 것을 알 수 있다. 물론 이것이 죄에 대한 변명으로 허용돼서는 결코 안 될 것이다.

결혼 문제를 해결하기 위해 축사와 치유를 받지 않는다면 부부 관계는 계속해서 악화될 것이며, 결국에는 개선될 것이라는 분명한 소망도 없이 단지 서로를 참아 주는 가장 밑바닥으로 전락하게 될 것이다. 바울은 분명히 결혼 관계를 성적 욕구를 처리해 주는 적법하고도 경건한 수단으로 바라보았다. 그는 고린도전서 7장 9절에서 이것에 대해 분명하고도 간결하게 표현했다. "만일 절제할 수 없거든 혼인하라 정욕이 불같이 타는 것보다 혼인하는 것이 나으니라." 따라서 남편과 아내가 함께 성적인 관계를 잘 유지해 나감에 따라 하나님께서 의도하신 연합을 이루는 것이 매우 중요하다.

포르노를 보는 행위는 아무리 그럴듯한 이유를 댄다 할지라도 귀신들이 들어올 수 있는 잠재적인 통로가 된다. 슬프게도 귀신들의 위험성을 인식하지 못하는 결혼 상담자들, 심지어 기독교 상담자들이 있다. 이들은 성적인 문제를 지니고 있는 부부들을 자극시키기 위한 방법으로 약간의 포르노를 즐기라고 권유하기도 한다. 그러한 '치유법'을 통해 어떠한 단기적인 효과가 나타난다 할지라도 그것으로 인한 장기적인 고통을 생각하면 포르노는 사용할 것이 못된다.

동물과 행하는 섹스

성경은 동성애를 포함하는 다른 변태적인 성행위와 더불어 동물과의 성교를 분명하게 금하고 있다. 율법에 의하면 그러한 더러운 행위를 벌인 인간과 짐승들은 죽음을 면치 못했다(레 20:15-16). 그 당시에는 변태적 성행위에 대한 일반적인 해결책이 사형이었다. 어떤 사람들은 짐승과의 성교가 에이즈를 일으킨 근원이었을 것이라고 말한다.

예수님께서 오셔서 교회에 축사 사역을 주시기 전인 그 당시에, 변태적인 성행위를 통해 권리를 얻은 귀신들이 하나님의 백성들의 가계 안으로 침입하는 것을 막는 유일한 방법이 사형(죽은 자와 접촉한 사람들을 정결케 하기 위한 율법의 조항들이 있었음에도 불구하고: 민 19장)이었다는 것은 매우 흥미롭다. 분명한 것은 그렇게 근본적인 조치가 없이는 귀신들이 하나님의 백성들을 끊임없이 저주하는 것으로부터 막을 수 있는 방법이 없을 것처럼 보인다.

영적으로 민감한 사람은 이것에 대해 잠시 생각해 보아도 예수 그리스도의 오심과 십자가의 희생이라는 경이로움과 기적을 충분히 깨닫고 그 의미를 헤아릴 수 있을 것이다. 갈보리에서 우리의 모든 죄값이 지불되었다. 따라서 우리의 죄 때문에 지불해야 하는 가격을 지불하는 대신에 우리는 우리를 대신해 죽으신 분을 바라보면서 그분의 죽음 때문에 우리를 용서하신 하나님을 찬양하면 된다.

우리는 상담실에서 동물들과 성관계를 가졌다고 고백한 많은 사람들에게 사역을 해왔다. 개, 소 등 다양한 종류의 동물들과 자발적으로 성교를 한 사람들은 대개 남자들이었다.

하지만 어떤 사람의 의지에 반해 동물들과 성교를 하도록 강요되는 경우들이 종종 있다. 여성들은 개와 성교를 하도록 강요되며, 어떤 변태적인 의식들에서는 뱀을 여성들의 성기에 삽입하는 경우들도 있다. 이것은 매우 흉측하고 극단적인 것처럼 들리지만, 언젠가부터 우리는 성적인 죄의 종류나 혹은 하나님께서 새롭고 정결한 시작을 하도록 사람들을 도전하실 때에 그들이 고백하는 것들에 더 이상 놀라지 않게 되었다.

짐승과 성교한 자들은 반드시 귀신에 들리게 되어 있다. 그것은 극단적인 성행위들 중의 하나이며, 하나님께서 남자와 여자들을 위해 지니셨던 멋진 계획의 성격과 속성을 왜곡시키는 것이다. 이러한 행위를 자발적으로 하는 자들에게는 반드시 귀신들림이 발생하며, 그러한 공포스러운 행위들을 하도록 강요받은 자들에게도 거의 항상 귀신들림이 발생한다. 그러한 경험에 의해 큰 충격을 받지 않음으로써 귀신들에게 그러한 상황을 이용할 수 있는 기회를 주지 않을 수 있는 여성이 있다면 그녀는 정말 특별한 담력과 영성을 지닌 사람일 것이다.

복장 도착 성 전환

복장 도착자는 자기 성욕을 표현하는 한 방법으로서 여성의 옷을 입는 사람을 일컫는다. 성 전환자는 이성opposite sex의 옷을 입을 뿐만 아니라, 실제로 이성을 가진 자가 되고 싶어하는 사람을 일컫는다. 이들은 약물 치료와 수술을 통해 그들이 태어날 때와는 정반대의 모습을 갖출 목적으로 외형과 성기를 바꾼다.

그러한 행동의 뿌리들은 동성애의 뿌리들과 비슷하다. 어린 시절에 하나님께서 주신 성적인 특징을 거부당한 자들은 많은 경우에 있어서 이성의 옷을 입고자 하는 충동을 받게 된다. 또 어떤 경우들에는 이러한 특별한 특징을 지닌 가계의 영이 전이되기도 한다.

종종 자기 어머니의 속옷을 입는 소년들이 있다. 나와 상담을 한 어떤 남자가 어느 날 건조를 위해 밖에 걸어 놓은 여성들의 속옷에 매료되어 그것을 입어보고자 하는 충동에 빠지게 되었다. 그러한 충동이 그 사람의 삶을 지배했다. 그러나 우리가 지금 확실하게 아는 것은 그 사람을 그 지경에까지 몰고 간 것이 어떤 충동이 아니라 귀신이었다는 것이다. 귀신이 그 순간부터 그 남자의 성욕을 지배하게 된 것이다.

동성애자들과 마찬가지로 이들이 온전한 치유를 받기 위해서는 반드시 축사를 포함하는 내적 치유를 받아야 한다. 하지만 가장 큰 문제는 의지이다. 도움을 구하는 사람이 마음속으로 그러한 삶의 양식을 바꾸려 하지 않는다면, 아무리 오랫동안 상담해도 그 사람을 온전히 치유하지 못할 것이다. 따라서 그 사람은 성경에서 금하고 있는 그러한 행위(신 22:5)는 그를 향한 하나님의 마음과 배치되는 것이라는 것을 기꺼이 받아 들여야 할 것이다.

성적 학대

성적 학대를 받은 자들은 귀신들의 공격을 받기가 쉽다. 귀신들의 통로로서의 성적 학대에 대한 더 자세한 설명은 뒤에 나오는 항목을 참조하라.

요약

자의든 타의든 올바로 행하지 않은 모든 섹스의 결과들은 귀신들림이라는 현상을 훨씬 넘어선다. 치유를 위해서는 상처를 입은 모든 양태들에 사역이 행해져야 한다. 이 책은 전반적인 치유 사역을 설명하기 위해 쓰인 책은 아니지만, 치유를 위해 필요한 다른 영역들을 언급하는 것이 중요하다는 생각을 하게 되었다. 이 책의 독자들이 정말 심한 상처를 입은 사람들을 치유하기 위해 단순히 몇 마리의 귀신들만 쫓아내면 된다는 식으로 생각하지 않기를 바란다.

귀신들을 쫓아내는 것은 정말 중요하다. 그러나 치유 사역자로서 우리가 해야 할 일은 단지 귀신들을 쫓아내는 것이 아니라 사람들을 치유하는 것이어야 한다. 수년 동안 귀신에게 사로잡혀 황폐한 삶을 살아온 사람들을 치유하기 위해서는 조심스럽고 철저하고 사랑스러운 사역이 필요하다.

이러한 사역을 할 때에 점검해야 할 필요가 있는 중요한 영역들은 대략 다음과 같다.

1) 하나님과 그러한 사람들 사이에 일어난 손상된 관계
2) 자발적이든 비자발적이든, 관련된 다른 사람들과 이루어진 혼의 묶임

3) 경험된 죄의식과 정죄받았다는 느낌

4) 거절감 — 흔히 성적인 죄를 일으키는 가장 중요한 원인이거나, 또는 자기 몸을 성적인 목적으로 다른 사람에게 주었지만 그 사람에 의해 거절당한 결과이다.

5) 내적 동요와 고통(단기적인 것과 장기적인 것 모두)

6) 영과 혼과 육의 연합에 일어난 붕괴. 특별히 큰 충격을 받고 학대받은 사람들의 경우에는 영과 혼을 육으로부터 분리시키는 일이 발생하는데, 이것은 붕괴로 인한 고통으로부터 자신을 보호하기 위한 방책이다. 자기의 육체를 벗어나는 가능하고도 다양한 경험들은 흔히 그러한 붕괴를 알리는 지침들이다.

:: 상처, 학대, 그리고 거절

예수님은 어린 아이를 걸려 넘어지게 하는 사람들에 대해 아주 통렬한 말씀을 하신다. 그러한 사람들은 연자 맷돌을 목에 매달고 깊은 바다에 빠뜨리우는 것이 낫다고 말씀하셨다(마 18:6). 예수님께서 왜 이렇게 심한 말씀을 하셨을까? 이 질문에 대한 부분적인 대답은 그러한 어린 아이에게 가해진 상처로 인해 초래된 악마적인 결과들에 대한 예수님의 이해에 있다.

나는 지금까지 심한 학대(성적 학대 혹은 다른 방식의 학대)를 받은 사람들에게 사역을 해오면서 축사 사역을 필요로 하지 않은 사람들을 만나 본 적이 없다. 학대로 인한 충격은 귀신들로 하여금 고통을 최대한 이용할 수 있는 문을 활짝 열어 준다. 학대적인 행위의 결과들은 단지 내적 혹은 신체적 결과들만을 고려해도 충분히 무시무시한 것이다. 그러나 이것이 전부가 아니다. 학대를 통해 그러한 아이들에게 임한 귀신은 그 아이의 남은 생애 동안 따라다니면서 그 아이의 삶을 지배하려 할 것이다. 따라서 온전한 축사 사역이 없이는 참된 치유가 일어날 수 없다.

나는 앞에서 혼적 결합(혹은 묶임)에 대해 설명하면서 사람들 사이에 하나님께서 원하시는 관계와 하나님이 원하시지 않는 관계에 대한 전반적인 것을 살펴보았다. 혼적 결합은 사람들이 좋아하든 좋아하지 않든 어떤 관계 속에서 그들을 함께 묶어 두는 결합(좋을 수도 있고 나쁠 수도 있다)이다. 학대가 일어나는 곳에서는 학대한 자와 학대받은 자 사이에 하나님께서 원하시지 않는 혼의 묶임이 형성된다. 이것은 마치 귀신들이 움직이는 통로와 같아서, 귀신들은 이러한 묶임을 통해 한 사람에게서 다른 사람에게로 옮겨갈 수 있다. 특별히 학대한 자와 학대받은 자 사이에 감정적 혹은 성적 결합이 형성되어 있다면 더욱 그러할 것이다.

성적 학대가 공공연하게 선전되고 있는 지금 이 시대에 우리는 이것이 사람들에게 심각한 해를 끼칠 수 있는 유일한 종류의 학대라고 생각하는 경향이 있다. 하나님께서 사람들을 보는 대로 보고자 할 때에 우리는 학대와 거절의 중요성에 대한 훨씬 폭넓은 이해를 얻게 될 것이다. 물리적인 면에서 볼 때에, 성 학대적인 행동이 일어날 수 있기 훨씬 이전부터—잉태되는 순간부터—귀신들의 통로가 만들어질 수 있는 가능성이 있다는 것을 알아야 한다.

태아를 형성하기 위해 정자와 난자가 결합하는 순간부터 사람이라는 것을 이해하는 것이 중요하다. 생명이 12주, 14주, 28주, 혹은 태어날 때에 시작된다는 낙태 찬성론자들의 주장들은 영적 진리와 이해의 실체에 반하는 것으로서 세속적 편리함 위에 세워진 것들이다. 정자와 난자라는 생명체의 결합이 성sex과 인격과 특성과 몸매와 얼굴 모양과 같은 모든 것을 결정해 주는 데 필요한 것이다. 그러나 신체적인 특성(혼과 육체의 특징들)보다 더욱 중요한 것은 어린 아이의 영이 이미 그 생명체 안에 거한다는 사실이다.

인간의 탄생을 위한 적당한 물리적 환경을 만들어 낸 성적 연합이 일어나기 전부터 하나님께서 영적 존재로 알고 있었던 영은 생명체가 시작되는 바로 그 순간부터 영적 존재들(선한 존재와 악한 존재들 모두)에 민감하다. 예를 들어, 우리는 사람들에게서 배아 아이 embryonic child―성교를 하는 동안에 형성됨―안으로 들어간 거절의 영을 쫓아낸 적이 있었다. 특별히 강간에 의해 임신된 한 여성이 있었다. 그녀의 아버지나 어머니 그 어느 쪽도 성교를 통해 형성된 그녀(배아)를 원하거나 소유하지 않으려 했다. 거절은 특별히 강력하고 위험스러운 학대의 형태이다.

수용과 거절의 역동적 힘은 매우 강력하다. 사랑받고 받아들여진 아이는 비학대적이고 안전한 관계 안에서 성장한다. 그러나 거절의 희생양이 된 아이는 평생 동안 많은 고통과 괴로움을 일으킬 귀신들에 의해 받아들여져서 '소유될' 위기에 처하게 된다.

사랑하고 책임감을 가지고 돌봐 주어야 하는 위치에 있는 사람들에 의해 거절을 당하면 그 아이한테 심한 고통과 충격을 거절의 영이 타고 들어오게 된다. 그러한 거절의 영은 때로 사람의 깊은 곳에 뿌리를 두고 있기 때문에 그것을 하나님께서 그 사람에게 주신 참된 특성과 구별하기 위해서는 매우 깊은 분별력과 성령의 강력한 기름 부으심이 필요하다.

사람들은 종종 그렇게 강력한 귀신의 세력들이 어떻게 상처와 학대와 거절을 통해 들어올 수 있는지에 대해 질문한다. 대답은 그러한 행동이 피해자의 영적 연합과 온전함에 미치는 결과에 있는 것 같다. 영과 혼과 육이라는 인간의 삼중 구조는 우리 적에 대한 매우 강력한 방어 체계이다("삼겹줄은 쉽게 끊어지지 않는다"〔잠 4:12〕). 그러나 어떤 이유로든지 사람을 온전케 보호해 주는 방어벽이 무너지면, 귀신들림이 거의 필연적으로 뒤따른다.

피해자로 하여금 '자신으로부터 도망가고 싶은 마음'을 일으키게 하는 행동은 어떤 것이라도 매우 위험하다. 최근에 한 임상 심리학자와 이야기를 나눈 적이 있다. 그는 성적 학대를 받은 여성들에 대한 자신의 상담 관찰 일지들에서 볼 수 있는 공통적인 흐름들 중의 하나가 '육체를 벗어나는' 경험이라고 말했다. 그러한 내담자들이 그들의 육체를 떠나 먼 거리에서 자신의 모습을 바라보거나, 정원을 거닐거나, 혹은 상상의 친구와 사라지는 것을 묘사할 수 있다는 것이다. 자신은 힘겨운 일들이 발생할 때에 그들의 육체를 떠나는 것이 심한 고통을 이겨낼 수 있는 방법이라는 것을 스스로에게 가르쳐 왔다.

그러한 행동은 신비 사술자들이 아스트랄 프로젝션astral projection이라 부르는 것의 시작이다. 아스트랄 프로젝션은 악마적으로 행해지는 신비 사술적 기교로서, 사람들은 이것을 통해 자기 몸을 떠나는 법을 배운다. 그러한 사람들은 반드시 귀신에 들리게 되어 있다. 주술이나 사탄숭배의 배경 속에서 자란 어린이들은 매우 어린 시절부터 아스트랄 프로젝션을 배우게 된다. 왜냐하면 그것이 귀신들이 어린 아이들 안으로 들어가 그들을 통제할 수 있는 최고의 방법이기 때문이다. 영과 혼과 육의 온전한 연합이 일단 깨어지면 귀신들은 쉽게 그러한 자들을 공격할 수 있게 된다.

학대받는 어린이(혹은 성인)가 자신으로부터 도망가 투영을 통한 환상의 세계 안으로 들어감으로써 고통을 처리하는 법을 배우게 되면 귀신들은 아무런 방해도 받지 않고 그 아이 안으로 들어간다. 귀신들은 육체와 영혼 사이에 열린 통로를 따라 들어가 그 안에 통제 센터를 세울 수 있게 된다. 거절, 학대자의 영, 환상 속의 친구(귀신), 두려움, 그리고 혼동은 그러한 자들 안에 거할 수 있는 악한 영들의 일부분일 뿐이다. 주님께서 개인 사역을 받을 수 있는 길을 열어 주실 때에 이러한 모든 영들은 축사를 통해 처리되어야 한다.

모든 형태의 학대 안에는 성질상 거부적인 속성이 들어 있다. 그러나 하나님의 뜻에 의한 훈육과 신체적 학대는 조심스럽게 구별되어야 한다. 이 둘은 매우 상이하다. 지나치고 불공정한 신체적 처벌은 피해자로 하여금 반동적인 반응을 보이게 할 것이다. 또한 자신이 도를 넘어선 행동을 했다는 것을 아는 자녀를 올바로 훈육하지 않는다면 그러한 자녀 안에서는 거부적인 반응을 위한 씨앗이 자라게 될 것이다. 왜냐하면 자녀가 자기의 잘못된 행동에 합당한 정도의 훈육을 받지 않는다면, 그 자녀의 영은 부모가 자기를 진심으로 돌보지 않고 있다는 것을 감지하며, 그 결과 거절감이 뿌리를 내리게 되기 때문이다.

어린이들에게 체벌을 가할 수 없도록 하는 현대적 흐름(어떤 나라들에서는 심지어 자기 자녀들에게 체벌을 가하는 것도 불법이다)은 거절감과 조기 독립을 유발하기 위해 사탄이 고안해 낸 악마적 기만이다. 그 결과 자녀들은 성장하면서 유혹과 인생의 시험을 잘 통과할 수 있도록 그들을 지혜롭게 이끌 수 있는 사람들에게 반응을 보이지 않을 것이다. 자녀들은 적정한 연령에 부모들로부터 독립해야 한다. 하지만 거절감의 결과로 독립이 너무 일찍 일어나면 그로 인한 상처로 인해 방어벽이 쳐질 것이며, 부모들(다른 사람들)은 계속 그 벽에 부딪히게 될 것이다.

앞으로 나는 상처와 학대와 거절을 통해 귀신들림이 일어날 수 있는 기회의 목록을 나열하고 설명하려 한다. 이것이 포괄적이거나 온전한 것이 아니라는 것을 말해 두고 싶다. 이것은 당면하는 우선적인 유형의 문제들은 포함하고 있지만, 총괄적인 확인 목록이 아니라 문제 영역들에 대한 지침으로 사용돼야 한다.

임신 기

어떤 부부는 아름답고 사랑스러운 성관계를 하고 있는 동시에 임신은 원하지 않을 수 있을 것이다. 특별히 어머니(항상 그런 것은 아니다)가 임신했다는 사실을 알고 자궁 안에 있는 자녀를 원하지 않는다는 생각을 계속 고수한다면, 그 태아의 영은 어머니 안에서 일어나고 있는 것을 감지하고 거절감을 느끼기 시작할 것이다. 이것이 귀신으로 하여금 자녀를 통제하기 시작할 수 있는 영적인 분위기를 조성해 준다. 그러면 거절의 영이 상처받은 아이 안으로 들어가 그 아이에 대한 영적 책임감을 떠맡는 위험이 발생할 수 있다.

많은 어머니들은 자신들이 임신했다는 것을 발견하고 충격을 받기도 하지만, 48시간 안에 그 충격에서 벗어나 임신을 받아들이기 시작한다. 만약에 어머니(물론 아버지도 동의하면 더욱 좋을 것이다)가 처음에는 원하지 않았던 자녀에 대한 태도를 진심으로 바꾼다면, 즉 그 아이를 수용하기로 선택한다면, 그 아이에게 장기적인 해는 없을 것이며, 그 아이 안에서 견고한 진을 형성하려던 거절의 영은 역사하지 못하게 될 것이다.

슬프게도 완전히 거절된 수많은 아이들이 낙태를 당하고 있다. 나는 이러한 분야에서 영적인 사역을 해온 대부분의 사람들과 같은 생각을 가지고 있다. 그것은 하나님께서 낙태를 당한 모든 아이들을 스스로에게 책임을 질 수 있는 시기 이전에 죽은 아이들과 같이 대하신다는 것이다. 그들은 천국에서 영적인 성숙에 이르게 될 것이다. 이러한 아이들은 부모들의 죄에 의해 영향을 받지 않을 것이다. 즉 그 아이의 이teeth는 부모들의 죄에 의해 시지 않을 것이다(렘 31:29). 그 아이는 그 부모들의 죄 때문에 심판을 당하거나 영원한 죽음을 당하지 않을 것이다.

편부모와 원하지 않는 임신

하나님의 의도는 아이들이 가족 안에서 성장하는 것이다. 즉 어머니와 아버지의 사랑스러운 돌봄과 양육을 받으며 자라는 것이다. 그러나 많은 어머니들이 안정되고 영원한 관계 밖에서 임신해 홀로 임신의 과정을 통과할 수밖에 없는 지경에 이른다. 이러한 경우에는 특별히 임신 초기에 사랑스러운 어머니와 그녀를 지지해 주는 가족이 협력해 부재한 아버지로 인한 영적 상처를 최소화시킬 수 있을 것이다.

하지만 아이는 어머니뿐만 아니라 아버지를 필요로 한다. 그리고 어머니는 이렇게 민감하고 중요한 인생의 시기에 그들에게 영적·감정적·신체적 보호막을 제공해 줄 수 있는 남편(부모들의 지지뿐만 아니라)을 필요로 한다. 성장하는 자녀는 한 번도 본 적이 없는 아버지에 의해 거절감을 경험하며, 많은 경우에는 거절의 영에 의해 침입을 당할 것이다.

이러한 상황 속에서 아이 안으로 들어가는 거절의 영으로 인해 매우 다양한 결과들이 나타날 수 있다. 가장 일반적인 문제들 중의 하나는 극단적인 성행위들을 하는 자들로 자라간다는 것이다(이성간의 난잡한 성행위나 동성애).

이러한 상황 속에서 진행되는 임신 기간이 태중에 있는 아이의 어머니와 아버지에게 가장 충격적이고 심지어 폭력적인 시간이 되는 것은 그리 특별한 일이 아니다. 아이의 어머니와 단순히 성교만을 원했던 아버지는 그가 결코 원하지 않았던 관계에 빠졌다는 느낌을 갖게 된다. 그러면 당분간은 그럭저럭 지내지만, 내면에서는 분개와 분노가 폭발하는 시점까지 축적되어 간다. 그 결과 폭력적인 싸움이 일어나고 관계는 끝을 맺게 된다.

우리는 그렇게 중대한 임신 기간 동안에 아이 안으로 들어간 귀신들을 쫓아낼 때가 있다. 성령님께서 가끔씩 내담자에게 자기 어머니의 자궁 안에 있는 동안 그에게 무슨 일이 일어났는지를 정확히 보여 주시곤 하셨다. 후에, 그는 자기가 본 것에 대해 어머니에게 확인해 보았고, 하나님께서 사역을 통해 그에게 계시해 준 것이 정확하다는 것을 발견했다.

부모들이 힘든 시기를 통과할 때에는 흔히 자녀들도 고통을 당한다. 이러한 일은 임신 기간 동안에도 일어날 수 있다. 아이는 상황을 평가할 수 없고, 부모들이 통과하고 있는 어려움들을 어떻게 할 수 없다. 따라서 아이는 종종 일어나고 있는 일을 보면서 자신이 문제의 근원이라고 추측하곤 한다.

어떤 경우들에는 아이가 정말 문제일 수 있다. 하지만 대부분의 경우에 있어서 자녀가 문제의 근원이냐 아니냐 하는 것은 부적절하다. 그럼에도 불구하고 정말 중요한 것은 자녀 스스로 자기가 문제의 근원이라고 믿는다는 것이다.

그 결과 자녀는 거절감을 느낄 뿐만 아니라 자기 스스로를 거부하기 시작한다. 그러면 자기 거부에 뒤이어 거절이 따르며, 결국 그 자녀는 더 많은 거절을 두려워하면서 자라 간다. 이것을 통해 우리는 그러한 자녀의 삶을 방해하기 위해 함께 역사하는 세 가지 영들을 알 수 있다. 거절의 영, 자기 거절의 영, 거절에 대한 두려움의 영.

원하지 않는 임신은 꼭 부모들이 결혼하지 않은 상태에서만 일어나는 것은 아니다. 어머니의 생애에서 매우 불편한 시기에 임신이 될 수 있다. 그러면 어머니는 성공적으로 이루어져 가고 있는 자기 이력에 장애물이 생긴 것으로 인해 분노할 수 있다. 가족 예산이 이미 초과된 상태에 있을 수도 있다. 그렇기 때문에 또 한 사람을 먹여 살리는 것이 재정적으로 재앙처럼 느껴질 수 있다. 또는 이미 10대의 자녀들을 두고 있는 40대의 여성에게 갑자기 또 한 아이가 태어날 수도 있다.

자궁 안에 있는 아이를 거절하는 이유들은 매우 다양하지만, 이유가 어떠하든지 귀신들은 하나님께서 창조하신 아이를 거절하는 부모들의 죄를 최대한 이용하려 할 것이다. 사람들을 있는 그대로 받아들이지 못하는 것은 그들을 사탄의 공격에 노출시키는 것이다. 특히 하나님의 원하시는 양육을 받으며 성장해야 할 태중의 아이가 거절의 고통을 당할 때에는 더욱 그렇다.

성별에 따른 거절

아이를 성별에 따라 거절하는 것은 오래 지속되는 영원한 결과들을 초래할 수 있다. 자궁 속의 아이들에게는 이미 그들 자신의 성적 정체성이 부여되었다. 하나님께서 창조하신 것을 변화시키기 위해 사람들이 할 수 있는 것은 아무것도 없다. 하지만 임신 기간 동안에 어떤 부모들은 아이가 부모들의 소원을 성취할 것이라는 기대감, 그리고 그들이 바라는 아들이나 딸이 될 것이라는 기대감을 세우기 시작한다.

아이가 태어날 때에 그 아이가 정말 부모들이 바라는 모습이라면 아무런 문제가 없을 수 있다. 그러나 그 아이가 오직 성적인 것과 관련해 부모들이 기대했던 것을 성취했기 때문에 사랑받는 것은 위험 요소가 다분하다. 그러한 자녀를 양육하는 데 있어서는 두 개의 극단적인 위험이 있다.

첫 번째, 그러한 아이는 어린 시절 동안에 어떠한 잘못도 범할 수 없으며, 따라서 완전히 버릇없는 아이가 된다. 이러한 결과는 치명적일 수 있다. 특별히 부모들의 성적인 기대감을 충족시키지 못하며, 첫째 자녀가 받은 특별 대우의 결과로서 거절감을 느끼는 미래의 자녀들에게는 더욱 그러하다.

두 번째는 첫 번째의 것과 완전히 대조되는 것으로서, 아이는 하나의 인격체로서가 아니라 오직 부모가 원하는 자기의 성별 때문에 받아들여지고 있다는 것을 느끼기 시작할 수 있다. 결국, 자녀의 성별이 부모들의 기대감을 성취시켰기 때문에 받아들이는 것은 있는 그대로의 자녀를 받아들이지 못하는, 즉 자녀를 거절하는 희생을 지불해야 하는 것이다. 그렇게 되면 자녀가 귀신에 들릴 수 있는 가능성이 매우 커진다.

아이들이 태어날 때에 그들이 명료하게 말할 수 없거나 이해할 수 없는 어떤 것을 영적으로 감지한다는 것에는 전혀 의심의 여지가 없다. 특별히 아이들이 성적으로 부모들의 기대에 못 미치는 어떤 것을 가지고 있다면 더욱 그러할 것이다. 그들은 거절감을 표현할 수 없을지도 모른다. 하지만 아이들의 내면 깊은 곳에서는 부모들의 기대에 못 미치는 어떤 것이 존재한다는 것을 알고 있다. 사람들에게서 이렇게 어린 시기에 들어간 귀신들을 쫓아내 준 적이 여러 번 있었다. 이 귀신들은 막 태어난 자녀의 성적인 것과 관련해 부모들이 지니는 잘못된 태도들에 의해 그러한 아이들 안으로 들어갈 권리를 얻게 되었던 것이다.

성별에 따른 거절은 성적이고 감정적인 결과들을 초래할 수 있다. 이것이 남자들과 여자들의 동성애를 일으키는 가장 일반적인 뿌리들 중의 하나이다. 내가 상담을 해준 한 남자 동성애자는 태어난 후 첫 5년 동안 분홍색 옷을 입고 자랐다. 이유는 그의 어머니가 아들 대신에 딸을 원했었고, 막상 태어난 아들에게 여자 아이의 옷을 입힘으로써 대리 만족을 누리기 원했기 때문이다.

그러한 아이들은 성장해 감에 따라 무의식적으로 부모들(혹은 한쪽 부모)이 지니고 있는 성적 기대감에 맞추어 살아가기 시작할 것이다. 그러면 동성애를 일으키는 귀신이 그러한 사람의 전반적인 인성에 깊이 뿌리를 내리게 될 것이다. 이러한 과정에서 역사하는 모든 악마적인 것들의 뿌리는 (아이의 성별에 대한) 거절이며, 이것은 동성애의 영들이 들어가 괴상한 성생활을 발전시키는 발판이 될 수 있다.

성적 학대

성적 학대는 특정한 형태의 거절이다. 이렇게 인격적이고 심오한 방식으로 학대받는 결과들을 설명하려면 한 권의 책이 필요할 것이다. 성적 학대가 왜 일종의 거절인지를 이해하기 위해서는 인간이 육체 이상이라는 것을 기억해야 할 필요가 있다. 왜냐하면 우리는 또한 영과 혼을 지니고 있기 때문이다.

어떤 사람을 성적으로 학대하는 사람이 지니는 관심의 초점은 육체에 있다. 따라서 희생자의 영과 혼은 거절당한다. 이것은 마치 학대자가 희생자는 이러한 행위에 의해 해를 입지 않고 있다는 가장을 하기 위해, 자기가 행하고 있는 것으로 인한 죄의식을 최소화하기 위해, 희생자의 육체와 인격 사이에 장벽을 세우려는 것과 같다.

성적 관계는 본질상 영적인 것이기 때문에, 모든 성적 접촉은 어떤 것이라도 영적인 결과를 초래하게 되어 있다. 성교sexual intercourse에 대한 히브리어는 하나님을 '알다'라고 할 때에 사용되는 것과 똑같은 단어이다. 이것은 상대방을 깊고 친밀하게 아는 것이며, 하나님께서 우리의 성을 창조하실 때에 남자와 여자들을 위해 계획하시고 목적하신 것이다. 이러한 앎은 영과 혼과 육이라는 인간의 세 가지 양태를 초월하는 것이다.

따라서 학대자는 그의 죄를 희생자의 몸 안에 있는 인격체로부터 아무리 격리시키려 할지라도 그렇게 할 수 없을 것이다. 희생자와 학대자 사이에는 항상 하나님이 원하시지 않는 혼의 묶임이 일어나며, 이것을 통해 귀신들의 전이가 쉽게 일어날 수 있는 영적 통로가 만들어진다.

일단 학대의 영이 희생자 안으로 들어가면 그것은 그 사람 안에서 아무 것도 하지 않고 조용히 있는 것에 결코 만족하지 못한다. 따라서 학대의 영은 항상 희생자 안에서 그가 당한 것과 유사한 변태적 성질의 행동을 조장하려 할 것이다. 학대당한 많은 아이들은 다른 사람들을 학대하고자 하는 욕구들과 씨름해야 하며, 어떤 아이들은 그러한 욕구에 빠져서 결국 자신들도 학대자가 되어 버린다. 내가 상담을 해준 성적 학대자들은 모두 어린 시절에 학대를 경험한 자들이었다.

• 성적 학대란 무엇인가?

성적 학대는 보통 어떤 남자가 어린 소녀를 학대하는 것으로 여겨진다. 이것이 가장 일반적 형태의 성적 학대이기는 하지만, 여자들이 어린 소년들을 학대하는 것 또한 성적 학대이다. 또한 나이가 든 남자들이 어린 소년들을 학대하는 것도 매우 일반적인 형태이다. 학대자는 아래에 나오는 어떤 것 혹은 모든 것을 포함할 수 있는 일련의 학대적 행동을 따를 수 있다.

1) 시각적 학대와 관음증
2) 원하지 않는 애무
3) 성적인 부분 만지기
4) 항문 만지기
5) 희생자 앞에서 자위행위 하기
6) 강압적인 구강 섹스
7) 상호 자위행위
8) 삽입(intercourse)/강간
9) 항문 삽입/강간
10) 짐승과의 성행위
11) 종교 의식적 섹스
12) 근친상간 — 자기 가족 식구와 성적 접촉을 하는 것
13) 부부 간의 학대 — 하나님께서 남자와 여자를 위해 계획하시고 의도하신 합당한 신체적 관계를 넘어서는 성적인 요구와 실행

모든 성적 학대는 영적 결과를 초래한다. 특별히 희생자는 귀신들릴 위험이 매우 크다. 귀신들은 학대자로부터 희생자 안으로 직접 들어갈 수 있고, 보통 들어간다. 게다가 희생자의 두려움과 혼동과

기만과 고통과 다른 감정적인 충격들을 통해 귀신들이 들어갈 위험도 매우 크다.

• 성적 학대로 인한 결과들

성적 학대와 성적인 관계들에 대한 포괄적인 가르침을 받지 않은 독자들이 나의 말을 오해하지 않기를 바란다. 귀신들림이 성적 학대의 유일한 결과는 아니다. 결과들은 더욱 넓고 다양하다. 거기에는 다음에 나오는 어떤 것 혹은 모든 것이 포함될 수 있다.

1) 혼동
 - 정체성의 혼동
 - 성적인 것에 관한 혼동
 - 신체적 정체성에 대한 혼동
 - 감정의 혼동

2) 퇴행
 - 어릴 때의 학대적인 경험들로 퇴행
 - 어린 시절의 감정에 따른 행동으로 퇴행
 - 어린 시절의 신체적 행동으로 퇴행

3) 억압
 - 기억들의 억압
 - 분명하게 일어난 어떤 사건들에 대한 부인

4) 환상

　　- 비실제적인 환상의 세계 안에서 살아감

　　- 환상 속의 친구들과 관계를 누림

　　- 환상 속의 적들을 두려워하며 살아감

5) 신뢰가 무너져 내림

　　- 사람들, 심지어 정말 신뢰할 만한 사람들도 신뢰하지 못함

6) 거절하는 행동

　　- 자기 거절과 거절에 대한 두려움으로 나아감

7) 반항

　　- 순응하거나 협력하기를 거부함

　　- 비합리적인 분노

8) 비밀스러운 삶의 방식

9) 외모에 대한 자신감의 상실

10) 음식을 충분히 먹지 않거나 너무 많이 먹는 것과 같은 극단적인 행동을 통해 성적인 특징들을 감추기

11) 죄의식

12) 소심한 행동

13) 사랑에 반응하지 못함
- 때로 결혼 후, 부부 사이의 성관계가 명백한 불감증을 통해 허물어질 때까지 잘 나타나지 않음

14) 성적으로 문란한 삶
- 성적 학대를 받은 어떤 사람들은 성적으로 문란한 삶을 살아감으로써 조기의 성적 발달에 반응한다.

15) 죽고 싶어 함

16) 신체적 질병
- 종종 밑에 숨어 있는 진짜 문제를 가려 주는 장기적인 무능력 혹은 질병이 발생할 수 있다.

17) 영이 손상을 입음
- 내면의 분노가 하나님께 집중되며, 그 결과 하나님과의 관계가 불가능해진다.

이것 외에도 결과들이 더 많이 있다. 하지만 위에 언급한 것들이 우리가 성적 학대를 받은 자들에게 사역할 때에 고통과 상처로 얼룩진 복잡한 문제를 다루고 있다는 것을 제시하기에 충분할 것이다.

이렇게 복잡한 문제는 맨 먼저 발생한 거절이라는 토대와 학대자의 의도 위에 세워져 왔다. 어떤 사람이 불경건한 새로운 행동 유형으로 과거의 고통에 반응할 때마다 귀신들의 영향력은 더욱 강력해진다. 이유는 그러한 불경건한 행동으로 인해 더 많은 귀신들이 그 사람의 삶에 들어올 수 있는 권리를 얻기 때문이다. 예를 들어, 10대 아이가 어린 시절에 받은 학대에 대해 난잡한 성생활로 반응을 하면 그 아이가 성관계를 가질 때마다 새로운 귀신들이 역사하게 된다.

나는 최근 몇 년 사이에 학대받은 자들을 도와주기 위해 생겨난 세속적인 단체들로 인해 하나님께 감사를 드린다. 하지만 궁극적으로 그들이 할 수 있는 것은 사람들에게 학대로 인한 결과들을 지니고 살아가는 법을 보여 줄 수 있을 뿐이다. 참된 치유를 일으킴으로써 희생자들이 과거의 고통에 얽매이지 않는 미래를 위해 학대로부터 벗어날 수 있게 해주는 것은 오직 그리스도인들의 사역뿐이다. 어떤 다른 형태의 사역도 성적 학대를 통해 희생자의 삶으로 들어간 어둠의 세력들을 처리할 수 있는 권세를 가지고 있지 않다.

신체적 학대

신체적 폭력은 희생자의 몸에만 상처를 입히는 것이 아니다. 사람의 몸에 폭력을 행사하는 것은 몸을 지니고 있는 사람(인격체)에게 상처를 입히는 것이다. 신체적 고통이 매우 심할 수 있을 것이다. 하지만 그것은 그 결과로 생겨난 감정적이면서 영적인 고통─보통 장기적으로 지속된다─과 비교하면 대수롭지 않은 것이다. 아이는 자기가 잘못한 것에 대해 적당하게 처벌을 받으면 마음 깊은 곳에서는 처벌이 자기를 용납하고 사랑하는 것이라는 것을 받아들일 것이다. 비록 그 아이가 그렇게 받아들이지 않고 있는 것처럼 보이는 피상적인 반응이 있을지라도 말이다.

그러나 아이가 신체적으로 폭력을 당하고 있다고 느끼면 그와 정반대의 반응이 일어난다. 아이는 그러한 처벌이 일종의 거절이라는 것을 안다. 그러면 그 아이의 몸과 영-혼soul-spirit 사이에 귀신들이 들어갈 수 있는 문이 열릴 위험이 발생한다. 이것은 어떤 사람이 성적 학대를 받을 때에 일어나는 것과 같은 현상이다. 학대자와 피해자 사이에 하나님이 의도하지 않는 혼의 묶임이 형성되며, 보통은 학대자의 영이 거절의 영과 함께 그 아이 안으로 들어갈 것이다.

또한 신체적으로 학대받은 자 안에 귀신들이 역사하고 있다는 것을 나타내 주는 매우 일반적인 현상이 가상의 친구들(귀신들이지만, 때로 '천사들'로 오해됨)이다. 그들은 항상 이해해 주고 들어 주는 존재가 된다. 그러나 피해 어린이가 결코 이해하지 못하는 것은 그러한 가상의 친구(귀신)는 학대자 안에 있는 귀신들과 공조하면서 그에게 악한 영향력을 증가시켜 나간다는 것이다.

피해자는 모르지만, 이미 그 안에 들어간 귀신들은 학대자의 폭력을 유발할 것으로 추정되는 행동을 부추길 것이다. 이러한 목적을 달성한 귀신들(혹은 그들과 공조하고 있는 다른 귀신들)은 곧 이어서 위로자로 변장한다. 이런 식으로 해서 희생자는 처벌과 위로라는 귀신들이 쳐 놓은 함정에 갇히게 된다. 이것은 마치 더 높은 계급을 지닌 귀신들이 그러한 규칙적인 행동 유형들에 의해 달래져야 하는 것처럼 보인다.

사탄은 귀신에게 광명한 천사의 옷을 입혀서—이러한 복장이 자기의 목적을 달성하는 데 적격이라면—파송하는 기만의 명수이다. 따라서 우리는 사탄의 어떤 전략들에도 넘어가서는 안 될 것이다. 그는 사람들을 가려서 공격하는 존재가 아니다. 따라서 어린이를 공격할 때에도 가능한 한 가장 이른 시기에 공격하려 할 것이다. 사탄에게는 인정 같은 것이 존재하지 않는다. 사탄은 아이 안에 견고한 진을 형성하는 데 있어서 나이가 어리면 어릴수록 그 아이가 예수님을 구세주로 받아들이는 것이 더욱 어려울 것이라는 것을 알고 있다. 또한 사탄은 비록 그 아이가 예수님을 믿기 시작한다 할지라도 어둠의 세력들에서 완전히 자유를 누리는 것이 더욱 어렵다는 것을 알고 있다.

우리는 학대를 통해 귀신들린 사람들에게 사역을 하면서, 기독교의 부모들이 그들의 자녀들을 위한 경건한 보호막이 되어 주는 것이 얼마나 중요한지를 이해하게 된다. 이것이 하나님께서 부모들에게 요구하시는 것이다. 사탄은 어린이들 안으로 침투하기 위해 부모들의 연약한 부분들을 최대한 이용할 것이다.

마땅히 해야 할 일을 하지 않은 것으로 인해 학대받은 자녀들에게 사역을 하면서, 우리는 자녀들을 양육하는 데 있어서 정말 중요한 것이 무엇인지를 배우게 되었다. 우리는 이러한 사역을 하면서 우리 적들이 들어오는 문을 닫아 주고, 그들이 들어오는 것을 거의 불가능하게 하는 것이 무엇인지를 알게 되었다. 우리는 또한 무엇이 귀신들에게 문을 열어 주어 자녀들을 귀신에 들리게 하는지도 알게 되었다. 좋은 기독교 부모들이 되기 위한 필요조건들을 간단히 요약하면 다음과 같다.

1) 부모들의 전인적 연합(영과 혼과 육의 연합)

2) 성별과 재능과 개성에 상관없이 자녀를 용납함

3) 경건한 훈육. 자녀들은 이것을 통해 안전한 틀 안에서 성장할 것이다. 그리고 무엇보다 중요한 것은,

4) 희생적이고 무조건적인 사랑이다. 자녀는 이것을 통해 하나님께서 자기를 위해 두신 사람들에게 자기가 중요한 존재라는 것을 알게 된다.

이제 경험과 사역을 통해 얻은 유익들을 돌아보면서 부모들이 이러한 필요조건들 중 어느 것이라도 충족시키지 못한다면 사탄이 그러한 것들을 최대한 이용할 것이며, 결국 귀신들이 아이 안으로 들어갈 수 있는 위험이 초래된다는 것을 알게 되었다.

감정적, 심리적 학대

성적, 신체적 학대는 쉽게 확인될 수 있다. 하지만 수많은 부모들과 대리 부모들이 그들의 자녀들에게 가하는 감정적, 심리적 학대는 잘 확인되지 않기 때문에 이것을 해결하는 것이 훨씬 어렵다. 이러한 유형의 학대는 또한 많은 성인들이 경험하는 것이기도 하다.

지배와 조종은 희생자가 어린 아이든, 늙은이든, 남편이든, 아내든, 아들이든, 딸이든, 친구든, 동료든, 같은 교회의 성도들이든…에 관계없이 죄이다. 하나님께서 주신 다른 사람의 자유의지를 앗아가는 것은 학대적인 행동이며, 다양한 종류의 문제들을 야기할 것이다.

학대자는 이미 문제를 가지고 있으며, 피해자는 자기가 받은 학대에 대해 흔히 귀신이 들어올 수 있는 문을 열어 주는 식으로 반응

한다. 다시 말하지만, 학대적인 모든 행동은 일종의 거절이다. 하나님은 각 개인에게 고유한 모습을 이루어 나갈 수 있도록 자유의지를 주셨는데, 학대당하는 피해자는 그러한 자기의 자유의지가 무시당하게 되는 것이다. 따라서 피해자는 거절감을 느끼게 된다.

이 시점에서 혼동이 일어나지 않도록 하기 위해 몇 가지 말해 두고 싶은 것이 있다. 하나님께서 자녀들에게 자유의지를 주셨다는 것으로 인해 부모들이 항상 자녀들이 하고 싶은 것을 하도록 허용해야 한다는 것은 아니다. 그렇게 하는 것은 재앙을 초래하는 것과 같다. 자녀들은 기독교 가정의 전반적인 행복은 서로에게 자발적으로 순종할 때에 얻어지는 것이라는 것을 배워야 하며, 또한 부모들이 가족의 어떤 식구들도 다른 사람들을 희생시켜 가면서 부당하게 지배하지 않도록 함으로써 모든 것들을 아름답게 유지하고 있다는 것을 배워야 한다.

하지만 이것도 알아야 한다. 때로는 가족의 머리인 아버지가 표면적으로 볼 때에는 아내나 자녀들의 관심을 무시하는 것처럼 보이는 중요한 결정을 해야 할 때가 있다. 그러나 하나님의 질서가 잡혀 있는 가정의 아버지는 그러한 결정들을 내릴 때에 반드시 아내의 지지를 받을 것이며, 자녀들은 아버지에 대한 어머니의 태도에서 그들이 어떻게 행동해야 할지를 배우게 될 것이다.

별거와 이혼

많은 경우에 있어서, 주변에서 일어나는 일들에 우리가 어떻게 반응하느냐에 따라 귀신들이 우리가 경험하는 고통을 이용할 수 있는지 없는지가 결정된다. 그리고 이러한 현상은 부부가 별거하거나 이혼하는 경우들에서 가장 쉽게 볼 수 있다.

별거한 사람들과 이혼한 성도들은 교회 안에서 오랫동안 2류 혹은 3류의 사람들과 같은 느낌을 가져 왔다. 이러한 성도들은 교회의 다른 성도들에 의해 거절감을 더욱 심하게 느낄 수 있다. 그리고 이러한 거절감은 때로 결혼 관계의 붕괴에서 경험되는 거절보다 훨씬 더 크고 고통스러울 수 있다. 우리는 이혼한 사람들로부터 이러한 문제 때문에 도움을 요청하는 편지들을 수없이 받아 왔다.

교회가 이혼을 너그럽게 봐주거나 격려하는 인상을 주고 싶어 하지 않는다는 것은 이해할 수 있다. 이것은 올바르고 훌륭한 자세이다. 하지만 이혼한 사람들을 심판받아 마땅한 사람들로 간주함으로써 그들이 교회의 한 성도로서 받아들여질 수 없다고 느끼게 만드는 것은 잘못된 것이다.

여기에서 이혼과 재혼에 관한 윤리적인 문제를 논하고 싶지는 않다. 하지만 우리가 최근 몇 년 사이에 상담해 온 많은 사람들에 기초해 결론을 내릴 수 있는 것은 이러한 이슈와 관련해 교회 안에 수많은 위선들이 있으며, 또한 정말 문제가 되는 이슈들은 다루려 하지 않는 풍조가 있다는 것이다.

이혼한 모든 사람들이 악하거나 죄악된 행동을 하지는 않는다. 하지만 이것이 교회가 이혼으로 인해 극심한 고통을 당하는 사람들에게 주는 메시지가 아니다. 교회가 때로 결혼의 위기를 통과하는 자들을 이해하지 못하고 지지해 주지 못했기 때문에 귀신들에게 그러한 상황을 이용할 수 있는 추가적인 발판을 제공해 왔다.

모든 이별 혹은 별거에는 거절이 포함되어 있다. 한 파트너가 다른 사람과 관계를 맺기 위해 떠나는 경우에, 떠나는 사람은 그가 경험해 온 거절 때문에 그렇게 할 수 있을 것이다. 그리고 버림받은 사람의 입장에서는 자신이 경험하고 있는 거절로 인해 그의 행동이 이러한 이별에 기여했을 수 있다는 것을 인정하는 것이 매우 어려울 것이다.

이별과 이혼을 경험하고 있는 자들을 상담해 주기 위해서는 숙련된 기술이 필요하다. 이러한 경험으로 인해 고통당하고 있는 자들은 쓴 뿌리가 생기지 않도록 조심해야 하며, 그러한 사람들을 옆에서 돕고 있는 자들은 무조건적으로 받아 주면서 사랑으로 사역해 주어야 한다. 이것이 귀신들의 공격을 차단시키는 최고의 방법이다.

이혼한 사람들에게 사역을 할 때에는 어느 적당한 순간에 이전의 배우자와 맺었던 혼의 묶임을 끊어 주어야 한다. 상담자들은 이러한 순간을 선택하는 데 있어서 특별히 민감해야 한다. 그렇게 혼의 묶임을 끊어 주면, 자진해서 떠나는 귀신들이 항상 있는 것은 아니지만 대개는 그렇다. 어떤 관계가 회복될 수 없는 지점에 이르는 것은 대개 수년 동안의 충격을 받은 이후이다. 그러한 시기 동안에 이미 귀신들이 들어갈 수 있는 순간들이 여러 번 있었을 것이다.

또한 이혼한 사람들에게 사역할 때에는 이혼한 이유가 결혼하기 훨씬 이전의 희미하고 먼 과거에 발생했을지도 모른다는 것을 기억하는 것이 중요하다. 재혼할 경우에 똑같은 실수를 범하지 않도록 하기 위해 적당한 시기에 이러한 영역들을 치유해 주는 것이 좋을 것이다.

부모가 이혼할 경우에는, 귀신들이 자녀들 안으로 들어갈 수 있다. 특별히 자녀들이 부모들의 싸움으로 인한 고통을 겪을 수밖에 없는 상황이라면 더욱 그러할 것이다. 자녀들이 경험하는 충격 그 자체가 귀신들이 들어갈 수 있는 통로가 될 수 있다. 후에 이러한 자녀들을 사역해 줄 때에는 이러한 통로를 조심스럽게 다루어야 할 필요가 있을 것이다.

죽음

죽음은 뒤에 남은 자에 대한 최종적인 거절처럼 느껴질 수 있다. 죽음을 통한 이별의 현실에 직면해 그러한 현실을 받아들이는 것을 배우는 것이 성숙한 남자 혹은 여자가 되는 데 있어서 매우 중요한 부분이다. 하지만 어떤 사람들은 사랑하는 자의 죽음을 결코 받아들이지 못하기도 한다. 그러면 이것 자체가 귀신들에게 그 사람을 조종할 수 있는 기회를 제공해 준다.

귀신이 죽은 사람의 특성을 취해, 살아 있는 사람들에게 영향을 미치고 조종하는 것은 흔히 있는 일이다. 그러한 경우에는 항상 축사 사역의 준비 작업으로서 살아 있는 자가 죽은 자를 향해 지니고 있는 모든 불경건한 묶임들로부터 자유케 해달라고 요청하는 것이 필요하다.

이별의 고통과 충격을 통해 귀신들린 사람이 귀신의 조종으로부터 해방될 때에 경험되는 자유는 때로 매우 극적으로 일어난다. 살아 있는 자가 이러한 자유를 경험하지 못한다면 귀신의 조종을 통해 슬픔에 묶인 채 살아갈 수도 있을 것이다.

:: 충격이나 사고를 통해

충격과 사고는 우리 인생의 한 부분이다. 그리스도인들도 이따금씩 일어나는 위기들과 문제들에서 제외되지는 않는다. 우리는 사탄이 신으로서 자리매김하고 있는 타락한 세상에 살고 있다(고후 4:4). 이 세상에는 타락의 결과로서 일어나는 일들이 많이 있다. 그러나 상황이 힘들어지는 것처럼 보일 때에 하나님을 비난하는 것은 잘못된 것이다. 사탄의 통치가 종결되는 것은 예수님께서 왕중의 왕으로서 재림하시는 때이며, 그 위대하고 멋진 날에 하나님 나라의 통치가 시작될 것이다.

하나님은 그 때까지, 즉 우리가 살고 있는 시대의 끝까지 우리와 항상 함께 하실 것이라고 약속하셨다(마 28:20). 그러나 그 약속은 무조건적인 것이 아니다. 그것은 예수님께서 교회에 주신 지상명령 — 제자를 삼고 가르쳐 예수님께서 첫 제자들에게 하라고 가르치신 모든 것들을 하도록 가르치는 것 — 에 순종하고자 하는 우리의 자세와 관련되어 있다.

우리가 광범위한 경험을 통해 발견한 것은 큰 충격이나 사고를 당하는 순간들 또한 영적으로 매우 민감해야 할 시기라는 것이다. 그 때에 우리가 초자연적인 것에 쉽게 영향을 받기 때문이다. 아마 다른 시기에는 그만큼 쉽게 영향을 받지는 않을 것이다. 따라서 우리가 악한 날이 임할 때에(바울은 에베소서 6장 13절에서 그러한 날이 반드시 임할 것이라고 말한다) 하나님의 사랑과 돌보심 안에서 안전하게 거하지 못한다면 적의 공격에 쉽게 넘어갈 것이다.

사탄은 사람들을 차별대우하지 않는다. 사탄은 어떤 사람이 충격적인 경험을 하는 것을 보면서 그에게 자비를 베풀어야 되겠다는 식의 생각을 하지 않는다. 사탄에게는 자비로운 마음이라는 것은 존재하지 않는다. 사탄은 바로 그러한 순간들을 포착해 영적으로 유리한 고지를 점령하려 할 것이며, 고통당하고 있는 사람들에게 그의 '화살들'(귀신들) 중의 하나를 쏠 것이다. 따라서 사도 바울이 우리에게 항상 전신갑주를 입으라고 권면한 것이다.

사람들이 경험한 일종의 충격들 중 귀신들이 들어갈 수 있는 일반적인 통로로서 우리의 상담 경험을 통해 증명된 것들에는 심한 질병, 실직, 사고, 학대, 두려움 같은 것들이 있다.

심한 질병

자신과 관련 있는 어떤 사람들이나 가까운 가족 친지에게 걸리는 갑작스러운 질병은 항상 충격적인 경험이다. 어느 날 유지하고 있던 완벽한 건강이 다음날에는 죽음의 공포로 대체될 수 있다. 어린 자녀가 갑작스럽게 아플 때에 부모에 의해 경험되는 충격은 흔히 그 자녀의 충격보다 훨씬 크다. '암'이라는 단어는 어떤 사람의 마음속에 두려움을 일으키기에 충분하다. 암에 걸릴 수 있다는 두려움이 귀신들을 위한 통로가 되어버렸고, 그 통로를 통해 암을 일으키는 질병의 영이 사람들 안으로 들어간 경우들이 있다.

가까운 가족 친척들이 암으로 죽어 가고 있을 때에 종종 이러한 일이 발생할 수 있다. 어떤 다른 사람이 암에 걸려 있는 것으로 인해 두려움을 갖게 된 사람은 질병의 영으로 하여금 자신에게 들어와서 비슷한 증상들을 일으킬 수 있는 권리를 준다. 우리는 암으로 죽어 가고 있는 어떤 가족 식구의 뒤를 이어 암의 증상들을 나타내는 많은 사람들에게 사역을 해주었다. 그러한 증상들은 종종 이전 환자의 암이 발생한 곳과 똑같은 몸의 기관에서 그리고 그와 비슷한 방식으로 발생한다.

혼자 사는 사람들에게는 질병의 충격이 '내가 아프면 누가 나를 돌봐줄 것인가? 내가 그것을 어떻게 극복해 나갈 수 있을까?'와 같은 두려움들을 일으킬 수 있다. 그 결과 어떤 사람들은 질병을 극복할 수 없다는 결론을 내릴 것이다. 그리고 미래에 대한 두려움이 귀신들의 역사로 인한 질병들을 더욱 촉진시킬 것이고, 심지어는 죽음으로까지 몰고 갈 수 있을 것이다.

실직

실직으로 인한 고통을 해결하는 것은 항상 힘든 것이다. 특히 갑작스럽게 실직을 당했을 때는 더욱 그렇다. 어느 날 기대감을 가지고 직장에 출근한 어떤 사람이 같은 날 해고되었다는 소식을 듣고 망연자실해 돌아올 수 있다. 그러한 경험으로 인한 충격은 거절로 이어지는 문을 활짝 열어 줄 수 있다. 그 사람은 아무도 자기를 원하지 않는다고 믿으면서 남은 인생을 어떻게 대처해야 할지에 대해 난감해할 것이다. 거절의 영은 그로 하여금 스스로를 고립시키게 만들며, 또한 용기와 소망을 잃게 만든다.

이러한 문제에 올바로 접근하기만 하면, 실직은 사람들로 하여금 그들의 삶을 하나님 앞에서 새롭게 정비할 수 있게 해주고, 난생 처음으로 하나님께서 그들에게 의도하셨던 자리로 나아갈 수 있는 멋진 기회가 될 수 있을 것이다. 실직을 하나님께서 그들에게 주신 가장 좋은 기회의 순간으로 바라보는 사람들 또한 많이 있다.

소망은 항상 두려움에 대한 해독제이다. 소망을 가지고 있으면 사탄이 실직이라는 충격을 통해 하고 싶어 하는 모든 것들을 거부할 수 있다. 왜냐하면 우리의 안전이 이 땅에서 속한 지원과 성취에 있는 것이 아니라, 하나님께서 정해 놓으신 장소에 있기 때문이다.

사고

교통사고와 같은 사고들은 쉽게 귀신들의 잠재적 통로들로 이용될 수 있다. 사고를 당한 사람들 중에 장기적인 치료를 요하는 자들에게 사역하면서 우리가 발견한 것은 그러한 상황의 뿌리에 두려움의 영이나 사고에 대한 저주가 있다는 것이다.

때로 사고는 어떤 특정한 저주의 계약을 성취하기 위해 귀신들이 일으킨 것일 수 있다. 이러한 사고는 특별히 명백한 이유 없이 반복되는 사고를 경험할 때에 볼 수 있다. 또한 이러한 사고를 당하는 사람들은 가계를 타고 내려 온 영들 중에서 특별히 사고를 유발시키는 영에 의해 영향을 받아 왔을 수도 있다.

이와 같은 사고의 저주는 주술을 통해 고의로, 혹은 증오나 쓴 뿌리나 복수심과 같은 것을 통해 어떤 사람이나 그 사람의 조상들 위에 부어졌을 수 있다. 우리가 사고를 일으키는 저주의 영을 도전할 때에 가끔씩 발견하는 것은 그 영의 영향을 입은 사람이 전에는 고통이 없던 신체 부위에서 갑자기 고통을 경험한다는 것이다. 귀신이 처음으로 그 사람 혹은 그의 조상들 중의 한 사람을 공격했던 신체 부위에서 현상을 드러내기 때문이다.

사고를 통해 고통을 당한 사람들은 또한 종종 그들이 경험한 충격으로 인해 내면에 상처가 생긴다. 그 결과 신체적으로 온전히 치유받을 수 있는 능력이 제한을 받는다. 내면의 상처를 다루는 것에 관한 가르침이 엘렐 사역 내에서는 매우 핵심적인 부분이 되었다. 그리고 우리는 내적 치유와 축사 사역의 조합을 통해 사고의 장기적인 결과들로부터 온전히 치유되는 사람들을 많이 보아 왔다.

학대

(상처, 학대, 그리고 거절 항목을 참조하라)

두려움

사람들이 충격적인 경험을 할 때에는 두려움이 거의 대부분 귀신들을 위한 통로를 만들어 준다. 사탄은 미지의 것들에 대한 두려움, 다음에 일어날 일들에 대한 두려움, 죽음에 대한 두려움, 때때로 사람들의 마음을 사로잡을 수 있는 수백 가지의 다른 일들에 대한 두려움을 이용해 사람들을 조종할 수 있다. 두려움은 우리 삶의 다양한 영역들을 통제한다. 귀신들은 사람들의 두려움을 등에 업고 왕성하게 역사한다.

사람들은 심한 충격을 받는 순간에 영적으로 매우 연약해진다. 예를 들어, 노상에서 사고를 당한 사고의 피해자들은 종종 충격을 경험하게 되고, 귀신들은 이러한 충격을 이용해 역사할 수 있는 최상의 기회를 얻게 된다. 사고의 피해자들은 종종 수년이 지난 후에도 사고로 인한 고통에서 벗어나지 못한다. 사역을 통해 귀신들의 정체를 드러내어 쫓아내는 과정을 통해서야 비로소 그때 무슨 일이 일어났는지에 대한 실마리를 풀어 나가는 경우들이 종종 있다.

어떤 경우에는 귀신들이 교통사고 피해자들로 하여금 자동차나 여행이나 특별한 유형의 도로, 혹은 그 특별한 운전자를 두려워하게 만들기도 했다. 모든 경우들에 있어서 교통사고의 효과는 오래 지속되며 귀신들의 역사가 존재한다. 하지만 피해자가 그 사고에 책임 있는 사람을 기꺼이 용서하고, 또한 자기 삶 속에 해결되지 않은 다른 기본적인 부분들을 올바로 처리한다면 축사를 통해 치유받을 수 있을 것이다.

:: 죽음-유산과 낙태 포함

죽음으로 인한 전환

죽음의 순간은 전환의 순간이다-우리가 어머니 자궁 속에 임신되었을 때에 하나님으로부터 받은 육신의 한계로부터 우리 앞에 놓여 있는 모든 것들로의 전환. 예수님을 신뢰하는 그리스도인들은 성경을 통해 죽음 후에 분리(양과 염소의 비유)의 시간과 심판의 시간이 있다는 것을 알고 있다.

예수님은 마태복음에서 '다가올 시대'에 대해 꽤 길게 말씀하셨다. 예수님은 우리가 이 땅에서 살아가는 모습과 행동에 의한 영원한 결과들을 설명하기 위해 여러 가지 이야기들을 들려 주셨다. 거기에는 미련한 다섯 처녀와 슬기로운 다섯 처녀의 비유가 포함되어 있다(마 25:1-13). 이 비유는 우리들 중 아무도 우리가 언제 죽을지, 혹은 주님께서 영광 중에 언제 다시 오실지에 대해 알 수 없다는 의미를 내포하고 있다. 우리는 그 날이 올 때에 그리스도의 신부(교회)의 한 부분이 될 수 있도록 준비되어 있어야 한다.

죽을 때에 우리 몸은 텅 빈 껍질이 된다. 즉, 몸 안에 있던 존재가 사라진다. 이 땅에서의 삶이 끝난 것이다. 죽은 자의 미래는 구세주이신 예수님과 아버지이신 하나님의 사랑과 자비에 달려 있다. 그 순간부터 그는 이 땅의 시간에 의해 제한을 받지 않는다. 그러나 이 땅에 남아 있는 사람들에게는 그 죽음으로 인한 다양한 결과들이 남아 있으며, 귀신들은 그러한 것을 최대한 이용하기 위해 가능한 모든 일을 하려 할 것이다.

귀신들에게는 몸이 없다. 귀신들은 인간의 몸을 점령함으로써, 그리고 사람들을 예수 그리스도로부터 멀어지게 함으로써 그리스도인이 되지 못하게 하려는 그들 주인(사탄)의 목표를 성취하려 한다. 또한 그리스도인 안에 들어간 귀신들은 그 사람의 신앙생활의 효과를 최소화시키고, 그가 속해 있는 교회에 좋은 영향을 미치지 못하도록 애쓸 것이다.

이러한 이유 때문에 귀신들이 불신자들 안에서보다 믿는 자들 안에서 더욱 역사하는 것이다. 귀신들의 관점에서 보면 믿는 자들 안에서는 성취해야 할 일이 있다. 하지만 자기를 섬기면서 하나님으로부터 등을 돌리고 있는 불신자들 안에서는 보통 귀신들이 낮은 자세를 유지한다. 왜냐하면 귀신들은 그들을 담고 있는 불신자들의 영성에 변화가 생긴다면 언제든지 그들의 활동 수위를 증가시킬 수 있다는 것을 알고 있기 때문이다.

죽음의 순간은 매우 중요한 시기이다. 죽은 몸은 일반적으로 귀신들에게도 쓸모없다. 따라서 죽음은 죽은 사람을 위한 전환기일 뿐만 아니라, 죽은 사람 안에 있던 귀신들도 옮겨 가야 하는 시기이다. 그러나 귀신들은 어떤 권리가 주어지지 않는다면 이 사람에서 저 사람으로 마음대로 옮겨갈 수 없다. 따라서 귀신들은 그들을 담고 있는 사람이 살아 있는 동안에 여러 다양한 사람들과 경건치 않은 혼의 묶임을 갖게 함으로써 그가 죽을 때에 전이가 상대적으로 쉽게 일어날 수 있게 하려 할 것이다.

사람이 죽을 때에, 귀신들은 그러한 경건치 않은 혼의 묶임을 아직 살아 있는 사람 안으로 들어가기 위한 방법들 중의 하나로 이용할 것이다. 귀신들은 또한 전이를 위한 수단으로 우리의 영적인 약점들을 이용하려 할 것이다. 예를 들어, 쉽게 두려워하는 사람이 있다고 하자. 그리고 그 사람 안에 두려움의 영이 있다고 해보자. 그러면 이것이 막 죽은 사람으로부터 나온 귀신들에게 그 사람 안으로 들어갈 수 있는 권리를 주는 것으로 이용될 수 있을 것이다. 내가 지금 이 주제에 대해 이야기하고 있지만, 이것은 매우 민감하며 논쟁의 여지가 있는 이슈이다.

구약의 율법에는 최근에 죽은 사람과 접촉하는 위험으로부터 자신을 보호하는 방법에 대해 상세하게 설명해 놓았다. 민수기 19장 11절은 "시체를 만진 사람은 7일 동안 율례적으로 부정하다"는 것을 명확하게 언급해 놓았으며, 14절에는 이것이 죽은 사람과 같은 장막(건물) 안에 있던 사람들에게까지 영향을 미친다고 기록되어 있다. 부정함uncleanness을 설명하기 위해 사용된 단어는 항상 '율례적인 부정함' ritual uncleanness이다.

성경을 자세히 읽어보면 율례적 부정함은 항상 사람과 장소 혹은 사물을 부정하게 만드는 영적인 어떤 것과 관련이 있음을 알 수 있다. 히스기야는 성전이 신비 사술을 위해 잘못 사용된 일정한 기간이 지난 후에 유다의 왕이 되었다. 그 결과 성전은 율례적으로 부정하다고 묘사되었다. 제사장들은 하나님의 율법에 따라 그들 자신들을 율례적으로 성결케 하고, 그 다음에 성전을 율례적으로 성결케 하라는 지시를 받았다(대하 29).

율례적 부정함은 사람들, 장소, 혹은 사물들을 실제로 더럽히는 영적인 속성을 지닌 어떤 것과 항상 연관되어 있다. 다른 말로 해서, 이전에 그 사람들, 장소, 혹은 사물들에 일어난 사건들의 결과 때문에 권리를 얻은 영적인 존재와 세력들과 관련이 있다.

따라서 민수기 19장은 죽은 자와 접촉한 자들이 율례적으로 부정하게 될 위험에 처해 있다는 것을 분명하게 언급해 놓았다. 왜 그런가? 어떤 주석가들은 누군가 전염병으로 죽은 사람과 접촉하게 되면 물로 씻는 것이 전염될 위험을 최소화시킬 것이라고(율법에 설명되어 있는 정결예식에는 정결한 물로 씻는 것이 포함되어 있기 때문에) 말함으로써 진정한 이슈를 비켜가려 한다.

하지만, 그러한 주장이 정말 옳다면 정결한 물을 준비하기 위해 제물로 드린 붉은 송아지의 재들을 물 위에 뿌리는 것은 어떻게 설명할 것인가? 시냇물과 같이 흐르는 물이야말로 시체를 만짐으로써 자기 몸에 묻은 어떤 흔적이라도 씻어내고 싶은 사람들에게 줄 수 있는 사리에 맞는 의학적 처방일 것이다.

따라서 민수기 19장을 해석하는 유일한 방법은 정결의 물이 특별히 준비돼 성별되었고(절차를 위해 민수기 19장 1-11절을 보라), 그렇게 준비된 물에는 죽은 사람으로부터 산 사람에게 전이되었을 수 있는 더러운 귀신들을 처리할 수 있는 영적 능력이 부여되었다는 것이다.

우리가 수백 번의 사역을 하면서 발견한 것은 죽은 사람과 산 사람 사이에 연결되어 있을 수 있는 모든 것들을 끊어 내는 것이 어둠의 세력들을 처리하고, 귀신들이 다른 사람들 안으로 들어갈 수 있는 권리들을 제거할 수 있는 매우 효과적인 방법이라는 것이다. 따라서 우리는 종종 귀신들이 죽은 사람 안에 있었던 것과 똑같은 증상들을 어떻게 새로운 사람 안에 일으키는지를 보아 왔다. 질병의 영들은 전이 후에도 아무런 제지를 당하지 않은 채 똑같은 기능을 계속하고 있었다.

율법에 기록된 대로 정결의 물을 사용하는 것은 분명히 그러한 영적 세력들을 처리하기 위한 구약의 절차이다. 하지만 그 물이 한 번도 멍에를 메지 않은 온전한 붉은 소의 희생을 요구했다는 것은 참으로 흥미롭다. 예수님은 십자가에서 죽으셨을 때에 완벽하고 충분한 희생제물이 되셨다. 광야의 이스라엘 백성들이 뱀에 물린 것으로부터 치유받기 위해 높이 세워진 구리 뱀을 믿음으로 바라보아야 했던 것처럼, 우리 또한 갈보리에서 십자가에 높이 달리신 하나님의 아들을 바라보아야 한다. 그러면 우리의 적이 우리 안에 영적으로 주입해 놓은 독으로부터 치유를 받고 그러한 결과들로부터 자유함을 얻게 될 것이다.

예수님은 그의 제자들에게 지상명령을 주셨을 때(마 28:19-20), 믿는 자들에게 아버지와 아들과 성령의 이름으로 세례를 주어야 한다는 것을 강조하셨다. 우리는 세례를 주는 동안에 구원하고 치유하고 귀신을 쫓아내는 예수 이름의 능력을 수없이 보아 왔다. 사람들이 세례받고 물속에서 나오자마자 즉시 어둠의 세력들에서 자유케 되는 경우들이 많이 있었다. 귀신들은 사람들의 순종의 결과들과, 사람들이 잠기는 성별된 물의 깨끗케 하는 능력을 견딜 수 없었던 것이다. 사도 바울이 에베소서 5장 26절에서 하나님께서 교회를 물로 씻어 깨끗케 하셨다고 말함으로써 물에 의한 교회의 정화에 대해 언급한 것이 매우 흥미롭다.

우리는 또한 심하게 귀신들린 사람들에게 사역할 경우에 성별된 물을 마시게 하는데, 그 때에 귀신들에게 일어나는 효과는 정말 극적이고 즉각적이었을 때가 많았다. '성별된 물'은 우리가 그 위에 성령이 충만하게 임하게 해달라고 기도한 물을 일컫는다. 그렇게 하면 사람에게 손을 얹고 기도할 때에 능력이 전이되는 것과 유사한 일이 물에도 일어난다.

이것을 발견하게 된 것은 우리에게 기도 사역을 받고 있는 한 여성이 물 한 잔을 달라고 말했을 때였다. 내가 부엌에서 물을 가지고 나오고 있었을 때에, 하나님께서 그 물 위에 손을 얹고 축복하라고 말씀하셨다. 나는 이 음성을 매우 분명하게 들었다. 그래서 그렇게 했고, 그 물을 그녀에게 가져다주어 마시게 했다. 그녀는 물 한 모금을 마시고는 내뱉었다. 그녀를 통해 말하던 귀신이 "다른 물을 달라"고 했다. 그래서 기도하지 않은 다른 물을 가져다 주었다. 그녀는 이번에는 아무런 문제없이 물 한 잔을 다 마실 수 있게 되었다.

그녀는 물맛이 실제로 달랐다고 말했다. 나중 물은 성별되지 않았기 때문에 귀신들은 그 물이 그녀 속으로 들어가는 것을 허락하는 것에 아무런 문제가 없었던 것이다. 하지만 우리 팀 중의 한 사람이 그녀의 위장 부위에 손을 얹고, 그 안에 있는 물을 성별케 했다. 그 때에 즉각적인 반응이 일어났다. 물이 마치 그녀 안에서 끓고 있는 것 같았고, 그녀는 즉시 축사를 받게 되었다. 이 경험은 하나님께서 당시에 우리에게 가르치신 학습 프로그램의 한 부분이었다. 미래의 사역을 위해 추천하시는 어떤 기술이 아니었다는 말이다.

따라서 우리는 경험을 통해 민수기 19장의 원리가 오늘날에도 유효하다는 것을 발견했다. 그때와 지금의 차이가 있다면 예수님께서 이미 희생 제사를 완성하셨다는 것이다. 따라서 더 이상 붉은 송아지가 필요하지 않게 되었다. 그리고 예수님은 믿는 자들에게 성령의 능력을 전이해 주심으로써 능력과 권세를 부여하셨다. 그리스도인들은 십자가 때문에 승리의 자리에 오를 수 있게 되었다.

죽음은 귀신들의 전이가 일어날 수 있는 가능성이 있기 때문에 살아 있는 자들에게는 위험한 시기이다. 왜냐하면 죽은 사람 안에 거하던 영들이 가능한 한 빨리 새로운 집을 찾으려 할 것이기 때문이다. 내가 이것을 말하는 것은 우리가 어떤 사람과도 하나님께서 원하시지 않는 혼의 묶임을 맺어서는 안 되며, 또한 항상 영적으로 정결한 삶을 사는 것이 얼마나 중요한지를 강조하기 위함이다.

사람들을 상담할 때에, 특별히 장기적인 문제들을 지니고 있는 자들을 상담할 때에, 우리는 일상적인 질문으로서 가족 안에서 일어난 죽음에 대해 질문을 한다. 우리는 종종 어떤 사람들로부터 전이된 사항들을 처리함으로써 사역 시간을 절약할 수 있었다. 왜냐하면 그러한 것들을 처리함으로써 사람들이 그들을 조종해 왔던 영적인 세력들로부터 자유함을 얻었기 때문이다.

경험을 통해, 흔히 죽은 자의 영이라 부르는 것이 우리가 기도해 주고 있는 사람에게 붙어 있었다는 것을 발견했다. 그것은 죽은 자의 특성들을 취한 귀신이다. 그 영은 그 사람(기도 사역을 받은 자)의 생애 동안 줄곧 그와 함께 해왔다. 이러한 영들은 사람들이 죽은 사람과 말할 목적으로 무당을 찾아갈 때에 무당들이 호출해 내는 영들이다.

죽은 자를 속속들이 알고 있으며, 그렇기 때문에 놀라울 정도로 교활하고 정확하게 사람들을 속일 수 있는 이러한 영들은 죽음 후의 삶에 대한 잘못된 신앙과 강신술과 같은 기만들로 사람들을 이끌어 간다. 우리는 죽은 자의 영을 쫓아냄으로써 정말 놀라운 일들이 그 사람의 삶 속에 일어나는 것을 보았다. 그는 죽은 자를 통해 가계를 타고 내려온 증상들로부터 온전한 치유를 받게 되었다.

관련된 이슈들

살아 있는 사람들에게 사역할 때에 주목해야 할 필요가 있는 것들로서, 귀신들이 달라붙을 수 있는 죽음의 다른 여러 양태들이 있다. 이 양태들은 다른 항목들에서 어느 정도 언급되었지만, 이 항목을 완성하기 위해 여기에서 다시 간단하게 반복한다.

1) 비통함

이것은 하나의 필요한 과정이다. 비통함을 표현하지 않고서는 상실의 아픔으로부터 온전히 치유될 수 없다. 하지만 때로 귀신은 감정적 충격을 타고 들어올 것이다. 그러면 그 사람은 상실로부터 결코 회복되지 못할 것이다. 어떤 사람이 상실의 슬픔을 경험한 지 석 달 정도 지난 후에도 전혀 호전되는 변화를 보이지 못한다면, 비통의 영이 역사하고 있다는 의심을 해보아야 할 것이다.

내가 알고 있던 한 여인은 15년 동안 남편을 잃은 것으로 인해 비통해하고 있었다. 그녀에 의해 표현되는 비통함은 완전히 귀신에 의한 것이었다. 따라서 나는 그녀에게 축사 사역을 해주었고, 그 후에는 비통함으로부터 온전히 치유되었다.

2) 충격

이것은 특별히 갑작스럽게 죽음이 발생한 경우와 관련이 있다. 아무런 경고도 없이 사별을 맞이한 것으로 인한 충격은 사람들에게 깊은 영향을 미친다. 따라서 그들은 감정적으로 귀신들의 공격에 활짝 노출된다. 사람들이 죽기 전에 오랫동안 질병을 앓아 왔다 할지라도, 살아 있는 사람들에게 미치는 충격은 어떤 사람이 교통사고로 인해 갑자기 죽었을 때와 같이 클 수도 있다.

어떤 사람들은 사랑하는 사람이 죽어 가고 있다는 사실을 발견한 순간부터 죽어 가고 있는 사람을 지지하고 격려하기 위해 그들의 모든 감정들을 '유보'해 둘 수 있는 역량을 지니고 있다. 그 결과 모든 것이 끝나면, 그들에게 지지해 주고 격려해 줄 환자가 없다는 충격이 엄청난 크기로 몰려올 수 있을 것이다.

3) 외로움

이것은 특별히 오랫동안 행복하게 지속된 결혼 관계가 한 배우자의 죽음에 의해 종결될 때에 일어날 것이다. 이때에 느껴지는 외로움은 특별히 살아 있는 배우자가 자식들이나 가족의 다른 식구들로부터 지지와 위로를 받지 못한다면 더욱 강렬해서 귀신들이 감정을 타고 역사하게 될 것이다.

4) 거절

어떤 사람들(특별히 아이들)에게는 사랑하는 자를 잃는 것이 그 사랑하는 자에 의한 거절처럼 느껴진다. 그들은 마치 사랑하는 사람이 고의로 죽어서 그들을 뒤에 남겨둔 것처럼 느끼기도 한다. 이럴 때에는 대개 그 사람 안에 이미 거절의 깊은 뿌리가 있으며, 귀신은 살아남은 자가 의존했던 사람의 죽음을 통해 궁극적인 거절의 영을 불러들이기 위해 그것을 이용하는 것이다.

:: 저주-내적 맹세와 선언과 잘못된 기도 등 포함

저주는 다른 사람을 해할 목적으로 그 사람에 대항해 하는 말이다. 말 그 자체는 다른 사람을 해할 만한 권세를 가지고 있지 않다. 저주의 말이 성취될 수 있게 해주는 것은 그러한 말 뒤에 역사하는 영적인 세력이다.

하나님의 저주

인간들의 입에서 나오는 저주의 결과들을 살펴보기 전에 먼저 어떤 율법 조항들을 어겼을 때에 하나님의 저주가 사람들에게 임할 것이라는 성서적 의미가 무엇인지를 알아보자(신 28:15-68). 이러한 경우 저주는 불순종과 반역에 대한 일종의 심판이다. 우리는 죄를 지을 때에 하나님의 보호막에서 벗어나게 된다. 따라서 우리는 스스로를 사탄의 그늘 아래에 두는 것이다. 일반적으로, 하나님의 저주는 우리 자신의 고집스러운 결정들로 인해 보호막을 상실함으로써 초래된다.

어떤 때에는 하나님께서 사람들에게 심판을 내리기 위해 즉시 행하시는 경우들도 있다. 성경은 원수 갚는 것이 분명히 하나님께 속한 것이라는 것과, 우리 손으로 심판을 행하려 해서는 안 된다는 것을 분명히 밝히고 있다(롬 12:19). 하나님의 '저주'의 실질적인 성취는 우리가 헤롯의 경우에 볼 수 있는 것과 같이 대개 천사들에 의해 행해진다. 헤롯은 마치 자기가 하나님인 것처럼 사람들이 자기에게 영광을 돌리는 것을 허락했다(행 12:23). 구약성경에 보면 사울 왕을 괴롭히기 위해 악한 영이 하나님에 의해 보내졌다는 기록이 있다(삼상 16:14). 이것은 최종적인 권세가 하나님의 손에 있다는 것과, 하나님께서 그의 목적을 성취하기 위해서 심지어 악한 영도 사용하실 수 있다는 것을 보여 준다.

하나님의 저주와 관련해, 바울은 예수님께서 우리를 위해 저주가 되셔서 믿는 자들을 율법의 저주로부터 구속하셨다고 말한다. 하나님의 저주가 인류로부터 끊어지는 방법은 오직 십자가를 통해서만 가능하다. 인류 위에 임한 일반적인 저주로부터 해방되기 위해 필요한 것은 고백과 회개와 용서이다. 이 세 가지는 우리가 죄를 짓고, 그 결과 다시 우리 스스로를 하나님의 저주 아래 두었다는 것을 발견할 때에 우리 각자에게 반드시 요구되는 것들이다.

요한이 "우리가 우리 죄를 자백하면 저는 미쁘시고 의로우사 우리 죄를 사하시며 모든 불의에서 우리를 깨끗하게 하실 것이요"(요일 1:9)라고 한 것은 분명히 믿는 그리스도인들을 위한 것이다. 요한은 믿는 자들이 죄를 지을 것이라는 것을 알고 있었고, 또한 죄에 대한 해결책이 있다는 것을 알리고 싶었던 것이다.

성화의 과정은 때로 길고 어렵게 보인다. 바울은 때로 그가 원하는 선은 행할 수 없고, 오히려 정말 하고 싶지 않은 악한 것을 행하고 있는 자신의 모습을 발견하면서 고통 가운데 신음했다(롬 7:14-25). 하지만 바울의 경험은 예수님을 따르기로 결심한 모든 사람들의 경험과 똑같은 것이었다. 우리가 하나님께 가까이 가면 갈수록, 우리 내면의 죄를 더욱 명백하게 보게 된다. 빛이 밝으면 밝을수록, 더러운 것들을 더 선명하게 볼 수 있는 것과 같은 이치이다.

어떤 그리스도인들은 과거에 지은 죄 때문에 히브리서 6장을 읽고 깊은 절망과 죄의식에서 벗어나지 못하기도 한다. 이것은 하나님을 섬기기 위해 평생 분투한 사람들, 특히 노인들의 일반적인 경험이라 할 수 있다. 이들은 종종 엄청난 유혹들과 필사적으로 씨름을 해왔을 것이다. 그들은 하나님을 섬기면서 살아 온 좋은 시간들을 회상할 수도 있지만, 인생의 마지막에 가까우면 가까울수록 실패한 것들을 더욱 분명하게 인식하게 된다.

사탄의 이름들 중의 하나가 "형제를 참소하는 자"이다. 그는 악한 영들을 보내어 이 임무를 수행하게 한다. 귀신들은 믿는 자들이 범한 그릇된 모든 행위들을 고발하는데, 특별히 문맥에서 벗어나면 매우 파괴적인 결과를 초래할 수 있는 성경 구절들을 인용하기도 한다. 특히 귀신들은 정결한 마음을 갖고자 하며, 하나님을 잘 섬기고 싶어 하는 자들에게 더욱 집요하게 달라붙는다.

사탄은 성경을 인용하는 데 있어서는 항상 전문가였다. 그것이 예수님을 시험할 때에 사용한 기교였다. 예수님께서 성경이 인용되는 것을 들으셨을 때에, 그 구절들을 통해 암시되는 것들이 사실임에 틀림이 없을 것이라고 추론하는 것이 얼마나 쉬웠을까?(하나님의 말씀이기 때문에). 사탄은 거짓말쟁이이며, 그의 목적을 달성하기 위해서는 하나님의 말씀을 읽고 해석하고 이용하는 것을 서슴지 않을 것이다.

우리는 성경을 사용하는 방식에서 있어서 매우 주의를 기울여야 하며, 또한 다른 그리스도인들(혹은 비그리스도인들)이 우리에게 성경을 인용할 때에 분별력이 있어야 한다. 중요한 것은 인용되는 말씀 그 자체가 아니라, 그 말씀 배후에 있는 영이다. 이렇게 볼 때에 성령의 은사들 중의 하나가 하나님으로부터 온 것과 그렇지 않은 것들을 분별하는 능력이라는 것은 당연하다고 할 수 있다(고전 12:10).

믿는 자들 중에서 율법의 저주로부터 자유케 되었다는 것을 온전히 이해하지 못하는 자들은 히브리서 6장에서 많이 넘어진다. 그리고 히브리서 6장은 가끔씩 넘어지면서도 계속 싸워나가는 자들이 아니라, 특별히 믿음을 포기한 자들에게 인용된다. 믿음을 포기한 자들과, 타락한 세상에서 그리고 타락한 육체 안에서 믿음의 실체를 지니고 싸워 나가는 자들 사이에는 엄청난 차이가 있다. 나는 실수가 두려워서 아무것도 하지 않은 채 앉아 있으려 하는 직원보다는 실수를 하면서도 배우고 계속 노력하는 직원을 고용할 것이다. 이것은 이 세상의 지혜자가 확증해 주는 것이기도 하다. "실수하지 않는 자는 어떤 것도 성취할 수 없다."

하나님을 위해 여전히 분투하고 있는 자들을 격려해 주고, 예수님 때문에 그들이 율법의 저주로부터 구속되었다는 것을 상기시켜 주는 것이 매우 중요하다. 그들은 거짓의 영이 그들의 마음에 무슨 말을 속삭이든지 사탄의 손아귀에서 건짐을 받은 자들이다.

우리의 과거와 관련된 사탄의 기만과 조롱에 넘어간다면, 우리의 의심과 불신앙을 통해 적에게 우리 안으로 들어올 수 있는 권리를 주게 된다. 우리는 많은 사람들로부터 그러한 상황들을 이용한 많은 영들을 쫓아내었다. 그러한 영들의 이름은 절망, 하나님에 대한 두려움(하나님에 대한 거룩한 두려움이 아니라, 구원의 축복을 신뢰할 수 없는 것으로부터 나오는 잘못된 두려움), 무가치함, 죄의식 등이었다.

바울은 고린도전서 3장에서 죄를 지은 그리스도인들의 문제(예수님의 토대 위에 올바로 세워지지 않음으로 인해)에 대해 피력한다. 거기에서 그는 우리가 그리스도인으로서 살아가면서 행하는 일을 건물에 비유하면서, 어떤 사람들의 건물은 보존할 가치가 전혀 없기 때문에 하나님의 심판의 불에 완전히 소멸될 것이라고 말한다. 하지만 그렇다 할지라도 그러한 사람들 자체는 "불에서 건짐을 받는 것과 같이 구원을 얻을 것이다"라고 말한다(고전 3:15).

사탄의 저주

하나님으로부터 오지 않은 저주에 관해 생각할 때에 우리는 매우 상이한 어떤 것을 다루게 된다. 즉, 사람들이 다른 사람들에게 행한 저주의 조건들을 충족시키려는 특별한 임무를 맡고 있는 악한 영들을 다루게 된다. 다른 어떤 사람들이 자기들에 대해 내뱉을 수 있는 어떤 저주의 말도 그들을 상하게 할 수 없다고 느끼는 사람들에게 위로와 격려가 되는 말씀이 있다. "까닭 없는 저주는······이르지 않느다"(잠 26:2). 넓게 말해서, 이것은 우리가 삶 속에서 원수들에게 어떤 권리도 주지 않는다면, 사탄이나 귀신들이나 어떤 악한 자들이 우리에게 무슨 말을 내뱉는다 할지라도, 그러한 저주는 우리의 영에 어떠한 영향도 미칠 수 없다는 것이다.

그러나 그러한 구절과 관련해 경고하고 싶은 것이 있다. 하나님 앞에서 살아가고 있는 우리들 중 누가 우리 위에 저주를 실행하려는 원수들에게 어떠한 권리도 주지 않고 있다는 것을 절대적으로 확신할 수 있을까? 교만이 치명적인 적임을 또한 알아야 한다. 성경이 우리 마음에 관해, 그리고 그것의 부패함에 대해 말한 것을 기억하라.

거룩한 삶을 살아가기 위한 과정 속에서 가장 중요한 것은 하나님에 대한 두려움이다. 그 다음은 우리의 행동과 우리 마음의 태도가 적이 들어올 수 있도록 문을 열어 줄 수 있다는 사실을 기억하는 것이다. 시편 기자의 자기 성찰에 대한 기도가 모든 믿는 자들이 드려야 하는 매우 중요한 기도이다. "하나님이여 나를 살피사 내 마음을 아시며 나를 시험하사 내 뜻을 아옵소서 내게 무슨 악한 행위가 있나 보시고 나를 영원한 길로 인도하소서"(시 139:23-24).

적의 지속적인 공격들이 우리를 지치게 하고 우리로 하여금 그의 조롱과 시험에 점점 약해지게 할 수 있다는 것을 기억하라. 우리는 항상 경계해 우리의 방어막이 내려가지 않도록 해야 하며, 또한 적이 우리에게 저주들을 실행해 귀신들이 우리에게 달라붙게 할 수 있는 기반을 주지 않도록 해야 한다.

저주의 희생자들이 된 수백 명의 사람들에게 사역을 해온 경험을 통해 볼 때에 그리스도의 몸의 능력을 무력화시키려는 적의 간계와 결의는 정말 대단하다. 그는 그의 목적들을 성취하기까지는 결코 포기하지 않으려 한다. 저주들이야말로 적이 가장 선호하는 무기들 중의 하나이다. 그는 특히 우리의 취약한 부분들, 그리고 우리가 보통 위험하다고 생각하지 않는 저주의 채널들을 이용한다.

다른 사람들에게 저주하는 대부분의 사람들은 다른 사람들에게 어떠한 손상을 입히고 있는지를 인식하지 못한다. 다른 사람들에게 잘못 말하면 그러한 말 때문에 사탄에게 공격의 기회를 주며, 또한 귀신들이 상대방 안으로 들어갈 수 있는 기회를 열어 준다는 것을 이해하는 사람이 거의 없는 것처럼 보인다. 그러한 저주들은 매우 강력한 말들로서 결코 가볍게 말해지지 않는다.

나는 건강상의 문제로 사역을 포기해야 했던 어떤 사람을 결코 잊지 못할 것이다. 그는 건강이 매우 좋지 않아서 더 이상 사역할 수 없는 지경에 이르렀다. 그는 성도들이 그에게 그리고 그에 관해 내뱉은 격렬한 말들로 인해 그 교회로 부임하는 순간부터 저주의 희생자였다는 것을 전혀 알지 못하고 있었다. 그는 경건한 사람이었고, 성령께서 그 교회에서 역사하실 수 있는 자유를 드리기로 결심했었다. 그러나 최근에 그를 목회자로 임명한 교회 성도들로부터 저항이 매우 격렬하게 일어났다. 교회 성도들은 하나님이 원하시는 것이 아니라, 그들이 원하는 것을 행할 목회자를 원했던 것이다.

시간이 좀 지난 후에 그는 그에 관해 말해지고 있는 몇 가지 사항들에 대해 반응하기 시작했다. 그는 자신의 감정을 원색적으로 표현했다. 그와 아내는 자신들을 보호하는 방법을 몰랐거나, 혹은 하나님께서 그들에게 선포하라고 주신 말씀을 들을 수 있는 사역지를 찾는 지혜가 없었다. 급기야 수년 동안 잠재되어 있던 그들의 다른 문제들이 수면 위로 떠오르기 시작했다. 그들은 몇 년이 지난 후에 그 교회를 사임했을 뿐 아니라, 사역 자체를 포기했다. 사탄이 그들을 저주했다. 그들은 이제 단순히 따뜻한 돌봄을 위한 안식년 이상의 것을 필요로 하게 되었다.

그들은 몇몇 성도들의 말을 통해 그들이 불러들인 모든 저주의 영들로부터 축사받는 것이 필요했다. 그들이 축사를 받기 위해 우리를 찾아 왔을 때에, 그들과 우리 모두는 그들이 당한 고통을 통해 사탄이 그들 위에 지어 왔던 견고한 진들을 보고 깜짝 놀랐다.

우리는 여러 사역 경험들을 통해 그리스도인들이 내뱉은 저주의 말들이 믿지 않는 사람들이 내뱉은 저주의 말보다 적에게 훨씬 강력한 힘을 준다는 것을 보아 왔다. 그러한 저주들은 귀신들에게 그리스도의 몸에 직접적인 영향을 미칠 수 있는 권리들을 준다. 잘못된 기도(우리가 잘못된 동기를 가지고 어떤 것들을 행해 달라고 하는 기도)는 특별히 강력한 형태의 저주임을 알아야 한다. 이것에 대해서는 나보다 더 많은 경험을 가진 다른 저자들 또한 동의하고 있다. 이 중요한 문제를 더 깊이 이해하고 싶어 하는 자들에게 데릭 프린스의 〈축복 혹은 저주〉Blessing or Curse라는 책을 추천한다.

사람들로부터 온 저주들은 넓게 두 개의 범주로 나눌 수 있다. 첫째, 신비 사술에 관련되어 있는 자들에 의한 고의적인 저주이다. 이들은 그들이 행하고 있는 것을 정확하게 알고 있으며, 저주의 희생자에게 해를 입힐 목적으로 귀신들을 이용한다. 둘째, 고의적이지는 않지만 어쨌든 저주가 되는 말들이 있다. 왜냐하면 그것들은 그러한 말을 듣는 사람을 위한 하나님의 계획과 목적에 반해 말해지는 일반적인 범주의 말들에 속하기 때문이다.

사람들에 의한 고의적인 저주

우리는 고의적으로 저주를 하는 사람들이 사용하는 방법들을 통해 많은 것들을 배울 수 있다. 일반적으로 그들은 무작위로 아무나 선택해 저주를 쏟아 부을 수는 없다. 그들은 저주의 효과를 위해 희생자와 어떤 형태로든지 연결고리가 있어야 한다. 저주를 수행할 귀신들은 희생자에 대한 지식이나 혹은 희생자를 확인할 수 있는 수단을 가지고 있어야 하는 것처럼 보인다. 그렇기 때문에 저주 의식에서 희생자에게 속한 어떤 것이 사용되는 것이다.

옷이나 귀중품 등 희생자가 소유하고 있는 물건이 흔히 사용된다. 예를 들어, 도둑맞은 물건이나 옷이 그 소유자를 저주하는 일에 사용될 수 있다. 혹은 먼저 물건에 저주를 한 후 그것을 소유자에게 돌려줌으로써 저주의 영이 물건의 소유자에게 직접 역사할 수 있다. 사람의 신체적 부위에 속한 것들이 또한 특별히 강력하게 역사한다.

깎은 손톱, 머리카락, 피와 같은 것들이 자주 이용된다. 성경은 "생명이 피에 있다"고 말한다. 저주 의식에서 저주를 희생자에게 직접 연결시키기 위한 수단으로서 그 사람의 피를 이용하는 것은 악마적인 저주를 통해 사람들을 조종하려는 가장 강력한 방법들 중의 하나이다.

저주를 희생자에게 연결시키는 또 다른 방법은 사진을 이용하는 것이다. 이것은 통상 부두교(미국 남부 및 서인도 제도의 흑인 사이에 행해지는 원시 종교voodoo-역주)적 관례로서, 희생자에게 신체적인 고통이나 증상들을 일으키기 위해 부두 인형을 사용하는 대신에 사진을 이용하는 방법이다. 예를 들어, 부두교 신봉자들은 인형이나 사진의 특정한 부분을 칼로 찌름으로써 희생자의 몸 안에 그와 똑같은 증상들을 일으킬 수 있다. 물론 귀신들을 통한 역사이다.

부두교가 기본적인 주술로서 자리매김하고 있는 나라들에 살고 있는 사람들은 종종 부두교 신자들을 매우 두려워한다. 왜냐하면 부두교 신자들에 의해 희생된 다른 사람들에게 무슨 일이 일어났는지에 대해 잘 알고 있기 때문이다. 부두교 신봉자들은 종종 상업적 목적을 위해 이용되고 있으며, 다른 사람들(예를 들어 사업의 경쟁자들)에게 저주를 하고 싶어 하는 사람들에 의해 고용된다.

이와 같이 다른 사람을 저주할 목적으로 사술자들이 이용될 때마다—부두교 의식을 통해서든지, 아니면 다른 어떤 사술적 행위를 통해서든지—그들에게는 희생양이 될 사람과 영적 연결 고리를 잇기 위해 그 사람에게 속한 어떤 물건들이 반드시 필요할 것이다. 그래야 귀신들이 그 희생자를 확인하고, 주술자들이 그들에게 요구한 것들을 수행할 수 있기 때문이다.

요점은 저주하는 자와 저주를 받는 자 사이에 어떤 연결 고리가 필요하다는 것이다. 그러한 연결 고리가 없이는 저주가 시행될 수 없을 것이다. 또한 그러한 연결 고리가 있다고 해서 반드시 저주가 실행되는 것은 아니다. 사술의 죄에 가담해 온 사람들이 다음과 같이 말하는 것을 들은 적이 있다. 어떤 그리스도인들에게는 다른 그리스도인들보다 저주를 실행하는 것이 더 어렵다고 한다. 단순한 원리를 말하자면, 우리가 주님과 가까워지면 가까워질수록, 적의 저주가 실행되는 것이 더 어렵다는 것이다.

우리가 사역을 하면서 발견한 것은 사람들에게서 명백한 이유도 없이 나타나는 이상한 증상들은 때로 사술적 저주의 결과들일 수 있다는 것이다. 또 어떤 경우에는 사람들이 갑자기 이상한 사고를 당한다든지, 혹은 사람들과의 관계나 직장에 납득할 수 없는 문제들이 발생하기 시작할 수도 있다.

이러한 문제를 지닌 자들을 사역할 때에, 우리는 종종 피사역자들에 관한 정확한 지식의 말씀을 의지해 왔다. 또 어떤 때에는 저주의 문제가 있을 것이라 의심하면서 문제를 일으키는 저주의 영을 도전했을 때에, 귀신이 그 희생자 안으로 어떻게 들어갔는지를 말하곤 했다. 일단 희생자가 저주를 한 사람(아는 사람일 수도 있고 모르는 사람일 수도 있다)이나 저주를 하도록 사술자들을 고용한 사람을 용서하면 축사가 일어날 수 있다. 그러면 저주로 인한 증상들이나 신호들이 사라진다.

의식절차의 한 부분으로서 다른 사람들에게 저주를 일으키는 거짓 종교들이나 사술 행위에 적극적으로 가담한 적이 있는 사람들을 사역하는 동안에는 매우 다양한 형태의 수많은 저주들에 직면하게 될 것이다. 모든 주술과 사탄숭배와 프리메이슨 그리고 다른 비밀스러운 종교들은 사람들이 그들의 조직을 떠나지 못하게 하기 위해, 혹은 떠날 경우를 대비해 그들이 조직에 머무는 동안 자발적으로 선택한 것들에 그들을 묶어 놓기 위한 목적으로 그들의 모든 종교 의식들 속에 저주들을 심어 놓는다.

이러한 저주들 중의 일부는 죽음의 저주들이다. 따라서 누군가 특정한 어떤 의식에 붙어 있는 귀신에게서 해방된 후에는, 그 의식을 주관하고 있던 저주의 영이 즉시 행동을 개시해 때로 그 사람으로 하여금 호흡을 멈추게 한다든지, 또는 자살하고 싶은 마음을 불러일으킬 수 있을 것이다. 그 귀신은 그렇게 할 만한 권리를 가지고 있다. 왜냐하면 그 사람이 자기 조직의 구성원으로서 지켜야 할 조건과 계약, 혹은 승진할 때의 조건과 계약을 받아들이겠다고 자발적으로 동의했기 때문이다.

예를 들어서, 프리메이슨의 저주들은 멤버들의 지위에 따라 다르다. 우리는 이러한 저주들이 출애굽기 20장 5절의 말씀(아비의 죄가 삼사 대까지 미칠 것이다)에 따라 자녀들에게 전이될 수 있다는 것을 보아 왔다. 우리가 사역을 해준 프리메이슨 교도들의 딸들은 자기 아버지들이 승진하는 의식의 일부분으로서 주문처럼 외우는 저주의 말들과 정확히 일치하는 증상들을 나타내곤 했다.

프리메이슨을 통한 저주의 또 다른 양태는 이러한 저주들이 특별히 프리메이슨적 신앙을 포기하거나, 혹은 자기 조상들의 프리메이슨적 신앙을 끊는 그리스도인들에게 영향을 미친다는 것이다. 프리메이슨은 그것을 따르는 자들을 위한 일종의 '번영의 종교'이다. 프리메이슨 주의자들은 다른 프리메이슨 형제들을 돕겠다고 맹세한다.

사람들이 프리메이슨을 떠날 때에, 번영을 일으키는 임무를 맡고 있던 영은 이 역할을 바꾸어서 예수님을 반대하는 목표를 성취하려 한다. 번영이 특별히 믿는 자들의 재정적 이익을 방해하는 가난의 저주가 된다. 프리메이슨에 의해 영향을 입은 자들에게 사역을 하면서 발견한 것은 종종 프리메이슨에 달라붙어 있는 영이 있다는 것이다. 우리는 사역의 경험을 통해 이러한 가난의 저주가 끊어졌을 때에 그 순간부터 그 사람들의 재정에 현격한 차이가 일어난다는 것을 증언할 수 있다.

사람들이 이러한 모든 것들로부터 자유를 얻고, 그들의 삶 속에서 역사해 왔던 귀신들로부터 자유를 얻음에 따라, 십자가의 경이로움이 점점 더욱 강력하게 다가온다. 예수님은 자신의 죽음을 통해 사람들이 모든 저주들로부터 자유케 되는 것을 가능케 하셨다. 왜냐하면 그분이 모든 저주의 결과들을 짊어지셨기 때문이다. 우리가 치유받을 수 있는 것도 그분이 고통을 당하셨기 때문이다. 장차 오실 분이 치유를 어떻게 가능케 하실 것인지에 대해 묘사한 이사야의 예언(사 53장)은 놀라울 정도로 정확했다.

고의성이 없는 저주들

'고의성이 없는 저주들'이라 함은 다른 사람을 대항해 내뱉은 저주이지만, 위에서 설명한 것과 같은 식으로 다른 사람에게 해를 가할 의도가 없는 저주들을 의미한다. 그러나 우리가 말하고 행동하는 것들을 귀신들이 어떻게 이용하는지에 대해 우리가 모른다고 해서, 귀신들이 우리의 말들을 통해 다른 사람들을 상하게 하는 것을 멈추지는 않을 것이다. 예를 들어, 우리의 적은 우리가 발끈하면서 내뱉을 수 있는 말들을 취해 그 말을 들은 사람의 생각과 감정에 고착되게 할 수 있다. 희생자가 그 말을 믿고 받아들인다면, 귀신은 그 말들을 이용해 희생자에 달라붙어 역사할 수 있을 것이다.

하지만 이러한 저주가 실행되기 위해서는 위에서 설명한 의도적인 저주의 경우와 마찬가지로 저주를 하는 자와 희생자 사이에 어떤 연결점이 있어야 한다. 이것이 다시 우리에게 혼의 묶임이라는 것이 얼마나 위험한지를 상기시켜 준다. 대개의 경우 우리를 정말 아프게 하는 것을 말하는 사람들은 우리와 이미 혼의 묶임을 형성하고 있는 자들이다. 어떤 말들이 우리에게 영향을 미칠 수 있는 힘을 지니고 있는 이유는 우리가 그러한 말을 하는 자들과 가까운 관계에 있기 때문이다.

전혀 알지 못하는 어떤 사람이 아무런 이유도 없이 우리에게 욕설을 퍼붓는다면 그것을 무시해 버릴 수 있을 것이다. 그 사건을 기억은 할 수 있겠지만, 그러한 말들에는 우리에게 상처를 주거나 우리를 조종할 만한 힘이 없다. 하지만 어떤 남자가 어느 날 직장에서 돌아와 자기 아내가 마땅히 해야 했던 것 혹은 하지 말아야 했던 것에 대해 폭력적인 공격을 퍼붓는다면, 그녀는 그 사건에 의해 상처받기 쉬울 것이며, 그 상처는 또한 그녀 안에 매우 깊이 박힐 것이다.

그녀가 남편이 말한 것을 잊지 못하고 그녀에 관해 말한 거짓말

(예: "당신은 쓸모없는 인간이야")을 믿기 시작한다면, 사탄은 그녀의 깊은 곳에 실패의 영을 침투시키기 위해 그녀와 남편 사이의 혼의 묶임을 이용할 수 있을 것이다. 일단 그녀 안에 침투한 영은 그 가련한 여인이 실패자라는 기대에 맞추어 살게 하기 위해 가능한 모든 방법을 동원하려 할 것이다. 그리고 그녀는 내면에서 그 영이 그녀에게 계속해서 말하는 것을 경험하도록 만들어질 것이다. 언제까지? 그녀가 실패자라는 것을 확신함으로 온 세상이 무너져 내리기 시작할 때까지.

나는 대중 집회 동안에 때로 이러한 실패자라는 주제에 관해 가르친 적이 있었는데, 집회에 참석한 많은 사람들은 그들이 살아오면서 직면한 문제들 때문만이 아니라, 또한 수많은 상처들을 유발해 온 실패의 영들 때문에 고통을 받아왔다는 것을 감지할 수 있었다. 이러한 고통의 배후에 있는 영들에게 떠나가라고 선포할 때에 많은 사람들이 오랫동안 묶여 있던 속박으로부터 자유를 얻으면서 축사를 경험했다.

우리가 이 부분에서 조명하고자 하는 것은 우리와 혼의 묶임을 형성하고 있는 사람들이 던지는(심지어 기도하는) 부정적이고 파괴적인 말들이다. 그러한 말들이 믿어지고 받아들여지면, 그 말들 자체가 귀신들이 침입할 수 있는 통로가 된다는 것을 기억하라.

특별히 어린이들은 부모들이 던진 부정적인 말이나 비판들에 쉽게 상처받는다. 왜냐하면 어린이들은 부모들과 그들을 돌볼 책임이 있는 다른 성인들이 말하는 것을 본능적으로 받아들이기 때문이다. 어린이들은 선하고 나쁜 것을 아무런 의심도 없이 받아들인다. 그리고 나쁜 것들에 의해 무너져 내린다. 피사역자들이 어린이들의 부모들에게서 들은 말들이라면서 들려준 어떤 것들은 정말 우리를 소스라치게 할 만큼 끔찍한 것들이었다. 때로 부모들로부터 들은 그러한 말들을 기억하는 것이 너무도 고통스러웠기 때문에, 그들을 용서하지 않고서는 그러한 말들 배후에 있는 악한 영들을 쫓아낼 수 없다는 것을 알면서도 그들을 용서하는 것이 매우 어려웠다.

우리가 사역을 하면서 사람들로부터 들어온 실제적인 말들로서, 치유와 축사를 필요로 했던 실례들은 다음과 같다.

부모들이 자녀들에게 한 말
- "너는 쓸데없는 존재야."
- "너는 결코 쓸모 있는 존재가 되지 못할 거야. 너는 너의 엄마와 똑같애."
- "다 큰 아이는 울지 않아." (일곱 살이 되었을 때에 울 만한 충분한 이유가 있었음에도 불구하고 운다고 때리면서 하는 말)
- "너는 결코 결혼하지 못할 거야. 누가 너와 같은 아이와 살고 싶어 하겠니?"
- "너는 정말 못 생겼어."
- "너는 결코 직장을 잡지 못할 거야."
- "사람들을 결코 신뢰하지 마라. 그들은 너에게 문제들만 안겨줄 뿐이다."
- "너는 정말로 사악하구나, 너는 악마야."
- "너는 결코 변하지 않을 거야, 너는 항상 똑같애."

- "그것은 가족의 내력이야—너도 그렇게 될거야."

남편이 아내에게 한 말
- "당신은 왜 우리 엄마처럼 요리를 할 수 없는 거지?"
- "당신은 정말 병적인 사람이야."
- "당신의 옷차림을 보니 천한 사람 같아 보여."
- "당신을 침대에서 보면 다른 방에서 자고 싶어져."
- "당신은 왜 존의 아내처럼 될 수 없는 거지?"

아내가 남편에게 한 말
- "진짜 남자와 결혼을 했다면 얼마나 좋았을까!"
- "당신이 관심이 있는 것은 오직 섹스뿐이야." (아내가 자기를 진정한 인격체로서 관심을 가져 주지 않는 것으로 인해 마음이 상해 있는 남편에게)
- "우리 자녀들이 우러러 볼 수 있는 사람이 아무도 없다는 것은 정말 슬픈 일이야."
- "당신은 어떻게 그렇게 당신의 아버지와 똑같을 수 있지? 정말 쓸모없는 인간이야."
- "당신이 직장을 잡을 수 없는 것은 당연한 거야. 나 또한 당신과 같은 사람은 고용하지 않을 거야."

성도들이 목사에게 한 말
- "존스 씨가 은퇴하지 않았으면 얼마나 좋았을까?" (존스 씨는 과거

의 목사님이었다)
- "나는 이전의 목사님이 방문하는 것을 즐기곤 했어요."
- "우리는 그 분이 여기를 떠나기를 위해 기도할 거예요. 그 분은 우리에게 맞지 않아요."
- "당신이 여기에서 어떤 것이라도 바꿀 수 있을 것이라고 생각하지 마세요."
- "10분 이상 설교하면 우리는 모두 밖으로 나갈 거예요."
- "당신은 우리가 시키는 대로 해야 해요. 그것을 위해 우리가 당신에게 돈을 지불하는 거예요."

목사가 성도들에게 한 말
- "당신들은 모두 죽은 자들이나 마찬가지예요."
- "차라리 이곳에 오지 않았으면 좋았을 것을!"
- "당신들이 나를 바꿀 수 있을 것이라고 생각한다면 다시 한 번 생각해 보세요."

고용주가 피고용인에게 한 말
- "당신은 정말 제대로 하는 것이 없군요."
- "계속해서 그런 식으로 일한다면 당신 때문에 파산할 거예요."
- "나는 내 방식대로 회사를 운영할 거예요. 당신의 기독교는 집어 치워요."

우리가 위와 같은 말들을 들을 때에 어떻게 반응하는가 하는 것이 적이 우리의 삶 속에 어떠한 영향력을 행사할 수 있는지를 결정해 준다. 이것들이 바울이 에베소서 6장에서 적의 모든 화전을 믿음의 방패로 막는 것에 대해 썼을 때에 말한 가능한 화살들 중의 일부이다. 우리는 하나님께서 주신 권세를 가지고 우리의 믿음의 방패를 치켜들어서 그러한 말들이 우리 삶 속에 어떤 영향력도 행사하지 못하도록 하든지, 아니면 그러한 말들을 받아들이고 깊이 생각한 후에 믿을 수도 있을 것이다. 우리가 그러한 말들을 믿는다면, 바로 그 순간에 적으로 하여금 우리 삶 속에 들어올 수 있는 권리를 주게 될 것이다. 그 결과는 미래의 어느 순간에 축사를 필요로 하게 될 것이라는 것이다.

자기 저주와 내적 맹세

불행히도, 어린이들은 잔인한 말들을 들을 때에 그러한 상황을 어떻게 처리해야 할지 거의 알지 못한다. 화살들은 대개 목표물을 발견한다. 어린이들(종종 성인들도)은 내적 맹세를 할 것이다. 이것은 일종의 자기 저주로서, 그들은 이것을 통해 어떠한 희생을 치르고서라도 그러한 일이 다시는 일어나지 않게 하겠다고 결심한다.

예를 들어, 울고 있다는 이유로 매를 맞은 일곱 살의 어린이는 자연스럽게 "나는 다시는 울지 않을 거야"라고 반응할 수 있을 것이다. 내가 사역을 해준 46세의 어느 남자가 그러한 말을 한 적이 있었다. 그는 정말 7세 때부터 46세까지 한 번도 울지 않았다. 그러나 그가 마땅히 표현해야 할 감정들을 통제하느라 지불한 가격은 매우 비싼 것이었다. 그의 감정들이 저주와 그 후의 내적 맹세를 통해 통제

되었기 때문에, 그는 결국 깊은 우울증에 걸리게 되었고 거의 평생 동안 약을 먹어야 했다. 그는 우울증과 약으로 인한 끔찍한 효과 때문에 온전한 삶을 영위할 수 없었다. 그가 치료를 받기 시작한 것은 아버지를 용서하고 그의 내적 맹세를 취소하면서부터였다.

우리가 자신에게 해가 되는 내적 맹세를 하게 되면, 인간으로서 우리의 잠재력을 크게 제한시킬 뿐만 아니라, 적으로 하여금 그 영역에서 우리를 조종하도록 초청하게 된다. 그 결과 우리 삶의 어떤 부분에 있어서는 하나님의 계획과 목적에 반하는 식으로 살아가게 될 것이다. 그 결과 많은 사람들은 그러한 말을 하는 것이 얼마나 어리석은 것인지를 깨닫게 되었고, 또한 그들이 그러한 상황으로부터 탈출할 수 없다는 것을 발견하게 되었다. 그들은 귀신들과 싸우고 있다는 것을 깨닫지 못하고 있었다. 오직 축사를 받은 후에야, 올바른 사고 패턴과 행동을 회복하는 장기적인 과정을 시작할 수 있게 되었다.

예를 들어, 심한 학대를 받아 온 한 소녀가 많은 내적 맹세를 했었다. 그러한 맹세들 중 두 가지는 "다시는 침대에서 자지 않을 거야"(그녀는 침대는 위험한 곳이라고 결론을 내렸고, 그래서 그것들을 다시는 사용하지 않겠다고 결심한 것이다)와, "다시는 어떤 남자도 신뢰하지 않을 거야"(왜냐하면 남자들이 그녀에게 더러운 짓을 하기 때문에)였다.

그녀는 자신의 의지로 이러한 것들을 극복하려 노력했지만 그것이 불가능하다는 것을 발견하게 되었다. 그녀는 내적 맹세들을 통한 자기 저주의 결과로서 그녀를 조종해 온 악한 영들로부터 축사를 받은 후에야 치유받을 수 있게 되었다. 그녀는 결국 그러한 귀신들의 속박으로부터 자유케 되었으며, 다시 침대에서 잘 수 있게 되었다. 그리고 어느 정도의 시간이 지난 후에는 모든 남자들이 그녀를 학대하지는 않을 것이라는 것을 알기 시작했고, 또한 한 남자와 사랑의 관계를 갖고 싶어 하는 수준에까지 이를 수 있게 되었다.

우리가 사람들을 자유케 해야 했던 내적 맹세들에는 다음과 같은 것들이 있다.

- *결코 나를 용서하지 않을 거야.* 이것은 피할 수 있었지만 어떤 일로 인해 그 상황을 피하지 못한 것에 대한 매우 일반적인 반응이다. 그러면 사람들은 평생 동안 자기 자신을 책망하며 살게 된다.
- *나는 못생겼고 뚱뚱하고 쓸모없고 골치 아픈… 인간이야.* 이러한 내적 맹세는 다른 사람들이 자기 자신에 대해 불리하게 말한 것들이 사실임에 틀림이 없다고 믿음으로부터 귀결되는 직접적인 반응이다.
- *다시는 … 에게 말하지 않을 거야.* 이러한 내적 맹세는 어떤 사람에 의해 야기된 상처로 인한 직접적인 반응이다.
- *매력적으로 보이는 것은 위험한 짓이다.* 나를 매력적으로 꾸미면 다시 학대를 당할 수도 있으므로 이러한 경우에는 일부러 몸무게를 늘리든가, 아니면 밥을 먹지 않음으로써 자신의 성적 매력을 숨기려 하는 것이 전형적인 반응이다.
- *아무도 나를 사랑하지 않아. 따라서 나는 아무도 나에게 가까이 오게 하지 않을 거야.* 신뢰했던 사람에 의해 비하당하는 경험을

하면 그 고통이 너무 커서 아무도 자기를 사랑하지 않는다는 결론을 내리게 된다. 따라서 그들은 내면적으로 사람들과 관계를 끊은 채 벽 뒤에서 살아간다.

- *죽고 싶어. 죽는 편이 훨씬 나을 거야.* 살아가는 고통이 너무 클 때, 사람들은 그들의 상황에 대한 유일한 해답이 스스로의 목숨을 끊는 것이라는 결론을 내린다. 이것은 대부분의 사람들이 인정하고 싶어 하는 것보다 훨씬 통상적인 현상이다. 대중 집회를 인도하면서 사람들에게 자살하고 싶은 충동을 느꼈는지를 물어보면, 참석한 자들의 절반 정도가 손을 들곤 했다.

- *나는 성장하지 않을 거야.* 이것은 성인들이 어린 아이들에게 행한 일들 때문에 어른들의 세계를 두려워하는 아이들의 반응이다.

- *부모들은 신뢰할 수 있는 존재가 못 돼.* 이것은 부모에 의해 배신감을 느낄 때에 자녀들이 보이는 반응이다. 우리가 기도해 준 어떤 사람의 부모들은 "5분만 나갔다 온다"고 말하고 나간 후에 5시간 만에 들어왔다. 그것도 아이 없이 자기들끼리 즐기기 위해서 말이다. 이 한 사건에 의해 야기된 고통이 평생 동안 지속되었다.

- *섹스는 더러운 것이다.* 이것은 인생의 사실들에 관해 부모들에게 질문을 한 어떤 아이의 반응이다. 부모들이 당혹해하는 모습을 본 이 아이의 반응은 섹스가 매우 더러운 것이 틀림없다고 생각한 것이었다. 결혼 생활에서 일어난 성적인 문제들의 기원은 이러한 내적 맹세를 통해 그녀의 성을 통제하고 있던 귀신이

었던 것이다.
- *모든 아빠들은 자녀들을 상하게 한다.* 이것은 입양한 부모에 의해 신체적 학대를 당한 어떤 아이의 반응이다. 이러한 내적 맹세를 타고 들어온 귀신들이 이 아이를 과거로부터 건져내고자 하는 사람들과의 관계를 방해했다.

사술자들이 던진 고의적인 저주와, 우리를 다양한 방식들로 대적하는 사람들의 무분별한 언어적 공격들, 혹은 우리 자신의 내적 맹세를 통해 들어간 저주의 영들의 덫에 걸린 자들을 위해서는 우리 스스로에게 하나님의 말씀에 분명하게 기록되어 있는 진리를 상기시키는 것이 매우 고무적이다.

"그 안에서 너희도 진리의 말씀 곧 너희의 구원의 복음을 듣고 그 안에서 또한 믿어 약속의 성령으로 인치심을 받았으니 이는 우리의 기업에 보증이 되사 그 얻으신 것을 구속하시고 그의 영광을 찬미하게 하려 하심이라…너희 마음 눈을 밝히사 그의 부르심의 소망이 무엇이며 성도 안에서 그 기업의 영광의 풍성이 무엇이며 그의 힘의 강력으로 역사하심을 따라 믿는 우리에게 베푸신 능력의 지극히 크심이 어떤 것을 너희로 알게 하시기를 구하노라"(엡 1:13-14, 18-19).

:: 저주받은 물건들과 건물들

저주가 사람들에게 이루어지는 방식이 부정한 영들의 중개를 통해서라는 것을 이해할 때에, 부정한 영들이 또한 물건들과 건물들에 붙어 역사할 수 있다는 것을 이해하는 것은 그리 어렵지 않다. 따라서 그러한 장소들과 물건들의 영향 아래에 있는 사람들은 또한 그러한 것들에 붙어 있는 귀신들의 영향도 입게 될 것이다.

저주받은 물건들의 영향 아래에 있는 사람들은 때로 사술자들의 고의적인 저주로 인한 희생자들이 되었지만, 종종 희생자들은 저주받은 어떤 것 혹은 저주된 장소에 있었던 어떤 것을 소유한 것으로 인해 고통을 당했다. 그럼에도 불구하고 그들은 그것이 어떻게 가능한지를 이해할 만한 틀을 가지고 있지 않았다.

역대하 29장은 이러한 주제와 관련해 참조할 수 있는 매우 중요한 성경 구절들을 담고 있다. 예루살렘 성전이 이교도들의 사술적 행위를 위해 사용되고 있는 상황 속에서 히스기야 왕이 보좌에 앉게 되었다. 그리고 그는 그러한 상황들을 정리하기로 결심했다. 제사장들은 배교 이후에 그들 스스로를 율례적으로 정결케 했을 뿐 아니라, 또한 성전의 모든 물건들을 율례적으로 정결케 했다. 그 결과 성전은 매우 심하게 더럽혀진 물건들에 붙어 있던 모든 악한 세력들로부터 온전히 정결케 될 수 있었다.

사술자들은 그리스도인들이 사용했었지만 빼앗겨서 이교도들에게 넘어간 물건들에 심한 저주를 내린다. 이전에 하나님께 바쳐졌던 물건들을 고의적으로 오용하려는 데에는 그만한 이유가 있다. 그들은 악한 영들이 어떤 다른 물건들보다 이러한 물건들에 훨씬 더 큰 능력을 행사할 수 있다는 것을 알고 있기 때문이다. 그렇기 때문에 서구 세계에서는 사탄숭배와 주술과 병행해 도둑맞은 종교적 물건들에 대한 암시장이 번성하고 있는 것이다. 또한 교회로부터 종교적 목적으로 사용되는 물건들이 도둑맞는 일이 상당히 증가해 왔다. 특히 성배와 교회의 다른 식기들이 많이 도둑맞고 있다. 그 결과, 이전에는 아무 때나 마음대로 사용할 수 있도록 열려 있던 영국의 많은 교회들이 예배 시간을 제외하고는 항상 문을 닫아 놓아야 했다.

목회자들 그리고 교회 건물에 대한 책임이 있는 사람들은 건물 안의 물건들을 보호해야 할 뿐만 아니라, 어떤 것이 잘못되었을 때에 그것을 감지할 수 있으며, 교회의 방문자들(예배자들)이 남기고 갔거나, 혹은 밤중에 교회 안이나 둘레에서 의식을 통해 고의적으로 행해진 어떤 것을 건물로부터 몰아낼 수 있는 영분별이 있는 자들이어야 한다. 이것은 초대교회의 모델을 따라서 교회의 직분에 "성령으로 충만한 자"(행 6:3)만을 앉히는 것이 얼마나 중요한지에 대한 또 하나의 통찰력을 주는 좋은 예이다. 성령으로 충만하지 않고서 어떻게 그러한 것들(영적인 것들)을 분별할 수 있겠는가?

하나님께서 모세에게 하나님의 임재의 성막을 거룩하게 하는 절차에 대한 가르침을 주셨을 때에 다음과 같이 말씀하셨다. "또 관유를 취하여 성막과 그 안에 있는 모든 것에 발라 그것과 그 모든 기구를 거룩하게 하라 그것이 거룩하리라"(출 40:9). 이 중요한 구절에 담긴 의미는 성막을 위해 사용된 모든 물건들과 내용물들은 거룩하지 않기 때문에 거룩하게 하기 위해 성별되어야 한다는 것이다.

이 세상은 타락한 세상이며, 당분간은 모든 것이 이 세상의 신(사탄)의 통제 아래에 있다. 따라서 성막을 만들기 위해 사용된 모든 물건들과 그 안에 있는 것들은 성별되기 전에는 사탄의 영향을 받았을 것이다. 살아 계시고 참되신 하나님을 예배하는 일에 사용될 물건들에 행사해 온 사탄의 권리들을 제거하기 위해서는 모든 것들을 율례적으로 정결케 해야 할 필요가 있었다. 그렇게 함으로써 사탄이 하나님의 백성들에 의한 예배에 더 이상 영향력을 행사할 수 없게 했던 것이다.

이것이 하나님을 예배하는 일에 사용될 건물을 봉헌하는 예배의 기원이다. 이것은 연구를 위한 매우 중요한 주제로서, 이와 같은 일반적인 책이 상세하게 다루기에는 너무 광범위한 주제이다. 따라서 이 주제는 "땅을 차지하기"Claiming the Ground라는 제목 하에 별도로 쓰고 있다.

교회가 실제적으로 세워지는 땅에 관해서는 출애굽기 3장 5절에서 하나님께서 모세가 서 있는 땅이 거룩하기 때문에 신발을 벗으라고 한 말에 주의해 보자. 그 땅은 불타는 가시덤불에서 말씀하고 계셨던 살아 계신 하나님의 임재에 의해 거룩해졌다. 이 만남에서 가장 흥미로운 부분은 하나님께서 서 계신 땅이 거룩했다(이것은 자명한 사실이다)는 것이 아니라, 그와 대조적으로 모세가 서 있었던 땅이 거룩하지 않았다는 것이다.

그러한 성별된 행동들은 사탄이 이 세상의 신으로서 그 땅과 그리고 관련된 건물들에 주장할 수 있는 권리를 제거해 준다. 그러나 건물들과 땅과 물건들이 어떤 식으로든지 사술숭배를 위해 사용되어 온 곳에는 사람들의 죄를 매개로 하여 그 지역에 귀신의 세력들이 더욱 직접적으로 역사하게 된다. 따라서 그러한 것들은 하나님께 성별되어야 할 뿐만 아니라, 먼저 이전에 그것들을 사용한 자들의 죄를 통해 그것들에 붙어 있게 된 모든 귀신들을 쫓아내는 엑소시즘

exorcism이 필요하다.

내가 여기에서 엑소시즘이라는 단어를 사용한 것은 축사 deliverance—사람들에게서 귀신들을 쫓아낼 때에 사용하는 단어—라는 말과 구분하기 위함이다. 엑소시즘이라는 단어는 사람들로부터 귀신들을 쫓아내는 의미로는 성경에서 한 번도 사용되지 않았다. 하지만 이 단어는 생명이 없는 물건이나 장소들로부터 귀신들을 쫓아내는 의미로 사용되기에 적당하다.

어거스틴의 가르침을 따른 고대의 많은 교회들은 영국의 여러 마을과 도시들에 있던 고대의 이교도 숭배 장소들 위에 세워졌다. 그러한 건물들은 세워진 후에 하나님께 합당하게 드려졌겠지만, 나는 교회들이 세워진 땅으로부터 귀신들을 축출했는지 의심스럽다. 그 땅에 존재해 왔던 귀신들은 사람들이 여러 신들, 궁극적으로는 사탄에게 동물과 인간들을 제물로 드림으로써 그 땅에 머물 수 있는 특정한 권리들을 받았었다.

그리스도인들은 그러한 수많은 건물들 안에서 오랫동안 지속적인 문제를 가져왔고, 우리는 축사를 통해 그러한 문제들을 처리해 왔다. 그러한 땅에 머물러 있던 귀신들에게 도전을 가했을 때에, 매우 상당한 정도의 악마적 존재들이 현상을 드러내기 시작했다. 특별히 희생제물이 드려진 장소들에서는 더욱 그랬다. 그러나 그 땅이 완전히 그리고 합당하게 처리되었을 때에, 건물들 안의 영적 분위기는 현저하게 변화되었다.

다시 저주받은 물건들이라는 주제로 돌아가자. 때로 우리가 도와주려는 사람들이 좀처럼 자유를 얻지 못하고, 우리도 그들을 자유케 하는 것이 매우 힘들다는 것을 발견했다. 이러한 사람들에게서 우리가 발견한 것은 대개 그들이 저주받은 물건들을 소유하고 있었고, 그 물건들이 그 사람들 위에 엄청난 정도의 영향력을 행사하고 있었다는 것이다. 관련된 물건들은 보통 보석류, 혹은 상당한 가치가 나가는 품목들이었다. 따라서 그들에게 이러한 것들을 버리라고 해도 그러한 물건들의 가치 때문에 쉽게 버리지 못하곤 했다. 그러한 물건들을 처리하는 지혜로운 한 가지 방법은 사도행전 19장 18-19절에서 사술의 책들과 관련해 사도 바울이 취한 방법을 따르는 것이다. 그 당시에 이러한 책들은 상당히 가치가 있는 것들이었지만, 그것들은 모두 불에 태워졌다.

귀신들에게 능력을 주는 데에 사용되었던 물건을 없애 버리자고 제안할 때에 그러한 물건의 소유자 안에 있던 귀신들이 어떻게 반응하는지를 보라. 그러면 사술에 관련되어 있던 사람들 혹은 사술적인 물건들을 소유함으로써 저주받은 사람들에게 이러한 사역을 하는 것이 얼마나 중요한지를 깨닫게 될 것이다. 귀신들은 공포 속에서 비명을 지르면서 그 물건들이 제거되어서는 안 되는 모든 종류의 '합리적인' 이유들을 댈 것이다. 결국에 저주받은 물건들을 없애기로 결정되면 귀신들은 때로 초자연적인 능력을 사용해 그 일을 막으려 할 것이다.

저주받은 장신구들은 흔히 유산으로 물려진 것들이다. 따라서 갑자기 이상한 문제를 당하기 시작하는 사람들에게 우리가 물어야 할 필요가 있는 질문들 중의 하나는 "혹시 사술의 배경을 지니고 있을 수 있는 어떤 물건들을 유물로 받지 않으셨습니까?"이다. 우리는 때로 사람들이 죽은 친척으로부터 물려받은 프리메이슨의 유물들을 가지고 있는 것을 발견했다. 이러한 물건들을 없애려 할 때에 귀신들의 저항은 주술에 사용된 물건들을 제거하려 할 때만큼 거세었다.

이러한 이유들로 인해 나는 사람들에게 장신구를 살 때에는 중고를 사지 말며(어떤 저주가 그러한 장신구에 부어졌는지를 모르기 때문이다), 또한 후손들에게 물려지는 유물들이 있을 때에는 받기 전에 그것들의 기원을 조심스럽게 물어보라고 충고한다.

예를 들어, 새로운 커플이 전에 누가 사용했던 약혼반지들을 사용한다고 해보자. 그런데 그 반지가 이전의 소유자들에 의해 잘못 사용된 것이라면 어떻게 되겠는가? 그 약혼반지들로 인해 새로운 커플에게 저주가 임할 수도 있을 것이다. 그 반지들을 소유했던 자들이 깨어진 약혼이나 이혼 때문에 그것들을 팔았다면, 분열을 조장하는 귀신이 그 반지를 끼는 다음 사람들에게도 영향을 미칠 수 있다. 만약에 중고 장신구를 꼭 사용해야 한다면 적어도 그 위에 축사 사역을 하며 하나님 앞에서 다시 성별케 해야 할 것이다.

저주받은 모든 물건들이 꼭 장신구만은 아니다. 예를 들어, 어린이들은 금 조각보다 그들이 더 좋아하는 장난감들에 훨씬 큰 가치를 부여한다. 우리는 주술을 하는 가정에서 자란 어린이들에게 어떻게 저주를 통해 귀신들이 달라붙어 있는 특별한 장난감이 주어지는지를 보아왔다. 그러면 이 장난감은 그 아이를 지켜 주는 자, 그리고 위로자와 같은 역할을 해준다—물론 이것은 그 아이를 위한 것이 아니라, 그 아이를 괴롭히려는 귀신들의 역사이다. 그러면 그러한 장난감에 특별한 애착이 그 아이를 속박할 것이며, 이것은 단지 어린 시절에뿐만 아니라, 또한 성인이 되어서까지 그러할 것이다.

지배와 조종을 통한 불경건한 혼의 묶임은 의무와 죄의식과 연약함을 이용해 지배하려는 자들이 주는 특별한 선물들에 의해 조장되고 강화된다. 그러한 선물들은 대개 꽤 많은 시간을 투자해 만들어진 수제품들이다. 따라서 그러한 선물을 받는 자들은 그것을 단순히 또 다른 장난감처럼 여기지 못할 것이다. 죄의식을 불러일으킬 것이기 때문이다. 대부분의 사람들은 그러한 장난감을 만들어 주는 데 있어서 순수한 동기를 가지고 있겠지만, 그러한 동기가 항상 우리가 믿는 만큼 순수하지 않을 수도 있다.

일반적으로 볼 때에 완전히 소멸시켜야 하는 것은 특별히 주술의식에서 사용된 물건들이다. 내가 강력히 추천하는 것은 어떤 선물이나 물건에 이상한 애착이 있다면, 그것을 놓고 기도해 보라는 것이다. 그것들을 준 자들과 소유자들 사이에 존재하는 불경건한 혼의 묶임은 어떤 것이라도 끊어져야 하기 때문이다. 이렇게 했을 때에 내가 종종 관찰한 것은 그러한 선물이 더 합리적으로 보일 수 있다는 것과, 그 선물의 가치는 여전히 알고 있지만, 그것이 전에 지니고 있었던 지배적이고 조종하는 힘은 더 이상 존재하지 않는다는 것이다.

이 항목을 끝맺으면서 나는 사람들이 어떤 건물들을 방문한 후에 자기도 모르게(혹은 부주의해) 귀신에 들릴 수 있다는 것을 언급하고 싶다. 때로 이러한 일이 발생하는 것은 사람들이 지혜롭지 못하기 때문이다. 사람들이 다른 종교의 신전들이나, 혹은 귀신들이 권리를 얻은 다른 장소들을 방문함으로써 귀신에 들릴 수 있다는 위험을 깨닫지 못하고 있을 수 있다.

때로 방문자들은 그러한 신전에 들어가기 전에 신발을 벗으라는 말을 듣는다. 그렇게 하는 사람들은 실상 그 신전을 다스리는 귀신들에게 예배를 드리게 되는 셈이다. 따라서 그러한 장소들을 방문하는 많은 사람들, 심지어 헌신된 그리스도인들조차도 그들의 행동을 통해 권리를 얻은 귀신의 영향을 받을 수 있다는 것은 그리 놀라운 일이 아니다. 우리는 그러한 가능성들에 대해 항상 경계하고 있어야 한다.

또 어떤 때에는 사람들이 소유하고 있는 집(혹은 때로 방문한 집)을 통해 귀신에 들리기도 한다. 그 집의 이전 소유자들이 그 집에서 행한 일들을 통해 귀신들에게 권리를 주었기 때문이다. 그러면 그 후의 소유자들은 뒤에 남겨진 영적인 기류 안으로 들어가게 되는 것이다. 특별히 그 집의 새로운 소유자가 그리스도인들이라면 더욱 그러할 것이다. 왜냐하면 그들 존재 자체가 그 집 안에 거하고 있던 귀신들에게는 자연스럽게 위협이 되기 때문이다.

이것은 그리스도인 가족들이 그들의 가정을 성전(구약의 의미에서)과 같이 여기며, 먼저 이전에 살던 자들이 행한 행동의 결과로서 집 안에 거하고 있을 수 있는 귀신들을 청소한 후에, 부지와 건물을 하나님께 드리는 것의 중요성을 계시해 준다. 또한 이전의 소유자가 집 안에서 죽은 경우들이 있다. 비록 이전 소유자가 특별히 사술과 관련된 것들은 아무것도 행하지 않았을지라도, 그 사람이 그 집과 긴밀하게 연결되어 있었기 때문에 그 사람이 죽었을 때에 그의 몸을 떠난 귀신들이 그 집에 남아서 죽은 자를 대신해 그 집을 계속 '소유'하고 있었다.

때로 그 사람 안에 거했던 귀신들 중 주도적인 귀신이 그 집 안에서 귀신으로 나타나기도 했다. 이것은 또한 그 집 안에서 과거에 비극이 발생했을 경우, 특별히 폭력으로 인한 갑작스러운 죽음이나 자살과 같은 일이 발생함으로써 귀신들이 매우 강력하게 역사해 왔던 집에서는 더욱 그럴 수 있다.

이러한 경우들에는 우리가 그 집을 하나님께 드리는 부분으로서 성만찬을 하는 것이 도움이 된다는 것을 발견했다. 성만찬을 하면서 우리는 모든 어둠의 세력들에 예수 그리스도의 죽음과 부활 때문에 그리스도인들은 사탄의 일을 두려워하지 않으며 그 집에서 역사하는 귀신들의 영향으로부터 자유로운 삶을 살 수 있다고 선포한다.

:: 중독

중독에는 세 가지의 주요한 카테고리들이 있다. 처음 두 가지는 강박적 행동 유형들로 설명될 수 있을 것이다.

첫 번째 카테고리는 몸의 화학적 성분들과 전혀 관련이 없는 중독들이다. 그러한 중독들은 어떤 식으로든지 몸으로 섭취되는 이물질들이나 지나친 양의 물질을 섭취하는 것과 관련이 없기 때문이다. 이러한 중독은 물질과 관련이 있는 것이 아니라, 특별한 행동 유형들, 즉 손을 씻거나 포르노를 보는 것과 관련이 있다.

두 번째 카테고리는 마약과 같은 화학적 성분으로 인한 것은 아니지만(중독성 물질이 없어도 화학적 금단 현상은 일어나지 않는다), 그것이 없이는 제대로 생활을 할 수 없는 음식의 섭취와 관련이 있는 중독이다.

세 번째 카테고리는 화학적으로 중독성이 있는 성분을 담고 있는 것을 마시는 것, 마약, 그리고 담배로 인한 중독이다. 이러한 중독의 경우에는, 그러한 성분들이 몸에 공급되지 않으면 금단 현상이 발생하며, 그 결과 중독자는 그러한 것들을 몹시 갈망하게 된다.

화학적 성분에 기초한 중독 외에도 그러한 성분을 섭취하는 것과 관련된 중독적 행동들이 있다. 예를 들어, 술집에 가는 것, 흡연자들과 만나는 것…. 그러한 중독적 행동은 화학적 중독을 강화시키고, 또한 화학적 중독은 그러한 중독적 행동을 강화시킨다.

이러한 세 가지 모든 중독 유형들과 관련해 우리가 발견한 것은 사람들로 하여금 그러한 중독을 끊는 것을 매우 어렵게 만드는 귀신들의 조종이 있다는 것이다. 이러한 유형의 중독을 통해 사람을 조종하는 임무를 맡고 있는 귀신에 들린 희생자는 그러한 중독으로부터 벗어나는 것이 그만큼 더욱 어려워진다.

중독은 보통 어떤 것에 중독되기로 선택하는 사람에 의해 시작되지 않는다. 중독은 보통 그러한 사람들의 삶 속에 일어나고 있는 어떤 다른 것이나, 문제가 되는 행동을 조장하는 다른 사람들에 대한 반응으로 시작된다. 세 번째 카테고리에 속하는 거의 모든 중독들은 다른 사람들에 대한 반응 때문에 일어난다. 즉 그들이 속한 그룹이 행하고 있는 것들에 순응하라는 사회적 압력 때문에 발생한다. 어느 그룹에서 한 사람이 담배를 피운다면, 그 그룹의 다른 사람들이 담배의 유혹을 물리치는 것이 쉽지 않다. 한 사람이 마약을 하면, 다른 모든 사람들도 시험 삼아 마약을 해보게 된다.

일단 어떤 사람이 중독적인 삶의 양식을 시작하면─그것이 행동적인 것이든, 화학 성분에 의한 것이든 — 귀신들은 그 사람으로 하여금 계속해서 중독에 빠져 있게 만들기 위해 할 수 있는 모든 것을 하려 할 것이다. 이러한 경우에는 먼저 귀신들이 얻은 권리를 취하시키지 않은 채 그것들을 쫓아내려 하는 것은 무의미한 것이다. 그들의 권리를 취하시키기 위해서는 때로 고백과 회개와 용서가 있어야 할 것이다. 하지만 이것은 그렇게 간단한 문제가 아니다.

중독적인 행동 유형들이 일어나는 것을 보면 거의 항상 그러한 자들의 삶 속에 합당한 방식으로 채워지지 않고 있는 빈 공간 때문에 일어난다. 깊은 거절을 받은 사람은 사람들에 의해 받아들여지기를 갈망하며 살아갈 것이다. 그러다가 어느 순간에 자기를 무조건적으로 받아 주는 마약 중독자들과 어울리기 시작할 수 있을 것이다. 혹은 결혼 관계에서 좌절을 경험하고 있는 어떤 사람은 배우자와의 관계 속에서는 아무런 위로도 받지 못하기 때문에 초콜릿을 먹는 것을 위안으로 삼으며 살아갈 수 있을 것이다.

또한 여러 강박적 행동 유형의 중독들은 내면의 상처에 뿌리를 두고 있기 때문에 먼저 치유를 받아야 한다. 이러한 유형의 중독에는 분명히 귀신들이 역사하겠지만, 내적 치유가 없이는 축사도 치유를 위한 온전한 방법이 되지 못할 것이다.

중독적인 행동을 통해 어떻게 귀신들림이 발생하는지에 대한 또 다른 실례는 어떤 청소년이 처음에는 단지 섹스에 대해 관심을 보이다가, 시간이 지나면서 거기에 매료된 후에, 결국 포르노에 사로잡히는 것이다. 그는 멀지 않아 점점 더 심각한 포르노에 빠지게 되어 더 이상 그것을 멈출 수 없는 지경에 이를 것이다. 귀신이 그의 눈을 정욕으로 가득 채운 것이다. 그는 욕구에 중독되어 있고, 또한 귀신에 의해 조종을 받고 있다.

중독자들을 도울 때에는 반드시 중독의 뿌리를 밝혀 내어 진정한 필요가 채워지도록 해야 한다. 그렇지 않으면 이런 저런 중독의 귀신들을 쫓아내려 노력하면서 많은 시간을 보내도 진짜 문제는 전혀 건드리지 못할 수 있을 것이다. 중독적인 행동 유형들의 뿌리를 찾을 때에 고려해야 하는 주요 문제의 영역들은 다음과 같다.

- 거절
- 두려움
- 외로움
- 성적인 문제들
- 관계의 붕괴
- 학대적 배경(특별히 성적 학대)
- 조종과 지배

위의 짧은 항목들을 보면서, 중독의 문제를 다룰 때에는 표면적으로 보이는 것보다 훨씬 깊은 수준에서 귀신들과 마주칠 수 있다는 것이 분명하다. 이렇게 뿌리를 처리하지 못하면, 어떤 사역을 하든지 단지 피상적인 것이 되기가 쉬울 것이다. 혹은 효과가 오래 지속되지 못할 것이다.

거절, 두려움, 외로움과 같은 것들이 종종 담배와 알코올 중독의 뿌리이지만, 이러한 것을 맨 처음으로 시작하는 이유는 아마도 또래 집단의 압력 때문일 것이다. 사람들은 이러한 습관-특별히 흡연-을 정말로 멈추고 싶어 한다. 그래서 그들은 알고 있는 모든 방법을 동원해 본다. 이러한 사람들을 사역할 때에는 상대적으로 간단하고 효과적이다. 왜냐하면 허파를 조종하는 귀신들과 니코틴에 대한 필요가 드러나고 쫓겨나가기 때문이다. 귀신들은 보통 호흡을 할 때에 허파로부터 나온다. 또한 이때에는 많은 기침과 거품이 동반되기도 한다.

흡연 중독과 관련이 있는 귀신들로부터 자유를 얻은 사람들은 그 후부터 절제된 행동을 해야 할 것이다. 그렇지 않으면 중독적인 행동에 또 다시 빠지게 될 것이고, 그 결과 귀신들이 다시 들어오게 될 것이다. 예전에 연약해 공격을 당한 부분들은 순종과 성령의 도움을 통한 강력한 자기 훈련을 통해 이중으로 보호막을 쳐야 할 것이다.

:: 두려움과 공포증

성경은 "사랑에는 두려움이 없나니 온전한 사랑이 두려움을 쫓는다"(요일 4:18)라고 말해 준다. 이것을 반대로 말하자면 우리가 예수님의 온전한 사랑을 경험하지 못하며 살아간다면 두려움에 빠지기 쉽다는 것이다. 또한 그 말 속에는 더욱 많은 진리가 담겨 있다. 왜냐하면 우리를 인생의 모든 위기들과 어려움들로부터 보호해 주는 것은 예수님께서 주시는 온전한 사랑뿐이기 때문이다. 온전한 사랑이 온전한 안전감을 줄 수 있다.

우리는 인생을 살아가면서 큰 두려움을 일으키는 것들을 많이 경험하게 된다. 이전 항목들에서 설명한 많은 것들, 즉 성적 학대, 사고, 거절, 주술과 같은 것들이 그 실례들이다. 어린 아이들은 특별히 두려움에 빠지기 쉬우며, 그들에게 일어난 일들을 생각하지 않는 것이 매우 어렵다. 설상가상으로 그들은 또한 미래에 일어날 수 있는 것들로 인해 두려워하기도 한다. 어둠에 대한 두려움, 잠에서 깨어나는 두려움, 잠에서 깨어나지 않을 수 있는 두려움, 남자들에 대한 두려움, 여자들에 대한 두려움, 실패에 대한 두려움, 거미들에 대한 두려움… 이러한 항목들은 끊임이 없다.

모든 두려움이 귀신에 의한 것은 아니다. 사실 적절한 두려움은 우리를 해로부터 보호하기 위해 계획된 하나님의 선물이다. 버스가 지나다니는 거리를 건너는 것이나, 손을 불에 집어넣는 것을 두려워하는 것은 마땅한 것이다. 이와 같은 것들에 대한 두려움은 생명을 유지하기 위해 꼭 필요한 것이다.

사탄은 항상 하나님께서 주신 것을 취해 자기 목적을 위해 왜곡하려 한다. 예를 들어, 하나님께서 성sex을 창조하셨지만, 사탄은 성을 남용하도록 조장한다. 또한 하나님은 두려움을 창조하셨지만, 사탄은 두려움을 통해 우리의 삶을 조종하려 한다. 우리가 때때로 경험하는 두려움들에 사로잡힌다면, 우리 적은 그러한 상황들을 이용해 우리에게 두려움의 영을 줄 것이다. 그러면 그 영은 우리를 속박할 것이고, 우리는 두려워할 이유가 없다는 것을 알면서도 두려워하게 될 것이다. 불합리한 두려움들로부터 탈출하는 방법은 그것들을 죄로 고백하고, 예수님의 온전한 사랑으로 두려움을 대체하도록 그분을 초청하며, 축사를 통해 귀신들을 몰아내는 것이다. 해답이 있다. 하나님은 우리에게 나아갈 길을 제공해 주시겠다고 약속하셨다.

:: 피로와 피곤

우리는 지나치게 피곤할 때마다 유혹에 넘어가 귀신들에 의해 영향을 받기가 쉬워진다. 다음과 같은 귀한 성경 구절로부터 용기와 보호를 선포하는 사람들이 많이 있다.

"오직 여호와를 앙망하는 자는 새 힘을 얻으리니 독수리의 날개 치며 올라감 같을 것이요 달음박질하여도 곤비치 아니하겠고 걸어가도 피곤치 아니하리로다"(사 40:31).

하나님은 우리에게 힘을 주시고 우리로 하여금 우리를 대항하는 모든 것들을 이겨나갈 수 있도록 도와주시겠다고 약속하셨다. 이것이 하나님의 약속이라면, 왜 피곤함과 피로가 귀신들의 통로가 되어야 하는가? 많은 사람들이 피곤해하는 이유들 중의 하나는 하나님께서 우리에게 하라고 하지 않은 것들을 하기 때문이다. 우리가 하나님의 길로 걷지 않고 있다면 그분의 약속을 통한 유익을 주장할 수 없을 것이다.

사람들은 종종 하나님의 약속들을 자신들의 죄를 가리는 것으로 이용하려 한다. 즉, 그들은 죄를 지어 놓고도 모든 것이 괜찮을 것이라고 생각한다. 그렇지 않다. 우리의 삶을 많은 행동들과 프로그램들—이들 자체는 좋은 것들이지만, 우리를 위한 하나님의 뜻이 아닐 수 있다—로 가득 채우며 살아가고 있다면, 우리가 피곤해 지칠 때에 사탄이 우리 삶에 틈을 타고 들어오게 되며, 우리는 결국 죄에 빠져 귀신들에 의해 영향을 받게 될 것이다. 이것은 전혀 놀라운 것이 아니다.

하나님은 우리에게 쉼과 잠을 필요로 하는 몸을 주셨다. 하나님은 우리를 지켜 주심으로써 우리가 무슨 어려움을 만나든지 극복하며 나아갈 수 있게 해주시겠다고 약속하셨다. 그러나 우리가 그분에게 속한 것들을 행할 때에만 이 약속이 유효하다. 훌륭하게 보이는 일들을 하면서 우리의 시간을 완전히 사용하고 있다는 사실이 반드시 우리가 잘 살아가고 있다는 의미는 아니다. 과도한 일을 통한 죄에 빠져서 적들에게 넘어가는 일이 없도록 조심하자.

:: 결론

이번 장에서는 적이 우리 삶에 침투할 수 있는 다양한 방법들이 있다는 것을 보아 왔다. 우리가 다룬 목록들이 전부는 아니다. 사람들은 사역을 하는 과정에서 많은 다른 가능성들 – 대부분은 우리가 앞에서 언급한 범주들 중의 하나에 속하기는 하겠지만 – 에 직면하게 될 것이다.

우리는 축사 사역을 만족스럽게 완성하기 위한 가장 효과적인 방법들 중의 하나가 귀신들이 들어온 통로를 처리해, 귀신들이 의지하고 있는 권리들을 제거하는 것이라는 것을 발견했다. 이렇게 하면 우리는 축사만 하는 것이 아니라, 더 이상 귀신들이 들어오지 못하도록 귀신들의 통로를 제거할 수 있게 된다. 그러면 사역의 목표가 성취될 수 있도록 치유가 일어날 수 있게 된다. 사역의 목표는 하나님의 사람들이 순종하는 삶을 살면서 그들의 삶을 위한 하나님의 목적을 성취하고, 하나님께서 그의 자녀들에게 풍성하게 주시고 싶어

하시는 축복을 즐길 수 있도록 하는 것이다.

:: 주의 사항과 격려를 위해

이 책의 초점이 귀신들의 활동과 통로에 있으므로, 우리는 두려움을 조장하지 않기 위해 또는 모든 것이 귀신들에 의한 것이라는 생각을 하지 않기 위해 매우 신중을 기해야 한다. 사탄은 이 영역에서 우리를 기만해 하나님께서 의도하시는 것으로부터 벗어나 균형을 잃게 하고 싶어 한다는 것을 기억하라.

실질적으로 우리가 어느 컵에 붙어 있는 모든 세균들을 볼 수 있다면 그 컵을 사용해 물을 마시지 않으려 할 것이다. 하지만 우리가 자연스럽게 면역이 되고, 부분적으로는 우리의 위생적인 생활에 의해 보호를 받기 때문에 그러한 컵을 사용해 물을 마실 수 있는 것이다. 믿는 자들은 하나님이 주신 저항력을 지니고 있다. 그리고 또한 우리에게는 순종하기만 하면 우리를 건강하고 깨끗하게 보호해 주는 하나님의 말씀이 있다. 무엇보다도 우리는 예수님과 그분이 완성하신 십자가의 공로를 의지한다. 십자가의 공로는 우리의 마음이 그분을 향해 돌아서기만 하면 우리를 보호해 주고, 우리의 실수들을 덮어 주고, 임박한 모든 위험에 대해 우리에게 경고를 해줄 것이다.

"하늘에 있는 자들과 땅에 있는 자들과 땅 아래 있는 자들로 모든 무릎을 예수의 이름에 꿇게 하시고 모든 입으로 예수 그리스도를 주라 시인하여 하나님 아버지께 영광을 돌리게 하셨느니라"(빌 2:10-11).

5장

축사를 통한 치유를 위해 준비하기

많은 문제들을 지닌 사람 안에는
보통 귀신들이 여기에 묘사된 것처럼,
때로는 모든 개인적인 필요의 양태들에 붙어 있다는 것을
발견하게 된다.
많은 사람들에게 있어서 **치유는 과정이라는 것**을 기억하는 것이
중요하다.
즉, 적의 견고한 진들이 기도와 축사를 통해
조금씩 무너져 간다는 말이다.

나는 이 책의 마지막 장들을 통해 축사를 통한 치유의 실질적인 사역을 쉽게 이해할 수 있고 적용할 수 있는 방식으로 설명할 것이다. 사역 절차들은 사람들을 압제하거나 조종하는 모든 것들로부터 그들이 자유케 되는 것을 보는 것뿐만 아니라, 사역을 필요로 하는 사람들의 삶 속에 올바른 토대를 놓는 것이 얼마나 중요한지를 강조할 것이다.

치유 사역에는 매우 다양한 양태들이 있고, 축사는 그중의 하나일 뿐이다. 내적 치유와 신체적 치유는 종종 축사와 함께 병행된다. 사도 바울은 고린도전서 12장 9절에서 치유의 은사들(복수)에 대해 언급했다. 축사를 하는 사역자들은 피사역자가 필요로 할 수 있는 치유의 다른 양태들 사이에서 항상 지혜롭게 균형을 맞추어야 할 것이다.

:: 서론

상담이나 기도 사역을 요청하는 사람들은 대개 그것을 마지막 수단으로 이용한다. 대부분의 사람들은 이러한 도움을 요청하기 전에 먼저 그들이 이용할 수 있는 다른 모든 도움들―그들의 이웃에게 충고를 얻는 것부터 의사들을 찾아가는 것, 혹은 지역 병원에 있는 상담자에게 의뢰를 받는 것에 이르기까지―을 받아 본다.

많은 사람들은 다양한 대체 의학을 시도해 보았을 테고 또 어떤 사람들은 기원이 수상한 치료법도 받아 보았을 것이다. 혹은 심령술적 치료자나 뉴 에이지적 치료자들 같은 주술사들에게 찾아가기도 할 것이다.

또한 지역교회에는 아픈 것으로 인해 성도들에 의해 기도를 받거나, 성찬식을 거행하는 동안 앞으로 나가 기도를 받거나, 또는 치유 예배에서 안수를 받았지만 아무런 차도를 경험하지 못한 사람들이 있을 것이다.

우리 경험으로 볼 때에 치유 기도를 위한 이렇게 상례적인 기회들을 통해 치유를 받는 사람들이 매우 적은 가장 일반적인 이유는 기도하는 사람들이 증상들 배후에 있는 상황을 놓고 기도해야 할 때에 단지 증상만을 놓고 기도하기 때문이다. 간단히 말해서 그들이 엉뚱한 것을 위해 기도했을 수 있다는 말이다. 물론 증상만을 위해 기도받고 싶어 하는 사람들이 많이 있다. 이러한 사람들은 하나님께서 그들의 삶의 모든 영역들을 바로잡는 것에는 전혀 관심이 없는 자들이다. 따라서 치유 기도를 받아도 치유를 받지 못하는 것이 놀라운 일이 아니라는 말이다.

기도를 요청하는 사람이 아무리 얌전히 요구한다 할지라도, 그것이 도움을 호소하는 외침이라는 것을 기억하라. 민감한 사역자는 기도를 요청하는 사람과 개별적으로 이야기할 수 있는 기회를 만들어서, 기도를 요청하게 만든 질병이나 상황들 배후에 무엇이 있는지를 점진적으로 발견해 나갈 것이다.

교회에 사역팀이 있다면, 사역팀의 구성원들은 기도를 요청하는 각 사람들과 시간을 보냄으로써 그 사람들이 돌봄을 받지 못하고 돌아가는 일이 없도록 해야 할 것이다.

이미 치유 사역을 하고 있는 교회들에서는 치유 사역팀에 기도를 요청하는 것이 교회 사역에서 자연스럽고 언제든지 받아들여질 수 있는 부분이 되어야 한다. 그렇다 할지라도 교회 안에는 자기들의 문제들과 필요들에 관해 이야기하는 것을—특별히 그들이 매주 함께 예배해야 하는 사람들과 이야기하는 것을—매우 힘들어하는 내성적이고 수줍어하는 사람들이 있을 것이다. 따라서 그러한 사람들에게 도움을 주는 과정에서 하나님을 향해 마음을 열라고 말할 때에는 최대한 신중을 기해야 한다.

이러한 자들과 정반대가 되는 사람들도 있다. 이 사람들은 매주 새로운 필요들을 나누고 싶어할 것이다. 물론 다른 사람들보다 더 많은 문제들을 지니고 있는 사람들이 있을 것이다. 때로 이들에게는 치유의 다음 단계로 나아가기 전에 하나님께서 이미 주신 치유 안으로 들어가며, 또한 믿음을 강화시키라고 격려하는 것이 필요하다. 경건의 훈련은 기독교 치유의 전반적인 과정에서 매우 중요한 한 측면이다.

부자 청년이 예수님께 나아와 질문을 했을 때에 예수님은 주저 없이 말씀하셨다. 믿음의 진보를 이루고자 한다면 재물을 팔아 나누어 주어야 한다고 말이다. 왜냐하면 재물이 하나님과 그의 관계를 방해하고 있었기 때문이다(눅 18:18-23). 또한 예수님은 니고데모와의 대화 속에서 신학적인 것을 배제하시면서, 니고데모가 자신의 삶을 먼저 바로잡아야만 하나님의 영으로 거듭날 수 있다는 것을 분명하게 말씀하셨다(요 3장).

예수님은 결코 사회에서 그들이 지니고 있는 지위나 위치로 인한 위선적인 면을 드러내지 않으셨다. 예수님은 그들이 듣고 싶어 하거나 말거나 오직 그들의 상황에 대한 진리를 말씀하셨을 뿐이다. 시몬 베드로는 예수님이 메시야라는 엄청난 계시를 받은 직후에 사탄에 의해 선동된 말을 하기 시작했다. 우리 같았으면 매우 특별한 은사들을 지닌 수석 제자라는 위치 때문에 그냥 넘어갔을지도 모르지만, 예수님은 이러한 베드로의 말들을 그냥 넘어가지 않으셨다. 베드로를 사용해 거짓말을 하고 있는 사탄을 다른 제자들 앞에서 책망하셨던 것이다(마 16:13-23).

우리는 기도를 받고 있는 사람을 고려하거나 혹은 그 사람을 두려워해 진리를 말하는 것을 피하고자 하는 유혹을 받을 때가 있다. 지역교회에서는 사람들이 당혹스러워할 수 있는 개인적 이슈들에 직면하는 것이 특별히 어렵다. 왜냐하면 그들이 스스로에 관한 진실을 말한다면, 그들의 지역적 명예가 실추될 수 있다는 것을 두려워하기 때문이다.

:: **사역팀**

엘렐 사역팀은 지난 수년 동안 수천 명의 사람들에게 사역을 해 왔다. 그러한 경험에 기초해, 결코 혼자 사역을 하지 않는다는 기본적인 방침을 정했다. 우리가 성경에 바탕을 두지 않은 상식 밖의 말이나 행동을 하게 되면, 우리 자신과 치유 사역을 위기에 빠트릴 수도 있게 될 것이다. 그러면 혼자 사역을 하지 않는다는 방침이 왜 그렇게 중요한가?

이것은 예수님께서 제자들에게 하라고 말씀하신 것이다

예수님은 치유와 축사 사역을 위해 제자들을 둘씩 짝을 지어 보내셨다(눅 10:11). 예수님께서 이렇게 하신 이유가 그들을 격려하고 보호하기 위한 것이라는 데 의심할 여지가 없다. 따라서 우리도 이러한 원리를 따르는 것이 좋을 것이다. 물론 사람들이 많이 몰려 있는 큰 대중 집회에서 사역을 한다면 문제는 달라진다. 이러한 환경에서는 필요할 때에 도움을 줄 수 있는 사람들이 많이 있기 때문에 일대일 사역을 허용한다. 그러나 다른 모든 환경에서 개인에게 사역을 할 때에는 사역팀이 반드시 적어도 두 사람으로 구성되어야 한다. 이것이 엘렐 사역에서 준수하고 있는 하나의 방침이다.

합심 기도에는 능력이 있다

"진실로 다시 너희에게 이르노니 너희 중에 두 사람이 땅에서 합심하여 무엇이든지 구하면 하늘에 계신 내 아버지께서 저희를 위하여 이루게 하시리라"(마 18:19).

예수님께서 하신 위의 말씀을 통해 볼 때에, 그의 제자들로 하여금 둘씩 짝을 지어 사역하도록 장려하셨음을 알 수 있다. 이 성경 구절은 어떤 사람들에 의해 문맥에 맞지 않게 사용되어 왔다. 즉 그들은 자기들이 원하는(필요한 것이 아니라) 어떤 것에 관해 단순히 서로 동의하기만 하면, 하나님께서 반드시 들어 주실 것이라고 생각하는 것 같다.

합심 기도의 참된 의미를 이해하는 것이 필요하다. 시편 기자는 다음과 같이 말한다. "또 여호와를 기뻐하라 저가 네 마음의 소원을 이루어 주시리로다"(시 37:4). 축복을 받는 비결은 각 사람이 하나님과 누리는 관계에 있다. 우리 마음의 소원이 또한 하나님의 마음의 소원이 되는 것은 오직 우리가 그분 안에서 즐거워할 때이다.

기도할 때에 마음을 같이하는 두 사람은 각자가 주님 안에서 즐거워하고, 그들 각자에 대한 하나님의 목적과 뜻에 관한 음성을 들을 수 있어야 한다. 그들 각자가 하나님으로부터 똑같은 음성을 들었다는 것을 발견하면, 하나님께서 무엇을 말씀하시는가에 대해 함께 동의하고, 먼저 하나님으로부터 온 그러한 소원들을 이루어 달라고 기도하면서 분명한 확신과 믿음을 가지고 하나님께 나아갈 수 있을 것이다.

이런 식으로 합심해 기도할 때에 주어지는 힘은 경험을 해보아야 이해할 수 있을 것이다. 신명기 32장 30절은 그것을 다음과 같이 표현한다. 한 사람이 천을 쫓을 수 있고, 두 사람은 만을 도망케 할 수 있다.

예수님은 마태복음 18장 20절에서 두세 사람이 그의 이름으로 모인 곳에서는 그분이 그들과 함께 할 것이라고 말씀하셨다. 이 구절도 올바로 이해해야 한다. 이것은 홀로 기도할 때에는 하나님께서 함께 하시지 않을 것이라는 의미가 아니다. 이 구절은 협력해 싸우는 두 사람이 각자 따로 싸우는 두 사람보다 훨씬 강한 능력을 발휘하는 영적 전투라는 상황에서 온전히 이해될 수 있다.

기도와 교제와 영적 전투를 통해 예수님을 높이고 적의 일을 멸하기 위해 합심하는 사람들에게는 특별한 축복이 있다. 함께 상담을 하고 기도하는 두 사람의 연합된 힘은 단순히 1+1 보다 훨씬 크다.

두 상담자들은 서로 보호막이 되어 주고, 내담자에게는 안전감을 제공해 준다

귀신들에 의해 영향을 받고 있는 사람을 위해 기도할 때는 종종 기도하는 사람들을 대적하기 위해 그 사람 안에 있는 귀신들이 현상을 드러낸다. 이런 종류의 일이 일어날 때에 혼자 있다면 안전하지 않을 수도 있다. 두 사람이 합심해 사역을 하는 것이 이러한 문제들에 대한 매우 효과적인 예방책이다.

보호해야 할 필요가 있는 것은 정해져 있는 사역 시간만이 아니다. 사역이 일대일로 이루어지면 상담이 끝났을 때에 상담실에서 실제로 일어난 것에 대한 독립적인 증인들이 없게 된다. 사탄의 이름들 중의 하나가 '형제의 참소자' 이다. 그는 헛소문과 험담과 거짓말과 스캔들을 통해 사람들을 몰락시키는 것을 즐거워한다. 이것이 성령에 이끌림을 받는 사역에 대항하기 위해 사탄이 주로 사용하는 전략이다. 따라서 우리에 대항해 사용될 수도 있는 무기들을 사탄의 손에 들려 주어서는 안 될 것이다.

우리가 혼자서 사역을 한다면, 상담실 안에서 일어난 일들을 누가 말해 줄 수 있겠는가? 우리가 기도해 준 여러 목사들 가운데 지역 사회에서 그들에 관해 회자되고 있는 말들 때문에 명예가 위태로웠던 사람들이 있었다. 어느 한 목사가 그의 서재에서 어떤 여인을 위해 기도해 주었다. 그 때에 서재 안에는 오직 두 사람만 있었다. 그는 그녀의 삶 속에서 일어나고 있는 것들에 대해 말하면서 그녀의 삶을 바로잡으라고 격려해 주었다. 목사의 말은 합당한 것이었다. 하지만 그녀는 그의 충고를 좋아하지 않았다. 따라서 그녀는 밖에 나가서 목사가 그의 서재에서 자기를 성적으로 학대했다고 고소했다. 그녀는 그 지역 사회에 살고 있는 다른 사람들에게 말했고, 며칠 지나지 않아서 그것이 큰 스캔들이 되었다.

이 경우에 나는 스캔들과 같은 일은 일어나지 않았다고 확신한다. 그 여자는 단지 그 목사의 솔직한 충고를 싫어했고, 또한 그녀의 삶을 하나님께서 원하시는 방식으로 바로잡고 싶어 하지 않았을 뿐이다. 그렇기 때문에 귀신들은 이 목사의 훌륭한 사역을 망치기 위해 그녀를 사용할 자유로운 기회를 얻게 된 것이다.

이 목사는 혼자서 그녀에게 사역하는 실수를 범했다. 그렇게 함으로써 적의 수중에 일차적인 무기를 들려 준 셈이 되었다. 그가 다른 사람과 함께 사역하라는 간단한 충고를 따랐다면 이러한 어려운 일은 발생하지 않았을 것이다. 다른 사람과 함께 했더라면, 그가 말하고 행한 모든 것들에 독립적인 증인이 있었을 것이다.

우리는 또한 기독교 상담자들에 의해 성적 학대를 당한 여인들을 위해 기도해 준 적이 있었다. 이러한 상담자들은 상담실의 비밀성을 이용해 그들의 성적 욕구를 채웠던 것이다. 제 삼자가 함께 했더라면, 이런 일은 절대로 일어나지 않았을 것이다. 이러한 사건들에 의해 입혀진 상처는 정말 상상할 수 없을 정도로 크다.

사람들은 하나님 앞에서 자기들이 신뢰할 수 있다고 생각했던 사람들에 의해 상처를 받으면 기독교 상담과 사역을 회피할 뿐만 아니라, 또한 그들을 배신한 것이 하나님이라고 믿으면서 하나님까지 회피하려 한다. 따라서 예수님께서 다음과 같이 말씀하신 것은 전혀 놀라운 것이 아니다. "누구든지 나를 믿는 이 소자 중 하나를 실족케 하면 차라리 연자 맷돌을 그 목에 달리우고 깊은 바다에 빠뜨리우는 것이 나으리라"(마 18:6).

우리는 또한 남자 상담자에게 사역을 받은 어떤 남자가 그 상담자로부터 동성애적 위협을 받은 상황들을 시역하기도 했다. 특별히 오늘날의 성적인 분위기 하에서는 같은 성을 가진 사람에게라도 혼자 사역을 하는 것이 안전하지 않다. 동성애적 고발의 위험이 있기 때문이다. 내담자 또한 위험의 가능성으로부터 보호되어야 한다.

둘로 짝을 이룬 상담자들이 남자와 여자로 구성되어 있다면 매우 이상적일 것이다. 하지만 이러한 배합을 받아들일 준비가 되어 있지 않은 내담자들이 있을 수 있다. 예를 들어, 남자들에 의해 성적 학대를 당한 여자는 자기가 받아야 할 사역의 한 부분이 남자들이 자기에게 행한 것에 대해 그들을 용서해야 한다는 것을 알기 때문에 남자들로부터 사역을 받는 것을 매우 힘들어 할 수 있을 것이다.

그러한 경우들에 우리가 종종 사용하는 방법은 두 여자로 구성된 사역팀이 먼저 시작을 하고, 어느 단계에 가서는 남자들과의 관계를 치유하기 위해 한 남자 사역자를 투입하는 것이다. 일반적으로 볼 때에, 학대받은 여자에게 남자가 사역을 하고, 학대받은 남자에게 여자가 사역을 하는 것은 사역의 과정에서 중요한 한 부분(학대가 이성opposite sex에 의해 행해졌을 때에)이 될 수 있다.

치유와 축사를 위해 상담 사역이나 기도 사역에 입문하고자 하는 자들에게 주는 충고들을 요약하면 다음과 같다.

1) 결코 혼자서 사역하지 마라.
2) 사역팀에는 항상 내담자와 동성인 사람을 두라(두 남자가 한 남자에게 사역을 하는 것과, 두 여자가 한 여자에게 사역을 하는 것은 괜찮다. 하지만 사역팀의 가장 이상적인 배합은 한 남자와 한 여자이다).
3) 사역팀이 남편과 아내로 구성되어 있고, 심각한 사역(심각한 학대가 있었다든지, 혹은 사술에 관여했다든지)을 해야 할 경우라면, 제 삼자를 참여시키는 것이 도움이 될 것이다. 이렇게 하는 가장 큰 이유는 결혼한 부부들이 독립적인 판단을 하지 못하고, 두 사람보다는 한 사람처럼 행동하기가 쉽기 때문이다. 그러면 남편과 아내로 구성된 사역팀은 기만을 당해 잘못된 방향으로 사역을 이끌어갈 가능성이 크다. 그 사역팀의 제 삼자는 균형을 잡아 주거나, 혹은 교정을 해줄 수 있을 것이다.
4) 결혼하지 않은 두 남녀가 정기적으로 함께 사역하는 경우에는 특별히 경계해야 한다. 그렇지 않으면 두 상담자 사이에 이상한 관계가 발전될 수도 있기 때문이다.

5) 상담과 기도를 위한 만남의 시간을 갖기 전에 항상 내담자를 위해 함께 하나님을 구하라.

6) 기도와 사역을 시작하기 전에 어떻게 진행할지에 대해 항상 의견을 같이하라. 상담자들이 다음에 무엇을 해야 할지에 대해 서로 의견을 달리하는 것은 매우 좋지 않다. 사탄에게는 분열이 있는 곳보다 더 좋은 곳이 없다!

7) 사역을 하다보면 우리의 영과 감정과 몸이 기진맥진하게 될 수도 있다. 따라서 사역 후에는 서로를 위해 기도함으로써 그 후에 무슨 일을 하든지 각자가 더욱 강건해지고 회복되고 세워지도록 해야 한다. 사역하는 동안에 어떠한 상처를 받았다면, 그것이 어떤 것이라도 치유를 위해 하나님께 가지고 나아가라. 예를 들어, 내담자가 말한 어떤 것들이 상담자 자신의 개인적인 상황으로 인한 고통을 건드릴 수 있을 것이다. 사역하는 동안에는 이러한 고통에 대해 말할 수 없지만, 사역이 끝난 후 이것을 놓고 단 몇 분이라도 기도하게 되면 상처받은 마음이 회복되는 데 큰 도움이 될 것이다.

나에게도 이러한 일이 일어났었다. 내가 어떤 가족의 상황을 놓고 상세하게 기도하고 있었다. 그러던 어느 순간에 내가 기도해 주고 있는 사람에게 말하는 만큼 또한 나 자신에게 말하고 있다는 것을 깨닫게 되었다. 따라서 나는 사역 시간이 끝난 직후 남아서 치유와 축사를 더 받게 되었다.

위의 기본적인 지침들을 따르는 사람들은 다음과 같은 유익들을 발견하게 될 것이다.

1) 하나님의 뜻 안에서 함께 상담하는 두 사람의 연합된 힘이 혼자서 사역하는 것보다 훨씬 크다.

2) 차후의 허위 진술이나 고발, 혹은 말을 잘못 옮기는 것으로부터 보호받을 수 있다.

3) 매우 개인적인 사역과, 기도하는 동안의 안수 문제로 인해 내담자와 동성인 사람이 항상 함께 해야 한다.

4) 사역하는 동안에 상담자들이 탈선하는 것을 막아 주는 보호 장치가 된다.

5) 새로운 사역 방법이 괜찮다는 것에 대해 두 사람이 동의할 때까지는 그것을 억제하는 것이 합당하다.

6) 사역할 때에 한 상담자가 주도하다가 어느 순간에는 또 다른 상담자가 주도할 수 있다. 어느 순간에 직접적으로 사역하고 있지 않은 사람은 다른 상담자를 위해 기도할 수 있을 것이다.

7) 하나님께로부터 왔을 수 있는 특별한 지식의 말씀들을 사역에 적용하기 전에 그것들을 시험해 보고 기도할 수 있다.

8) 서로를 격려함으로써 믿음과 기대감이 자라게 할 수 있다.

9) 어느 때에라도 사역에 관해 서로 말하고 기도하기 위해 상담을 잠시 멈출 수 있다.

10) 서로에게 관련 성경 구절들을 상기시켜 줄 수 있다. 한 사람이 적절한 성경 구절들을 찾아보는 동안, 다른 사람은 계속 사역을 진행할 수 있다.

11) 두 사람이 사역을 위해 사용할 수 있는 은사들과 능력들이 결합되면 그 상황에 대한 더 폭넓은 시각을 가질 수 있게 된다.

12) 서로의 신체를 보호해 줄 수 있다(내담자가 폭력이나 위협을 가할 경우).

13) 동역하고 있는 사역자를 사탄이 공격할 때에, 그것을 인식하면서 보호를 위한 기도를 해줄 수 있다.

14) 내담자가 한 상담자를 너무 의존하는 것을 막아 준다. 다른 사람들 사이

에서 사역을 펼칠 때에 더욱 균형 잡힌 관계가 이루어질 수 있다.

15) 상담자들 중의 한 사람이 아프거나 혹은 어쩔 수 없는 상황으로 인해 상담 약속을 지킬 수 없을 때에도 사역을 지속할 수 있다.

16) 초보 사역자들은 더 성숙한 사역자들과 함께 사역팀을 이루어 안전한 배움의 환경에서 훈련받을 수 있다.

:: 시작하기

어떤 사람이 용기를 내어 기도를 요청할 때에는 문제를 해결하기 위한 과정을 가능한 한 빨리 시작하는 것이 중요하다. 상황이 복잡하면 깊은 사역이 이루어지기까지 시간이 좀 걸릴 수 있을 것이다. 그러나 적어도 상황 진단을 위해 약속 시간을 잡아 두는 것이 좋을 것이다. 그렇게 할 때에 도움을 요청한 사람은 자신이 돌봄을 받고 있다고 느끼게 될 것이다. 첫 만남의 시간에는 도움을 요청한 사람에게 약간의 영적인 숙제를 할 수 있도록 고무시켜 줄 수 있는 어떤 일들이 드러날 것이다.

상담에 들어가기 전에 우선 그 사람의 필요나 상황에 대해 진단을 해보는 것이 사역 절차에서 매우 소중한 부분이다. 이렇게 함으로써 그 사람과 그 사람의 어려운 상황을 위해 가능한 최고의 사역팀을 준비할 수 있을 것이다. 또한 도움을 요청한 사람은 진단하는 동안에 드러난 중요한 질문들에 대해 생각해 볼 수 있는 기회를 갖게 될 것이다.

진단 사역을 시작하기 전에, 도움을 요청한 사람에게 하나님과 자신과 상담자들 앞에서 온전히 정직할 것을 요청하라. 어떤 사람들에게는 이것이 쉽지 않을 것이다. 사람들은 종종 그들의 과거를 감추어 줄 수 있는 '악의 없는 거짓말', 일부만 진실된 말, 혹은 자기기만을 복잡하게 뒤섞어 놓는다. 사람들이 정직하게 말해도 거절을 당하지 않을 것이라는 것을 깨닫기까지, 그리고 비밀로 간직하기를 원했거나 직면하고 싶지 않았던 것들이 드러나도 비난받지 않을 것이라는 것을 깨닫기까지는 오랜 시간이 걸릴 수 있다.

또한 그들이 무슨 말을 하든지 완전히 비밀이 보장될 것이며, 개인적인 정보들이 다른 사람들에게 유출될 위험이 전혀 없다는 것을 확증해 주는 것도 매우 중요하다. 지난 수년 동안 자신들의 개인적인 문제들이 '기도 비밀 정보망'(종종 험담 라인으로 불림)에서 유출된 것으로 인해 상처받고 우리를 찾아온 사람들이 수없이 많았다. 이러한 현상 때문에 정말 문제를 가지고 있는 사람들이 그들을 진정으로 도와줄 수 있는 사람들에게 도움을 구하지 못하고 있다. 신뢰할 수 있는 사람들이 없다는 판단 때문이다.

사탄은 비밀을 유출시키게 함으로써 치유 사역을 방해하려 한다. 상담자는 내담자의 개인적인 비밀들을 결코 다른 사람들에게 말하거나 유출해서는 안 된다. 그들 스스로가 간증의 형태로 이야기하는 것 — 이것은 그들의 특권이다 — 과 상담자가 다른 사람들에게 말하는 것은 완전히 별개의 것이다. 상담자는 결코 그들을 대신해 말해서는 안 된다.

어떤 사람이 상대적으로 복잡한 문제를 가지고 있다면, 기록을 해두는 것이 꼭 필요할 것이다. 기록해 두지 않는다면, 정말 중요한 순간에 기억을 하지 못해서 무엇을 위해 기도해야 할지를 모를 수 있을 것이다. 이것보다 더 좋지 않은 상황이 벌어질 수도 있다. 그것은 그 사람과 전혀 관계 없는 다른 것을 위해 기도를 시작한다든지, 혹은 지난주에 기도해 준 다른 사람의 문제를 놓고 기도하는 것이다. 또한 기록을 하는 경우에는, 먼저 그 사람의 허락을 구해야 하며, 그 기록이 항상 잠금 장치가 되어 있는 안전한 곳에 보관될 것이라는 것을 말해 주어야 한다. 기록들은 사역팀으로서 오직 권한을 부여받은 사람들만 열어볼 수 있는 잠금 장치가 되어 있는 파일 캐비닛에 보관되어야 한다.

:: 누구의 관심 사항인가?

누군가 기도를 요청할 때에는 왜 도움을 구하는지를 알아야 한다. 일반적으로 볼 때, 하나님께 바라는 것은 현재의 증상으로부터 치유받는 것이다. 물론 하나님은 그 사람이 당하고 있는 현재의 증상을 치유하고 싶어 하신다. 그러나 그분은 또한 다른 시각에서 그 사람을 바라보신다. 하나님께서 먼저 처리해야만 하는 또 다른 중요 사항이 있을 수 있다.

예를 들어, 누가복음 5장에 보면 한 중풍병자의 이야기가 나온다. 그의 친구들은 지붕에 구멍을 뚫어 침상에 누운 채로 이 사람을 예수님 앞에 내려놓는다. 이 중풍병자가 원하는 것은 분명했다. 중풍에서 치유받는 것이었다. 예수님께서 이 사람을 보셨을 때에 아버지 하나님께서 이 사람을 위해 먼저 하고 싶은 일은 그 사람이 바라는 것과 다르다는 것을 아셨다. 즉 하나님은 먼저 이 사람의 죄의 문제를 다루고 싶어 하셨다.

그 중풍은 고백하지 않은 죄와 용서하지 않은 죄에 뿌리를 두고 있는 것이 거의 확실했다. 예수님은 중풍이라는 현재의 증상을 치유하고 싶어 하셨을 뿐만 아니라, 또한 죄의 문제를 다루고 싶어 하셨다. 그렇게 함으로써 후에 그 증상이 재발하지 않기를 원하셨던 것이다. 만약에 중풍이 재발했다면, 그는 그를 치유하신 예수님에게 등을 돌릴 수도 있었을 것이다. 예수님께서 그 사람의 신체적 건강에 관심을 가지고 계셨다는 것에는 의심할 여지가 없다. 그러나 예수님은 그 사람의 영적 건강에 더욱 큰 관심을 갖고 계셨다. 이것이 우리가 치유 사역을 할 때에 결코 잊어서는 안 되는 것이다.

사람들에게 상담을 해주고 대화를 나눌 때에 그들을 위한 하나님의 우선적인 관심 사항을 찾으며, 당분간 그들의 관심사를 내려놓도록 격려하는 것이 매우 중요하다. 우리가 발견한 것은 사람들이 자기의 관심사들을 내려놓을 때에 하나님께서 그들이 처한 바로 그 상황에서 그들의 관심사항을 채워 주실 수 있다는 것이다. 도움을 구하는 자가 하나님께 많이 열려 있으면 있을수록, 사역하는 동안 성령의 기름부음이 그 사람 위에 더욱 강력해질 것이고, 하나님께서 주시는 축복은 더욱 깊어질 것이다.

피사역자와 이야기하는 동안 현재의 증상들 배후에 있는 원인들과 상황들을 찾아보라. 이번 장의 뒷부분에 가능한 많은 원인들을 상세하게 설명해 놓았다. 그러한 증상들에 수많은 상황들이 기여하고 있다는 것을 발견할 것이다. 따라서 복잡하게 얽혀 있는 개인적인 많은 문제들을 풀어 내는 것이 필요하다. 그러면 기도와 사역을 할 때에 상담을 통해 특정한 방식으로 드러나는 각 상황들을 해결하는 것이 수월할 것이다.

종국적으로, 하나님은 우리의 삶에 질서를 회복하고 싶어 하신다. 이것이 치유 과정에서 매우 중요한 부분이다. 많은 상황들 속에서 사람들은 이것에 수반되는 모든 것들로 인해 힘들어하기도 한다. 하지만 사람들이 그들의 삶을 기꺼이 예수 그리스도의 주권 아래에 두며, 또한 하나님과 올바른 관계를 맺는 것이 절대적으로 필요하다. 하나님은 질서의 하나님이시다.

레위기 26장 14-17절을 볼 때 하나님의 언약을 깬 결과들 중의 하나가 무질서이며, 이 무질서가 건강을 무너뜨릴 수 있다는 것이 분명하다. 따라서 사람들이 하나님과 조화를 이루는 삶을 살아가기 시작할 때에 그들의 몸이 치유되는 것을 보는 것은 그리 놀라운 일이 아니다. 우리 삶에는 나이 들수록 질서를 잡아야 할 필요가 있는 것들이 더욱 많은 것 같다. 그리고 많은 사람들에게는 바로잡아할 필요가 있는 실제적인 문제들로서 그들에게 상처를 준 사람들을 용서하는 것과 같은 사항들이 많이 있을 것이다. 결국, 치유와 축사를 위한 준비로서 사람들을 상담해 주는 것은 악한 영들이 그들의 삶에 행사하는 영향력들을 발견해 그것들을 처리하는 하나의 과정인 것이다.

피사역자의 영적 상태는 제 2장에 설명되어 있는 기초적인 모든 가르침들의 빛 아래에서 진단되어야 한다. 수용(받아들임), 용서, 예수님의 주권과 같은 중요한 이슈들을 이해하면 실제적인 축사의 과정을 쉽게 이끌어 갈 수 있을 것이다. 도움을 받기 위해 오는 사람들 중 많은 사람들이 예수님을 모르는 자들이다. 따라서 그들을 위해 깊은 기도로 나아가기 전에 먼저 그들을 하나님 나라로 이끄는 것이 필요할 것이다. 치유 사역에 입문하는 자들은 또한 기꺼이 복음 전도자가 되어 사람들을 그리스도께로 이끌 수 있어야 한다. 수년간에 걸쳐 엘렐 사역팀의 사역을 통해 그리스도인이 된 사람들이 수없이 많다. 그들은 몸의 치유를 받기 위해 왔지만, 그들에게 가장 급한 치유는 정작 치유를 주시는 예수님과의 관계이다.

 사람들이 여전히 쓴 마음과 용서하지 않는 마음을 품고 있을 때에는 그들이 가지고 있는 문제, 특별히 축사를 위해 기도하는 것이 매우 힘들다. 따라서 용서하지 않는 마음이 하나님의 축복과 성령의 기름부으심을 막을 수 있다는 것을 분명하게 말해 줘야 한다.

 이러한 기초적인 일이 행해지지 않는다면, 그리고 상담자가 이렇게 명백한 현상을 드러내고 있는 귀신을 인식하지 못한다면, 치열한 전투가 잇따를 것이다. 왜냐하면 귀신들이 그 사람 안에 머물 수 있는 권리를 지니고 있는 동안에 귀신을 쫓아내려 하기 때문이다. 그 결과 내담자는 환멸을 느껴 축사 사역 자체를 거부하고자 하는 시험에 들 수 있을 것이다. 그리고 상담자들은 자신들이 귀신들을 쫓아낼 수 있는 권세의 위치에 있다는 것을 확증하기 전에 귀신들을 쫓아내려 함으로써 스스로를 지치게 만들 수도 있다. 영적 정화 작업을 통해 먼저 귀신들의 권리들을 제거하지 않은 채 곧장 축사 사역에 뛰어들고자 하는 시험에 들지 마라.

:: 귀신들림으로 인한 증상들에 주목하라

귀신들림의 증상들 중 관찰 가능한 몇 가지를 이미 제 3장에서 언급했다. 이것들이 기도를 받기 위해 찾아오는 사람들을 상담해 줄 때에 상담자들이 찾아야 하는 것들의 목록을 제공해 줄 것이다. 치유와 축사를 위해 기도하는 사람들은 예수님의 사역을 최고의 모델로 삼아야 한다. 어떤 사람들에게는 이것은 불가능한 하나의 이상처럼 들릴지도 모른다. 하지만 우리는 복음서에 나오는 분명한 증거들을 통해, 예수님께서 사람들을 만나서 기도해 주셨을 때에, 그들의 삶 속에 무슨 일이 일어나고 있었는지를 분명히 알고 계셨다는 것을 볼 수 있다. 예수님은 사람들의 증상에 대해 알고 계셨을 뿐만 아니라, 또한 그들이 무슨 생각을 하고 있고 그들의 마음속에 무엇이 있는지 모두 알고 계셨다(눅 5:22; 요 2:25).

예수님은 제자들을 보내셔서 복음을 전파하고 치유하고 귀신을 쫓아내라고 하시면서, 그들에게 능력과 권세를 주셨다(눅 9장). 이것은 피사역자들이 무엇이 잘못되었는지를 볼 수 있는 능력이 그들에게 주어졌다는 의미이기도 하다. 사도 바울은 고린도전서 12장에 사역을 위한 성령의 은사들을 기록해 놓았다. 하나님께서 성령을 통해 그의 백성들에게 주신 은사들은 그리스도인들로 하여금 복음을 역동적이고 효과적으로 전할 수 있도록 돕고자 함이다.

예수님은 요단강에서 세례 요한에 의해 세례를 받으신 후에 성령으로 충만케 되셨으며, 그곳에 모여 있던 군중들은 하늘로부터 들려오는 소리를 들었다.

"너는 내 사랑하는 아들이요 내가 기뻐하는 자로다"(눅 3:22).

그 후로부터 예수님은 기적들을 행하셨고, 매일 성령의 은사들을 온전히 활용하셨다. 예수님은 승천하시면서 성령을 보내 주시겠다고 약속하셨고, 오순절에 그 약속이 성취되었다. 그 때에 성령으로 충만케 된 자들은 예수님께서 행하셨던 대로 성령의 은사들을 온전히 활용할 수 있게 되었다.

성령 세례를 받는 것이 효과적인 치유 사역을 하기 위해 매우 중요한 도약이다. 성령의 은사들을 가지고 행하지 않으면, 치유 기도가 단순히 일상적이고 종교적인 표현에 국한될 수 있다. 물론 어떤 사람들은 이러한 기도를 통해서도 치유받을 수 있다. 그러나 일반적으로는 하나님의 은혜로 사역을 받기 위해 마음을 준비하고, 그들의 삶 속에서 성령의 일들을 방해하는 모든 장애물들을 제거하고, 하나님으로부터 받을 준비가 된 사람들이 치유를 받는다.

경험으로 볼 때에, 하나님으로부터 치유받을 준비가 되어서 찾아오는 사람들은 극히 드물다. 심지어 가장 성도다운 삶을 사는 사람들의 삶 속에도 사탄이 형성해 놓은 견고한 진들 ─ 때로 어린 시절에 이미 형성됨 ─ 이 있어서, 이것들이 그들의 삶을 조종하고 있음을 발견했다. 사람들은 이러한 것들을 이해하고, 그들의 삶 속에서 사탄이 행한 일들을 멸하기 위한 적절한 행동을 취하기 위해 도움을 받아야 했다.

우리는 기도를 받기 위해 찾아오는 사람들에 관해 하나님께서 그분의 마음을 계시해 주실 것을 기대해야 한다. 때로 하나님께서 지식의 말씀을 주실 것이다. 어떤 때에는 우리가 영분별의 은사를 통해 귀신들의 존재를 즉각적으로 감지할 수 있을 것이며, 또 어떤 때에는 불가능해 보이는 것들을 믿을 수 있는 믿음의 은사를 받을 것이다.

또한 우리가 하나님의 일을 하고 있는 동안에 그분이 우리에게 말씀하실 것이라는 것과, 예수님께서 진정으로 하나님을 찾는 자들로 하여금 치유를 향해 걸어갈 수 있게 하실 것이라는 것을 기대해야 한다.

그리스도의 몸이 성령의 모든 은사들을 온전히 사용할 수 있도록 회복하는 것이 치유와 축사 사역의 회복을 위한 매우 중대한 과정이다. 성령의 은사들은 오늘날을 위한 것이 아니라는 가르침은 하나님께서 그의 백성들에게 부어 주고 싶어 하시는 많은 축복들에 문을 닫아 놓게 한다.

하지만 해답이 없는 것처럼 보이는 시간들도 있을 것이다. 우리가 문제를 놓고 하나님으로부터 말씀을 듣고 싶어 하지만, 아무 일도 일어나지 않는 것처럼 보인다. 이런 때에는 수많은 여러 가지 이유들이 있을 수 있다. 아래에 나오는 것들이 각각의 특별한 상황에 대한 이유가 될 수 있을 것이다.

1) 도움을 구하는 사람의 의지가 잘못되어 있다. 그는 자신의 삶을 하나님의 뜻과 진리와 조화를 이루게 하는 법을 알고 싶어 하지 않으며 알지도 못한다.

2) 중보기도(혹은 금식)가 적의 전략을 파쇄하고 성령의 기름부음을 풀어 놓기 위해 필요할 수 있다.

3) 하나님께서 치유하시기 전에 그 사람의 삶 속에서 처리하고 싶어 하시는 다른 영역들이 있을 수 있다(예: 용서하지 않는 문제).

4) 상담자들이 너무 지쳐 있어서, 하나님께서 말씀하고 싶어 하시는 것에 대한 영적 민감함이 없을 수 있다.
5) 문제를 해결하기 위한 다음 단계의 사역으로 나아가기 위해 특별한 경험을 가진 다른 사람이 함께 해야 한다(예: 거짓 종교나 사술과 같은 것들에 대한 이해를 가지고 있는 사람).

사탄은 축사 사역을 매우 싫어한다. 왜냐하면 이 사역의 본질이 개인들 혹은 어떤 그룹에 대한 사탄의 계획들과 목적들을 드러내는 것이기 때문이다.

포기하지 않고 인내하는 것이 매우 중요하다. 치유 사역은 종종 개인의 삶에서뿐만 아니라, 그 사람이 속하는 가계 안에서 역사하는 사탄과의 강렬한 전투이다. 사탄은 온 교회 성도들이 치유와 축사 사역에 열려 있는 것을 보고 싶어 하지 않기 때문에 전투가 특별히 강렬해질 때가 있다. 이러한 관점에서 볼 때에 어떤 사역들은 다른 사역들보다 더 전략적이어야 할 것이다.

사역 중에 내담자의 소리뿐만 아니라 하나님의 음성에 귀를 기울이고, 사탄이 그 사람의 삶 속에 어떤 견고한 진들을 가지고 있는지에 대한 계시를 받는 것이 매우 중요하다. 이 계시가 치유와 축사 사역을 위한 전략이 될 것이다.

:: 거짓 신앙과 사술의 관련 여부를 조사하라

모든 거짓 형태의 예배 배후에는 그것이 거짓 종교들이나 사술적

(이교도적) 의식에 열려 있든지 그렇지 않든지 항상 사탄이 있다. 사탄은 그리스도인들이 이단적 신앙을 따르면서 복음의 기초적인 진리들을 거부할 때에 즐거워한다. 이것이 상담할 때에 조사해 보아야 하는 중요한 영역이다. 왜냐하면 그러한 활동들 중 어느 것에라도 관련이 있는 사람들은 스스로를 적에게 열어 놓는 셈이며, 거짓 예배와 신앙을 통해 거짓 종교의 배후에 있는 귀신들에게 스스로를 노출시키기 때문이다.

성경에는 사술적 예배 행위들에 대한 경고들이 수없이 많다(예: 신 18:9-14). 또한 성경은 살아 계신 하나님을 예배하고 있는 것처럼 보이지만, 예배하는 자들의 마음속에 있는 은밀한 죄로 인해 위선으로 가득 찬 일상적인 종교적 행위들을 정죄한다(사 1:10-20). 자아가 자신의 삶의 중심을 차지하고 있는 사람은 자기를 숭배하고 있는 것이다. 하나님은 분명히 말씀하신다. "너는 나 외에는 다른 신들을 네게 있게 말지니라…. 그것들에게 절하지 말며 그것들을 섬기지 말라 나 여호와 너의 하나님은 질투하는 하나님인즉…" (출 20: 3, 5).

자기 자신, 다른 사람, 물건, 종교, 이교도적 신앙, 프리메이슨과 같은 은밀한 단체, 그리고 어떤 다른 것이라도 참되고 살아 계신 하나님보다 앞세우는 사람은 간접적으로 사탄을 높이는 것이다. 하나님께서 자기 백성들의 찬양 가운데 거한다고 약속하신 것과 같이(시 22:3), 사탄 또한 그러한 죄악을 이용해 그를 그들의 삶의 중심에 앉히는 사람들의 '찬양'(예배) 가운데 거할 것이다. 귀신들은 거짓 예배의 영역들(예: 맹세, 우상, 의식, 규칙…)에 붙어 살면서, 알고 지은 죄나 모르고 지은 죄를 통해 자신을 열어 놓는 사람들 안으로 침입해 그들을 점령하려 하고 있다.

많은 사람들에게 사역하면서 발견한 것은 어떤 특정한 문제의 시작은 종종 어떤 형태의 사술이나, 혹은 이교도적 신앙이나 행위와 관련되어 있다는 것이다. 그들 가운데에는 휴일에 해외에 있는 이교도 신전을 방문해, 거기에서 예배하는 자들에 대한 예의의 표시로서 신을 벗는 것과 같이 사소하게 보이는 행동을 하는 사람들이 있다. 하지만 출애굽기 3장 5절에서 하나님께서 모세에게 하신 말씀을 들어보라. "너의 선 곳은 거룩한 땅이니 네 발에서 신을 벗으라." 이 구절에서 우리가 깨달아야 할 원리는 인간의 타락과 이 세상에 대한 사탄의 일시적 지배에 의해 더러워진 땅이 하나님의 임재에 의해 거룩하게 되었다는 것이다.

예배 장소에서 신발을 벗는 사람들은 그 땅이 그 신전에서 예배를 받는 '신' god의 존재에 의해 '거룩'하게 되었다는 것을 시인하는 것이다. 하지만 온전한 거룩함은 세상 사람들을 속여서 이 세상의 타락한 신인 사탄을 예배하게 만드는 거짓 신들의 것이 아니라, 오직 참되시고 유일하신 하나님에게 속한 것이다. 따라서 이런 식으로 신발을 벗는 사람들은 실상 이교도들의 신앙 체계를 인정하는 것이며, 그렇게 함으로써 귀신들에게 문을 열어 주는 셈이 된다. 그러면 귀신들은 이러한 사람들 안으로 들어가 온갖 종류의 속박과 질병으로 저주를 한다. 우리는 귀신들로 인해 이러한 속박과 질병에 걸려 고생하다가 자유함을 얻은 사람들을 많이 보아 왔다.

몇 년 전에, 전에 시크교도였던 어느 목사에게 사역을 한 적이 있었다. 여러 면에서 그는 매우 훌륭한 목사였지만, 스스로 자기의 사역에 뭔가 문제가 있다는 것을 알고 있었다. 그가 이전에 따랐던 종교적 삶의 배후에 있던 기만의 영들을 꾸짖었을 때에야 비로소 그를 그 때까지 조종하고 있던 귀신들이 쫓겨나가게 되었다. 귀신들의 분노와 위협적인 폭력이 정말 대단했다. 그는 이것을 통해 귀신들이 그의 사역을 어떻게 방해하고 있었는지를 극적으로 깨닫게 되었다.

종종 하나님은 특정한 보석류에 우리의 관심을 집중시키신다. 우리가 그러한 것들에 관해 질문해 보면, 거의 항상 보석 그 자체나, 그 보석의 이전 소유자가 사술에 깊이 관련되어 있는 것을 발견하게 된다. 그러한 보석을 제거하는 과정에서 귀신들의 엄청난 저항을 받기도 했다. 그 이유는 그러한 보석들에 강력한 저주가 부어져 있었기 때문이다.

때로 사술과 관련된 물건들이 집 안에 보관되어 있을 수 있다. 그것들을 소유하고 있는 사람은 대부분 귀신들이 그러한 물건들을 사용해 그의 집이나 가족 구성원들을 저주하는 수단으로 사용하고 있다는 것을 전혀 인식하지 못하고 있다. 죽은 친척이 지니고 있던 프리메이슨의 물건들이 이러한 문제를 일으키는 전형적인 것으로서 종종 다락방에서 발견된다. 나는 종종 죽은 사람이나 살아 있는 사람들 가운데 어떤 이상한 형태의 의식들에 관여한 사람들이 없는지에 대해 조심스럽게 질문을 하곤 하는데, 이러한 질문들에 의해 드러나는 것들이 끊임없이 나를 놀라게 하고 있다.

사역하는 동안, 나는 사람들을 속박해 온 많은 영들을 처리해야 했다. 그 영들은 그들이 붙어 있는 교단의 이름에 따라 정확하게 명명될 때에 직접적으로 반응하곤 했다. 교단의 교리들을 사랑하는 것이 예수님을 사랑하고 그분에게 순종하는 것보다 더 중요해질 때마다, 사람들이 종교의 영들에 의해 조종받을 수 있다는 가능성을 염두에 두어야 한다.

그렇다고 해서 어떤 교단도 질서와 훈육을 위해 아무것도 해서는 안 된다고 말하는 것은 아니다. 당연히 해야 한다. 하지만 우리가 조심해야 할 것은 사람들에게 하나님께서 요구하시지 않는 무거운 짐을 지게 해서는(바리새인들이 한 것과 같이) 안 된다는 것이다.

마지막으로, 우리가 사역을 하면서 발견한 것은 주요한 이교도적 신앙체계들 각각의 배후에 귀신들의 견고한 진이 있다는 것이다. 그러한 신앙 체계들을 인정하는 사람들은 기만의 영을 받을 위험에 빠지게 된다. 그러면 이 영은 그들(그리스도인들)의 삶의 다른 영역들에도 영향을 미치기 시작할 것이다. 때로 사람들이 이것을 보는 것이 쉽지 않지만, 이것을 이해하게 될 때에는 그 사람들을 자유케 하려는 큰 전투가 벌어질 수 있다. 그러한 신앙 체계들의 배후에 있는 귀신들은 포착하기가 매우 힘들기 때문에, 때로 일어나고 있는 일들을 이해하기 위해서는 아주 정교한 분별력이 필요할 수 있다.

이 책의 부록에 주요한 사술과 비기독교적 종교 시스템들을 확인할 수 있는 간단한 목록을 기록해 놓았다. 이러한 목록들 중 어느 것에라도 관여한다면 귀신들의 조종을 받기가 쉬울 것이다. 사역을 위한 준비 과정으로서 각 내담자들과 함께 이 목록을 확인해 보는 것이 도움이 될 수 있을 것이다.

:: 가계를 확인해 보라

제 3장과 제 4장에서 귀신들이 왜 그리고 어떻게 가계를 타고 내려와 조상들의 죄가 후손들에게 전해질 수 있는지에 대해 자세히 설명해 놓았다. 사람들을 상담할 때에, 특별히 장기적인 문제를 지니고 있는 자들을 상담할 때에는 조상들의 죄가 당면한 문제의 뿌리일 수 있다는 가능성을 조심스럽게 살펴보는 것이 중요하다.

의사들이 진단할 때에 질문해 보도록 훈련받는 것들 중의 하나가 특정한 질병에 대한 가족의 역사이다. "당신의 부모들 혹은 조부모들 중 누가 이러한 질병을 앓은 적이 있습니까?" 의사들도 많은 경우에 있어서 어떤 증상들은 한 세대에서 다른 세대로 옮겨질 수 있다는 것을 인식하고 있다. 어떤 증상들에 대해서는 잘 정의된 유전적 경로들이 있지만, 항상 그런 것은 아니다.

우리는 때로 현 세대보다 앞선 두세 세대에 대한 간단한 가계도를 그려보는 것이 도움이 된다는 것을 발견했다. 그러한 가계도에는 죽은 사람들과, 그들이 언제 죽었고 어떻게 죽었는지를 표기해 놓아야 한다. 한 사람의 죽음과, 또 다른 가족 식구 안에서 비슷하거나 관련이 있는 증상들의 발병 사이에는 서로 밀접한 관계가 있다. 우리가 종종 발견하는 것은 많은 사람들이 축사를 받으면서 질병의 치유를 받는다는 것이다. 그리고 이 사람들 안의 귀신들은 그 사람과 어떤 관계에 있는 사람들이 죽었을 때에 그 사람들 안에 들어갔다는 것이다. 우리는 신체적인 증상들뿐만 아니라, 또한 행동의 특징들에 대해서도 질문한다. 몸의 증상들이 조상들의 죄를 통해 귀신들에 의해 영향을 받을 수 있는 것과 같이, 그 사람의 행동 또한 영향을 받을 수 있다.

우리는 또한 귀신들로 인한 증상이 한 세대를 건너서 그 다음 세대에 영향을 미치는 것도 보아 왔다. 예를 들어, 조부모들이 죽을 때에 그 가족에 영향을 행사할 수 있는 권리를 얻은 귀신들은 그 가계 안에 머물기 위해 그들이 영향을 미칠 수 있는 사람들에게는 누구에게라도 들어갈 수 있다. 그렇기 때문에 귀신들은 때로 한 세대를 건너뛰기도 하는 것이다.

:: 과거의 성 생활을 조사해 보라

일반적으로 우리는 성 생활에 대해 다른 사람들과 이야기하는 것을 꺼려한다. 사람들은 성에 대한 이야기를 하면 당혹스러워하고, 또한 다른 사람들이 그것에 관해 소문을 낼까 봐 두려워한다. 그리고 기독교 사역이나 리더십에 몸을 담고 있는 사람들은 숨겨 놓은 비밀들이 드러나면 그들의 지위와 명예를 잃을 수 있다는 두려움을 지니고 있다. 교만과 두려움이 많은 사람들은 치유의 문앞에서 멀어져 간다. 사탄은 이것을 매우 즐거워하는데, 이것은 그가 귀신들을 통해(불경건한 혼의 묶임을 통해) 사람들을 조종하는 데 사용하는 가장 강력한 수단이 터부시되는 주제로 남아 있다는 것을 의미한다.

우리는 사람들에게 사역을 할 때에 그들이 숨김없이 모든 것들을 드러내는 지혜를 얻기 전에, 사탄이 그들에게 영향을 미치기 위해 어떻게 성적인 죄를 사용하는지에 대해 상세하게 설명해야 한다. 예수님께서 니고데모의 질문에 답하시면서 다음과 같이 말씀하신 것을 기억하라. "악을 행하는 자마다 빛을 미워하여 빛으로 오지 아니하나니 이는 그 행위가 드러날까 함이요"(요 3:20).

일반적으로, 그리스도인이 되기 전에 지은 성적인 죄들을 고백하고 처리하는 것에 대해서는 별로 큰 문제가 없을 수 있다. 그러나 그리스도인이 된 후에는 '이러한 것들은 해서는 안 되기 때문에' 회심 후에 지은 성적인 죄를 드러내기 위해 엄청난 용기가 필요하다. 그럼에도 불구하고 우리는 그것을 드러내야 한다. 슬프게도 많은 그리스도인들은 기독교인의 삶의 방식을 세상 속으로 가져가는 대신에, 세상의 방식을 교회 안으로 가지고 왔다. 그 결과 오순절 이후 가장 심각한 성적인 죄악들이 현 세대의 교회 안으로 들어와 있다.

상담자들은 성적인 죄의 여러 형태들을 잘 알지 못하거나 그것들에 관해 이야기하는 것을 수줍어해서는 안 된다. 상담자들은 또한 그러한 죄들이 드러났을 때에 정죄하거나 판단하는 자세를 취해서도 안 된다. 오랫동안 숨겨진 비밀들을 처음으로 드러내는 사람들을 위해서 신뢰와 사랑과 배려의 분위기, 그리고 판단받지 않는 분위기를 조성해야 한다.

사람들이 성적인 죄를 통해 형성한 혼의 묶임들은 그들의 남은 생애 동안, 혹은 고백과 회개와 그 죄를 통해 들어간 귀신들을 쫓아낼 때까지 사탄에 의해 이용될 수 있다. 올바르지 않은 성행위를 통한 혼의 묶임은 성기의 삽입이 없어도 그러한 행위를 하는 사람들 사이에서 형성될 수 있다.

어떤 사람들에게는 불법적인 관계로 인해 감정들이 연결되기만 해도 귀신들이 들어갈 수 있는 상당한 통로가 열릴 수 있다.

일단 성교가 이루어지면 사탄은 그 행위를 마치 '결혼'이 완성된 것으로 인식한다. 왜냐하면 하나님이 의도하시는 관계에서는 일단 결혼 서약을 하면 온전한 결혼 관계가 성교를 통해 시작되기 때문이다. 교회는 어떤 이유로든지 성교가 불가능하다고 증명될 때에는 언제나 결혼이 취소될 수 있는 것으로 간주해 왔고, 또 한두 사람이 원하면 '남편과 아내'는 그들의 결혼 서약에서 해제되고 독신으로 여겨지게 된다.

역으로, 두 사람이 함께 성교를 하면 성서적으로 결혼 관계를 성취하게 해주는 일이 일어났기 때문에 결혼한 것처럼 간주된다. 따라서 사탄은 그들의 남은 생애 동안 '육체의 결합' physical marriage 을 통해 이루어진 이들의 묶임을 이용할 수 있는 권리를 지니게 된다. 이 결합 혹은 묶임은 사탄이 영향력을 행사할 수 있는 귀신들의 통로가 될 수 있다. 이런 식으로 영적인 세계에서 이루어진 것은 오직 고백과 회개를 통해 그리고 십자가의 공로를 통해 혼의 묶임을 파쇄해 달라고 기도함으로써만 취소될 수 있다.

하나님께서 이렇게 하실 때에 일어날 수 있는 구속으로부터의 자유는 엄청난 것이다. 사탄은 사람들을 과거의 죄들에 묶어 놓기를 원하지만, 예수님은 포로 된 자들을 자유케 하기 위해 오셨다. 성적 학대의 고통을 당하고 있는 자들에게도 이와 비슷한 묶임이 끊어져야 할 것이다. 왜냐하면 그들이 비록 성적인 관계를 맺으려는 자발적인 선택은 하지 않았을지라도, 대부분 충격이나 두려움을 통해 학대한 사람들에게 묶여 있기 때문이다.

여러 사람들과 성관계를 맺은 사람에게 사역을 할 때에는 보통 그들이 기억할 수 있는 처음 몇 사람들의 이름을 기억해 보라고 요구한다. 이름을 기억할 수 없다면 그 사람들에 관한 어떤 것을 기억해 보라고 요청한다. 그렇게 함으로써 우리가 목록을 따라 기도해 나갈 때에 각각의 관계에 대해 더욱 명확하게 기도할 수 있기 때문이다. 때로 기억할 수 없을 만큼 많은 사람들과 성관계를 가진 사람들도 있다. 그런 경우에는 가장 먼저 떠오르는 사람들(상대적으로 더욱 심각한 관계를 맺은 사람들)을 먼저 처리하고, 그 다음에 다른 사람들은 그룹으로 묶어서 기도한다.

야고보가 준 경고가 얼마나 지혜로운 것인지를 많은 경험들이 증명해 주었다.

"이러므로 너희 죄를 서로 고하며 병 낫기를 위하여 서로 기도하라 의인의 간구는 역사하는 힘이 많으니라"(약 5:16).

우리가 숨겨 놓았던 비밀들을 밝히고자 하는 용기를 가질 때에, 하나님은 그러한 결과들로부터 우리를 치유하실 수 있다. 이것이 예수님께서 누가복음 5장에서 중풍병자의 치유를 위해 기도하시기 전에 그의 죄의 문제를 먼저 다루신 이유가 아니겠는가?

:: 거절의 흔적들을 찾아라

거절에 의해 야기된 과거의 상처를 치유받지 못하면 그것이 귀신들이 들어갈 수 있는 주요한 통로가 된다. 고통을 치유받지 못하고 또한 실제로 거절의 상처를 준 사람을 용서하지 못하면, 치유는 결코 도달할 수 없는 힘겨운 목표물이 될 것이다. 귀신들은 그들이 서 있을 수 있는 발판이 더 이상 존재하지 않을 때까지 그 사람 안에 남아 있으려 할 것이다.

이러한 영역에서 사역할 때 가장 자주 마주치는 보편적인 귀신들은 거절의 이름들, 거절에 대한 두려움, 그리고 자기 거절에 반응을 하는 귀신들이다. 이 셋은 거절받은 사람 안에서 종종 하나로 연합해 함께 역사한다. 거절의 귀신들은 사람들로 하여금 그들이 알고 사랑하는 사람들과 질적인 관계를 갖지 못하도록 고립시키고, 또한 그 사람이 하나님 안에서 지니고 있는 잠재력을 깨닫지 못하도록 영향을 미친다.

또한 질병의 영들, 그리고 이와 비슷한 계통의 귀신들이 거절과 연결된 이러한 귀신들의 등을 타고 들어올 수 있는 것처럼 보인다. 나는 이러한 거절의 귀신들이 가질 수 있는 영향력을 필요 이상으로 믿고 싶지는 않다. 그런 반면, 나는 또한 거절의 감정적 뿌리들을 처리하고, 사람들과 맺고 있는 지속적인 관계에서 올바른 선택을 하는 것이 귀신들이 서 있는 많은 영토들을 제거할 수 있다는 것도 강조하고 싶다.

사람들에게서 귀신들을 쫓아내려 하는 노력이 그들에게 더 많은 고통을 줄 수 있다고 판단될 때에는, 축사를 시도하기 전에 먼저 처음 몇 시간을 상처받고 거절받은 사람들의 깊은 내면을 치유하면서 보내는 것이 좋을 것이다.

:: 다른 불경건한 혼의 묶임을 찾아내라

사탄은 성관계를 통한 혼의 묶임 외에도, 우리를 다른 여러 불경건한 혼의 묶임 속에 가두어 놓기 위한 목적으로, 지배하고 조종하는 성격을 지닌 사람들을 이용할 수 있다. 귀신들은 이러한 관계를 전이의 통로로 사용할 수 있다. 나는 상담할 때에 어떤 새로운 일을 시작하기 전에 반드시 허락을 받아야 한다고 느끼는, 그래서 매우 두려워하는 사람이 있느냐고 묻곤 한다.

두려움이 있는 관계 속에는 두려움을 일으키는 사람에 의한 불경건한 조종이 있을 수 있다. 누군가 다른 사람들에 의해 구애받지 않고 스스로 결정하는 것(특별한 것이 아닌 일반적인 것에 대해서도)을 두려워한다면, 그 사람 안에는 어떤 불경건한 조종이 존재하고 있을 가능성이 크다.

내가 한 여인에게 다음과 같이 말했다. "어머니에게 사랑한다고 말씀 드리세요. 그러나 또한 그것이 당신의 모든 결정사항들을 어머니에게 보고해야 한다는 것을 뜻하지는 않는 것이라고 말씀드리세요." 이 말을 들은 그녀는 즉시 다음과 같이 말했다. "그렇게 할 수 없어요. 내가 그렇게 한다면 아마 나를 죽이려 할 거예요." 어머니들과 장모들이 때로 매우 지배적일 수 있으며, 그런 사람들은 온 가족을 조종하려 할 것이다.

부모들이 가족 안에서 하나님이 뜻하시는 권위를 사용하는 것은 합당하고 필요한 것이다. 하지만 자녀들은 성장해 가면서 부모들과 더욱 성숙한 관계들을 발전시켜 나가야 한다. 부모들은 자녀들을 지배하려는 마음을 버려야 한다. 물론 자녀들이 필요로 한다면 계속해서 좋은 충고와 도움을 제공해 줄 수는 있을 것이다. 그러나 이것은 부모들이 원하는 것을 '자녀들'이 해야 한다고 주장하는 것과는 완전히 별개의 것이다.

:: 사고들과 충격들에 대해 알아 보라

사고들과 갑작스러운 충격들은 몸의 모든 시스템을 충격의 상태로 몰고 갈 수 있다. 충격이 심신에 미치는 결과는 잘 알려져 있고 잘 정의되어 있다. 그리고 충격을 받은 자들을 어떻게 돌봐야 하는지에 대한 훌륭한 방법들이 나와 있으며, 또한 때로 충격으로 인한 후유증에 대처하는 방법들도 나와 있다.

반면에 사고를 당한 사람은 충격이 발생할 때에 영적으로 취약해진다는 사실과, 또한 귀신에 들릴 수 있는 위험성―충격적인 경험과 연관이 있는 두려움을 통해―이 있다는 것에 관해서는 상대적으로 덜 알려져 있다.

나는 많은 사람들로부터 자동차 사고들과 관련된 두려움의 영들을 쫓아내었다. 이러한 사고들은 때로 사람들로 하여금 정상적인 삶을 살 수 없게 할 만큼 매우 강력한 것들이었다. 오토바이를 타고 가다가 사고를 당할 뻔했던 한 여인은 거의 재앙을 당할 뻔했던 그 순간에 들어온 영으로부터 자유를 얻기 전에, 거의 40년 동안이나 두려움 속에서 살아야 했다. 축사의 결과로 인해 그녀는 일상적인 삶의 여러 영역들에서 훨씬 적극적인 삶을 살 수 있게 되었다. 그러나 그녀는 두려움이 없었다면 즐겁게 행할 수 있었을 많은 것들을 40년 동안이나 해오지 못했던 것이다.

또한 충격을 통해 귀신에 들린 어떤 사람에게 축사 사역이 전혀 효과가 없을 때가 있었다. 그 이유는 그 사람이 사고를 일으킨 사람을 용서하지 않았기 때문이었다. 그 내용을 알게 되었을 때에 그 사람을 용서의 과정으로 이끌었고, 그 결과 축사가 일어날 수 있었다.

어떤 경우들에는 사고와 관련된 사람들과의 혼의 묶임을 파쇄했을 때에 축사가 일어나기도 했다. 또한 고백하고 회개하고 용서를 받아야 할 죄들이 사고와 연관되어 있는 경우들도 있다. 사고와 충격의 결과들을 처리할 때에, 우리는 치유 사역의 기초적 원리들 중 어느 것이라도 무시해서는 안 된다. 그러한 모든 것들이 연관되어 있을 수 있기 때문이다.

사고나 충격이 매우 심각한 것이라면, 사고를 당한 사람에게 미치는 영향이 너무 커서 그 사람의 영과 혼에 균열이 일어날 수도 있다. 이것은 그 사고를 통해 들어간 귀신들이 균열이 일어난 부분에 자리를 잡고 있기 때문에 쉽게 축사가 일어나지 않을 수 있다는 것이다. 그 결과 그 사람은 수년 전에 치유되었어야 하지만 결코 치유되지 않은 몸의 상처로 인해 여전히 고통을 당하고 있을 수 있다. 하나님께서 치유하고 싶어 하시는 육체가 사고가 난 지 10년 혹은 20년이 지나도 여전히 그 사고의 결과로 고통받고 있을 수 있다는 말이다.

이사야 61장 1절은 예수님께서 행하신 치유 사역들 중의 하나가 "마음이 상한 자를 고치는 것"이라고 말해 준다. 어떤 경우들에는 치유 기도(축사를 위한 기도가 아님)가 그 사람의 치유를 위해 필요하다. 심지어 수년 전에 일어난 충격을 위해서도 치유 기도가 필요할 수 있다. 우리가 경험을 통해 발견한 것은 많은 사람들이 주님께서 내면의 상처를 치유하시기까지는 충격을 통해 들어간 귀신들로부터 온전히 자유를 얻을 수 없다는 것이다.

일반적으로 내가 기도해 주는 대부분의 사람들에게 묻는 것은 그들이 어떤 큰 충격을 받은 적이 있는가 하는 것이다. 이러한 것을 알고 사역을 할 때에 사람들이 치유와 동시에 축사를 경험하는 놀라운 축복들이 있어 왔다.

내가 내린 결론은 사탄이 교회로 하여금 이러한 사역의 영역에 관심을 갖지 못하게 해왔다는 것이다. 그러한 기도의 효과는 장기적인 증상들로부터 치료받고, 사람들로 하여금 하나님의 은사와 부르심을 성취할 수 있도록 고무시켜 주는 극적인 것이 될 수 있다.

:: 요약

이러한 상담의 영역들은 축사를 위한 하나의 준비로서 매우 중요하다. 하지만 이러한 문제들을 처리하는 순서는 그렇게 중요하지 않다. 많은 문제들을 지닌 사람 안에는 보통 귀신들이 여기에 묘사된 것처럼, 때로는 모든 개인적인 필요의 양태들에 붙어 있다는 것을 발견하게 된다. 많은 사람들에게 있어서 치유는 과정이라는 것을 기억하는 것이 중요하다. 즉, 적의 견고한 진들이 기도와 축사를 통해 조금씩 무너져 간다는 말이다.

나는 치유가 필요한 여러 영역들에 대해 말하면서, 인터뷰 단계가 끝난 후 그러한 각각의 영역들에 사역을 할 때가 있다. 또 어떤 경우에는 다른 영역들을 탐구하기 전에 어떤 특별한 영역에 먼저 사역을 하기로 선택하는 때도 있다. 선택은 당신의 것이다.

가장 중요한 것은 도와주려는 사람을 위한 최선의 방법이 무엇인지에 대해 하나님의 음성을 듣는 것이다. 정해진 법칙이라는 것은 없고, 단지 지침만 있을 뿐이다. 하나님께서 내담자 안에서 행하고 계신 일들에 민감해, 성령께서 사역을 주도하시도록 하는 것이 매우 중요하다.

어떤 사람들은 개인 사역에 대한 그들의 접근법에 있어서 융통성을 띠는 것이 매우 어렵다고 생각한다. 하지만 복음서를 연구해 보면, 예수님께서 사역을 하실 때에도 매번 다르게 행하셨다는 것을 발견하게 될 것이다. 예수님은 아버지의 음성을 듣고, 아버지께서 그에게 하라고 하는 것만을 행하셨다(요 8:28). 우리는 사역할 때에 가능한 한 이와 같은 '예수님의 모델'을 따라야 한다.

6장 기초적인 기도문

축사를 받고자 하는 사람은 자기 의지를 발동해
예수 그리스도를 자기 삶의 모든 영역에서 주로 인정하고,
죄된 행동을 통해 귀신들에게 또 다른 권리들을 주는 행동은
더 이상 하지 않기로 선택하며,
또한 자기 안에 있는 귀신들로부터
자유케 되고 싶어하는 마음을 지니고 있어야 한다.

이 책의 앞부분에서는 귀신들이 어떻게 사람들 안에 들어가 영향을 미치는지에 대해 설명했다. 하지만 이 장에서는 축사를 위한 준비로서 반드시 포함되어야 하는 중요한 기초 작업에 대해 설명할 것이다.

상담자는 내담자와 인터뷰하는 동안에 귀신들로 인한 문제들이 있을 법한 영역들에 주목할 것이다. 지금부터 이 영역들에 대해 설명할 것이다. 일반적으로는 귀신들에게 말하고 떠나라고 명령하는 것이 사역자이지만, 축사받고 있는 사람 또한 능동적으로 참여하는 것이 중요하다. 내담자는 다른 사람이 모든 일을 해주기로 기대하는 수동적인 자세를 가져서는 안 된다. 우리 모두 각자 의지를 가지고 있으며, 그 의지가 적극적으로 활용되지 않는다면 축사는 불완전한 것이 될 것이고 또한 효과도 단기적으로 끝날 것이다.

귀신들은 어떤 사람의 의지가 정말 하나님 그리고 상담자와 협력하고 있는지 그렇지 않은지에 대해 알고 있다. 성적인 죄를 멈추기 위해 정욕의 영으로부터 해방되고 싶어 하는 사람에게 성공적인 축사가 일어나지 않은 적이 있다. 그가 자신의 삶 속에 정말로 하나님을 우선순위에 올려놓고자 했다면, 축사 사역을 받기 전에 먼저 자기 의지를 발동해 죄된 삶의 방식을 포기함으로써 그의 삶에 올바른 질서를 세워야 했다. 그러면 귀신들은 그의 의지가 하나님의 의지와 동의하고 있다는 것을 알 것이고, 떠나라는 명령을 들을 때에 반드시 떠나가야 할 것이다. 예수님께서 중풍병자를 치유하셨을 때에(눅 5장), 치유 사역을 하시기 전에 먼저 죄의 문제를 다루셨던 것을 기억하라. 이것이 승리로 나아가는 길이다.

축사를 받고자 하는 사람은 자기 의지를 발동해 예수 그리스도를 자기 삶의 모든 영역에서 주로 인정하고, 죄된 행동을 통해 귀신들에게 또 다른 권리들을 주는 행동은 더 이상 하지 않기로 선택하며, 또한 자기 안에 있는 귀신들로부터 자유케 되고 싶어하는 마음을 지니고 있어야 한다.

필요한 기초 작업을 끝마치고 도움을 구하는 사람이 축사를 받을 준비가 되어 있다고 여겨지면, 그 사람으로 하여금 상담을 통해 드러난 것들에 대해 기도하게 하는 것이 필요하다. 조용히 기도해도 되지만, 큰 소리로 기도하는 것이 더 도움이 된다. 이렇게 하는 것은 예수 이름으로 귀신들을 극복하고자 하는 내담자의 결심을 강화시켜 주며, 상담자로 하여금 중요한 것들이 잊혀지지 않고 있다는 것을 확신케 해준다.

엘렐 사역의 상담자들은 훈련 과정의 한 부분으로서 다음에 자세히 기록된 것과 같은 기도문을 사용하는 법을 배운다. 하지만 이것이 자동적인 축사를 보장해 주는 기도문이 아님을 명심하라. 하나님은 마음을 보신다. 사람들이 자기 마음에도 없는 것을 기도한다면, 원하는 축사는 일어나지 않을 것이다.

아래와 같이 매우 다른 형태의 기도문들이 있다. 따라서 상담자가 이러한 기도문들의 기초적인 원리들을 잘 이해함으로써 피사역자들의 상황에 가장 적절한 기도문을 작성할 수 있다면 큰 도움이 될 것이다. 또한 이러한 기도문들은 특정한 상황들을 위한 다른 기도문들을 작성하려 할 때에 도움을 줄 수 있는 적절한 골격을 제공해 줄 것이다.

▶ **내담자의 삶의 모든 영역에 예수님께서 주인 되시도록 초청하기 위해**

우리는 도움을 구하는 모든 사람들에게, 심지어 성숙한 그리스도인들에게도 이런 식으로 기도할 것을 추천한다. 우리의 경험이 계속해서 증명해 주는 것은 많은 사람들이 자유를 얻지 못하는 이유가 그들의 삶 속에서 예수 그리스도의 주되심에 복종하지 않고, 자기 자신이나 귀신들의 조종 아래에 놓여 있는 부분들이 있기 때문이라는 것이다.

기도

주 예수님, 나의 죄를 용서해 주세요. 나는 당신이 필요합니다. 나를 위해 십자가에서 죽으신 것을 인해 감사합니다. 당신을 나의 구세주로 영접합니다. 내 삶의 모든 영역에서 주님이 되어 주옵소서—나의 모든 생각들의 주님, 내 마음의 주님, 내 감정의 주님, 내 느낌과 반응의 주님, 나의 의지와 내 모든 결심의 주님, 내 몸과 내 모든 행동의 주님, 내 영의 주님, 당신과 나의 관계의 주님, 내 시간과 일과 가정과 가족과 소유물과 나의 모든 관계의 주님. 예수님, 나를 자유케 하시기 위해 보혈을 흘려 주신 것으로 인해 감사를 드립니다. 아멘.

▶ 이전 세대와의 연결 고리를 끊기 위해

이 기도는 가계를 타고 내려온 귀신들을 쫓아내는 것이 아니라, 그것들을 가계의 뿌리에서 근절시키고자 함이다.

기도

나는 나와 나의 생애에 영향을 미친 조상들의 모든 행위들에 대해 그들을 온전히 용서하노라. 특별히 그들의 죄로 인한 결과들을 예수 이름으로 꾸짖노라. 나는 이제 하나님의 자녀로서 예수 그리스도의 보혈의 능력이 나의 조상들이 지은 죄의 결과로부터 나를 자유케 하고 있음을 선포하노라.

나는 나의 어머니나 아버지 쪽의 조상들이 행한 모든 사술적 행위들로 인한 결과들로부터 자유를 선포하노라(이때 특별히 알려진 사술적 행위들, 예를 들면 심령술과 같은 행위들을 명명하는 것이 중요하다). 또한 내 삶에 영향을 미친 저주들과 판단들로부터, 유전적 질병으로부터, 나에게 영향을 미친 조상들의 죄로 인한 모든 결과들로부터 내가 자유케 되었음을 선포하노라. 갈보리에서 나를 위해 친히 저주가 되시고, 나를 자유케 하시기 위해 죽으신 예수님의 이름으로 기도합니다. 아멘.

▶ 나에게 행한 잘못들에 대해 다른 사람을 용서하기 위해

다른 사람들을 용서하는 것이 축사를 향한 과정에서 매우 중요한 부분이다. 다른 사람들을 기꺼이 용서하지 않으려는 사람들은 또한 그들 자신들의 죄에 대해 용서를 받을 수 없다(마 6:15). 기도하는 중간에 용서해야 하는 사람들의 이름을 크게 말할 수 있는 시간이 있다. 여러 사람들 가운데 특별히 용서하기 어려운 사람들의 이름이 있을 것이다.

당신은 피사역자가 의지를 발동해 용서해야 할 사람들의 이름들을 말할 때에 한 사람의 이름도 빼놓지 않고 말할 수 있도록 도와주어야 한다. 다른 사람들을 용서하는 것이 대단히 중요하기 때문에 용서의 과정을 막기 위해 귀신들이 현상을 드러낼 수 있다. 그럴 때에는 귀신들을 결박하는 것이 필요할 것이다. 귀신들은 내담자로 하여금 축사를 위한 중요한 과정을 통과하지 못하게 하기 위해 할 수 있는 모든 것을 하려 할 것이다.

기도

예수님, 나를 용서하시기 위해 대신 죽으신 것으로 인해 감사합니다. 나는 이제 나의 의지로 내 마음의 소원을 표현하기로 선택합니다. 나에게 상처를 준 사람들을 용서합니다(이 때에 용서해야 할 사람들의 이름을 크게 말한다). 나는 이러한 모든 사람들을 용서해 그들을 자유케 합니다. 예수님의 이름으로 기도합니다. 아멘.

어떤 사람들에게는 특정한 사람들을 용서할 수 있기 전에 그들에 대한 분노와 분개와 쓴 마음과 같은 것들을 품고 있었던 것에 대해 회개하는 것이 필요할지도 모른다. 그러한 분노와 쓴 마음이 정당한 것처럼 보일지라도 그것은 엄연한 죄이다.

누군가를 향해 나쁜 생각들을 품었던 것에 대한 회개 기도

하나님 아버지, 내가 상처를 받은 후에 ○○○ (특정한 사람들의 이름을 여기에 넣어라)를 향해 마음속에 분노와 분개와 쓴 마음을 품었던 것을 고백합니다. 나는 이것이 죄라는 것을 인정합니다. 이제 회개하며 이러한 행동으로부터 돌아섭니다. 나를 용서하시고 깨끗케 하옵소서. 예수님의 이름으로 기도합니다. 아멘.

▶ 자신을 용서하기 위해

종종 사람들은 명백히 다른 사람들이 범한 죄에 대해 자신을 책망하면서 거짓된 죄의식과 속박 안에서 살아간다. 사람들은 또한 아무도 명백한 과실이 없는 우연한 사고와 같은 것들에 대해 사탄에게 책임을 돌리는 대신에 스스로 책임을 질 수도 있다. 인간들은 사탄의 유혹으로 인해 타락한 족속이 되었고, 죄의 결과들을 짊어져야 했다.

기도

아버지 내가 행한 것들을 용서해 주시니 감사합니다. 이제 당신이 이미 용서하신 나의 행위들에 대해 나도 나를 용서하기로 선택합니다. 예수님 이름으로 기도합니다. 아멘.

▶ "하나님에 대한 용서"

하나님은 결코 잘못이나 실수를 하실 수 없는 분이시다. 따라서 기도 제목에 따옴표를 해놓았다. 그러나 간혹 사람들은 어떤 것들에 대해 마치 그것들이 하나님의 책임인 것처럼 그분을 비난하기도 한다. 그들은 종국적으로 사탄의 책임인 것에 대해 하나님을 비난하고 있는 것이다. 이것 또한 반드시 회개해야 한다.

기도

하나님의 책임이 아닌 것을 놓고 하나님을 비난한 것에 대해 회개합니다. 이것이 죄라는 것을 인정합니다. 나를 용서해 주세요. 나는 사탄이 내 삶 속에 행한 것을 하나님께서 미워하고 있다는 것을 알고 있습니다. 나를 사랑하시고 나를 자유케 해주시겠다고 약속해 주시니 감사합니다. 예수님 이름으로 기도합니다. 아멘.

▶ 귀신들에게 권리를 주었을지도 모르는 개인적인 죄를 고백하기 위해

1) 사술적인 죄

고백의 기도

하나님 아버지, 내가 사술적 행위들을 따름으로써 당신과 당신의 말씀에 대해 죄를 지었음을 고백합니다[알려진 모든 행위들을 크게 말하라]. 나는 이러한 모든 행위들이 결국 사탄을 예배하는 것이었음을 인정합니다. 이제 예수님을 내 마음의 보좌 위로 초청합니다. 이러한 행위들에 대해 나를 용서하시고, 또한 내가 알고 혹은 모르고 행한 다른 모든 사술적 행위들에 대해 용서해 주세요. 예수님 이름으로 기도합니다. 아멘.

2) 성적인 죄

고백의 기도

하나님 아버지, 사탄이 나의 성적인 부분을 지속적으로 공격했을 때에 내가 여러 번에 걸쳐서 무기력했음을 고백합니다. 나는 다양한 방식들로 죄를 선택했습니다. 이제 다음의 것들에 대해 용서를 구합니다〔주님께서 기억나게 하시는 모든 성적인 죄들을 크게 말하라. 내담자가 모든 목록들을 말하기까지 어느 정도의 시간이 걸릴 수도 있으니 인내하라〕. 이제 내 죄에 대한 당신의 판결에 동의합니다. 이러한 죄악들과 관련된 모든 쾌락들을 내려놓습니다. 내 기억들을 깨끗케 하시고, 상처들을 치유하시며, 나를 용서하여 주옵소서. 예수님의 이름으로 기도합니다. 아멘.

3) 빠지기 쉬운 다른 모든 죄악들

빠지기 쉬운 죄들은 사람들을 계속해서 넘어뜨리는 죄악들이다. 이것들은 각 사람들의 특정한 인생 여정에 따라 사람들마다 다를 것이다.

고백의 기도

하나님 아버지, ○○○〔여기에서 관련된 특정한 죄나 죄악들의 이름을 넣으라〕의 죄에 내가 지속적으로 넘어지는 것에 대해 용서해 주세요. 내가 이런 식으로 죄를 짓기로 선택할 때에 나의 역할을 인정합니다. 나를 이런 죄악에 묶어 놓는 속박으로부터 자유케 해주옵소서. 예수님 이름으로 기도합니다. 아멘.

▶ **죄로부터 회개**

죄의 고백과 회개는 별개의 것이다. 고백의 기도는 죄의 속성을 인식하고 책임을 인정하는 것이다. 하지만 회개는 죄로부터 기꺼이 돌아서겠다는 표현이다. 많은 사람들은 그들이 행하는 것을 정확히 알고, 그들의 죄를 정기적으로 고백하러 가기도 한다. 하지만 그들이 죄로부터 돌아서지 않는다면, 그들이 드리는 고백의 기도는 전혀 능력이 없는 일련의 빈 말들로 전락할 것이다.

회개의 기도

이제 내가 죄로부터 돌아섭니다. 하나님 아버지, 지나간 모든 것들에 대해 나를 용서해 주시고, 유혹이 올 때에 그것을 인식할 수 있는 분별력과 그것을 이겨낼 수 있는 힘을 주세요. 나를 정결케 하기 위해 예수님께서 보혈을 흘려 주신 것에 감사를 드립니다. 모든 더러운 것들로부터 나를 정결케 해주옵소서. 예수님의 이름으로 기도합니다. 아멘.

사람들이 죄를 고백하고 회개했다면, 우리가 성경의 진리를 그들의 삶 속에 새롭게 선포해 주고 그들을 말씀으로 지지해 주는 것이 중요하다. "만일 우리가 우리 죄를 자백하면 저는 미쁘시고 의로우사 우리 죄를 사하시며 모든 불의에서 우리를 깨끗하게 하실 것이요" (요일 1:9). 또한 하나님께서 다음과 같이 말씀하셨다는 것을 그들에게 상기시켜 주는 것도 중요하다.

"이러므로 너희 죄를 서로 고하며 병 낫기를 위하여 서로 기도하라 의인의 간구는 역사하는 힘이 많으니라" (약 5:16).

▶ 사탄이 행한 일들을 철회시키기 위해

위의 죄악들에 대해 참된 고백과 회개를 했다면, 사탄이 행한 일을 철회한다고 선포하는 것이 꼭 필요하지는 않다. 이미 용서를 받았기 때문이다. 그리고 그런 철회는 예수님을 주님으로 인정하는 기도 속에 포함되어 있다.

축사와 관련해서 우리가 발견한 것은 내담자가 사탄과 어둠의 모든 세력들에게 그들의 영향력을 공식적으로 철회한다고 선포하는 것이 도움이 되고 매우 중요하다는 것이다. 이것은 귀신들이 내담자에게 행사하고 있을 수 있는 영향력을 제거하고자 하는 진전된 과정이다. 우리는 사탄에게 기도하는 것이 아니라(우리는 그에게 어떤 것도 요구해서는 안 된다), 그에게 다음과 같은 식으로 선포하는 것이다. 이것은 시몬 베드로가 예수님께서 예루살렘으로 가시려는 것을 돌이키려 했을 때에 어둠의 세력들을 향해 예수님께서 사용하신 방법이기도 하다(마 16:23).

개인적 선포

사탄아, 네가 내 삶 속에 행한 모든 일들과 너를 꾸짖노라. 내 의지와 나사렛 예수 그리스도께서 나에게 주신 힘으로, 네가 나의 죄를 통해 전에 이용했던 모든 문들을 닫노라. 너를 갈보리에서 물리치신 예수님의 이름으로 명하노니 너는 더 이상 이러한 특정한 이슈들에 관해 나를 괴롭힐 권리가 없노라. 그것들은 이제 고백되었고, 회개되었고, 용서를 받았노라. 나는 이제 그러한 것들로부터 예수 그리스도께서 흘리신 보혈로 깨끗케 되었노라.

▶ 불경건한 혼의 묶임을 끊기 위해

인터뷰 과정에서는 보통 사탄이 귀신들을 끌어 들이기 위해 사용한 불경건한 혼의 묶임들이 드러날 것이다. 사람들에게 사역을 해 줄 때에 이러한 것들을 체계적으로 끊는 것이 도움이 될 것이다. 이러한 각각의 묶임들이 끊어진 후에야 축사가 일어날 수 있다. 따라서 준비하고 있으라. 이것은 보통 내담자를 위해 상담자가 행하는 명령 기도이다.

기도

아버지와 아들과 성령의 이름으로 당신과 ○○○[이곳에 관련이 있는 사람의 이름을 넣어라] 사이에 이루어진 불경건한 영과 혼과 몸의 묶임을 끊노라. 내가 그러한 연결 고리를 초자연적으로 끊노라. 하나님! 다른 사람[원한다면 다시 그 사람의 이름을 넣어라]의 모든 영향력을 제거해 주시며, 다른 사람[원한다면 다시 그 사람의 이름을 넣어라]에게 속박되어 잘못 연결되어 있었던 모든 부분들을 하나님께로 되돌려 주옵소서.

이러한 선포적 기도를 한 후에는 각 단계에서 언급된 특정한 혼의 묶임을 통해 들어온 귀신들을 몰아내는 기도를 드릴 수 있을 것이다. 축사로 나아갈 준비가 되어 있다면, 다음에 나오는 기도를 계속하라.

나는 이제 이러한 불경건한 혼의 묶임을 이용한 모든 악한 영들에게 직접 선포한다. 너희들은 더 이상 여기에 있을 권리가 없다. 지금 너희들에게 명령하노니 ○○○(기도를 받는 사람의 이름을 넣어라)를 혹은 다른 어떤 사람을 해하거나 상하게 하지 말고, 가족의 다른 식구들에게 들어가지 말고 당장 떠나갈지어다. 예수님의 이름으로 기도합니다. 아멘.

▶ 성령으로 채우기

이 단계에서는 잠시 멈추고 내담자에게 신선한 성령의 기름을 부어 달라고 기도하는 것이 도움이 된다. 이것은 '멍에를 파쇄하는' 기름부음이다. 그리고 또 잠시 멈추어 하나님께서 내담자에게 행하고 계신 것을 관찰하면서 인내를 가지고 기다리라. 이것이 하나님의 일이라는 것을 기억하라. 그리고 하나님께서 이 순간에 행하고 싶어 하시는 것에 협력하는 것이 우리의 특권이라는 것을 기억하라.

때로 나는 기름에 축복을 선포한 후에 그것을 내담자에게 부어 준다. 이렇게 하는 이유는 항상 그 사람을 축복하는 것이지만, 기름을 부을 때에는 매우 강력한 귀신들의 반응이 있다는 것을 발견하곤 한다. 성령께서 우리에게 임하실 때에 그분이 사용하는 가장 우선적인 통로는 영이다. 하지만 내담자에게 구별된 기름을 붓는 것은 귀신들이 일반적으로 거하는 육체에 기름을 붓는 것이다.

그러한 시기에 귀신들이 사람의 입술을 통해 다음과 같이 말하는 것은 흔히 있는 일이다. "불에 타는 것 같아. 너무 뜨거워. 치워 버려!" 귀신들이 구별된 기름을 좋아하지 않는다는 것은 의심할 여지가 없다. 하지만 구별되지 않은 기름에는 지나치게 반응하지 않는다. 그렇지만 귀신들에게 그러한 고통을 주는 것은 기름 그 자체가 아니라, 그 기름을 통해 역사하시는 성령님의 임재이다.

어떤 경우들에는 내담자가 성령으로 충만케 되기를 구하면서 하나님께 성별의 기도를 드리는 것이 도움이 된다는 것을 발견했다. 때로 이렇게 했을 때에, 사람들이 처음으로 성령 세례를 받기도 했다. 이렇게 사람들이 그들의 삶에 질서를 부여했을 때에 성령을 받는 것이 훨씬 쉽다.

성별의 기도

주 예수님, 나의 영과 혼과 육을 당신의 손에 드립니다. 이제 오셔서 내가 온전히 당신의 것이 될 수 있도록 나를 성령으로 충만케 하옵소서. 예수님의 이름으로 기도합니다. 아멘.

물론 내담자가 위의 기도문들 중 어떤 것, 혹은 모든 기도문들을 사용할 필요 없이 축사 사역에 준비되어 있는 경우들이 있을 것이다. 이것은 특별히 대중 집회에 참석한 자가 가르침을 통해 성령님에 의해 만짐을 받고, 그 결과 자기 삶의 특별한 영역에 질서를 부여했을 때이다. 일반적으로 볼 때에 그 사람의 회개를 통해 자기들의 영역을 빼앗긴 귀신들을 몰아내는 것이 매우 쉬워진다.

그러나 어떤 사람이 상담과 도움을 받기 위해 찾아 올 때에 우리가 발견한 것은 중요한 준비 과정들을 건너뛰는 것이 결국에는 시간을 단축하지 못한다는 것이다. 또한 모든 사람들이 위의 모든 영역들을 동시에 다룰 필요가 없다는 것을 깨닫는 것도 중요하다. 어떤 경우에는 상담자가 사술적인 죄를 다루면서 이 문제만을 처리하기 위한 기도문을 사용하고, 그런 후에 이 영역에서 축사하면 될 것이다. 다른 문제들은 다른 때에 다루면 될 것이다.

사술적 죄가 불경건한 성적인 관계와 연결되어 있다면, 성적인 죄와 사술적인 죄를 함께 처리하지 않고서는 축사 사역이 잘 이루어지지 않을 것이다. 따라서 상담자가 지혜를 위해 주님을 구하는 것과 상식을 적용하는 것, 이 두 가지 모두 필요하다. 분별력이 하나님의 초자연적인 은사라기보다는, 오히려 우리가 이미 가지고 있는 정보를 실제적으로 적용하는 것일 때가 있다.

7장

축사 사역

예수님은 제자들에게 나가서 귀신들을 쫓아낼 수 있는 능력과 권세를 주셨다. 지상명령에서 예수님은 제자들에게 행하라고 가르친 것들과 똑같은 것들을 새로운 신자들에게도 행하도록 가르치라고 말씀하셨다.
따라서 믿는 자들은 예수님께서 제자들에게 주신 것과 똑같은 명령을 수행해야 한다.

축사의 실제적인 과정에서 가장 중요한 것은 권세이다. 귀신들은 그들의 주인인 사탄을 섬기는 실제적인 존재들이다. 예수님은 우리가 타락으로 알고 있는 반역에 가담하지 않으셨으며, 결코 사탄의 지배를 받으신 적이 없다. 사탄은 이 세상의 통치자이지만, 예수님은 권세의 자리에 앉아 계신 분으로서 모든 것 위에 뛰어나신 분이시다(엡 1:18-23). 그리고 전능자의 무한한 능력을 지니신 분이다. 사탄은 예수님의 발 아래에 있다.

예수님은 제자들에게 나가서 귀신들을 쫓아낼 수 있는(헬라어: 에크발로ekballo로서 "강제적으로 던져버리는 것"을 의미한다) 능력과 권세를 주셨다. 지상명령에서 예수님은 제자들에게 행하라고 가르친 것들과 똑같은 것들을 새로운 신자들에게도 행하도록 가르치라고 말씀하셨다. 따라서 믿는 자들은 예수님께서 제자들에게 주신 것과 똑같은 명령을 수행해야 한다.

하나님은 또한 인간들에게 자유의지를 주셨다. 우리가 잘못된 마음의 자세를 지니고 불경건한 신앙 시스템 혹은 죄의 행위들을 지속하기로 선택한다면, 귀신들은 우리 안에 머물 수 있는 권리들을 부여받게 된다. 그렇기 때문에 회개가 축사를 통한 치유의 과정에서 매우 중요한 부분이다. 귀신들이 지니고 있는 권리들이 제거되어야 한다.

귀신들린 사람의 협력 없이도 축사가 일어나는 예외적인 경우가 있다(행 16:18참조). 그러나 그러할 때에도 마태복음 12장 43-45절의 말씀을 기억해야 한다. 예수 그리스도에 대한 믿음을 통해 귀신들의 통로가 차단되지 않으면, 후에 그 사람의 상태가 더 심각해질 수 있다. 더 많은 귀신들이 들어올 수 있기 때문이다.

모든 기초적인 일들을 끝마치고 내담자의 의지가 하나님께 맞추어져 있다면, 축사는 하나님께서 주신 권세를 사용하는 상대적으로 간단한 과정이 될 수 있다. 권세의 면에서 볼 때에 귀신들은 우리 밑에 있으며, 그들의 능력의 근원인 사탄은 궁극적으로 예수님의 발아래에 있다. 권세를 사용하기 위해서는 권세의 자리에 있어야 한다. 따라서 축사를 행하는 자들은 그들이 그리스도 안에서 누구인지를 정확하게 알고 있어야 한다.

사탄이 사람들을 더욱 깊은 기만에 빠트릴 목적을 가지고 사술을 행하는 자들로 하여금 사술적 방법을 통해 귀신들을 쫓아내는 것을 허락한다면(사탄은 정말 그렇게 한다), 사탄은 또한 축사를 행하지만 하나님을 진정으로 알지 못하는 '그리스도인들'의 명령들에 반응하라는 지시를 귀신들에게 내릴 수도 있을 것이다.

예수님께서 그의 이름으로 귀신들을 쫓아냈지만 "내가 너를 결코 알지 못하니 나에게서 떠나가라"(마 7:23)는 말을 듣게 될 사람들이 있을 것이라고 말씀하시지 않았는가?

축사의 과정은 때로 다양한 신체적 현상들이 동반된다. 하지만 축사를 받기 위해 반드시 현상들을 경험해야 하는 것은 아니다. 축사가 이루어질 때 사람들의 반응은 사람마다 매우 다양하게 나타난다. 우리가 발견한 유일한 일반적인 법칙 하나는 기초 작업을 온전히 하면 할수록 축사가 그만큼 더욱 쉬워진다는 것이다.

예를 들어, 도움을 구하는 자가 용서해야 할 사람을 진정으로 용서하고 회개하면 축사의 과정이 훨씬 쉬워질 것이다. 그러나 여전히 치유되지 않은 내적인 고통이나 숨겨진 분노가 있다면, 귀신들은 이것을 이용해 축사를 거부할 수 있으며, 이러한 감정적 에너지의 근원에 의해 선동되는 폭력적인 현상이 나타날 수 있다.

축사를 비판하는 어떤 사람들은 내적 치유가 필요한 모든 사역이라고 주장한다. 반대로, 어떤 축사 사역자들은 내적 치유의 과정을 불필요하다고 말하면서 비방한다. 실제로 온전한 치유가 일어나기 위해서는 이 두 가지 모두 필요하다. 내적 치유는 축사 전이나 혹은 후에도 이루어질 수 있지만, 우리 경험으로 볼 때 축사 전에 아무것도 하지 않는다면 축사의 과정이 축사를 받는 사람들뿐만 아니라 축사 사역자도 매우 힘이 든다. 때로 귀신들은 자기들이 나타내는 현상의 강도를 높이기 위해 이렇게 갇혀 있던 에너지를 사용할 수 있다. 치유받지 못해 쌓여 온 감정들은 귀신들을 위한 음식과 같다. 그리고 '축적된' 분노와 내적인 고통이 있다면, 축사와 함께 이러한 분노와 고통을 방출하는 것이 필요할 것이다.

어떤 때에는 축사 사역을 하는 동안에 관찰되는 현상들이 실제로 내담자 안에서 무슨 일이 벌어지고 있는지를 분별하는 데 도움이 된다. 특히 그 사람이 축사를 필요로 하지만, 귀신들이 그 사람 안에 거할 수 있는 어떤 권리를 가지고 있는지가 분명하지 않을 경우에는 더욱 그러하다. 이것은 특별히 가계를 타고 내려온 귀신들을 다룰 때에 나타나는 일반적인 현상이다. 이런 경우에 기도를 받는 사람은 조상들에게 무슨 일이 일어났는지 전혀 모르기 때문에, 귀신들의 권리들을 제거하기 위해 조상들의 죄를 고백하는 것이 쉽지 않다.

사역자가 귀신들에게 떠나라고 명령할 때에, 귀신들이 떠나지 않으면서 피사역자 안에서 현상만 드러낼 수 있다. 귀신들이 드러내는 현상들이 종종 그들이 어떤 존재들인지에 대한 단서들을 제공해 준다. 예를 들어, 피사역자의 조상들 가운데 주술을 행한 자들이 있다면, 그 사람의 몸이 무의식적으로 특별한 종교적 의식을 나타내는 자세를 취할 수 있다. 어떤 사람들은 몸의 특별한 부분에 갑작스러운 고통을 느낄 수도 있는데, 이것은 귀신들에 뿌리를 두고 있는 가계에 흐르는 질병을 나타내 줄 수 있다. 그러한 현상은 귀신들이 완전히 나가기 전에 자신들을 드러내기 때문에 발생한다.

또 어떤 때에는 귀신에게 그들이 예수 그리스도의 권세 아래에 있다는 것을 상기시켜 주면서, 예수 그리스도가 진리라고 확증해 줄 수 있는 진리만을 말하라고 명령했다. 이 명령은 우리가 다루고 있는 귀신을 거라사인의 귀신들린 자를 조종했던 귀신과 똑같은 상황에 놓이게 했다. 이 귀신은 예수님의 질문에 답해 진실을 말해야 했다. 나는 일반적인 축사의 방법으로 귀신들에게 말하는 것을 추천하지는 않지만, 어떤 경우에는 그렇게 하는 것이 축사를 통한 치유의 과정에서 꼭 필요한 부분이라는 것을 발견했다. 거라사인의 귀신들린 자를 축사할 때와 같이 말이다. 우리는 귀신들에게 말하는 유일한 이유가 축사를 일으키기 위함이라는 것을 항상 기억해야 한다.

귀신들이 드러내는 현상의 범위는 매우 폭 넓고 다양하다. 하지만 사역자는 이러한 현상에 주의를 빼앗겨서는 안 되며, 축사가 완성되거나, 혹은 귀신이 쉽게 나오려 하지 않는다는 것이 분명해질 때까지 계속 축사 사역을 진행해 나가야 한다. 귀신이 나오려 하지 않을 때에는, 축사 이전에 먼저 행해야 할 어떤 다른 것들이 있는지를 주님께 물어 보아야 한다. 그런 후에 다시 그 사람에게 무슨 일이 일어나고 있는지에 대해 물어볼 필요가 있다(주님은 귀신들이 여전히 지니고 있는 권리들을 피사역자에게 보여 주시면서 그에게 직접 말씀하곤 하신다).

축사가 일어나고 있을 때에는 일반적으로 축사를 받고 있는 사람이 비록 명백하게 보이는 현상은 없을지라도 영적으로 일어나고 있는 어떤 것을 인식하게 된다. 현상들이 일어날 때에는 피사역자를 안심시키는 것이 중요하다. 피사역자는 귀신들에 의해 더럽혀졌다고 느끼거나 혹은 매우 당혹스러워할 수 있다. 특별히 피사역자가 토하면서 혹은 고통스러운 어떤 다른 출구를 통해 귀신들이 나올 때에는 더욱 그러하다. 악하고 불결한 것은 귀신들이지 피사역자가 아니다.

귀신들이 나가기 시작할 때에는 다음 현상들 중 어느 것이라도 일어날 수 있다. 처음 다섯 개는 또한 성령의 기름부음이 있는 동안에도 경험될 수 있는 현상들이기 때문에 실제로 무슨 일이 벌어지고 있는지를 분별하는 것이 매우 중요하다. 때로 귀신들을 자극해 축사의 과정을 일으키기 시작하는 것은 성령의 기름부으심이다.

다음에 나오는 현상들 중 어떤 것도 특별하지 않다. 축사를 위한 기초 작업이 완벽하게 이루어질수록, 어떤 심각한 현상들이 나타날 가능성은 그만큼 더욱 희박해질 것이다. 축사 사역을 할 때에는 분별을 위해, 그리고 때로 자기 보호를 위해 눈을 뜨고 하는 것이 중요하다.

:: 귀신들이 나타내는 가능한 현상들

- 한기: 특별히 죽음이나 심각한 수준의 악한 행동들과 관련이 있는 귀신들이 현상을 드러내기 시작할 때.
- 떨림: 몸의 한 부분이나 전체가 서서히 떨리기 시작할 수 있다.
- 진동: 떨림이 더욱 강력해질 때. 귀신이 강하게 붙어 있는 몸의 특정한 부분이 진동할 수 있다. 때로 매우 강렬하게 진동할 수 있다. 진동이 매우 강해서 진동을 하는 사람이 바닥에 나자빠질 수도 있다.
- 바닥에 쓰러짐: 예수님께서 행하신 치유 사역이 담겨 있는 복음서에 보면 사람들이 바닥에 나자빠진 것은 오직 귀신들과 충돌했을 때이다(이것은 주님께서 사람들로 하여금 바닥에 가볍게 쓰러지게 함으로써 그분의 임재 안에서 쉬게 하는 것과는 확연히 다른 것이다). 이러한 일이 발생할 때에는 귀신들이 선동되어서 심지어 지배력을 행

사할 수도 있다. 따라서 무슨 일이 일어나고 있는지를 분별하고 감시하는 것이 중요하다.

- **가슴 두근거림**: 이것은 피사역자 안에 공황 상태를 일으킬 수 있다. 이것은 자연스러운 두려움이나, 귀신들이 떠나기 전에 반항하는 결과로 일어날 수 있다.
- **압박감**: 특별히 머리나 어깨 부분에.
- **신체적인 고통**: 귀신에게 떠나가도록 압박을 가하면 때로 그것이 영향을 미쳤던 몸의 부분에 고통을 일으킬 것이다. 이것은 질병의 영들이나, 과거의 사고나 충격의 결과들에 붙어 있는 영들 때문에 일어날 수 있다.
- **목 안의 덩어리**: 귀신들이 가장 흔하게 사용하는 출구는 호흡이나 목이다. 귀신들이 몸 밖으로 떠나가고 있을 때에는 목에 어떤 덩어리가 있는 것처럼 느껴지기도 한다.
- **깊은 호흡**: 귀신들이 호흡을 통해 나갈 때에는 보통 호흡의 주기가 깊어진다. 그러다가 그것이 하품이나 기침으로 발전될 수도 있다. 흥미로운 것은 죽음의 영들이 대개 허파 주변에 산다는 것이다.
- **위경련**: 위에 기생하고 있는 귀신은 때로 축사가 일어나기 직전에 여기 저기 돌아다니면서 위장에서 어떤 일이 벌어지고 있는 것 같은 느낌을 일으키곤 한다. 또 어떤 때에는 피사역자가 좀처럼 몸이 아프지 않지만 곧 아플 것이라는 느낌을 받기도 한다. 일종의 구토나 구역질이 일어나기도 한다.
- **몸이 아프거나 기절할 것 같은 느낌**: 몸이 찌뿌드드한 경험은 위장에

만 국한되는 것이 아니라 다양한 부분들(특히 머리)에서도 느껴질 수 있다. 또한 '위경련'을 참조하라.

- **갑작스러운 두통**: 특별히 생각을 조종하는 영들이나 종교의 영들, 그리고 거짓 종교와 우상숭배를 처리할 때에 일어나는 일반적인 증상이다. 때로 귀신이 뇌를 압축하려는 것처럼 머리 둘레가 꼭 조이는 느낌이 들기도 한다.

- **부자연스러운 움직임**: 귀신들이 쫓겨 나가면서 손과 팔과 다리와 발이 때로 격렬하게 움직인다. 때로 이러한 움직임들은 귀신들이 어떻게 들어갔는지에 대한 증거를 보여 준다. 또 어떤 때의 이러한 움직임은 축사가 일어나는 동시에 고통이 사라지는 것을 나타내 줄 수도 있다.

- **몸의 뒤틀림**: 귀신들이 척추에서 나갈 때에는 등이 전갈의 침과 같이 뒤로 굽을 수 있다. 태아와 같은 자세는 또한 오랫동안 묻혀 있던 고통을 나타낼 수 있다. 따라서 실제로 무슨 일이 일어나고 있는지를 정확하게 분별하는 것이 중요하다.

- **비명 지르기**: 비명소리는 종종 귀신이 떠나가는 것을 나타내지만, 멈추지 않고 계속 소리를 지른다면 치유가 필요한 내면의 상태들이 있을 것이다.

- **동공의 팽창**: 눈은 몸의 등불이다. 빛이 들어오는 곳에서 귀신들 또한 내다 볼 수 있다. 그 결과 귀신들이 현상을 드러낼 때에는 빛과 어둠에 대한 동공의 일반적인 반응과 관계없는 동공의 움직임이 일어날 수 있다.

- **사시와 안구의 집중**: 축사 사역을 하는 동안 피사역자의 눈과 귀신

들을 바라보는 것이 도움이 된다. 권세를 수반하는 바라봄은 매우 중요한 역할을 할 수 있다. 귀신들은 눈 맞춤을 피하기 위해 할 수 있는 모든 것을 하려 할 것이다. 그들의 가장 일반적인 전략은 두 눈을 동시에 바라보지 못하도록 하기 위해 피사역자의 시선을 갈라지게 하든지 한 곳에 집중하게 한다.

- **동공이 위로 사라짐**: 눈의 흰자위만 보일 때에는 귀신이 동공을 위로 올라가게 함으로써 피사역자의 눈을 볼 수 없게 만들었기 때문이다. 이러한 현상은 보통 어떤 형태로든지 주술의 증거가 나타났을 때에 일어난다.

- **성적 충동(혹은 느낌)**: 성과 관련된 귀신들이 현상을 드러낼 때에, 그들은 때로 피사역자로 하여금 성감대에 느낌이나 반응을 일으키게 할 수 있다.

- **귀신들의 방언**: 모든 방언이 성령에 의한 것은 아니다. 성령의 은사에 속하는 방언과 비교할 때에 귀신의 방언은 귀에 거슬리기 때문에 상대적으로 쉽게 구별될 수 있다.

- **폭력적 행동**: 축사 사역 시, 특정한 귀신들의 견고한 진이 언급될 때에 갑자기 폭력적 반응이 일어날 수 있다. 이것은 마치 깊은 잠에서 갑자기 깨어난 것과 같은 현상과 비슷할 것이다. 경계하고 있어야 한다. 특별히 심하게 귀신들린 사람들을 사역할 때에는 더욱 그러하다.

- **도주**: 때로 사람들은 축사의 가능성이 점점 가까워질 때에 일어나서 도망가고자 하는 충동을 느낀다. 물론 귀신들에 의한 것이다. 피사역자들에게 그들의 몸은 그들의 것이기 때문에 귀신들

이 말하는 것에 복종할 필요가 없다는 것을 알려 준다.

- **쉿 소리 내기**: 쉿 소리를 내는 것은 뱀의 특징이다. 따라서 '옛 뱀인 사탄'에게 복종하는 귀신들이 이런 식의 현상을 나타내는 것은 놀라운 일이 아니다. 쉿 소리를 내는 것은 또한 고양이과에 속하는 동물들을 흉내 내는 귀신들을 나타내 줄 수 있다.

- **트림**: 귀신들이 소화 기관에 머물러 왔다면, 트림의 현상들이 나타날 수 있다.

- **욕설**: 본래 욕을 거의 하지 않는 사람들도 귀신들이 드러나고 밖으로 나가도록 강요될 때에는 갑자기 가장 저질스러운 언어를 내뱉을 수 있다.

- **으르렁거림과 짖기**: 이것은 동물들, 특별히 개의 특징들이다. 동물적 특징을 지닌 귀신들이 현상을 드러낼 때에는 보통 거짓 종교나 주술이나 사탄 숭배가 피사역자나 그의 가계에 영향을 미치고 있다는 것을 나타내 준다.

- **포효**: 보통 큰 고양이과(사자, 재칼…)의 귀신들이다. 다시 말하면 이것은 꽤 높은 수준의 주술 세력들과 연결되어 있다.

- **큰 소리로 울부짖음**: 성난 황소의 소리처럼 들린다. 이것은 보통 강한 반항심이 있다는 증거이다.

- **자극적인 냄새**: 어떤 귀신들은 정말 역겨운 냄새를 남기고 떠나간다. 이것은 보통 사술의 세계에서 높은 서열에 있는 귀신들을 처리할 때에 경험할 수 있다.

- **발톱을 드러내는 듯한 행동**: 동물적 특징을 지닌 영들의 증거이다. 이러한 영들은 동물들과의 성행위, 혹은 동물들이나 그들의 형

상들을 숭배한 결과로서 피사역자의 가계에 들어왔을 수 있다.
- **뱀처럼 바닥을 기어다님**: 쉿 소리를 내는 것보다 훨씬 더 강력한 뱀과 같은 영이 존재한다는 증거이다.

위에 열거한 현상들 중 어떤 것이라도 일어난다면, 즉시 예수 그리스도 안에서 지니고 있는 권세를 사용해 귀신에게 피사역자나 어떤 사람도 해치지 말고 떠나갈 것을 명령할 수 있다. 저항이 있을 수 있지만, 귀신들이 지니고 있던 모든 권리들이 끊어졌다면 그들이 떠나가지 않을 이유가 전혀 없을 것이다.

시간이 꽤 지난 후에도 귀신이 현상만 드러내고 떠나가지 않는다면, 귀신이 떠나기 전에 행해야 할 어떤 다른 것들이 없는지 주님께 물어 보라. 때로 현상을 드러내고 있는 귀신과 제휴하고 있는 또 다른 귀신이 있어서, 그 귀신을 먼저 쫓아내야 할 필요가 있을 수도 있을 것이다.

정말 심하게 귀신들린 사람들에게 사역을 할 때에는 종종 우두머리 격이 되는 귀신이 피사역자를 괴롭히고 사역을 종결시키기 위한 목적으로 현상을 드러내기도 할 것이다. 그 귀신이 이렇게 하는 것은 잘 조직된 방어막이 있기 때문이다. 따라서 견고한 진을 무너뜨리기 전에 먼저 이러한 방어막을 제거해야 할 것이다. 방어막이 무너지면, 강력한 귀신들도 작아져서 다른 귀신들과 같아질 것이다. 귀신들의 세력의 크기는 그들이 지니고 있는 방어막이나 권리의 크기와 비례한다.

귀신들에게 어디로 가라고 명해야 하는지에 대해 가르쳐 주는 특정한 성경 구절들이 없다. 나는 귀신들에게 대부분 "건조하고 물이 없는 곳"으로 가라고 말한다. 이것은 귀신들이 어떤 사람에게서 나왔을 때에 예수님께서 그 귀신들에게 가라고 명령하신 곳이다. 우리에게는 귀신들을 무저갱으로 쫓아낼 수 있는 권세가 없다. 심지어 예수님과 직면했던 귀신들도 그들이 무저갱으로 가는 것에 관해서는 정해진 시기가 있다는 것을 알고 있었다. 따라서 귀신들은 정해진 시기 이전에 예수님께서 그들을 이런 식으로 다룰지 말아야 할지에 대해 왈가불가 했던 것이다. 예수님께서 그들을 무저갱으로 보내지 않기로 선택하셨다면 우리 또한 그렇게 해서는 안 될 것이다.

우리는 막 축사를 받은 사람으로부터 귀신들을 추방시킬 수 있으며, 또한 우리가 속해 있는 지역적 장소(가정, 교회…)로부터 그들을 몰아내어 그러한 곳을 정결한 장소가 되게 할 수 있다. 하지만 우리에게는 귀신들을 전혀 활동하지 못하게 만들 수 있는 권세가 주어지지 않았다. 귀신들은 사탄의 권세 아래에 거하기로 선택했다. 따라서 그들은 사탄이 마지막 날에 모든 귀신들과 함께 불못에 던져질 때까지는 이 땅에 남아 있을 것이다.

어떤 명백한 현상이나 축사가 일어나지 않고 있지만, 귀신들이 안에 있다는 것을 확신한다면, 그 상황을 놓고 간절히 기도하라. 어떤 귀신들은 쫓겨나지 않기 위해 숨어 있으려 할 것이다. 귀신에게 문을 열어 준 특정한 죄나 문제의 영역을 언급하라. 그리고 그러한 죄나 문제 안에 있는 모든 어두움들을 드러내어 달라고 기도하라.

축사는 큰 구원의 한 양태일 뿐이다. 따라서 기도해 주고 있는 사람에게 천사들을 보내어 사역하게 해달라고 하나님께 기도하라. 우리가 이런 식으로 기도했을 때에 귀신들이 공포 속에서 신음하는 소리를 듣곤 했다. 우리에게는 천사들을 부릴 수 있는 권세가 없다. 천사들은 오직 하나님의 지시에 따른다. 따라서 우리는 천사들을 보내 달라고 하나님께 요청해야 한다.

조용히 그러나 단호하게 귀신들에게 말하라. 귀신들이 우리의 권세 아래에 있으며, 그들의 주인인 사탄은 예수님의 발아래에 있다고 말이다. 그리고 예수님의 이름으로 그들에게 떠날 것을 명하라. 권세를 행사할 때에 대부분의 사람들이 목소리를 다소 높이는 것은 특별한 일이 아니지만, 목소리를 지나치게 높이거나 흥분할 필요는 없다.

:: 귀신들의 출구

귀신들의 출구는 때로 귀신들이 들어온 입구를 나타내 준다. 귀신들이 쫓겨나갈 때에는 일반적으로 다음과 같은 방식들 중의 하나를 이용해 떠나 간다.

1) 어떤 명백한 현상들도 드러내지 않고 떠나간다.
2) 깊은 하품, 트림, 기침, 토함, 숨 막힘, 호흡…과 함께 목과 입을 통해(때로 코를 통해).
3) 눈을 통해 — 눈을 통해 들어온 귀신들이 떠나갈 때에는 때로 눈꺼풀이 눈에 띄게 껌뻑거린다.
4) 귀를 통해
5) 머리 위를 통해

6) 손과 손가락을 통해

7) 발과 발가락을 통해

8) 성기의 구멍을 통해

9) 항문을 통해

∷ 축사 후의 돌봄

축사가 일어난 후에는 피사역자를 격려하고 안심시키기 위해 당분간 그 사람과 함께 머무는 것이 중요하다. 때로 피사역자는 축사의 결과로서 내적으로 깨끗함 혹은 시원함을 느끼지만 그러한 경험에 의해 더럽혀진 것 같은 느낌을 갖기도 한다. 성령님을 보내 주시어 악한 영들이 떠나간 모든 빈 공간들을 채워 달라고 기도하라.

일반적으로 볼 때에 축사는 단계적으로 일어난다. 하나님은 한 영역에 치유를 일으키시고, 다음 영역에 사역을 시작하기 전에 쉬는 시간을 갖게 하신다. 이런 식으로 하면 피사역자는 승리를 향해 나아갈 수 있도록 격려되고 힘을 얻게 된다.

사역을 하는 동안에는 차나 커피 같은 매우 평범한 것들이 피사역자를 지속적으로 격려해 줄 수 있는 중요한 부분이라는 것을 잊지 마라. 물론 이러한 것들은 상담자들의 에너지도 회복시켜 줄 수 있을 것이다. 아주 힘들고 깊은 축사 사역을 한 경우에는, 피사역자를 홀로 남겨 두기 전에 오랫동안 함께 있어 주는 것이 필요하다.

사역에 익숙해진 사람들은 축사 사역과, 내적 치유 혹은 몸의 치유를 위한 기도를 자유롭게 번갈아가며 할 것이다. 치유는 개별적 사역의 모든 양태들을 포함하는 하나의 과정이다. 하나님께서 행하고 계신 일들에 빨리 반응할 수 있기 위해 그리고 피사역자가 성령의 이끄심에 잘 반응할 수 있도록 돕기 위해 융통성이 중요하다.

8장

어떤 사람들은 왜 축사를 받지 못하는가?

나는 이 책 전반에 걸쳐서 축사를 통해
치유받을 수 있도록 사람들을 준비시키는 방법에
대해 광범위하게 설명해 놓았다.
이 가르침 속에는 또한 사람들이 치유받지 못하는
이유들이 함축되어 있다.

　나는 이 책 전반에 걸쳐서 축사를 통해 치유받을 수 있도록 사람들을 준비시키는 방법에 대해 광범위하게 설명해 놓았다. 이 가르침 속에는 또한 사람들이 치유받지 못하는 이유들이 함축되어 있다.

　다음에 나오는 확인 목록은 상담자가 축사를 통해 치유 사역을 행할 때에 왜 치유가 일어나지 않는지를 알아보는 데 도움이 될 수 있을 것이다.

1) 피사역자가 예수님을 진정으로 알지 못함.
2) 하나님께서 치유하시고 귀신을 쫓아낼 수 있거나, 그렇게 하고 싶어 하신다는 믿음이 없음.
3) 예수님께서 피사역자를 치유하고 싶어 하신다는 믿음이 없음.
4) 삶이 균형을 잃음 — 무질서 혹은 영적 혼돈.
5) 쓴 마음과 용서하지 않음.

6) 해결되지 않은 고통 혹은 죄의식.

7) 잘못된 것을 위해 기도함.

8) 피사역자가 "그리스도인들은 귀신에 들릴 수 없다"고 믿거나, 이러한 견해를 지니고 있는 영적 지도자들의 보호 아래에 있음.

9) 내담자가 계속 숨기고 싶어하는 고백하지 않은 죄가 있음.

10) 불경건한 혼의 묶임.

11) 내담자가 불경건한 지배나 조종을 받고 있거나 혹은 그러한 지배나 조종을 하고 있음.

12) 내담자 안에 혹은 내담자와 긴밀한 관계를 가지고 있는 사람들 안에 사술적 세력들이 진을 치고 있음 — 이들의 세력들이 파쇄되지 않음.

13) 사역의 장소에 기름부음이 전혀 없거나 적음 — 장소나 건물이나 조직들이 정화되지 않았기 때문에(부정하기 때문에).

14) 치유를 필요로 하는 숨겨지거나 인식되지 않은 학대나 내면의 상처가 있음.

15) 질병이나 죽음에 대한 저주가 있음.

16) 가계의 죄와 귀신들림의 문제가 해결되지 않음.

17) 충격을 통한 내면의 상처가 치유되지 않음.

18) 피사역자가 진짜 문제를 부인하고 있음.

19) 피사역자의 내적 맹세가 철회되지 않음.

20) 피사역자가 하나님께서 이미 그에게 하라고 말씀하신 것에 대해 순종하지 않고 있음.

21) 사역팀이 피사역자에게 영향을 미치는 숨겨진 귀신들의 조종에 대한 특별한 계시를 얻기 위해 하나님을 구하지 않음.

22) 피사역자 안에 진정으로 치유받고자 하는 마음이 없음.

23) 피사역자가 경건한 권세 아래에 있지 않음.

24) 지역교회에서 제자화의 부족.

25) 율법주의.

26) 기억 상실.

27) 수동적 자세.

28) 사역팀의 구성원들이 서로 바른 관계를 맺지 못함으로써 기름부음을 차단하고 있음.

29) 하나님의 타이밍.

30) 피사역자가 죽음에 이르는 질병을 앓고 있으며, 주님을 만날 준비를 해야 함.

9장

축사를 받은 자들에게 주는 충고

축사 사역 후에도 사람들이 튼튼하게 성장하고,
악한 영들의 지속적인 공격들을 이겨낼 수 있도록 돕기 위해
우리가 할 수 있는 것들이 있다.
사탄은 자기가 차지한 영토를 쉽게 포기하지 않는다.

:: 계속해서 자유함을 누리기 위한 10가지 중요한 열쇠

　수술받은 환자는 수술 후 해야 할 것과 하지 말아야 할 것들이 기록되어 있는 설명시를 받는다. 이와 마찬가지로, 축사 사역 후에도 사람들이 튼튼하게 성장하고, 악한 영들의 지속적인 공격들을 이겨낼 수 있도록 돕기 위해 우리가 할 수 있는 것들이 있다. 사탄은 자기가 차지한 영토를 쉽게 포기하지 않는다. 물론 사탄은 예수님의 이름 앞에 무릎을 꿇어야 하지만, 보통은 빼앗긴 영토를 다시 찾으려 노력할 것이다.

　다음에 나오는 지침들은 예수님께 온전히 순종하며 살기로 다짐한 사람들에게 도움이 되는 것으로 증명된 것들이다. 이러한 것들은 우리 모두가 정상적인 그리스도인의 삶과 경험의 일부분으로서 인식하고 있어야 하는 것들이기도 하다.

1. 예수님의 주되심이 우리 삶의 중심이 되어야 한다

우리가 가장 먼저 신경을 써야 할 것은 우리 삶의 모든 영역에서 주님이 합당한 자리를 차지하고 계신가 하는 것이다. 예수님이 좋아하시지 않는 어떤 것들을 우리가 생각하거나 말하거나 행하고 있다면, 우리는 사탄이 이용하고 싶어하는 위험한 상태에 놓여 있는 셈이다.

2. 지속적으로 성령 충만을 받으라

우리가 성령 세례를 처음으로 받았을 때의 경험은 정말 특별한 것이다. 하지만 성령 충만의 경험을 오직 그 때의 경험으로만 제한해서는 안 된다. 우리는 계속해서 성령 충만을 받아야 한다. 이것이 에베소서 5장 18절의 온전한 의미이다.

성령님이 우리의 상담자이시며 또한 위로자이시다. 또한 성령님은 우리를 권고하시고, 우리에게 힘을 주시는 분이시다. 우리는 예수 그리스도의 종으로서 효과적인 삶을 살기 위해 항상 그분을 필요로 한다.

3. 하나님의 말씀을 매일 읽으며, 말씀이 우리에게 사역하게 하라

성경은 우리가 경건한 삶을 살기 위해 필요한 모든 것을 담고 있다. 매일 약간의 설명이나 해설 노트를 담고 있는 성경 읽기 프로그램을 따르는 것은 분명히 도움이 될 것이다. 그러나 우리가 스스로 성경을 읽으면서 하나님께서 말씀을 통해 우리에게 직접 말씀하도록 하는 것 또한 매우 중요하다.

4. 항상 하나님의 전신 갑주를 입으라

전신 갑주는 우리를 방어하고 보호하기 위한 것이다. 사도 바울이 에베소서 6장 10-18절에서 말하고자 하는 것을 공부하라. 그리고 성령께서 우리로 하여금 악한 것들의 모든 공격들에 대항해 올바른 자세를 취할 수 있도록 도우실 것이라는 것을 기억하라.

패배하는 순간들이 있다면 즉시 고백해 하나님께 용서를 구하고 전신 갑주를 수선해 다음의 공격에 대비하라. 하나님은 실패한 것들에 대해 우리를 정죄하지 않으시며, 우리가 실수했을 때에 우리에게 열려 있는 은혜의 수단들을 사용해 계속해서 강하고 담대하게 살아가기를 기대하신다.

5. 적의 반격에 대비하라

우리가 치유와 축사 사역을 통해 적으로부터 영토를 취하면, 사탄은 가능한 한 빨리 그 영토의 일부를 다시 빼앗으려 할 것이다. 이것을 꼭 명심하라. 잃어버린 영토를 되찾는 것이 전투에 관한 가장 중요한 교훈들 중의 하나이다. 사탄은 이것을 너무도 잘 알고 있다. 유혹을 조심하라. 특별히 축사 이전에 죄가 철저히 처리되어야 했던 영역들에서는 더욱 조심하라. 어느 때에라도 유혹에 넘어갈 것 같은 느낌을 받는다면 다른 사람들에게 중보기도를 부탁하라. 습관 또한 철저히 다루어야 한다는 것을 명심하라.

6. 다른 사람들과 좋은 교제를 나누라

우리가 다른 그리스도인들과 좋은 교제를 나눈다면, 우리 주위에는 필요할 때마다 항상 우리에게 사역을 해줄 수 있는 믿는 자들이 있는 셈이다. 또한 다른 사람들이 우리를 보는 대로 우리 자신들을 볼 수 있기 위해, 그리고 우리가 사탄에게 불필요한 여지를 주고 있을 수 있는 우리 삶의 어떤 영역들을 알기 위해 도움이 필요하다.

믿음이 진전되어 감에 따라, 교회 안의 작은 친교 그룹들이 우리가 튼튼하게 성장할 수 있는 이상적인 공간이 될 것이다. 교회 내에 그러한 그룹이 없다면, 당신이 거주하고 있는 지역의 다른 교회들의 주중 모임들 중에서 기꺼이 당신을 받아들이려는 모임이 없는지 살펴보라.

7. 우리의 삶 속에서 성령님으로 하여금 열매를 맺을 수 있도록 하라

경건함을 금지할 법은 없다. 성령의 열매는 성령께서 우리 삶 속에서 일하신 결과이다. 성령님으로 하여금 우리를 양육하고 격려하게 한다면, 우리 삶 속에서 즉시 긍정적인 변화들이 일어나기 시작하는 것을 발견할 것이다. 우리가 어떤 특정한 영역에서 힘겨운 싸움을 하고 있다면 더 많은 기도를 부탁할 수 있을 것이다. 왜냐하면 파쇄되어야 하는 또 다른 견고한 진이 있거나, 혹은 진보를 위한 토대를 제공해 주기 위해 필요한 더 깊은 내적 치유가 필요할 수도 있기 때문이다.

8. 계속해서 용서하는 삶을 살아가라

사람들을 용서할 기회들은 얼마든지 있다. 우리에게 상처를 주는 모든 사람들을 향해 하나님이 원하시는 경건한 태도를 지녀야 하며,

더 이상의 쓴 뿌리가 마음속에서 자라지 않게 해야 한다.

9. 모든 상황 속에서 하나님을 찬양하라

찬양은 그리스도인의 삶 속에서 매우 중요한 요소이다. 하나님의 속성은 변하지 않는다. 따라서 상황의 변화들에 따라 하나님을 향한 우리의 태도가 변화되어서는 안 된다. 우리는 일어나는 모든 일에 대해 하나님을 찬양해야 한다고 생각하는 함정에 빠져서는 안 된다. 만약에 그러한 생각을 지니고 있다면, 우리는 사탄이 누군가로 하여금 우리를 대항해 행하게 한 것에 대해 하나님을 찬양해야 할 때도 있을 것이다. 이러한 것들에 대해서는 하나님을 찬양해서는 안 된다. 그것들이 우리를 위한 하나님의 선택이 아니기 때문이다. 하지만 우리는 하나님이 누구신가에 대해서는 결코 찬양을 멈추어서는 안 될 것이다.

10. 좋은 친구들을 사귀라

우리가 사귀는 친구들은 우리가 하는 일들에 강한 영향력을 미칠 수 있다. 어떤 특정한 그룹의 사람들이 우리를 해로운 인생의 길로 인도했다면, 그러한 관계들을 재개하기 전에 다시 한 번 생각해 보아야 한다. 우리는 다른 사람들과 결별하는 것을 원하지 않는다. 하지만 우리가 더욱 강해질 때까지 어느 기간 동안은 우리 삶의 방식과, 우리가 사귀는 사람들, 그리고 우리가 가는 곳과 같은 것들에 매우 신중을 기해야 한다.

10장

후기

복음서에 나오는 축사에 관한 말씀들은 빨리 지나쳐 갔고,
20세기에 사는 그리스도인들에게는 별로 상관이 없는 것으로 취급되었다.
선교지에서 어둠의 세력들과 대항했다는
선교사들의 어렴풋한 이야기들은
그러한 일들이 서구 기독교의 영향에 의한 문명화를 아직
이루지 않은 먼 땅에서 일어났기 때문에 받아들여질 수 있었다.

✣ 예수님께서 사람들을 환영하면서 "하나님 나라의 일을 이야기하시며 병 고칠 자들은 고치시더라"(눅 9:11).

치유 사역에 처음 입문했을 때에 나에게 어떤 개인적 욕구가 있었던 것은 아니다. 그것은 단순히 1970년대 초반에 하나님께서 나에게 주신 부르심에 대한 반응이었을 뿐이다. 그때에 나는 매우 분명한 음성을 통해 나의 나머지 인생을 복음 전파와, 치유가 필요한 사람들을 치유하는 것과, 다른 사람들을 가르치는 일을 하며 보낼 것이라는 것을 알게 되었다.

그 때에 나는 작은 글씨로 쓰인 일종의 '하나님의 계약서'를 읽은 것은 아니었다. 단순히 하나님께서 나에게 원하시는 것은 무엇이라도 성취하고 싶었을 뿐이다. 그러나 하나님의 '교과서'(모든 제자들의 필독서이다)를 읽었을 때, 예수님의 치유 사역 안에 내가 알지 못했던 여러 가지 측면들이 담겨 있다는 것을 발견하게 되었다. 나는 복음서에 기록되어 있는 축사에 관한 사실들을 무시할 수 없었다. 따라서 그 영역을 탐구하기 시작했고, 그것이 20세기의 교회들에도 해당이 되는지 알아보았다.

30년이 지난 지금 뒤를 돌아다보면서 깨닫는 것은 내가 예수님께서 말씀하시고 행하신 것과 독립적으로 치유 사역을 하지 않은 것이 얼마나 다행이었는가 하는 것이다. 축사 사역의 열쇠들이 없었다면, 하나님께서 엘렐 사역을 통해 성취하신 대부분의 것들이 결코 일어날 수 없었을 것이다. 우리 사역의 초창기에 도움을 구하러 우리를 찾아온 많은 사람들은 여러 번에 걸쳐 기도를 받고도 아무런 효과를 경험하지 못했다. 축사 사역의 부재가 가장 큰 요인이었던 것이다.

수천 명의 사람들에게 사역을 하고 가르치는 과정 속에서 하나님께서 우리를 이끄신 여정은 결코 쉬운 것이 아니었다. 하지만 이제는 세계 도처에 그러한 열쇠들을 가지고 그들의 지역교회 상황 속에서 그것들을 효과적으로 적용하고 있는 자들이 수천 명에 이른다.

축사와 치유는 성경의 진리들 중 방치된 부분이었다. 따라서 대부분의 믿는 자들과 대부분의 지도자들은 이러한 사역을 확신 있게 수행하기 위해 더 진전된 훈련을 받아야 한다. 이러한 사역에 대한 필요가 증가함에 따라, 엘렐 사역의 팀원들은 우리 센터에서 그리고 주님의 인도하심에 따라 세계 도처의 다른 장소들에서 가르치고 훈련시키는 일에 전념하고 있다. 우리는 균형 잡힌 복음, 즉 복음 전파와 치유와 축사가 모두 중요한 요소로 포함되어 있는 복음을 전하는 것의 중요성을 알고 있다.

엘렐 사역의 전반적인 사역은 믿음의 사역이다. 이것은 우리가 하나님께서 우리에게 주신 사역의 비전을 성취하는 일에 온전히 전념하고 있다는 의미이다. 우리는 교회가 아니며, 복음 전파와 치유와 축사를 훈련하고 무장시켜 줌으로써 교회들을 섬기는 단체이다. 우리는 사역에 들어가는 재정을 충당할 기본 재산을 가지고 있지 않기 때문에, 기부금과 훈련 과정으로부터 얻는 수입에 의존하고 있다. 훈련에 참가하는 비용은 일반적으로 본래 들어가는 비용의 절반 가격이다. 이렇게 하는 이유는 훈련을 받고 싶어 하는 자들에게 비용이 큰 장애물이 되지 않도록 하기 위함이다.

엘렐 사역의 초창기부터 헌신된 기도 지원자 그룹들이 있었다. 각 센터에서는 기도 지원 그룹들이 정기적으로 모이고 있으며, 여기에서 사역의 필요들을 함께 나누고 있다.

이 책을 즐겁게 읽었다면, 그리고 미래에 훈련을 받고자 하는 생각을 가지고 있다면, 우리 사역 학교들 중 어느 한 곳에 참여해 보기를 권한다. 사역 학교들은 엘렐 글린들리 매너(영국의 이스트본)와 엘렐 길불라(오스트레일리아의 시드니)에서 20일 동안 진행되는 학교로부터, 글린들리 매너에서 9주 동안 진행되는 학교에 이르기까지 다양하다. 또한 엘렐 미니스트리 피에르폰트(영국의 길포드 근처에 있는 서리)에는 2학기 혹은 3학기로 된 NETS 훈련 프로그램도 있다.

또한 캐나다와 미국, 남아프리카와 동유럽과 옛 소련에서는 현재 학교와 여러 과정들이 개발되고 있다. 가장 최근의 정보를 위해서는 아래의 우리 웹사이트를 참조하라. 또한, 우리 엘렐 사역팀은 말레이시아와 가나와 같이 멀리 떨어져 있는 세상의 여러 나라들에서도 정기적으로 사역하고 있다.

엘렐 미니스트리의 사역에 관해 더 많은 정보를 원하고, 우리의 이메일 리스트에 당신의 이름과 주소를 올려놓고 싶으며, 우리 사역을 지원하거나 우리의 훈련 코스와 학교에 대한 상세한 정보를 원한다면 우리 본부로 연락하라.

Ellel Minstries

Ellel Grange

Ellel, Lancaster

LA2 0HN

United Kingdom

Telephone: (44)-1524-751651

Fax: (44)-1524-751738

또한 우리 웹사이트를 참고하라.

www.ellelministries.org

우리 웹사이트에는 세계 도처에서 진행되고 있는 사역을 통해 현재 일어나고 있는 모든 것들이 상세히 올라와 있을 것이다.

부록

부록 1
기독교 상담자의 자질

　다른 사람들에게 사역을 해주는 기회는 결코 가볍게 여겨서는 안 될 하나의 특권이다. 다음에 나오는 기독교 상담자의 자질 목록은 완벽한 상담자가 되기 위한 것이라기보다는, 우리가 추구해야 하는 목표들로 바라보면 좋을 것이다. 이러한 목표를 향해 나아갈 때에 하나님께서 우리를 부르신 일들을 가능한 한 가장 효과적으로 행할 수 있을 것이다.

　우리가 완벽해져야만 하나님께서 우리를 사용하신다면, 우리들 중 아무도 쓰임받지 못할 것이다. 거듭나지 않은 사람은 진정한 기독교 상담자가 될 수 없다는 것은 분명하다(아래의 1번 항목 참조). 우리의 마음이 하나님을 향해 올바로 정해져 있으며, 하나님께서 기꺼이 우리를 변화시키고 성장케 하시는 것을 허락함으로써 우리가 그분의 기뻐하시는 종이 되기로 선택하는 것이 매우 중요하다. 하나님의 종들을 향한 부르심은 상처 입고 마음이 상한 '양떼들'을 돌보는 것이다. 이 목록은 본래 엘렐 미니스트리의 부상담자들과 사역팀을 위해 만들어졌지만, 이 목록 안에 들어 있는 원리들은 세계의 모든 상담자들에게 적용될 수 있을 것이다.

1. **거듭남**(요 3:3, 롬 6:23): 거듭나지 않는다면 우리는 니고데모와 같이 하나님과 인간과 구원과 치유와 축사와 같은 영적인 것들을 이해할 수 없을 것이다. 우리의 이해는 우리의 영적 상태에 의해 제한될 것이다.

2. **성령 충만**(엡 5:18): 성령님은 위로자이시며 상담자이시다. 우리로 하여금 하나님 아버지의 긍휼하심과 예수님의 변하지 않는 사랑으로 상담을 할 수 있게 해주는 분이 바로 성령님이시다.

3. **성령의 은사 활용**(롬 12:6, 고전 12): 성령의 은사가 없이는 영적인 것들을 온전히 분별할 수 없을 것이다. 상담할 때에 하나님께서 피사역자의 삶 속에서 무엇을 하고 계시는지, 그 사람의 영이 무엇을 하고 있는지, 그리고 악한 영들이 무엇을 하고 있는지를 아는 것이 매우 중요하다. 또한 다른 은사들도 효과적인 치유 사역을 위해 매우 중요하다.

4. **성령의 열매**(갈 5:22-25): 하나님을 진정으로 아는 자들의 삶 속에 나타나야만 하는 것은 하나님의 사랑과 희락과 화평 등이다. 이 열매가 피사역자들로 하여금 상담자를 신뢰해 하나님께서 그들을 위해 예비해 두신 모든 것들을 받을 수 있게 해줄 것이다.

5. **예수님을 모델로 삼음**(요 2:25): 예수님은 항상 하나님 아버지께서 말씀하시는 것에 귀를 기울였다. 우리 또한 도움을 구하는 자들에게 사역할 때에 그렇게 해야 한다. 하나님께서 피사역자에 관해 말씀하시는 것이 우리 생각보다 더 중요하다.

6. 사역을 할 뿐만 아니라 받을 줄도 알아야 함(잠 3:11, 요 21:15-19, 잠 12:1, 13:1, 15:32): 우리들 중에 완벽한 자는 하나도 없다. 따라서 우리는 하나님께서 항상 우리 삶 속에서 역사하시도록 해야 한다. 사역을 받아야 할 필요가 있을 때에 받지 않으려 하는 사람은 다른 사람들에게 사역을 할 자격이 없다.

7. 성경을 잘 알고 있어야 함(딤전 4:6-7, 딤후 3:16): 성경은 인생을 이끌어가는 안내서와 같다. 성경에는 상담 시간에 상황들을 계속해서 조명해 줄 수 있는 지혜들이 담겨 있다. 우리가 성경을 읽거나 공부하지 않는다면, 상처받고 고통받고 있는 자들을 치유하고 그들로부터 귀신들을 쫓아내는 싸움을 위해 필요한 가장 강력한 무기들을 사용할 수 없을 것이다.

8. 지역교회에 몸담고 있음(히 10:25, 롬 12:4): 우리가 공동체에서 벗어나지 않은 채 하나님께서 주신 권세의 기반 위에서 사역을 하는 것이 필수적이다. 우리는 또한 공동체의 예배, 가르침, 친교로부터 나오는 힘과 격려를 필요로 한다. 함께 모이기를 멈춘다면, 우리는 곧 주님을 향해 냉담해질 수 있고, 어떤 경건한 책임감도 없이 기만적인 신앙에 빠져 방황할 수도 있게 될 것이다.

9. 교단적 중립(롬 12:1): 모든 교단들은 그들 나름대로의 특별한 구조와 신앙 체계를 지니고 있다. 하지만 일반적으로 주류 교단 내에는 기초적인 교리에 관한 한 일치를 이루고 있다. 상담할 때에 우리는 어떤 특별한 교단을 예수님과의 관계보다 더 중요시 하지 않기 위해 조심해야 한다.

다른 사람의 교회나 교단에 관해 판단하거나 정죄하지 마라.

10. **헌신적이고, 어떤 일에도 준비되어 있으며, 주님께 언제나 열려 있음(히 12:1-2)**: 우리가 전심으로 행하지 않는다면 적의 공격에 넘어가기 쉬우며, 상황이 어려워질 때에는 포기하기 쉽다. 아마샤는 전심으로 행하지 않았고(대하 25:2), 결국 이교도의 우상들을 예배하기에 이르렀다.

11. **성령께 순종함(롬 12:2, 갈 5:25)**: 많은 사람들이 진리를 가르치고 싶어 한다. 하지만, 머리로 아는 진리와 우리 삶 속에 적용된 진리 사이에는 큰 차이가 있다. 순종이 성령의 기름부음을 받기 위한 중요한 열쇠들 중의 하나이다.

12. **용서(마 6:14-15)**: 상담자로서 우리는 용서할 기회가 많다는 것을 발견할 것이다. 예를 들어, 피사역자들이 압박받을 때에 우리에게 상처 주는 말을 할 수 있을 것이다. 그때에 우리가 그들을 용서하지 않는다면, 우리 마음의 태도로 인해 기름부음을 차단할 수 있을 것이다.

13. **기도의 사람(살전 5:17)**: 상담자들이 직면하는 유혹들 중의 하나는 다른 사람들을 위해서는 기도하면서 자신을 위해서는 하나님을 결코 구하지 않는 것이다. 다른 사람들을 도우려는 무거운 부담 때문에 우리와 하나님 사이의 관계가 손상을 입으면 안 된다.

14. **그리스도 안에서 우리가 누구인지 앎(롬 8:1, 요일 4:4, 엡 1:19-20)**: 우리

는 그리스도 안에서 안전하다. 예수님께서 십자가에서 우리를 위해 행하신 모든 일들과 우리 구원의 결과들에 익숙하지 않다면, 악한 영들이 우리 위에 권세를 행사할 수 있을 것이다. 우리가 그분 안에서 어떤 존재인지를 아는 것이 매우 중요하다.

15. **성례전에 민감함**(약 5:14-16, 고전 11:26-32): 어떤 그리스도인들은 성례전을 거의 행하지 않는 교회에서 신앙생활을 하고 있다. 하지만 성경을 통해 기름을 붓고, 세례를 주고, 성만찬을 하는 것이 매우 중요하다는 것을 알 수 있다. 우리는 때로 이러한 모든 것들이 축사를 통한 치유의 한 부분으로서 중요하다는 것을 발견했다. 성례전과 관련해 하나님께서 행하라고 말씀하시는 것들에 민감하라.

16. **사역을 위해 기름부음을 받음**(딤후 1:6-7): 하나님의 기름부으심이 인간의 약속보다 중요하다. 우리가 시작하는 사역을 위해 신선한 기름부음이 필요하다. 그렇기 때문에 우리는 이것을 위해 지속적으로 하나님을 구한다. 그 결과 피사역자를 위해 하나님께서 우리에게 원하시는 모습을 온전히 갖출 수 있게 된다.

17. **사람들을 그리스도께로 이끄는 방법을 앎**(빌 4:9, 고전 2:1-5): 치유 사역을 하면서 복음 전파자가 되어야 할 때가 있을 것이다. 도움을 구하러 오는 사람들 중에 예수님을 모르는 자들도 있기 때문이다. 모든 치유들 중에서 가장 중요한 치유는 영의 치유이다. 즉 영의 거듭남을 통해 하나님과의 관계가 회복되게 하는 것이다.

18. 몸을 돌봄 — 몸을 가능한 한 가장 건강한 상태로 유지함(고전 3:16): 우리 몸은 성령의 전이다. 사역자는 다른 사람들이 도움을 필요로 할 때 도움을 줄 수 있어야 한다. 하지만 우리 몸을 제대로 돌보지 못한다면, 그들을 효과적으로 돕는 일에 제약을 받게 될 것이다.

19. 정결함을 유지함(고전 14:40): 우리 몸에 비정상적인 체취가 있어 피사역자들에게 불쾌함을 준다면, 그들은 기도 사역을 받으면서 뒤로 물러나려 할 것이다. 가까이에 있으면 불쾌한 냄새를 맡기 때문이다. 다른 사람들에게 불쾌한 것들에 우리가 얼마나 익숙해질 수 있는가 하는 것은 정말 놀랍다!

20. 금식을 꺼려하지 않음(마 5:16-18, 행 13:2-3): 금식은 우리의 영적 갈망을 강화시켜 주며, 하나님께 더욱 민감해지게 한다. 금식을 하지 않았으면 음식을 먹었을 시간들을 기도를 위해 사용하라.

21. 어느 음식이라도 먹으며, 어느 곳에서라도 잠을 잠(롬 14-15, 마 18:18-32): 우리 팀은 다른 곳으로 사역을 나갈 때에, 우리를 초청한 측에서 제공해 주는 것은 어느 것이라도 감사함으로 받는다. 감사하지 못하는 마음은 적에게 빌미를 제공해 준다.

22. 자신보다 기꺼이 다른 사람들을 높이려 함(롬 12:10): 교만과 거만한 자세가 다른 사람들을 돕는 일에 방해가 되지 않도록 하는 것이 중요하다. 성경은 우리에게 스스로를 낮추라고 권고한다.

23. **성적인 지식에 박식함**: 도움을 구하러 오는 많은 사람들은 성과 관련된 문제를 지니고 있다. 그들이 이 영역에 대해 말할 때에 우리는 놀라거나 충격을 받을 필요가 없다. 사역자는 성적인 영역에 관해 잘 알고 있어서 그들의 문제가 무엇인지를 이해할 수 있어야 한다.

24. **사술과 관련된 지식에 박식함(고후 2:11)**: 요즈음은 사술에 관한 최근의 정보를 제공해 주는 기독교 서적들이 많이 나와 있다. 사탄이 이 영역에서 행하고 있는 것들을 잘 알아서 축사 사역을 할 때에 사술을 다루는 것의 중요성을 이해할 수 있어야 한다.

25. **치유 사역에 관해 박식함(잠 8:1-10)**: 하나님은 치유 사역의 경험이 있는 많은 사람들을 준비시키고 계신다. 다른 사람들이 하고 있는 것에 관해 잘 읽어서 경건한 가르침과 다른 사람들의 경험에 의해 잘 세워질 수 있어야 한다.

26. **충격을 잘 받지 않음(요 4:17-18, 8:1-11)**: 다른 사람들의 경험들이 우리의 것과 근본적으로 다를 수 있다. 따라서 피사역자들이 행한 일에 과도한 반응을 보임으로써 그들을 고립시키지 않도록 조심해야 한다.

27. **도덕적으로 나무랄 데 없음(딤전 3:1-7)**: 죄를 통해 적에게 문을 열어 주면, 우리 사역이 영향을 입게 될 것이다. 우리가 기만에 빠지면 계속 기만에 빠질 위험과 더불어, 죄가 드러나서 적에 의해 우리가 하고 있는 사역의 근거가 무너져 내릴 위험이 있다.

28. 사랑으로 진리를 말함(엡 4:15): 때로 피사역자에 관해 진리를 말해야 할 필요가 있다. 그 때에는 타협함이 없이 사랑으로 말해야 한다.

29. 신체 접촉을 두려워하지 않음(롬 16:16): 부드러운 접촉을 격려해 주는 것이 치유 사역에서 매우 중요한 부분이 될 수 있다. 또한 접촉하는 것이 불쾌감을 줄 수도 있기 때문에 언제 접촉해야 할지를 분별해 더 많은 문제를 초래하지 않도록 해야 한다.

30. 자신의 의견들을 투영하지 않을 준비가 되어 있음(잠 3:5-7): 상담 시 사역자의 의견은 언제나 성경의 진리와 피사역자의 필요보다 앞서면 안 된다. 상담 시간이 자신의 견해를 나타내기 위한 시간이 되지 않도록 조심해야 한다.

31. 자신의 문제들이 사역에 방해가 되지 않도록 준비되어 있음(고후 12:9-10): 상담을 하는 동안 때로 우리 자신의 상처와 아픔을 드러내는 말들이 흘러나올 수 있다. 이러한 것들을 적어 놓으면 다음에 기도하는 데 도움이 될 수 있을 것이다. 하지만 우리 자신의 문제가 상담 시간의 중심을 차지하지 않도록 조심해야 한다.

32. 사랑할 수 없는 자를 기꺼이 사랑함(눅 5:13): 어떤 사람들은 상담자와 가까이 앉기를 꺼려 할 수 있다. 내담자들이 알아야 할 것은 그들의 모양이나 상황이나 심지어 불쾌한 체취에도 불구하고 상담자들은 그들을 사랑한다는 것이다. 무조건적인 수용이 많은 사람의 치유를 향한 매우

중요한 도약이다.

33. **쓴 마음이나 분개함 없이 공격을 받아들임**(벧전 3:8-9): 다른 사람들의 비판으로 인해 우리 마음이 영향을 받는다면, 결국에는 사역의 열매들이 손상받게 될 것이다. 우리가 사탄으로부터 영토를 빼앗고 있다면, 사탄은 보통 어떤 사람들을 보내어 우리의 사역을 힘들게 할 것이다. 그러한 상황들이 하나님 혹은 다른 사람들과 우리의 관계를 방해하지 못하게 하는 것이 중요하다. 예수님은 우리를 저주하는 자들을 축복하라고 말씀하셨다(마 5:44).

34. **기꺼이 다른 사람들의 종이 되고자 함**(사 52:13-53:12, 빌 2:7): 예수님은 자신을 낮추시고 다른 사람들을 섬기기 위해 오셨다. 우리가 그분의 발자취를 따르는 것 외에 어떤 것을 할 수 있겠는가?

35. **융통성**: 사역자의 계획과 일정과 피사역자들의 필요들이 엇갈릴 때가 있을 것이다. 우리는 융통성 있게 하나님께서 행하고 계신 일들의 흐름을 타야 하며, 덜 중요한 것들을 기꺼이 바꿀 수 있어야 한다.

36. **완전 비밀 유지**: 상담자가 상담실의 기밀성을 파괴하고 내담자가 말한 것들을 누설한다면, 상담자와 내담자 사이에 신뢰가 무너질 것이며, 내담자로 하여금 모든 치유 사역으로부터 멀어지게 할 것이다.

37. **판단적인 자세를 지양함**(마 7:1-6): 내담자들이 우리가 그들을 승인하지

않는다는 판단을 감지하면 정직하게 말하는 것이 쉽지 않을 것이다. 내담자들이 드러내야 할 것들을 숨기고 있다면, 축사와 치유를 받기가 쉽지 않을 것이다.

38. **인내를 지닌 훌륭한 경청자**: 상담자에게 인내심이 없다는 것이 비춰지면, 내담자들, 특별히 자기를 빨리 표현할 수 없는 자들은 쉽게 도움을 구하려 하지 않을 것이다. 사랑이 인내의 근원이 되어야 한다.

39. **정중하고 예의 바름**: 너무 당연한 것처럼 들릴지 모르지만, 때로 상황이 힘들어질 때에는 상담자들도 쉽게 예의를 잃는다.

40. **하나님께서 우리를 통해 무엇을 하기로 선택하시든지 모든 영광을 하나님께 돌리고자 함(시 96:1-8)**: 하나님은 치유자이시다. 치유 사역을 통해 일어나는 것은 무슨 일이든지 하나님께서 행하신 것이다. 따라서 영광을 우리의 것으로 삼으려 해서는 안된다. 효과적인 치유 사역을 하는 데 있어서 매우 위험한 함정이 바로 교만이다.

부록 2
마술, 사술 그리고 성경

구약

- **창세기 41:8; 41:24_** 이 구절은 하나님께서 요셉으로 하여금 바로의 꿈을 해석할 수 있게 하심으로써, 하나님의 능력이 애굽의 술객들의 능력보다 뛰어나다는 것을 보여 준다.
- **출애굽기 7:10-12_** 아론의 지팡이로부터 나온 뱀이 술사들의 지팡이에서 나온 뱀들을 삼킴으로써 하나님의 능력이 더 크다는 것이 증명되었다.
- **출애굽기 8:8-19_** 하나님께서 술사들이 흉내 낼 수 없는 이gnats 재앙을 내리셨을 때에는 심지어 애굽의 술사들도 하나님의 능력을 인정했다.
- **출애굽기 22:18_** 마술을 행한 여인들(개역 성경에는 무당으로 번역되어 있음: 역주)은 죽임을 당했다. 이 구절을 통해 볼 때에, 특별히 여자들이 마술과 점술에 관련되어 있던 것처럼 보인다.
- **레위기 19:26_** 하나님의 말씀에는 어떤 형태의 마술이라도 행해서는 안

된다는 것이 분명하게 기록되어 있다.

- **레위기 19:31; 20:6_** 하나님은 죽은 사람의 영들을 불러내는 자들에게 찾아가지 말라고 말씀하신다. 그렇게 하는 것은 스스로를 부정케 하는 것이기 때문이다. 하나님은 영매를 찾아가는 자들에게 등을 돌리실 것이며, 그들을 그의 백성들 중에서 끊으실 것이다.

- **레위기 20:27_** 율법은 죽은 사람의 영과 접하는 자들을 돌로 쳐 죽이라고 요구한다.

- **신명기 18:9-14_** 이스라엘 백성들이 가나안 땅에 들어가기 직전에, 하나님은 모세를 통해 그들에게 그 땅의 거민들이 하고 있는 짓들을 하지 말라고 말씀하셨다. 즉 자녀들을 불 가운데로 지나게 하거나, 점을 치거나, 길흉을 말하거나, 주술과 마술을 하거나, 죽은 사람과 접하는 것들을 하지 말라는 것이었다. 하나님은 사람들의 이러한 행위들을 싫어하신다.

- **열왕기하 9:22_** 이 구절에서 우리는 이스라엘의 요람 왕과 예후(이스라엘 군대의 사령관이었다)가 만나는 장면을 본다. 왕이 모든 것이 평안하냐고 물었을 때에, 예후는 왕의 어머니 이세벨이 시작한 모든 주술과 우상숭배가 도처에서 행해지고 있는 한 평화가 있을 수 없다고 대답했다. 열왕기하 9-10장을 참조하라.

- **열왕기하 17:17_** 기원전 721년에 이스라엘이 앗수르에 의해 멸망당한 사건 속에서 우리는 그 멸망에 대한 이유들 중의 한 부분을 볼 수 있다. 그것은 이스라엘 백성들이 여전히 영매들과 점치는 자들에게 찾아감으로써 하나님의 분노를 자극했기 때문이었다.

- **열왕기하 21:2-6_** 여기에서 우리는 유다의 왕 므낫세가 악하고 이교도적인 많은 의식들을 다시 들여왔다는 것을 볼 수 있다. 그는 자기 아들을 번

제물로 바쳤고, 점을 치고 요술을 행했으며, 영매들과 점치는 자들에게 찾아갔다. 하나님의 말씀에 대한 이러한 불순종으로 말미암아 결국 기원전 598년에 예루살렘이 멸망하기에 이른다.

- **열왕기하 23:24_** 유다의 요시야 왕은 하나님께 돌아감으로써 많은 개혁들을 행했다. 그는 예루살렘과 유다로부터 모든 영매(무당)들을 추방했다. 그러나 이러한 개혁이 하나님의 분노를 식히거나, 예루살렘의 멸망을 멈추게 하지는 못했다.

- **역대상 10:13-14_** 사울은 하나님께 신실하지 못했고, 인도함을 받기 위해 하나님을 찾아가는 대신에 영매를 찾아간 것으로 인해 죽게 된다.

- **이사야 2:6_** 이사야는 그의 기도 속에서 이스라엘이 동방 풍속을 따르고 블레셋의 술객을 따랐기 때문에 하나님께서 그들을 버리셨다고 말한다. 이사야 3:2-2에서는 이스라엘이 하나님을 분노케 하는 의식들 때문에 망할 것이라고 예언하지만, 나라의 지도자들은 이 예언을 무시하는 것처럼 보인다.

- **이사야 8:19-20_** 이스라엘 백성들은 영매들이나 점치는 자들을 찾아가지 말라는 말을 들었다. 비록 이렇게 하는 것이 하나의 관습이었지만 말이다. 여기에서 강조하고자 하는 것은 영매들이 아니라 하나님께서 말씀하시는 것에 귀를 기울이라는 것이다. 사람들은 죽은 자가 아니라, 하나님을 만나야 했다.

- **이사야 44:25_** 바벨론에 관한 이교도들의 예언이 틀렸음이 증명되었다. 이 구절은 점성술사들과 점치는 자들의 예언들보다 하나님의 능력이 위에 있음을 강조해 준다.

- **이사야 57:3_** 주술도 하나님에 대항한 다른 죄들과 똑같이 여겨졌다.

- **예레미야 27:9_** 하나님은 이스라엘 백성들에게 바벨론 왕에게 항복하라고 말씀하셨다. 그러나 예언자들과 주술자들과 영매들은 거짓 예언을 하면서 사람들에게 항복하지 말라고 말했다.

- **에스겔 13:6-9_** 하나님은 이스라엘의 거짓 예언자들을 비난하신다. 그들은 하나님께서 그들에게 말씀하셨다고 주장하지만, 실상 하나님은 그들에게 말씀하시지 않으셨다. 그들의 환상은 옳지 않았으며, 그들의 예언은 거짓말이었다. 하나님은 그들을 이스라엘 백성들 중에서 끊으시며, 그들이 결코 다시는 이스라엘 땅에 들어오지 못할 것이라고 선포하셨다.

- **에스겔 13:17-22_** 거짓 여선지자들은 주문을 사용하고 사람들을 하나님의 길에서 멀어지게 유혹하려 했던 것 때문에 정죄를 당한다. 그들은 이러한 주문들을 통해 사람들을 조종하고 있었다.

- **다니엘 1:20_** 다니엘과 그의 친구들은 바벨론의 모든 마술사들과 점치는 자들보다 10배나 되는 지혜와 총명을 지니고 있었다.

- **다니엘 2장_** 어떤 점치는 자나 마술사, 주술사, 점성가, 마법사도 왕이 꾼 꿈의 의미를 설명할 수 없었다. 그러나 다니엘은 하나님께서 그 의미를 계시해 주셨기 때문에 그 꿈을 설명할 수 있었다. 느부갓네살 왕은 하나님이 모든 신들 중에 으뜸이시며, 신비한 것들을 계시하는 분이라는 것을 깨달았다.

- **호세아 4:17_** 이스라엘 백성들은 여기에서 "우상들에게 홀리어"under a spell of idols라고 칭해지는 우상숭배의 영향을 받고 있었다.

- **미가 5:12_** 하나님은 이스라엘을 앗수르에서 건지실 때에 그들의 마술과 점치는 것들을 모두 멸하실 것이라고 말씀하셨다.

- **나훔 3:4_** 니느웨가 멸망당한 것에 대해, 하나님은 다른 모든 것들 중에

서 그들이 마술을 사용해 다른 나라들을 유혹한 것에 대해 말씀하신다.
- 스가랴 10:2_ 우리는 이 구절을 통해 점쟁이들이 준 대답들이 거짓말이며 넌센스라는 것을 알 수 있다. 꿈을 해석하는 자들은 오직 사람들을 오도할 뿐이다. 이러한 것들을 사용하는 것은 영적 리더십이 부족하다는 신호이다.
- 말라기 3:5_ 심판의 날에, 하나님은 마술을 행하는 자들을 쳐서 증거하실 것이다.

신약

- 사도행전 8:9-24_ 마술사 시몬의 이야기. 시몬은 성령의 은사들을 보자마자 세례를 받았음에도 불구하고 그 은사를 사고 싶어 했다. 이것은 악한 영들이 여전히 믿는 자에게 영향력을 행사할 수 있음을 보여 준다.
- 사도행전 13:6-10_ 구브로에서의 바예수(엘마)의 이야기. 그는 마술의 능력을 가지고 스스로 예언자라고 주장했지만, 말씀이 전파되는 것을 막으려 했다. 그 때에 성령의 능력으로 충만해진 바울이 그 안에 있는 악한 것을 분별해 잠시 그의 눈을 멀게 했다.
- 사도행전 16:16-18_ 여종은 그녀 안에 있는 귀신 때문에 점을 칠 수 있었다.
- 사도행전 19:19_ 마술을 행했던 많은 사람들이 그리스도인이 되었다. 이들은 자기들이 쓰던 책들을 가지고 와서 사람들 앞에서 불태웠는데, 이것은 그들이 마술을 완전히 포기했음을 나타내는 행위였다.
- 갈라디아서 5:20_ 주술을 행하는 자들은 하나님 나라를 소유하지 못할

것이다.

- **요한계시록 21:8; 22:15**_ 마술을 행하는 자들은 불못과 유황 속으로 던져질 것이며 새 예루살렘으로 들어가는 것이 허락되지 않을 것이다.

부록 3
사술에 관한 용어 정의

- **지압/침술(Acupressure/Acupuncture)**: 질병을 '몸의 에너지'의 불균형으로 정의하고, 치유를 위해 몸의 특정한 부분에 압력이나 침을 꽂음으로써 그 흐름의 변화를 주는 고대 중국 철학과 의료 기술이다. 이들은 우리 몸에 6개씩 두 그룹으로 나뉘어 있는 12 경락이 있다고 믿으며, 하나는 음yin으로 다른 하나는 양yang으로 불린다. 그들은 생명력인 기(氣)가 이러한 경락을 따라 흐른다고 믿는다.
- **부적(Amulet)**: 보통 몸에 붙이거나 들고 다니는 물건으로서 악한 영들과 저주로부터 보호하기 위해 사용된다. 인기 있는 부적들 중의 하나가 그 유명한 토끼의 발이다.
- **앙크(Ankh)**: 위에 고리가 붙은 T자형 십자가. 이것은 고대 이집트에서 생명을 상징하는 것으로 알려져 있으며, 종종 이집트의 신들―앙크를 지니고 있는 모습이 많다―이 지니고 있는 다산의 이미지들과 연관되어 있다. 이 상징물은 현대 사술의 세계에서 널리 사용되고 있다.

- 아포트로파이온(Apotropaion): 악한 영들이나 악한 눈을 차단시키기 위한 부적과 같은 물건이다.
- 유령(Apparitions): 죽은 자의 요괴 혹은 귀신
- 아스트럴 프로젝션(Astral projection): 어떤 사람이 자기 몸을 벗어나 다른 의식 세계에서 기능하는 것. 이러한 것에 익숙한 사람들은 그들의 몸으로 돌아오기 전에 상당한 거리를 여행할 수 있으며, 다른 지역들에서 본 것들에 대해 정확하게 보고한다.
- 점성술(Astrology): 천체가 사람들에게 영향을 미친다는 신념. 태어날 때에 별을 읽음으로서, 특별히 별과 행성과 별자리들을 읽음으로써 미래를 예견한다. 12궁도를 참조하라.
- 점복(Augury): 미래를 예견하기 위해 신호들과 징조들을 사용함. 새들의 비행을 관찰함으로써 혹은 동물과 새들의 똥이나 내장을 연구함으로써 점을 친다.
- 자동적 필기(Automatic Writing): 몽환 같은 상태에 있는 동안에 쓰인 메시지이다. 이때에 분명한 것은 '다른 세계'에서 온 메시지를 적기 위해 손이 영적인 세력에 의해 이끌린다는 것이다. 자동적 필기와 비슷한 현상이 자동적 그림과 자동적 말하기이다. 예를 들어, 이러한 그림들은 유명한 화가들의 원 작품들과 매우 유사할 수 있다. 영매들은 죽은 자가 살아있는 자를 통해 그들의 솜씨를 표현하고 있다고 믿는다. 창조적인 작가들, 신문 기자들, 리포터들은 때로 그들의 정신을 비우고 '무의식적으로 쓰는 것'을 훈련받는다.
- 탄생 신호(Birth signs): 12개의 점성술적 신호로서 하늘의 분할을 나타내는 12궁도로 알려져 있다. 탄생 날짜에 근거한 예언을 하기 위해 사용된다.

- 탄생석(Birth Stones): 사람이 태어난 시간과 관련이 있는 돌들로서 부적과 같은 능력을 지니고 있다.
- 검은 예술(Black Arts): 다양한 사술적 행위들과 연관되어 있는 사악한 의식들에 대한 일반적인 이름이다.
- 흑주술(Black magic): 악한 목적을 위해 행해지는 주술로서 다른 사람들에게 해를 끼치기 위해 귀신들과 악한 영들을 불러내며 여러 의식들을 행한다.
- 악마의 미사(Black mass): 로마 천주교 미사를 사탄 숭배자들이 모방한 것이다. 그들은 이러한 미사를 통해 성만찬을 모독하고, 주기도문을 거꾸로 암송하며, 동물이나 사람들(종종 세례받지 않은 유아들)을 제물로 드린다. 희생자의 피는 사탄에 대한 예물로서 성만찬의 포도주 대신에 사용된다.
- 유혈 서약(Blood subscription): 사탄과 피로 맺은 협정으로서, 이 속에는 능력을 얻기 위해 악을 섬기겠다는 약속이 포함되어 있다.
- 카드점(Cartomancy): 카드를 사용해 점을 보는 것이다.
- 행운의 편지(Chain Letter): 수신인에게 행운을 약속해 주는 편지이다. 이 편지를 받은 사람은 그 내용을 다시 적어서 다른 사람들에게 전해야 한다. 만약에 수신자가 이렇게 하기를 거부한다면 불운의 저주가 있다.
- 채널링(Channeling): 뉴 에이지 형태의 심령술로서, 채널링을 하는 사람은 초자연적인 영역에 자신을 개방하며(때로 몽환 속에서), 종종 수신자를 가르치고 지도하거나 인도하기 위해 메시지의 전달을 위한 통로가 된다. 정보의 출처는 때로 '높이 올려진 스승' ascended master이라 칭해진다.
- 주문(Charm): 사술 세계에서의 물건이나 마법으로서 부적과 같이 초자연적인 능력을 지니고 있는 것으로 믿어진다.

- **중국식 장례식(Chinese funerals)**: 조상 숭배는 중국 장례식의 주요한 특징으로서, 누군가 '가족의' 영을 받게 될 가능성이 크다. 장례식 전날 밤과 장례식 당일의 의식들은 사찰의 사제들이나 영매들에 의해 수행된다.
- **초인적 청력(Clairaudience)**: 영적 세계, 혹은 오래 전이나 멀리 떨어진 장소에서 들리는 소리를 들을 수 있는 초감각적 능력이다.
- **초인적 지각력(Clairsentience)**: 다른 사람들의 생각을 들을 수 있는 초감각적 능력이다.
- **투시력(Clairvoyance)**: 물질세계를 초월해 보통은 보이지 않는 이미지들을 볼 수 있는 초감각적 능력이다. 또한 과거에 일어난 사건들이나 아직 일어나지 않은 사건들까지도 볼 수 있다고 주장한다.
- **색깔 치료(Color Therapy)**: '상응하는 내적반응'—치유의 잠재력을 지니고 있다고 주장된다—을 일으킨다고 믿어지는 색깔들을 사용해 장애를 치료하는 방법이다.
- **귀신을 불러냄(Conjuration)**: 초자연적인 영역들로부터 귀신을 불러내는 행위이다.
- **마녀 집회(Coven)**: 마녀 집단으로서 보통 13명으로 구성되어 있지만, 때로 적게는 5명에서 많게는 50명으로 구성되어 있기도 하다. 마녀단은 특별한 축제 시에 의식과 예식을 행하기 위해 함께 모인다. 이들은 대제사장(남자 혹은 여자)의 리더십 아래에 있다.
- **수정구슬 보기(Crystal ball gazing; crystalomancy)**: 점을 칠 목적으로 구슬 모양의 유리 물체를 응시하는 행위이다. 점을 치는 자는 몽환 같은 상태로 들어가서 미래의 사건들에 대해 예견한다.
- **수정구슬(Crystals)**: 뉴 에이지를 신봉하는 어떤 이들은 수정구슬이 자기

변화와 계몽을 가져올 뿐만 아니라, 몸의 에너지의 흐름을 정화하고 치유하고 회복시키는 능력을 지니고 있다고 믿는다.

- **사망 주술(Death magic)**: 희생자에게 죽음을 가져다 주기 위해 사용하는 악한 마술이다. 부두교의 마술사들이 자주 사용하지만, 또한 다른 사술자들도 이것을 행한다.
- **데자 뷰(Deja vu)**: 새로운 상황이나 장소를 이미 경험한 것 같은 느낌이다. 사실 물리적으로 볼 때에 그렇게 하는 것이 불가능하다.
- **악마 숭배(Demon worship)**: 귀신들의 보호를 받기 위해 그들의 환심을 사는 의식이다. 일단 시작한 후에 계속해서 그들의 환심을 사는 것에 실패한다면 '축복'이 '저주'로 바뀐다.
- **육체에서 분리된 영(Disembodied spirits)**: 쉴 곳을 찾지 못한 죽은 사람의 영이라고 믿어진다.
- **점(Divination)**: 사람과 상황들, 혹은 과거와 미래의 사건들에 대한 정보를 얻기 위해 사용하는 다양한 사술적 기교들에 대한 집합적 명칭이다.
- **점 지팡이(Divining rod)**: 수맥을 발견하기 위해 사용되는 끝이 갈라진 나무나 금속이다. 물 위를 지나갈 때에 이 지팡이가 움직인다고 한다.
- **도우싱(Dowsing)**: 점 지팡이를 사용해 수맥을 발견하는 과정이다.
- **꿈 해몽(Dream interpretation)**: 점을 칠 목적으로 꿈을 사용하는 과정이다.
- **던전과 드래곤(Dungeons and dragon)**: 환상 속의 역할을 맡는 사술적 게임이다. 게임을 하는 자들은 게임에서 승리하기 위해 살인과 주술과 고문과 강간과 귀신 호출과 부두교적 주술과 식인과 다양한 사술적 세력들과 관련 있는 인물들과 동일시한다.
- **영기(Ectoplasm)**: 영매의 몸에서 나오는 차갑고 약한 빛을 발하는 희끄무

레한 실체로서 육체를 이탈한 영의 존재를 나타내는 것으로 믿어진다.

- 마법 걸기(Enchanting): 다른 사람을 조종할 목적으로 그 사람에게 마술적 영향력을 행사하는 것이다.

- 에르하드 세미나 트레이닝(Erhard Seminar Training[ERT-The Forum]): 뉴 에이지적 자기 이미지 증진을 이루고 싶어하는 사람들을 위한 종교적 모험이다.

- 특별 감각 지각(Extra sensory perception[ESP]): 오감 이외의 다른 수단을 통해 어떤 사건이나 아이디어를 지각하는 능력이다. 점을 치는 자들은 ESP를 이용한다.

- 주물(Fetish): 어떤 영이 거하고 있다고 믿어지는 무생물의 물건이다.

- 파인드혼(Findhorn): 뉴 에이지 영성의 원리들을 가르쳐 주는 스코틀랜드 북쪽에 위치한 뉴 에이지 공동체.

- 불 건너기(Fire-walking): 불을 통과하거나 뜨거운 숯불 위를 걸으면서도 아무런 신체적인 해를 당하지 않는 능력이다.

- 점치기(Fortune-telling): 미래의 사건들을 예견하기 위해 점을 치는 다양한 방법을 사용하는 의식.

- 인간 이해 재단(Foundation of Human Understanding:FHU): 최면술과 마인드 컨트롤의 광신적 귀의자인 로이 매스터즈에 의해 창립된 단체이다. FHU의 학생들은 종국적으로 매스터즈가 제공한 훈련과 기교들 안에서 인생에 대한 해답을 찾으려 노력한다.

- 고딕 풍의 록 뮤직(Gothic Rock Music): 섬뜩하고 충격적인 것은 어떤 것이라도 집중하는 특별히 어두운 유형의 사술 음악과 패션과 삶의 양식이다. 블랙 사바쓰Black Sabbath, 더 그레이트풀 데드The Grateful Dead, 메

가데스Megadeath, 세퓰투라Sepultura 같은 밴드들에 의해 연출되었다.

- **유도된 심상(Guided imagery)**: 유도를 받아 마음에 생생하게 그려 보는 훈련으로서 긴장이 풀리거나 혹은 몽환과 같은 상태에 이르게 된다. 아스트럴 프로젝션astral projection과, 초자연적 영역에서 영을 안내하는 자와의 만남이 포함되는 것 같다.

- **거루(guru)**: 영적 스승, 안내자 혹은 교사.

- **할로윈(Halloween)**: 사탄 숭배와 검은 마술을 위한 가장 큰 축제들 중의 하나이다. 축제일은 10월 31일이며 서구 세계의 많은 나라들이 어린 아이들의 재미를 위한 날로 지키고 있다. 특별히 아이들은 이웃집들을 방문하면서 "trick or treat"이라고 외치며 사탕을 얻어 낸다.

- **필체 분석(Handwriting analysis[graphology])**: 일종의 점으로서, 인격과 미래의 직장과 신용과 내면의 개발과 인격 유형과 같은 것들이 필체를 분석함으로써 계시된다고 믿는다.

- **헤비메탈과 록 뮤직(Heavy metal and rock music)**: 이러한 음악이 주는 주요 메시지는 마약과 섹스와 폭력과 살인과 여자들을 격하시키는 것, 그리고 사술과 주술과 사탄 숭배에 심각하게 연루되는 것들에 관한 것이다.

- **헤파토스코피(Hepatoscopy)**: 간을 검사함으로써 점을 치는 것이다.

- **마법 걸기(Hex)**: 마법을 건다는 것은 보통 그 사람을 저주하고자 하는 목적으로 그 사람을 마법으로 꼼짝 못 하게 한다는 것이다.

- **육각선형(Hexagram)**: 하나의 삼각형을 다른 삼각형 위에 거꾸로 놓음으로써 여섯 개의 꼭지점을 형성하고 있다. 주술에서는 이 표시가 귀신들의 세력을 묶고 조종하기 위해 사용된다.

- **동종 요법(Homeopathy)**: 의약에 대한 대체 요법이다. 환자들에게 그들의

질병과 똑같은 증상을 일으키는 치료약(백신 주사와 같이)을 준다. 그러나 그 약은 농도가 너무 약해서 혹은 너무 희석되어서 실제로는 치료 성분을 가지고 있지 않을 수 있다. 이것은 참된 의술이라기보다는 사술에 뿌리를 두고 있는 신앙 시스템이다.

- **별점(Horoscope)**: 점성술에 기초해 사람들의 운명을 예견하는 차트로서, 또한 중요한 행사들을 위해 적합한 시간이나 시기를 예견하기 위해 사용된다.
- **편자(Horse brasses and horseshoes)**: 악한 영들을 차단하는 데 사용되는 부적으로서, 편자의 금속은 마법으로부터 보호해 주는 역할을 하는 것으로 믿어지고 있다. 이것은 종종 문 위에 놓거나, 혹은 행운의 징표로서 주어진다.
- **유체 점(Hydromancy)**: 물을 관찰함으로써 점을 치는 의식이다.
- **최면술(Hypnotism)**: 무의식 속으로 들어가거나 과거의 기억을 회복하기 위해 사람을 몽환 같은 상태에 빠지게 하는 행위로서, 사술을 믿지는 않지만 그들이 사용하는 영적 세력들의 속성을 깨닫지 못하는 의사들에 의해서도 사용되고 있다.
- **우상(Idol)**: 이것은 예배와 숭배의 대상이 되는 신의 형상으로서, 지나친 찬사를 받는 사람이나 대상도 우상이 될 수 있다.
- **주문(Incantation)**: 특정한 단어나 구절이나 소리를 반복함으로써 만들어지는 마술적 공식이다.
- **몽매(Incubus)**: 여자들의 성적 특징을 그리워하는 귀신이다(잠자는 여인을 덮친다고 믿어지는 귀신-역주).
- **홍채학(Iridology)**: 수정구슬과 같은 눈을 사용해 질병을 진단하는 과정이

다. 눈의 특정 부위의 모양이 변하는 것은 몸의 다양한 부분에 일어나는 질병과 부합하는 것으로 믿어진다.

- 일본식 꽃꽂이(Japanese flower arranging/Ikebana): 불교 수도승들에 의해 행해진 일본식 다도tea ceremony에 기원을 두고 있다. 이것은 단순히 예쁘게 보이게 하려는 것뿐만 아니라, 신들에게 제사를 드리기 위한 목적도 지니고 있다. 이키바나의 교사들은 '이키바나의 영'을 의존한다.

- 조나단 리빙스톤 시걸(Jonathan Livingston Seagull): 신을 접했다고 믿어지는 리처드 버크Richard Bach가 뉴 에이지 철학에 기초해 쓴 책이다.

- 카발라(Kabbalah): 성서를 수학적으로 해석하는 것에 기초한 유대교의 신비주의 전통이다. 다양한 마술과 사술적 의식들이 카발라에서 유래했다.

- 공중부양(Levitation): 물리적 힘이 아니라 초자연적 능력을 이용해 사람이나 물건을 공중에 뜨게 하는 것이다.

- 행운의 부적과 부적 팔찌(Lucky charms and charm bracelets): 부적의 영적인 속성을 거의 모르는 사람들이 지니고 다니는 일종의 부적이다.

- 마술(Magic): 사술적 능력과 귀신들을 통해 사람들이나 환경을 지배하거나 조종하는 것이다. 때로 요술사의 날랜 손재주인 '요술' magic과 구별하기 위해 철자를 magick라 쓰기도 한다.

- 만트라(Mantra): 초월적 명상(요가)의 신봉자에게 주어지는 단어로서, 그 사람은 심지어 그 단어가 무엇을 의미하는지 모를지라도 계속해서 반복하고 명상해야 한다. 만트라는 그것을 받은 자가 영적 세계와 접할 수 있게 해주는 통로의 역할을 한다.

- 무술(Martial Arts): 가라데, 쿵푸, 타이치, 유도, 쥬지츄jujitsu, 아이키도 aikido와 같은 다양한 격투기 운동이 여기에 포함된다. 이러한 모든 무술

의 영적 센터에는 도교와 불교가 있다. 무술이 종교에서 중요성을 띠는 이유는 그것이 음과 양의 조화를 이루게 할 뿐 아니라, 신체를 이용해 엄청난 성과를 이룰 수 있게 해주는 기(氣)의 힘을 이용할 수 있기 때문이다. 무술을 하는 많은 사람들은 이러한 스포츠의 종교적 속성을 인식하지 못하고 있다.

- 마스코트(Mascots): 어떤 그룹에 의해 자기 그룹을 상징해 주고 행운을 가져다 주는 것으로 채택되는 동물, 사람 혹은 사물이다.
- 영매(Medium): 영적 세계와 의사소통을 하는 통로로서 사용되는 것에 열려 있는 사람이다.
- 메스메리즘(Mesmerism): 최면술에 대한 또 다른 용어로서 엄청난 최면술의 능력을 시도한 안톤 메스머 Anton Mesmer의 이름을 따서 지어진 용어이다.
- 형이상학(Metaphysics): 초자연적 것과 관련된 원리들에 대한 철학으로서, 초자연적인 일들에 대한 과학적 연구라 할 수 있다.
- 마인드 컨트롤(Mind Control; silva): 조세 실바에 의해 시작되었다. 이제는 동양 종교의 기교와 사술적 능력을 의존하는 자가 도움 치료 self-help therapy의 대표적인 기술이 되었다. 신이 자기 내면에 있다고 믿음으로써 마음의 문을 열어 주어 영들에 의해 조종을 받게 된다.
- 독심술(Mind reading): 사술적 능력을 사용해 상대방이 생각하고 있는 것을 맞추는 기술이다.
- 정신과학(Mind science): 어떤 사람의 건강을 향상시키기 위한 치료법을 정하기 위해 형이상학적 과학을 사용하는 분야이다. 이것을 따르는 자들은 하나님을 하나의 개념으로 받아들이고, 악은 변화될 수 있는 정신의

상태라고 믿고 있다.

- 달 점(Moonmancy): 달을 사용해 점을 치는 기술이다.
- 모터스코푸아(Motorskopua): 질병을 진단하기 위해 기계적 진자(시계추와 같은 것: 역주)를 사용한다.
- 신비주의(Mysticism): 근본적인 존재와의 영적 연합은 오직 텅 빈 마음과 직관을 통해서만 성취될 수 있다. 신은 인간의 지식을 초월하기 때문이다.
- 강신술(Necromancy): 죽은 사람의 영과 대화를 나누거나, 그 영에게 조언을 구함으로써 점을 치는 행위이다. 이것은 종종 심령술사들에 의해 강령회(집회)에서 행해진다.
- 신 이교도(Neopagan): 자연과 달의 여신 숭배, 사술, 고대 헬라 혹은 이집트의 종교, 의례적 마술, 주술 혹은 드루이교와 관련이 있는 서구의 종교 시스템을 따르는 사람들.
- 뉴 에이지 운동(New Age Movement): 1970년 초반에 태동했고 물병자리 Aquarius시대의 시작과 연결되어 있다. 유대 기독교 전통과 모순되는 입장을 취하는 무조직의 영적 운동으로서 실제는 세속적 인본주의이다. 뉴 에이지 운동가들의 신앙은 일반적으로 다음과 같은 동방 종교에 뿌리를 두고 있다. 범신론(하나님은 모두이며, 모두가 하나님이다), 환생(사람들은 이전에 어떠한 삶을 살았느냐에 따라 보상, 정의, 혹은 심판을 받으며 환생한다), 보편주의(세상의 모든 종교들은 단순히 똑같은 신에게 이르는 다른 길들일 뿐이다. 따라서 이것은 뉴 에이지 운동가들, 그리고 예수님만이 유일한 길이라고 믿는 그리스도인들과 양립하지 못한다), 개인적 변화(신비주의적 경험을 통해 그리고 신적 에너지의 근원과 접촉함을 통해). 뉴 에이지 운동가들은 더 높은 자아를 믿으며, 그들은 그 자아를 그리스도라 칭한다. 따라서 그들

은 그리스도가 모든 사람들 안에 있으며 모든 사람들이 그리스도가 될 수 있다고 믿는다. 뉴 에이지 운동가들의 사상은 주로 고대의 사술적 신앙으로서, 단순히 현대에 맞게 업데이트되었을 뿐이다.

- 뉴 에이지 상징들(New Age Symbols): 피라미드, 무지개, 육각선형, 삼각형, 만자(卍), 일각수unicorn(말과 비슷하며 이마에 뿔이 하나 있는 전설적인 동물), 페가수스(날개 달린 말).
- 수점(數占-numerology): 숫자를 사용해 점을 치는 것이다. 특별한 가치와 의미들이 숫자에 담겨 있고, 각 낱말들에는 숫자의 가치가 주어져 있다. 사람들의 이름에 대한 숫자적 가치와 그들의 생일날이 예언을 위해 사용된다.
- 사술(Occult): 하나님 나라에 반하는 초자연적 능력을 포함하고 있는 비밀스럽고 신비스러운 신앙과 의식이다. 사술은 일반적으로 세 가지 범주로 나누어진다. 심령술spiritism, 점fortune-telling, 마술magic.
- 사술 문학(Occult literature): 전적으로 사술과 사탄의 능력을 이용하는 것에 관한 책들이다. 대표적인 책들로는 Sixth and Seventh Books of Moses, The Book of Venus, The Other Side, The Greater World, works by Jacob Lorber, Edgar Cayce, Dennis Wheatley, Johann Greber, Jean Dixon, Aleister Crowley, Anton LeVay가 있다.
- 사술의 상징들(Occult Symbols): 호루스horus(매의 모습을[머리를] 한 태양신-역주)의 눈, 별표pentagram([★표] 중세에는 부적으로 썼음-역주), 음양과 같이 사술적 의식의 다양한 부분과 연관되어 있는 특별한 상징들.
- 징조(Omens): 조종할 수 없는 특이한 사건들로서 점을 치는 수단으로 해석된다.

- 부적판(Ouija Board): 영적 세계와의 의사소통을 위해 사용되는 판으로서, 의사소통은 글자, 숫자, 혹은 "yes"와 "No"를 가리키면서 원을 도는 바늘을 통해 이루어진다.
- 손금(Palmistry): 미래를 결정하기 위해 손바닥의 선들을 보면서 치는 점이다.
- 파라키네시스(Parakinesis: PK): 정신과 의지의 힘으로 물체들을 조종하는 것이다.
- 초심리학(Parapsychology): 일반적인 과학적 방법들로서는 해석될 수 없는 인간의 심리 현상에 대한 허위 과학적 연구이다(예: 텔레파시, 투시력, 초감각적 지각[ESP]).
- 진자(Pendulum): 수맥 찾기, 진단(특별히 태아의 성별에 대한), 그리고 점을 치기 위해 사용되는 것으로서 실 끝에 달린 작은 물건이다. 진자의 우연한 움직임은 특별한 의미를 지닌 것으로 믿어진다.
- 별표(Pentagram): 세 꼭지점이 위로 혹은 아래로 향하게 배치될 수 있는 다섯 개의 꼭지점을 지닌 별로서, 세 꼭지점이 위를 향해 있는 것은 대개 인간의 영성을 상징하고 주술에 대한 상징이다. 밑으로 되어 있는 것은 어둠을 나타내고 흑주술과 사탄숭배와 연관되어 있다. 주술에서는 꼭지점들 중 네 개는 땅, 공기, 불, 물이라는 네 요소를 나타내고, 다섯 번째는 이러한 요소들을 조종하는 영을 나타낸다.
- 골상학(Phrenology): 두개골의 모양을 연구함으로써 점을 친다.
- 관상학(Physiognomy): 사람의 특성을 알아 맞추기 위해 얼굴의 생김새를 관찰하는 것이다.
- 플랑세트(Planchette): 점을 치기 위한 판으로서 손가락을 그 판 위에 얹

어 놓기만 해도 선이나 낱말이나 문장들이 철자화된다고 믿는다.
- 예지(Precognition): 사건들에 대한 사전 지식.
- 심령적 탄생(Psychic birth): 사술적 재생rebirth의 경험으로서, 사람들은 이것을 통해 "모든 것이 하나다"라는 인식을 하게 된다.
- 심령적 치유(Psychic healing): 치유를 위해 사술적 능력을 사용하는 것.
- 심령적 시각(Psychic sight): 눈을 감고 있을지라도 어떤 것들을 볼 수 있는 능력이다(심지어 어떤 경우들에는 소경들도 이 능력을 통해 어떤 것들을 볼 수 있다고 믿어진다).
- 심령서사(Psychography): 영매의 손을 통해 영이 글을 쓰는 것이다.
- 신비력(Psychometry): 어떤 사람이나 혹은 그 사람의 삶 속에서 일어난 사건들에 대해 그 사람에게 속한 물건을 다룸으로써 심령적 지식을 받는 것이다.
- 펑크 록(Punk rock): 사회체제, 특별히 법률과 종교와 전통에 반항하는 내용을 담고 있는 음악.
- 피라미드학(Pyramidology): 피라미드를 연구하는 것으로서, 어떤 뉴 에이지 운동가들은 피라미드의 모양이 에너지의 균형을 가져오며, 영적 계몽을 일으킨다고 믿고 있다.
- 반사학(Reflexology): 발과 부합하는 영역들에 '에너지의 흐름'을 회복시키기 위해 발을 마사지하는 것을 포함하는 고대 중국과 이집트의 관행.
- 레이기 치유(Reiki healing): 문자적으로 '영적 능력'을 의미하는 일본식 치유 기법으로서, 우리의 몸을 통해 기가 흐르고 있다고 믿어지며 무술에서와 같은 명상 요법에 의해 영향을 받을 수 있는 보편적 영적 에너지에 대한 개념이다.

- 환생(Reincarnation): 인간의 혼은 결코 죽지 않으며, 인간이 온전함에 이르며 더 이상 물리적 존재를 필요로 하지 않을 때까지 끝나지 않는 순환 속에서 혼이 한 몸으로부터 다른 몸으로 이동한다는 신념이다.
- 막대기점(Rhapdomancy): 도우싱을 참조하라.
- 광상시점(Rhapsodomancy): 책, 특별히 시에서 무작위로 읽은 구절들에서 징조를 찾는 것.
- 롤핑(Rolfing): 근육과 몸의 기관들에 연결되어 있는 조직을 강하고 깊이 마사지하는 물리요법.
- 사탄숭배(Satanism): 사탄을 예배하는 것으로서, 사탄에게 복종해 거행하는 의식적 행위.
- 강령회(Seances): 사람들이 영매를 통해 죽은 사람의 영과 접촉하기 위해 함께 모이는 집회.
- 실바 마인드 컨트롤(Silva mind control): 마인드 컨트롤을 참조하라.
- 마법(Sorcery): 흑주술을 사용해 영들을 조종함으로써 사건들을 변화시키거나, 사람들 혹은 상황들을 해악이나 선을 위해 변화시키는 능력.
- 혼의 여행(Soul Travel): 혼이 몸 밖으로 이동해 위에서부터 몸을 내려다볼 수 있고 짧은 거리를 이동하는 것으로서, 아스트럴 프로젝션Astral projection과 비슷한 특징을 가지고 있지만 덜 강력한 현상이다.
- 주문(Spell): 마술적 능력을 이용하기 위해 사용되는 기도문.
- 강신술(Spiritism or spiritualism): 귀신들을 불러내어 죽은 자가 살아 있는 자들과 의사소통할 수 있다는 신념 속에서 영적 세계와 접하는 것으로서 보통 영매들을 통해 행한다.
- 영적 안내자(Spirit guide): '다른 세계'로부터 정기적으로 정보를 제공하

는 영매에게 알려진 영.
- 스티초만시(Stichomancy): 일종의 광상시점.
- 스티그마타(Stigmata): 십자가에 못 박힌 그리스도의 상처들을 닮은 흔적으로서 몸에 초자연적으로 나타나는 것.
- 미신(Superstition): 알려지지 않거나 신비한 어떤 것에 대한 두려움으로 인해 야기되는 비합리적인 신앙이나 의식.
- 테이블 티핑(Table tipping): 영들에 의한 테이블의 초자연적인 움직임을 통해 점을 치는 과정.
- 부적(Talisman): 소유자를 보호하기 위해 혹은 번영을 가져오기 위해 마술적 능력을 지니고 있다고 믿어지는 조각된 물건an engraved object.
- 타로(Tarot): 점을 치기 위해 22개가 한 벌인 카드를 사용하는 사술적 행위. 각 카드는 회화적 의미를 지니고 있으며, 그중의 하나는 죽음을 나타내는 해골의 형태로 되어 있다.
- 찻잎 읽기(Tea-leaf reading): 찻잔의 바닥에 남은 찻잎의 찌꺼기의 형태를 통해 의미를 발견하려는 것.
- 염력(Telekinesis:TK): 심령의 능력을 통해서 물건들을 움직이고 조종할 수 있는 능력.
- 텔레파시(Telepathy): 일반적인 의사소통 방법들을 사용하지 않고 마음과 마음 사이에 오가는 의사소통.
- 치료적 만짐(Therapeutic touch): 돌로레스 크리거Dolores Krieger에 의해 발전된 것으로서 뉴 에이지 운동의 에너지 조종과 에너지 전이 기법—기만적 형태의 심령적 치료.
- 세 번째 눈(Third-eye): 영적 세계를 보는 눈으로서 두 눈 사이의 이마에

위치해 있다고 믿어진다.

- **초월적 명상(Transcendental meditation:TM)**: 힌두교에서 시작된 종교적 시스템으로서, 명상을 하는 동안에 만트라(은밀한 소리)가 반복되고 정신은 가장 깊은 수준의 의식 안에 있다고 말해진다.
- **몽환(Trance)**: 어떤 사람의 의식이 쉬고 있는 정신의 상태로서 이 사람은 어떤 영의 조종에 열려 있게 된다.
- **전치(Translocation)**: 어떤 사람이 초자연적인 방법들에 의해 한 장소에서 다른 장소로 옮겨지는 것.
- **윤회(Transmigration)**: 죽음 이후에 혼이 또 다른 몸으로 이동하는 것.
- **부두(Voodoo)**: 의식과 희생 제사와 점과 리듬이 있는 춤을 동반하는 일종의 종교적 주술이다. 다양한 신적 존재들이 숭배되고, 아픈 자들을 치유하기 위해 혹은 마력이 있는 약potion, 주문, 인형, 그리고 다양한 의식들을 통해 목표 대상에게 해와 죽음을 일으키기 위해 마술을 사용한다.
- **선의의 마술(White magic)**: 도움을 주고 긍정적인 목적을 위해 행한다고 말해지는 마술. 하지만 여기에서 사용되는 영적 세력들은 악한 영들이며, 성경은 선의의 주술과 흑주술 사이에 구별을 두지 않는다. 모두 잘못된 것이다.
- **주술(Witchcraft)**: 악한 목적을 위해 영적 존재들을 이용하는 것(흑주술). 마녀들은 일반적으로 대모의 여신과 그녀의 남편인 판Pan신을 믿는다. 이것은 사탄 숭배자들이 사탄을 믿고 숭배하는 것과 비슷하다.
- **요가(Yoga)**: 힌두 종교에서 가장 오래된 단어들 중의 하나이다. 요가는 당신 안에 있는 신을 인식하기 위해 걸어가는 길이다. 신체와 영과 정신을 조종하는 것을 목표로 삼는 영적 훈련이다. 인도의 종교적 전통들이

지니는 지향점은 자신의 정체성을 비우고 보편적인 존재와 연합하는 것이다. 목표는 척추 밑에서 잠자고 있는 뱀의 쿤달리니kundalini 능력을 일깨우는 것이다.

- 12궁도(Zodiac) : 12궁으로 나누어진 하늘. 12궁도라는 말은 단순히 '동물들의 순환'이라는 의미를 지니고 있다. 점성가들은 어떤 사람이 어느 궁 아래에서 태어났느냐 하는 것이 그 사람의 기질이나 인격의 대부분을 결정해 준다고 믿고 있다.

부록 4
대체 의술

대체 의술이 항상 영적으로 위험한 것은 아니다. 그것들이 안전한지 그렇지 않은지는 의술을 행하는 자들의 신앙에 달려 있다. 아래에 뉴 에이지, 사술, 혹은 비기독교적 속성을 지니고 있는 영적 기원들이나 원리들을 지니고 있는 것으로 알려진 대체 의술들의 일부를 적어 놓았다.

- 침술(Acupuncture)
- 방향요법(Aromatherapy)
- 바흐 꽃 치료법(Bach flower remedies)
- 색 치료법(Color therapy)
- 수정구슬 치료법(Crystal therapy)
- 믿음 치료자(Faith healers)
- 유도된 심상(Guided imagery)
- 동종요법(Homeopathy)

- 최면요법(Hypnotherapy)

- 홍채학(Iridology)

- 신체 운동 요법(Kinesiology)

- 자석 치료법(Magnetic healing)

- 뉴 에이지 의술(New Age medicine)

- 과거의 삶을 통한 치료법(Past lives therapy)

- 심령 치료자(Psychic healers)

- 심령 수술(Psychic surgery)

- 피라미드 치료(Pyramid healing)

- 방사 감지(Radiesthesia)

- 신생(Rebirthing)

- 반사학(Reflexology)

- 심령술사의 치료(Spiritualist healing)

- 존 치료법(Zone therapy)

부록 5
다른 종교들에 대한 어휘 풀이

- **아에쑤리우스 집단**(Aethurius Society, The): 요가 수련생이었던 조지 킹에 의해 설립되었다. 조지 킹은 금성으로부터 온 스승 예수 Master Jesus의 방문을 받았다고 주장했다. 이 예수가 그에게 새로운 물병자리 시대의 성경 Aquarian Age Bible을 주었다. 이 집단은 현재 미확인 비행 물체 UFO와 우주인들의 지구 방문에 대한 신념을 강조하는 사이비 종교이다.
- **물활론**(Animism): 식물과 돌과 나무와 같은 무생물도 그들 자체의 영이나 혼을 가지고 있다고 믿는 신념이다. 원시인들의 종교적 신앙에서 중요한 부분을 차지하고 있는 물활론은 또한 유물론과 정반대가 되는 것으로 이해될 수 있다.
- **인지학적 집단**(Anthrosophical Society, The): 동양의 종교적 사상과 의식들을 너무 강조한 것 때문에 신지학적 집단 Theosophical Society에서 쫓겨난 루돌프 스타이너 Rudolf Steiner에 의해 설립되었다. 그는 그의 인지학이라는 새로운 분야를 '영적 과학'이라 불렀다. 이러한 사고의 배후에

있는 신학은 강신술과 기독교와 신비주의의 혼합이었다. 환생이 중심적인 신념이다. 스타이너는 교육에 지대한 영향을 미쳤으며, 그의 철학을 교육 과정의 한 부분으로서 가르칠 수 있도록 하기 위해 많은 특별한 학교들을 세웠다.

- **암스트롱주의(Armstrongism[Worldwide Church of GOd])**: 허버트 암스트롱에 의해 설립되었다. 이 집단은 자기들이 발간하는 〈Plain Truth〉(명백한 진리)라는 잡지(이 잡지는 매달 800만 부씩 무료로 배포되었다)를 통해, 그의 라디오 방송(미국과 룩셈부르크에서)을 통해, 그의 텔레비전 방송(주로 미국에서)을 통해 세계적인 영향력을 행사해 왔다. 암스트롱은 삼위일체를 거부했으며, 자기가 하나님께서 보내신 참 선지자이며, 그보다 먼저 온 자들은 모두 타락한 거짓 선지자들이라고 믿었다. 그는 인간의 궁극적인 목표가 하나님이 되기 위해 계속 진보하는 것이라고 믿었다.

  하지만 그의 기만적인 신념들 중 많은 것들은 전통적인 유대 기독교 신앙의 옷을 입고 있었기 때문에 분별력이 없는 자들에게는 그의 설득력 있는 글과 연설들 속에서 참다운 진리를 분별하는 것이 쉽지 않았을 것이다. 그는 많은 추종자들과 많은 돈을 그의 조직 안으로 끌어들일 수 있었다. 암스트롱이 죽은 후에는 그의 교회가 그의 신학의 많은 부분들을 재고하기 시작했고, 인간들이 어느 날 하나님이 될 것이라는 교리는 너무 과도한 표현이라는 결론을 내리게 되었다. 그 교회는 이제 비성서적인 모든 가르침들을 제거하고 정상적인 복음주의적 신앙을 갖춘 새로운 지도자들 아래에서 재창시되었다. 그 교회는 2000년에 영국에서 복음주의 교회 협회의 일원으로 받아들여졌다.

- **바하이교(Baha'i)**: 바하이교는 19세기에 이슬람교에서 파생되었다. 이들

은 모든 종교들이 일종의 진리를 지니고 있으며, 이것은 그러한 모든 종교들이 보편적인 원리들을 지닌 세계적인 종교로 통합되어야 한다는 것을 뜻한다고 가르친다. 이 보편주의는 기독교와도 맞지 않고, 그것의 아버지격인 이슬람교와도 맞지 않는다. 바하이교의 교사들은 또한 세계에서 가장 위대한 종교 교사 아홉 명(모세, 석가모니, 조로아스터, 공자, 예수 그리스도, 모하메드, 헤어 크리슈나, 밥, 바하 율라)이 모두 하나님의 현현이라고 가르친다. 이 아홉 명의 교사들은 일리노이 주 윌메트라는 도시의 바하이교 신전(아홉 면으로 되어 있음)에 그려져 있다.

- **브랜험주의(Branhamism)**: 윌리엄 브랜험은 침례교 목사를 통해 기독교로 개종하게 된 오순절 계통Oneness Pentecostal의 성도였다. 그는 세계적인 설교자이며 치료자이며 또한 선지자였다. 그는 삼위일체를 부인하고, 오직 예수 이름으로만 주는 세례를 가르쳤다. 브랜험은 또한 지옥으로 보내져 하나님에 의해 소멸되도록 예정된 사람들이 있다는 것과, 그의 가르침을 받고 '의의 후손'으로 태어나는 사람들은 영생을 받게 될 것이라고 가르쳤다. 지옥으로 예정된 사람들은 '뱀의 후손'들이다. 브랜험은 자신이 어린 나이에 하나님에 의해 선택되었고, 교회에서 사역을 할 수 있도록 하나님에 의해 양육되었다고 믿었으며, 그의 추종자들은 그가 엘리야의 능력과 영을 지닌 선지자라는 것을 굳게 믿었다.

- **불교(Buddhism)**: 고타마 부다에 의해 기원전 500년경에 세워졌다. 부다는 열성적인 명상을 한 후에 나중에 불교로 알려지게 된 중요한 깨달음을 얻게 되었다. 기원전 245년에 500명의 불교 수도승들이 3세기 동안의 불교 전통에 대한 집합적인 가르침들을 저술하기 위해 함께 모였다. 그러나 그 후에 불교의 통일성이 점진적으로 붕괴되었으며, 오늘날에는 다양하

게 형성된 교파들이 세계에서 불교로 인정되고 있다.

불교 신자들은 최고의 혹은 궁극적인 신을 인정하지 않는다. 따라서 그들의 신앙은 유신론적이라기보다는 무신론적이다. 그들에게 있어서 신은 완벽하게 되어가는 하나의 과정일 뿐이다. 환생이 불교의 가르침에서 핵심을 이루고 있으며, 구원은 순환되는 환생으로부터 궁극적으로 벗어나는 것이라고 설명한다.

불교 신자들에게 있어서의 구원은 8중(올바른 신앙, 올바른 감정, 올바른 말, 올바른 행동, 올바른 생활, 올바른 노력, 올바른 기억, 올바른 명상)으로 된 길을 따름으로써 얻어진다. 그들은 이 길이 결국 열반의 축복에 이를 것이라고 믿는다. 불교 신자들의 삶의 방식에는 자기 부인, 그리고 기독교의 가르침들과 유사한 윤리들(거짓말하지 마라, 간음하지 마라, 도둑질하지 마라, 살인하지 마라…)이 포함되어 있다. 불교는 세계에서 네 번째로 큰 종교(기독교, 이슬람교, 힌두교, 불교 순으로 되어 있음)로서 3억 명에 이르는 신도들이 있다.

- **하나님의 자녀들(Children of God)**: 하나님의 자녀들은 모세 데이비드(이전 이름은 데이비드 버그[David Berg]였다)에 의해 1968년에 형성되었다. 이 교회는 그 후로 많은 변화를 겪게 되었으며, 그중에 하나가 교회 이름을 '사랑의 가족'으로 개명하는 것이었다. 하지만 이들이 말하는 사랑은 예수님께서 가르치신 사랑과는 대조를 이루는 것이었다. 데이비드 버그는 주류 기독교의 뿌리들을 지니고 있기는 했지만, 얼마 되지 않아서 그러한 뿌리들을 떠나 멤버들 사이의 자유연애를 지지하고, 복음을 전하는 수단으로 성적 호감sexual favors을 사용하기에 이르렀다.

- **그리스도형제교(Christadelphianism)**: 존 토머스가 1834년에 〈The

Apostolic Advocate〉(사도적 옹호자)이라는 잡지를 통해 그의 가르침의 기초를 세웠다. 하지만 1869년에 이르러서야 그리스도형제교라는 이름이 등장하게 되었다. 그는 그리스도형제교의 고전인 〈엘피스Elpis 이스라엘〉(하나님 나라에 대한 해설)과, 〈유레카Eureka〉(계시록에 대한 주석)를 저술했으며, 성경의 최고 권위를 인정했으나, 오직 그가 해석한 것만이 최고의 권위를 지니는 것으로 여겨진다. 하나님은 물리적인 형태로 존재하며, 인간들을 창조해 그들을 신적인 존재로 이끌어 올리셨다(다원론). 예수님은 신으로서의 권리를 얻은 사람에 불과하며, 성령님은 하나님께서 그의 모든 피조물들을 유지하기 위해 사용하시는 보이지 않는 능력이다. 신실한 자들은 모두 이 땅에서 불멸의 존재가 될 것이며, 악한 자들은 제거될 것이다. 따라서 인간들을 위한 천국이나 지옥이라는 것은 존재하지 않는다.

- **크리스천 과학**(Christian science): 1900년대 후반에 메리 베이커에 의해 창설되었다. 이것은 성경에 기초를 두고 있다고 주장하는 교리들을 지닌 거짓 치료 정신과학이다. 메리 베이커의 가르침들은 성경보다 더 권위가 있는 계시로 여겨진다. 이들이 말하는 삼위일체는 생명과 진리와 사랑의 하나님이라는 것이다. 이들은 예수님이 단순히 인간이었으며 지금은 죽은 것으로 믿고 있으며, 그리스도와 성령님은 단지 '신적 과학'Divine Science의 질서 안에서만 존재한다. 인간은 죄를 지을 수 없는 존재로 여겨지기 때문에 질병과 죄와 죽음은 실재하지 않는 것이다. 그리고 천국에 이르는 유일한 길은 그들이 지은 〈신적 과학〉이라는 책에 기록되어 있는 대로 선을 행하는 것이다.

- **성경 이해의 교회**(Church of Bible Understanding): 전에는 영원한 가족

Forever Family이라 불렸으며, 스튜어트 트레일에 의해 창립되었다. 이것은 반 삼위일체적 단체로서 삼위일체라는 말을 거부하며, 그 개념을 비성서적인 것으로 간주한다. 예수님은 구세주이지만 하나님은 아니다. 죄는 세속성과 위선과 동등한 것이다. 트레일은 성경과는 달리 죄를 옛 세대에 속하는 것으로 간주한다. 반면에 성경에서는 젊은이와 늙은이가 모두 죄에 대해 회개해야 한다고 말한다. "왜냐하면 모두가 죄를 지었기 때문이다." 이 교회는 여러 그룹들로 조직화되어 있다. 보호자들guardian은 리더들이며, 양들sheep은 성숙한 신자들, 어린 양lamb은 새 신자들이다. 이들은 공동체적 단위들로 함께 모인다.

- **살아 있는 말씀의 교회(Church of the Living Word: The Walk)**: 1954년에 존 로버트 스티븐스에 의해 창립되었다. 그는 순복음 성전에서 목사 안수를 받았다. 그의 안수는 교회와 하나님의 성회에 의해 인정되었다. 하지만 정도를 벗어난 그의 교리 때문에 후에 그러한 인정을 무효화했다. 스티븐스의 이해에 있어서 기본적인 것은 전이tranference라 불리는 개념이다. 사람이 자기의 개인적 정체성을 벗고 스스로를 그리스도가 되게 한다. 개인뿐만 아니라 교회도 신이 될 수 있다. "인간이 되신 하나님은 우리가 하나님이 되지 않는다면, 즉 우리가 그분 안에서 없어지지 않으면 아무런 의미가 없다." 성령님이 이것을 가능하게 하시는 분이다. 스티븐스는 성경이 권위 있는 문서이기는 하지만, 너무 오래되어서 교회에 새롭고 보충적인 계시가 필요하다고 주장한다. 그리고 그는 이러한 계시가 자기를 통해 전해질 것이라고 선포한다.

- **유교(Confuciunism)**: 중국의 현인인 공자에 의해 기원전 5세기경에 창설된 인본주의적 종교이다. 그의 가르침은 그의 제자들이 쓴 4권의 책에 들

어 있다. 논어The Analects, 큰 배움The Great Learning, 중용의 교리The Doctrine of the Mean, 맹자The Book of Mencius.

유교의 교리는 다음과 같은 여섯 가르침에서 관계에 대해 그리고 인간의 기본적인 속성에 대해 가르친다.

_ 젠Jen: 선의 상호 법칙

_ 춘추Chun-tzu: 겸손, 성실, 관대함, 자비함.

_ 테Te: 덕스러운 통치를 위해 필요한 영감과 능력

_ 리Li: 공경, 예절, 표준적 행위

_ 웬Wen: 음악과 시를 통한 자애로운 평화의 행위들

_ 쳉밍Cheng-ming: 역할 교정(예, 아버지로 하여금 아버지가 되게 하라)

● **디바인 라이트 미션(Divine Light Mission)**: 이것은 1971년에 힌두교의 교사인 마하라지Maharaj Ji에 의해 창설되었다. 그는 자기가 성육신한 존재라고 믿는다. 그가 가르치는 것은 힌두교에서 파생된 것이며, 그를 따르는 자들은 마하라지로부터 직접 지식을 받는다. 성령을 마하라지로부터 흐르는 지식이라고 주장한다. 마하라지는 자신의 추종자들에게 '신적 자기' divine self를 발견하라고 가르친다. 인간은 본래 신적 속성을 지니고 있으며, 신의 경지에 이르는 열쇠는 내면의 선을 발견하기 위해 합당한 지식을 받는 데 있다. 따라서 구원은 교화로 이끄는 지식이며, 이 지식은 마하라지에 의해 주어진다.

● **드루이드교(Druidism)**: 이 단어의 의미는 '오크 나무를 아는 것'이다. 고대의 골, 영국, 아일랜드의 켈트 족들 사이에서 특권층에 속했던 사제들은 점과 예언과 마술과 치유를 행했고, 동물과 인간을 제물로 드렸다.

● **프리메이슨(Freemasonry)**: 프리메이슨은 자기들의 조직 안팎에서 자기

의 성취를 통해 인간의 영광을 증진시키는 세계적인 조직으로서, 예수 그리스도에 대한 믿음과 신뢰를 완전히 배격하고 엄격하게 통제된 메이슨 조합에 의해 지탱되고 있다. 이것은 비밀조합으로서, 조합원들은 강력한 맹세와 처벌에 의해 구속을 받는다. 이들은 비밀을 누설하면 동료 조합원들의 손에 의해 고통스러운 죽음을 맞을 것이라고 맹세하기까지 한다.

이것은 기본적으로 종교적이며, 힌두교와 유대교의 신비철학과 장미십자회와 이집트의 이교도와 헬라의 신비주의가 혼합된 것이다. 프리메이슨의 가르침은 성경의 기독교와 전혀 관련이 없으며 양립할 수 없다. 예수 그리스도의 이름으로 기도하는 것이 금지되어 있다. 프리메이슨은 신의 빛divine light을 탐구하고자 하지만, 다양한 의식들과 조합원들의 맹세는 단지 영적 무지함과 어두움을 조장할 뿐이며, 그들의 주장은 거짓이다.

멤버십은 보통 3등급으로 되어 있지만, 요크파는 10등급으로, 스코틀랜드파는 30등급으로 되어 있기도 하다. Sovereign Grand Inspector General은 33번째 등급으로서 프리메이슨에서 최고 높은 등급이다.

- 힌두교(Hinduism): 힌두교는 기원전 2000년경으로 거슬러 올라가는 고대 인도의 종교를 설명하기 위한 현대적 용어이다. 이것은 많은 형태들을 지니고 있으며, 공식적인 신조나 창시자가 없다. 힌두교의 경전은 방대하지만, 가장 잘 알려진 것은 우파니샤드Upanishads, 베다Vedas, 푸라나Puranas, 바가바드 기타Bhagavad Gita([주의 노래])이다. 힌두교에서는 삼위일체인 브라만Brahman이 제 1의 신이다. 브라마Brahma : 창조자, 비슈누Vishnu : 보존자, 시바Shiva or Siva : 파괴자이다. 온 나라가 인식하고 있는 신들로서 크리슈나, 인드라, 아그니, 두르가가 있으며, 지역들에서 인

식되는 신들로서는 때로 데바타devatas라 불리는 신들이 있고, 그보다 더 좁은 지역이나 마을의 신들로서 거대한 영적 군대를 이루는 신들이 있다.

힌두교는 어떤 신조라기보다는 하나의 철학적인 용어로서, 신들에 대한 신비적인 통찰력과 신화적 업적들에 관심을 가지고 있다.

불교와 같이 환생이 중심적인 신앙이다. 우주는 일련의 성장과 퇴화 kalpa의 순환이며, 열반－죽음과 환생의 순환으로부터 빠져나가는 것－의 경지에 이르기까지는 인과응보의 법칙이 이 땅에 사는 인간의 미래를 결정해 준다. 관계들은 수직적으로서, 사제들과, 귀족, 소작농, 하인들로 구성되는 매우 엄격한 카스트 제도로 되어 있다.

- **영원한 지혜의 국제적 교회**(International Church of Ageless Wisdom, The): 이 교회는 베스 핸드Beth Hand에 의해 창설되었다. 그녀는 이 교회를 형성하는 과정에서 힌두교, 불교, 유심론, 점성술, 요가 기법, 유대 신비주의의 가르침들을 혼합해 가르치고 설교했다. 그녀는 전에는 성공회 신도였지만, 후에는 그 뿌리를 버렸다. 이 교회는 하나님이 인간일 수 없으며, 따라서 예수님은 성육신한 하나님일 수 없다고 믿는다. 하나님은 창조자이시며 모든 것의 근원이시다. 따라서 모든 인간의 아버지이시다. 결과적으로 모든 인간들은 형제요 자매이며, 하나님의 아들이요 딸이다.

- **국제적 그리스도의 공동체**(International Community of Christ, The[Jamilians]): 고대의 태양 숭배자들의 가르침들뿐만 아니라, 예수님의 '비밀스러운' 혹은 '숨겨진 가르침들이라고 생각되는 것'을 따른 유진 사보이Eugene Savoy에 의해 1972년에 창설되었다. 이 공동체의 구성원들은 태양의 구속적인 능력을 경험할 수 있으며, 예수님의 기적들 속에 들어 있는 능력은 태양으로부터 왔고, 예수님은 '지금까지 비춘 어떤 태양

과 같지 않은' 새로운 빛을 발하는 태양으로서 재림할 것이라는 가르침을 받는다. 예수님은 본질적으로 태양에 길을 보여 주는 존재이다. 사보이는 또한 그의 아들 자밀이 환생한 그리스도였다고 주장한다.

- ISKCON(Hare Krishna): ISKCON The International Society of Krishna Consciousness는 힌두교의 교사인 스왐미 프라후파다Swami Prabhupada에 의해 1965년에 미국에서 창설되었다. 그는 1977년에 죽을 때까지 이 협회의 지도자로 남아 있었다. Hare Krishna는 16세기 초반에 크리슈나(비슈누 신의 제8화신)에 대한 힌두교적 숭배로부터 산커르타나Sankirtana 운동이 발전함에 따라 차이타냐 마하프로바Chaitanya Mahaprobha에 의해 창설되었다. 크리슈나의 신봉자들은 한 신(크리슈나)만을 믿으며, 예수님이 크리슈나의 아들이라 믿는다. 그들은 크리슈나와 하나가 될 때까지 환생의 주기 동안에 일련의 선한 일들을 함으로써 구원을 얻을 수 있다고 믿는다. 선한 일들 중의 한 부분은 16단어로 된 만투라(커타냐Kirtanya)를 하루에 여러 번씩 반복해 말하는 것이다.

- 이슬람(Islam): 이슬람교는 아라비아의 메카에서 모하메드에 의해 그의 가족들 사이에서 설립되었다. 그러나 그가 622년경에 메디나로 이주할 때까지는 종교적 세력으로 등장하지 않았다. 이 해가 이슬람이 시작된 해로 여겨지고 있으며, 지금은 A.H(헤지라의 해)로 알려져 있다. 이슬람은 '알라의 뜻에 복종' 하는 것을 의미하며, 그것의 가르침은 주로 코란에 담겨 있다. 알라는 전능한 하나님이며, 예수님은 코란에 명명되어 있는 6명의 주요 선지자들 중의 한 사람일 뿐이다. 그리고 모하메드는 여섯 명들 중 가장 나중이면서 가장 위대한 선지자이다. 이슬람교도들이 따르고 있는 믿음의 여섯 항목들은 하나님에 대한 신앙, 그의 천사들, 그의 책들,

그의 선지자들, 심판의 날, 하나님의 주권적 명령이다. 이슬람교의 다섯 기둥은 믿음의 고백, 기도, 금식, 자선행위, 메카로의 순례이다. 이 다섯 가지는 모두 지켜야 하는 의무적인 것들이며, 메카로의 순례는 평생에 한 번만 하면 된다.

- **여호와 증인(Jehovah's Witnesses[Watchtower Bible and Tract Society])**: 여호와 증인JWs은 예수님의 신성과 그의 영원성, 그리고 그의 육체적 부활과 삼위일체 교리를 부인한다. 그들은 미가엘 천사장이 바로 하나님의 아들이며, 지금은 예수 그리스도라고 믿고 있다. 다른 말로 해서 예수님은 시작이 있다는 것이다. 또한 이들은 삼위일체를 부인 하면서 성령님을 인격체가 아니라 단순히 보이지 않는 하나님의 힘으로 간주한다.

  여호와 증인은 오직 14만 4,000명만 천국에 가며, 헤아릴 수 없이 많은 신실한 사람들(그들의 신실함을 여호와께 증명해 보인 사람들)은 부활을 통해 이 땅에서 영생을 누릴 것이라고 믿는다. 믿지 않는 자들과 사탄은 마지막에 진멸될 것이다. 여호와 증인은 그들만이 이 땅에 있는 유일한 참된 교회이며, 다른 모든 교회들은 아마겟돈 전쟁에서 하나님의 적이 될 것이라고 주장한다.

- **물질주의(Materialism)**: 물질주의는 다른 종교들과 같은 의미에서의 종교는 아니지만, 세상의 많은 사람들은 물질주의적 성공이라는 제단 위에서 예배하고 있으며, 부wealth를 우상으로 삼고 있다. 물질주의의 배후에 있는 귀신의 세력들은 수많은 사람들을 붙잡아 불경건한 삶으로 이끌고 있다.

- **몰몬교(Mormonism[The Church of Jesus Christ of Latter Day Saints])**: 요셉 스미스는 모로니Moroni 천사가 그를 방문해 두 개의 황금판을 발견하도록 했으며, 그 위에는 외국어로 한 권의 책이 쓰여 있었다

고 주장했다. 모로니 천사의 방문 이후 1830년에 몰몬교가 창설되었다. 몰몬교에서는 〈몰몬의 책〉이라는 제목의 책이 하나님의 말씀으로 여겨지고 있다. 요셉 스미스는 1842년에 프리메이슨이 되었고, 프리메이슨의 많은 의식들을 몰몬 성전 의식들로 채택했다.

몰몬교의 두 번째 교주인 브리갬 영Brigham Young은 피의 보상이라는 교리를 가르쳤는데, 어떤 사람이 살인, 거짓말, 흑인과의 결혼, 배교…와 같은 특정한 죄악을 범한다면 그의 영혼을 구원하기 위해 살해될 수 있다고 가르쳤다. 20명의 아내를 가졌던 브리갬 영은 몰몬교 안에서 일부다처제를 실행했다.

몰몬교는 아버지 하나님, 아들 하나님, 성령 하나님이 별도의 다른 신, 즉 세 명의 신이라고 믿는다. 예수님은 성부 하나님으로부터 난 첫 번째 아들이며, 그의 아버지께 순종하고 헌신함을 통해 신이 되었다. 성령은 인격체가 아니라 하나의 세력으로서 그리스도의 빛으로 여겨진다. 몰몬교는 모든 생명체의 부활을 믿고 있으며, 죽은 자를 위한 대리인의 세례가 유효하다고 믿는다. 죽음에 관해서 말하자면, 불경건한 자들은 지상의 왕국에 가며, 지옥은 사탄과 타락한 천사들을 위한 곳이다. 그들은 또한 새 예루살렘이 미국 대륙에 세워질 것이며, 몰몬교는 영원 속에서 신성을 얻기 위해 몰몬 성전에서 결혼해야 한다고 믿고 있다. 몰몬교도들은 예수 그리스도에 의해 세워진 참된 교회가 회복된 것이 바로 몰몬교라고 주장한다.

● 예루살렘의 새 교회(New Church of Jerusalem[Swedenborgism]): 이 교회는 성경과 엠마누엘 스웨덴보르그의 저술들이 하나님의 말씀이라는 믿음과 함께 1787년에 런던에서 설립되었다. 스웨덴보르그는 1688년에 스

웨덴에서 태어나서 1722년에 죽었다. 그를 따르는 자들은 하나님이 하나 안에 셋(아버지, 아들, 성령)이 있고, 삶은 죽음 후에도 지속될 것이라고 믿는다. 당신이 여기 아래에서 천국의 삶을 산다면, 거기에서도 천국과 같은 삶이 있을 것이다. 이것을 역으로 말해도 똑같다. 그리스도의 재림에 대한 그들의 이해는 새로운 교회New Church의 가르침들에서 계시된 대로 예수 그리스도에 대한 새로운 이해 속에서 지금 일어나고 있다. 그리고 이 새로운 기독교의 시대는 우리 개인의 삶, 그리고 집합적인 삶 속에서 일어난다.

- **일치 오순절 주의(Oneness Pentecostalism)**: 전통적인 기독교의 삼위일체 교리를 거부하고, 오직 예수 그리스도의 이름으로만 세례를 준다. 이 운동은 하나님의 성회에서 파생되었으며, 수많은 다른 이름들을 지니고 있다. The New Issue, the Jesus Only movement, Jesus Name, Apostolic.

- **라지니쉬즘(Rajneeshism)**: 바그완 쉬리 라지니쉬Bhagwan Shree Rajneesh는 1966년에 힌두교의 교사가 되었고, 열린 섹스의 유익을 찬양하고 가족의 개념을 무너뜨릴 것을 주창했다. 그의 신앙은 주로 힌두교에서 유래했으며, 모든 실체는 하나라고 주장한다. 라지니쉬즘의 목표는 환생과 사랑과 섹스와 명상을 통해 교화를 얻는 것이다. 라지니쉬는 1990년에 죽었으며 20만 명의 추종자가 있었다. 현재는 이 추종자들 가운데 상당수가 뉴 에이지 운동에 가담하고 있다.

- **라스타파리애니즘(Rastafarianism)**: 레오나드 하월은 라스타파리앤적 사고의 배후에 있는 6개의 원리들로 유명하다. 그는 다음과 같이 말했다.

  1) 흑인들은 고대 이스라엘 사람들이 환생한 것이다.
  2) 헤일리 셀라시Haile Selassie는 살아계신 하나님이며 세계의 황제이다.

3) 에티오피아가 천국이며, 자메이카의 상황은 절망적인 지옥이다.

4) 흑인들이 백인들보다 우월하다.

5) 흑인들은 백인들에게 보복할 것이다.

6) 흑인들은 에티오피아로 돌아갈 것이다.

교부 조셉 오웬스는 "모든 라스타파리앤적 신학의 요지는 에티오피아의 황제인 헤일리 셀라시의 신적 주권이다"라고 말했다. 라스타파리앤들은 셀라시가 환생한 예수님이라고 주장한다. 그가 재림 메시야이다. 라스타파리애니즘은 기독교를 백인들의 종교라며 거부한다.

● 말세 성도의 재편된 예수 그리스도의 교회(Reorganized Church of Jesus Christ of Latter-Day Saints): 이것은 요셉 스미스가 죽고 그의 동생이 살해된 이후에 몰몬교의 지도자들 사이에서 일어난 권력 다툼 속에서 발생했다. 브리갬 영이 유타의 더 큰 그룹을 차지했고, 요셉 스미스 주니어의 지도하에 있는 자들은 미주리에 정착했다. 이 둘은 서로를 인정하지 않는다. 이 두 그룹들 사이의 차이점은 다음과 같다. 재편된 교회는 몰몬교와 대조적으로 죽은 자를 위한 세례를 베풀지 않으며, 일부다처제도 믿지 않는다. 은밀한 결혼식은 폐지되었고, 유타 교회에서는 비밀스러운 의식들도 더 이상 유행하지 않게 되었다. 요셉 스미스의 영감에 의한 성경 역본이 재편된 교회에 의해 사용되고 있으며, 유타 교회는 King James Version을 사용한다. 다른 모든 양태들에 있어서는 똑같다.

● 장미십자회(Rosicrucianism): '장미십자가의 형제애'라는 명칭 하에 15세기 초에 로센크루츠Rosenkreutz에 의해 창설되었다. 이것은 힌두교와 유대교와 사술과 연금술과 허메티즘Hermetism (하늘과 땅 사이의 관계)이 혼합된 것이다. 장미십자회 신학의 기본은 인간의 모든 지식은 알고자 하는

자들에게 열려 있으며, 진리에 대한 이러한 발견은 고통과 명상과 다양한 환생의 진행을 통해 얻어진다. 파마Fama가 장미십자회 철학의 명확한 출처이지만, 그 저자는 명확히 알려져 있지 않다.

보좌 앞에 있는 일곱 영들은 세상Society의 삼위일체 신을 구성한다. '아버지'는 토성의 인류 사이에서 가장 높은 전수자이며, '아들'은 태양의 가장 높은 전수자이고, '성령님'은 달의 가장 높은 전수자이다. 20세기는 수많은 단체들이 서로 연합해 세워지는 것을 목격했는데, 그중에 AMORC Ancient Mystical Order Rose Cross가 가장 잘 알려져 있다.

● 사이언톨로지(Scientology): 1955년에 론 허바드Ron Hubbard에 의해 세워졌다. 사이언톨로지 교회는 허바드의 창조적 상상력을 깊이 의존했다. 그는 프로이드의 심리 분석과 그의 과학 소설 작품들에 나오는 동양적 사고와 아이디어들을 결합해 하나의 종교를 탄생시켰다. 이것은 개선된 정신 건강을 얻고자 하는 자들에게 광범위한 호응을 얻게 되었다. 사이언톨로지는 여러 면에서 기독교의 진리와 상치한다. 사이언톨로지의 신도들은 많은 신들이 있으며, 예수님은 신들보다 훨씬 열등한 분이라고 믿고 있다. 사이언톨로지에 의하면 죄나 악과 같은 것은 존재하지 않으며, 지옥은 하나의 신화일 뿐이다. 사이언톨로지는 힌두교의 환생적 신앙을 받아들인다.

● 신도(Shintoism): '신들의 길'이라는 일본말이다. 이것은 일본의 국가 종교로서 세계에서 가장 오래된 종교들 중의 하나이다. 이 종교는 일본인들의 우수성을 가르친다. 다양한 신들이 있다. 코지키Kojiki는 세상을 창조한 가장 초기의 조상신이다. 이자나기Izanagi와 이잔스미Izansmi는 코지키를 도운 남성과 여성의 신들로서 특별히 일본을 창조한 신들이다. 아마

테라수Amaterasu는 태양의 여신이다. 그들은 또한 생물과 무생물 안에 들어 있는 신성한 능력인 카메Kame와, 전투사들의 의례적 자살인 하라카리Harakari와, 죄에 대한 보상으로서의 자살인 지가이Jigai를 믿는다.

- 시크교(Sikhism): 인도의 푼잡Punjab지방에서 15세기에 힌두교의 교사인 나낙Nanak에 의해 창설되었다. 시크교의 가르침은 "힌두교도 없고, 이슬람교도 없다"이다. 힌두교와 이슬람 신학의 종교적 혼합이 시크교이다. 나낙의 신성한 경전인 〈그랜쓰 사힙Granth Sahib〉 혹은 〈주의 책Lord's Book〉은 많은 저자들에 의해 6개의 다른 언어들과 여러 방언들로 쓰였다. 따라서 일반적인 시크교도들은 이 경전의 내용에 대해 잘 모르고 있다. 그랜쓰 사힙은 유일신인 '새트 남' Sat Nam의 존재와, 카르마와 환생에 대한 힌두의 교리들을 가르친다. 남성 시크교도들을 가장 잘 표시해 주는 것이 머리에 두른 터번이다.

- 수피교(Sufism): 수피교는 7세기 후반에 이슬람교에서 분리된 종교로서, 코란에 대한 초기의 가르침이 너무 형식적이고 관료적인 것에 반항해 일어난 것 같다. 수피는 '신비적'이라는 의미를 가지고 있다. 수피교도들은 알라에 대한 더 깊은 영적 지식을 추구하면서 이슬람의 다섯 기둥들 혹은 의무들을 엄격히 준수함을 통해서보다는 명상과 회전 춤을 통해 영적 연합을 추구했다. 수피교의 경전인 마스나비Masnavi의 가르침들 중의 일부가 코란과 일치하지 않지만, 이 책은 이슬람 안에서 종교적으로 상당히 중요한 자리를 차지하고 있다. 수피교는 죄에 대한 회개와, 종교적 지식의 획득과, 하나님과 인간 사이에 존재하는 사랑과, 알라와의 연합에 대해 가르친다. 이 연합은 알라 안에서 자신이 온전히 소멸됨fana으로써 성취된다. 이러한 소멸됨(파나)에 대한 개념이 수피교도들과, 알라와 사람

의 관계를 주체와 객체로 분리해 바라보는 근본주의자들 사이에 존재하는 가장 큰 차이점들 중의 하나이다.

- 스웨덴보르기즘(Swedenborgism): 예루살렘의 새 교회를 참조하라.
- 도교(Taoism): 기원전 6세기 초에 노자라 불리는 수수께끼적 인물에 의해 창시되었다. 그의 작품으로 여겨지는 책〈The Tao Te King The Way and Its Power〉은 4세기에 공자의 작품들 속에 널리 인용되었다. 이 종교의 가르침에는 고요함, 무위, 평온, 안식, 수동성, 자연과의 대화와 같은 것이 포함되어 있다. 타오(도 혹은 길)의 중심적인 개념은 음양의 더욱 진전된 개념과, 남성/여성, 긍정/부정, 선/악, 빛/어둠, 생명/죽음과 같은 반대적인 개념들과, 보이지 않는 생명의 에너지는 기(氣)이다.
- 통일교(Unification church[Moonies]): 1954년에 한국에서 문용명(후에 문선명으로 개명)에 의해 창설되었다. 그는 하나님의 진리가 그의 손안에 봉함되어 있었으며, 성경은 빛을 잃었고, 그의 책〈원리강론The Divine Principle〉에 나오는 '문' Moon의 계시가 참되고 권위 있는 하나님 말씀의 출처라고 주장했다. 문선명의 가르침에 의하면 하나님은 양과 음의 이중적 형태로 존재한다. 예수 그리스도는 사탄에 의해 죽임을 당했지만 다시 태어나실 것이다. 성령님은 이 땅에서 역사하고 계신 여성을 지닌 영이다. 아담의 원죄가 인류에 영적인 죽음을 가져다 주었지만, 만물이 그에게로 회복되는 것이 하나님의 뜻이기 때문에 하늘나라의 문이 열려 있을 때까지 모두가 천국에 간다.
- 유니테리언-유니버셜리스트 연합(Unitarian-Universalist Association): 유니테리언은 한 하나님을 믿지만, 정통 기독교가 복음서에 나오는 참되며 인간이신 예수님을 버렸다고 주장한다. 유니버셜리스트(보편주의자)교

회는 모든 종교적 믿음 사이의 조화를 일깨우려 한다. 1961년에 조직된 유니테리언-유니버셜리스트 연합은 인격을 개발하고 인간의 영을 육성하려 한다. 그들의 목표는 모든 사람들을 위한 평화와 자유와 정의를 지닌 세계 공동체를 이루는 것이다. 성경이나 신조들이 아니라, 이성이 가장 으뜸가는 권위이다. 그들은 삼위일체, 동정녀 탄생, 예수님이 메시야이며 성육신한 하나님이라는 것을 믿지 않는다.

- **웨이 인터내셔널(Way International, The)**: 1958년에 미국 오하이오에서 빅터 위버빌Victor P. Wierville에 의해 창설되었다. 그는 전에는 복음주의 개혁교회의 목사로서 사역을 하고 있었다. 다른 많은 종교 지도자들과 같이, 위버빌은 "길"The Way이 참되고 하나인 하나님의 교회이며, 그가 유일한 참된 사도라고 주장한다. 그의 교리에 의하면 하나님은 한 분이며, 그분만이 창조자이시다. 예수님은 하나님의 아들이었지만 성자 하나님은 아니다. 그는 마리아의 몸에 잉태되었을 때에야 비로소 존재하게 되었다. 성령님은 하나님께서 믿는 자들에게 주시는 비인격적인 존재나 능력이다.

  이 조직이 성공할 수 있었던 비결은 강력하고 열정적인 복음주의적 프로그램 때문이었다. 이 프로그램에는 '풍성한 삶을 위한 능력'이라는 연구 과정이 포함되어 있었고, 이 프로그램이 끝난 후에는 책을 가르쳤다. 그러한 책들 중 가장 널리 알려져 있는 것에는 다음과 같은 것들이 있다. 〈The New Dynamic Church〉, 〈Jesus Christ is Not God〉, 〈The Word's Way〉, 〈The Bible Tells Me So and Are the Dead Alive Now?〉

- **젠 불교(Zen Buddhism)**: 불교가 발전되어 만들어졌다. 이것의 정확한 기원은 불분명하다. 전설에 의하면 이것의 기원은 방랑 불교 스승이었던 보드히드하르마Bodhidharma이다. 젠 불교에는 자신을 온전히 비우기 위해

명상을 강조하는 불교의 가르침과, 최종적인 목표인 교화enlightenment에 대한 가르침이 포함되어 있다. 하지만 이들은 경전이나 신성한 책들을 가지고 있지 않다. 비록 젠 명상에 수트라Sutras를 노래처럼 부르는 것이 포함되어 있지만, 이들의 가르침들은 마음에서 마음으로 전해진다. 수트라는 불교의 다양한 금언들을 요약해 놓은 문서이다.

- **조로아스터교(Zoroastrianism)**: 기원전 660년경에 아후라 마즈다Ahura Mazdah가 모든 다른 신들 위에 뛰어나며, 아후라 마즈다와, 악한 신인 앵그라 매이뉴Angra Mainyu 사이에 우주 전쟁이 벌어지고 있다고 선포한 조로아스터에 의해 창설되었다. 모든 인간들은 서로 뒤얽혀 있으며, 선택할 권리를 가지고 있다. 인간들은 선 아니면 악을 선택해야 하며, 그러한 선택에 따라 보상이나 처벌을 받게 될 것이다.

참고 문헌

Anderson, Neil. Walking in the Light: Discerning God's Guidance in the New Age. London: Monarch, 1993.

―――――. The Bondage Breaker. London: Monarch, 2000.

―――――. Freedom from Addiction. Ventura: Regal, 1996.

―――――. Set Free. London: Monarch, 1998.

Baer, Randall N. Inside the New Age Nightmare. Lafayette, Louisiana: Huntington House, 1989.

Basham, Don W. Can a Christian Have a Demon? Kirkwood: Impact Christian Books, 1991.

Bevere, John. Bait of Satan. Lake Mary, Fla.:Charisma House, 1994.

―――――. The Devil's Door. Lake Mary, Fla.:Charisma House, 1995.

Bevere, Lisa. Kissed the Girls and Made Them Cry. Lake Mary, Fla.:Charisma House, 2002.

Bubeck, Mark I. The Adversary: The Christian Versus Demon Activity. Chicago: Moody, 1975.

―――――. Overcoming the Adversary. Chicago: Moody, 1984.

Chandler, Russell. Understanding the New Age. Milton Keynes, England: Word, 1989.

Cloud, Dr. Henry, and Dr. John Townsend. Boundaries. Grand Rapids: Zondervan, 1992.

──────────. Boundaries in Dating. Grand Rapids: Zondervan, 2000.

──────────. Boundaries in Marriage. Grand Rapids: Zondervan, 1999.

──────────. Boundaries with Children. Grand Rapids: Zondervan, 1999.

Dalbey, Gordon. Sons of the Father. East Sussex, England: Kingsway, 1996.

Day, Joff. Settled Accounts: Learning How to Forgive and Release. Tonbridge, England: Sovereign World, 1994.

Deere, Jack. Surprised by the Power of the Spirit. East Sussex, England: Kingsway, 1995.

Dow, Graham. Explaining Deliverance. Tonbridge, England: Sovereign World, 1991.

Ellis, Roger and Andrea Clarke. The New Age and You. East Sussex, England: Kingsway, 1992.

Ellis, Roger. The Occult and You. East Sussex, England: Kingsway, 1994.

Facius, Johannes. God Can Do it Without Me. Tonbridge, England: Sovereign World, 1990.

Finney, Charles. Principles of Revival. Minneapolis: Bethany House. 1987.

Gibson, Noel and Phyl. Deliver Our Children from the Evil One. Tonbridge, England: Sovereign World, 1992.

──────────. Evicting Demonic Intruder. West Sussex, England: New Wine Press, 1993.

──────────. Excuse Me····.Your Rejection Is Showing. Tonbridge, England: Sovereign World, 1992.

Gordon, Bob. The Disciple's Handbook for the Spriti-Filled Life. Tonbridge, England: Sovereign World, 1993.

Green, Michael. I Believe in Satan's Downfall. London: Hodder and Stoughton, 1975.

Hammond, Frank. Overcoming Rejection. Tonbridge, England: Sovereign World, 1991.

──────. Soul Ties. Plainview, Tx.:The Children's Bread Ministry, 1988.

Hammond, Frank and Ida Mae. Breaking of Curses. Kirkwood: Impact Christian Books, 1993.

──────. Forgiving Others: Key to Healing and Deliverance.

──────. Pigs in the Parlour: A Practical Guide to Deliverance. West Sussex, England: New Wine Press, 1992.

Hancock, Maxine, and Karen Burton Mains. Child Sexual Abuse. Surrey, England: Highland, 1987.

──────. Healing Emotional Wounds. West Sussex, England: New Wine Press, 1999.

──────. Healing the Human Spirit. West Sussex, England: New Wine Press, 1996.

──────. Pastoral Prayer Ministry Teams in the Local Church. West Sussex, England: New Wine Press, 2002.

──────. Praying for Children. West Sussex, England: New Wine Press, 2000.

Hepden, Steve. Explaining Rejection. Tonbridge, England: Sovereign World, 1992.

Hobson, Peter. Christian Deliverance volumes 1,2 and 3. Sydney, Australia: Full Salvation Fellowship, 1985-1988.

Huggett, Joyce. Listening to Others. London: Hodder and Stoughton, 1992.

Hudding, Roger. Bible and Counseling. London: Hodder and Stoughton, 1992.

──────. Roots and Shoots. London: Hodder and Stoughtobn, 1986.

Jackson, John Paul. Unmasking the Jezebel Spirit. East Sussex, England: Kingsway, 2001.

Jacobs, Cindy. Possessing the Gates of the Enemy. London: Marshall Pickering, 1993.

Kjos, Berit. Your Child and The New Age. Wheaton, Ill.:Victor, 1990.

Koch, Kurt. Between Christ and Satan. Grand Rapids: Kregel, 1962.

──────────. Demonology, Past and Present. Grand Rapids: Kregel, 1969.

──────────. Occult Bondage and Deliverance. Grand Rapids: Kregel, 1970.

Kraft, Charles H. Defeating Dark Angels. Tonbridge, England: Sovereign World, 1993.

Lambert, Lance. Explaining Spiritual Protection. Tonbridge, England: Sovereign World, 1991.

Lea, Larry. The Weapons of Your Warfare. Milton Keynes, England: Word, 1990.

Lewis, C. S. The Screwtape Letter. London: HarperCollins, 1977.

Livesey. Roy. Understanding Alternative Medicine. West Sussex, England: New Wine Press, 1988.

Logan, Kevin. Paganism and the Occult. East Sussex, England: Kingsway, 1994.

──────────. Satanism and the Occult. East Sussex, England: Kingsway, 1994.

MacNutt, Francis and Judith. Praying for Your Unborn Child. London: Hodder and Stoughton, 1988.

Marrs, Texe. Dark Secrets of the New Age. Westchester, Ill.:Crossway, 1988.

Martin, Walter. The Kingdom of the Cults. Eastbourne, England: Nova Distribution.

Mather, George A., and Larry A. Nichols, Dictionary of Cults, Sects, Religions and the Occult. Grand Rapids: Zondervan, 1993.

Marshall, Tom. Explaining Binding and Loosing. Tonbridge, England: Sovereign World, 1991.

———. Healing from the Inside Out. Tonbridge, England: Sovereign World, 1988.

———. Living in the Freedom of the Spirit. Tonbridge, England: Sovereign World, 2001.

———. Right Relationships. Tonbridge, England: Sovereign World, 1992.

McClung, Floyd. The Father Heart of God. East Sussex, England: Kingsway, 1994.

———. Living on the Devil's Doorstep. Seattle: YWAM, 1985.

———. Spirits of the City. East Sussex, England: Kingsway, 1990.

McCormick, J. J. McK. Christ, the Christian & Freemasonry. Belfast, N. Ireland: Great Joy, 1987.

Miller, Roger. Curses, Unforgiveness, Evil Spirits, Deliverance. Germantown: Trumpet of Gideon Ministries, 1994.

Moody, D. L. Power from on High. Tonbridge, England: Sovereign World, 1992.

Nee, Watchman. The Latent Power of The Soul. Richmond, Va.:Christian Fellowship, 1972.

———. Release of the Spirit. West Sussex, England: New Wine Press, 1965.

———. The Spiritual Man. Richmond, Va.: Christian Fellowship, 1977.

Oyekan, Prince Yinka. Manipulation, Domination and Control. East Sussex, England: Kingsway, 2000.

Parker, Russ. The Occult: Deliverance from Evil. Leicester, England: Inter-

Varsity Press, 1992.

Penn-Lewis, Jessie and Evan Roberts. War on the Saints. Reprint. Oldbury, England: CLC, 1973.

Peretti, Frank. Piercing the Darkness(Novel). East Sussex, England: Kingsway, 1994.

──────. This Present Darkness(Novel). East Sussex, England: Kingsway, 1994.

Petrie, Alastair. Releasing Heaven on Earth. Grand Rapids: Chosen, 2000.

Pfeifer, Samuel. Healing at Any Price? Milton Keynes, England: Word, 1988.

Powell, Graham. Fear Free. Tonbridge, England: Sovereign World, 1987.

Prince, Derek. Blessing or Curse: You Can Choose. Milton Keynes, England: Word, 1990.

──────. Husbands and Fathers. Tonbridge, England: Sovereign World, 2000.

──────. They Shall Expel Demons. Charlotte, N.C.: Derek Prince Ministries, 1998.

Pulling, Pat. The Devil's Web. Lafayette, La.:Huntinton House, 1989.

Reisser, Paul and Terri, John Weldon. New Age Medicine. Downers Grove, Ill.:InterVarsity Press, 1987.

Richards, John. But Deliver Us From Evil. London: Darton, Longman and Todd, 1974.

Roebert, Ed. Explaining Spiritual Warfare. Tonbridge, England: Sovereign World, 1991.

Sandford, John Loren. Renewal of the Mind. Tulsa: Victory, 1991.

Sanford, John and Paula. The Transformation of the Inner Man. Tulsa: Victory, 1982.

──────. Why Some Christians Commit Adultery. Tulsa: Victory, 1989.

―――――. Healing the Wounded Spirit. Tulsa: Victory, 1985.

―――――. Restoring the Christian Family. Tulsa: Victory, 1979.

Sanford, Paula. Healing for Victims of Sexual Abuse. Tulsa: Victory, 1988.

―――――. Healing Women's Emotions. Tulsa: Victory, 1992.

Seamands, David A. Healing for Damaged Emotions. Carlisle, England: Paternoster, 1993.

―――――. Healing Grace. Wheaton, Ill.: Scripture Press, 1992.

―――――. Healing of Memories. Carlsle, England: Paternoster, 1985.

Sherman, Dean. Spiritual Warfare for Every Christian. Seattle: YWAM, 1990.

Skyrme, Brenda. Martial Arts and Yoga. West Sussex, England: New Wine Press, 1995.

Smith, F. Lagard. What You Need to Know About the New Age Movement. Eugene, Oreg.: Harvest House, 1993.

Strohmer, Charles. What Your Horoscope Doesn't Tell You. Milton Keynes, England: Word, 1991.

Subritzky, Bill. Demons Defeated. Tonbridge, England: Sovereign World, 1992.

―――――. How To Cast Out Demons and Break Curses. Auckland, New Zealand: Dove Ministries, 1991.

―――――. Receiving the Gifts of the Holy Spirit. Tonbridge, England: Sovereign World, 1986.

Wagner, C. Peter. Breaking Strongholds in Your City. Ventura: Gospel Light, 1996.

Wagner, C. Peter, ed. Territorial Spirits. Tonbridge, England: Sovereign World, 1991.

Wagner, Doris. Deliverance From Demons (Self-published).

White, John. Eros Redeemed. Guilford, England: Eagle, 1990.

──────────. When the Spirit Comes with Power. London: Hodder and Stoughton, 1992.

White, Tom. The Believer's Guide to Spiritual Warfare. East Sussex, England: Kingsway, 1991.

Whyte, H. A. Maxwell. Demons and Deliverance. New Buffalo, Mich.: Whitaker House, 1989.

Wilson, Earl D. A Silence to Be Broken. Leicester, England: InterVsarsity Press, 1987.

Woodworth-Etter, Maria. A Diary of Signs and Wonders. Reprint. Tulsa: Harrison House.

Wright, H. Norman. The Power of a Parent's Words. Ventura: Regal, 1991.

이 책들이 참고 문헌에 포함되어 있다고 해서 이 책의 저자가 다른 저자들이 말하는 모든 것을 인증한다는 의미는 아니다. 독자들은 모든 것을 시험하기 위해 분별력을 사용하며, 오직 선한 것을 취해야 할 것이다(살전 5:21).

저자에 관하여

피터 호로빈은 엘렐 사역의 국제적 책임자이다. 엘렐 사역은 영국의 북서쪽에서 시작되었지만, 지금은 국제적인 사역으로 성장해 많은 센터들을 가지고 있으며, 또한 여러 다른 나라들로 뻗어 나가고 있다.

피터는 1943년에 랭커셔의 볼튼Bolton에서 태어났으며, 후에 영국의 북쪽에 위치한 블랙번Blackburn에서 성장했다. 그의 부모들은 그에게 복음을 강조하는 견고한 기독교적 토대를 심어 주었다. 성경에 대한 기초훈련은 미래의 사역을 위해 그를 준비시켜 주는 역할을 했다. 그는 한동안 영국의 남쪽에서 살기도 했지만, 서레이Surrey와 옥스퍼드Oxford와 맨체스터Manchester에서 얼마 동안 산 후에는 그의 고향으로 돌아왔다.

그는 옥스퍼드 대학에서 화학을 공부했으며, 졸업한 후에는 수년 동안 대학에서 강의를 하기도 했다. 그러다가 비즈니스 세계로 뛰어들기 위해 학원을 떠나게 되었다. 그는 자기 자신의 출판사를 세웠으며, 15년 동안 집필하고 출판하고 책을 판매하는 일을 했다. 그 후에 그에게 엘렐 그랜지에서 시작된 사역을 위한 문이 열리게 되었다. 그는 대학과 사업적인 경력을 쌓아 가는 동안 내내, 기독교 사역을 위한 그의 부르심이 그를 다른 삶의 방식으로 인도할 때까지 단지 "기다리고 있다"는 것을 알고 있었다.

피터는 이 부르심을 어린 10대 때에 처음 알게 되었다. 그러나 이 부르심에 맞는 일을 할 때까지는 거의 30년을 기다려야 했다. 하나님께서 그에게 치유 사역을 위한 비전을 열어 주신 것은 어려움에 처한 사람을 도와주려 노력했을 때였다. 그는 하나님께서 이 비전을 탄생시키시기 전에 10년 동안을 매일 기도했었다. 그 후 피터의 사역의 특징은 하나님의 인도에 따라 자발적인 믿음으로 도약하며 순종하는 것이었다.

1986년에 영국의 북서쪽에서 치유 사역을 위한 기도 지원그룹이 처음으로 형성되었으며, 엘렐 그랜지의 구입이 완료되었다. 이 사역의 이름은 건물의 이름에 기원을 두고 있다(이 이름은 "모두 예수님께 소리치라"는 의미를 가지고 있으며, 히브리어로는 "신들 중의 신" 혹은 "왕의 왕, 주의 주"로 해석될 수도 있다). 그 후로, 엘렐 사역은 꾸준히 성장해서 현재는 약 180명의 풀타임 사역자가 있으며, 치유 수련회와 훈련 코스와 훈련 학교를 9개의 다른 지역들(2002년에 오스트레일리아와 남아프리카, 그리고 캐나다의 서쪽에 세워진 새로운 센터 포함)에서 지속적으로 운영하고 있다.

또한 러시아와, 옛 소련에 속했던 나라들, 그리고 동부 유럽의 다른 지역들에서도 가르침과 사역 학교가 꾸준히 성장해 오고 있다. 헝가리의 부다페스트 근처에 있는 가르침과 사역 센터가 이 나라들을 섬기고 있다.

엘렐 사역의 주 리더십 아래에 있는 엘렐 팀들은 치유와 축사와 제자화를 통해 하나님께서 많은 사람들의 삶 속에서 극적으로 역사하시는 것을 보아 왔다. 그들을 통해, 그리고 비교적 짧은 시간 안에, 하나님은 국제적으로 영향을 미치는 사역을 해오셨다. 이 사역은 사역을 유지하고 확장하기 위해 훈련 코스로부터 얻는 수입과 기부금에 전적으로 의존하는 믿음의 사역이다.

피터는 매우 성공적이고 유명한 〈미션 프레이즈Mission Praise〉의 편집자들 중 한 사람이었다. 〈미션 프레이즈〉의 제1호는 본래 1984년에 미션 잉글랜드를 위해 편집되었다. 그는 또한 낚시와 앨비스Alvis 자동차의 애호가이다. 그가 1975년에 편찬한 영국 차들의 전 목록Complete Catalogue of British Cars은 1974년 이전에 제조된 모든 영국 차들의 역사와 기술적 명세서를 알아보기 위한 표준적인 참고서로서 오랫동안 활용되었다.

피터는 사역을 감독하고 가르치는 일 외에도, 그의 아내 피오나Fiona와 함께 책—해리스(그들을 아주 즐겁게 해주는 검은 개)의 익살스러운 행동에 기초한 현대 우화 모음도 포함—을 쓰는 일에 많은 시간을 투자하고 있다.

축사와 치유2

지은이 피터 호로빈
펴낸이 김혜자
옮긴이 박선규

1판 1쇄 인쇄 2009년 7월 27일 | **1판 1쇄 펴냄** 2009년 7월 30일
2판 2쇄 인쇄 2011년 11월 1일 | **2판 2쇄 펴냄** 2011년 11월 5일
2판 3쇄 인쇄 2016년 6월 23일 | **2판 3쇄 펴냄** 2016년 6월 27일

등록번호 제16-2825호 | **등록일자** 2002년 10월
발행처 다윗의 장막 미디어 | **주소** 서울시 강남구 대치3동 982-10
전화 (02) 3452-0442 | **팩스** (02) 3452-4744
www.ydfc.com
www.tofdavid.com

값 15,000원
ISBN 978-89-92358-52-1 04230
      978-89-92358-50-7 04230(세트)

※잘못된 책은 바꿔 드립니다.

다윗의 장막 미디어는 영적 부흥과 영혼의 추수를 위해 책, 음반, 영상물 등의 매체를 통해 하나님 나라 7대 영역(가정 · 사업 · 정부 · 교육 · 미디어 · 예술 · 교회)으로 확장되는 비전으로 나아가고 있습니다.